Shefali Tsabary

¡Despierta!

Transforma el dolor en poder y vive con libertad

Traducción del inglés de Elsa Gómez

editorial Kairós

Título original: RADICAL AWAKENING

Fotocomposición: Florence Carreté
Revisión: Amelia Padilla
Diseño cubierta: Katrien Van Steen
Impresión y encuadernación: Índice. 08040 Barcelona

Primera edición: Febrero 2022
ISBN: 978-84-9988-982-5
Depósito legal: B 462-2022

Este libro ha sido impreso con papel que proviene de fuentes respetuosas con la sociedad y el medio ambiente y cuenta con los requisitos necesarios para ser considerado un «libro amigo de los bosques».

Los nombres y rasgos identificativos
de algunas de las personas que aparecen en el libro
se han cambiado para proteger su privacidad.

Todo despertar radical necesita de una chispa.
Una chispa que encienda al eterno sí-mismo.
Sin ella, nada es posible.

Este libro es una oda a una de las amistades
más fuertes que he vivido.

Con otra persona y conmigo misma.

Gratitud infinita a mi maravilloso editor, David Ord,
que ha estado a mi lado
en todo momento de cada libro que he escrito.
También, a mi magnífico editor de HarperCollins, Gideon Weil, que
creyó en este proyecto desde el primer instante.

Y a mi hija, Maia, que a diario me inspira con su autenticidad.
Gracias por acompañarme durante todo el proceso.

Sumario

Parte IV. Quebrar la *Mátrix*

Parte V. Despertar de la *Mátrix*

El tiempo de la mujer despierta

A una mujer le llega en la vida un momento
en que echa sus hábitos de conducta a la basura igual que un par de zapatos viejos,
en que hace pedazos su lista de normas y obligaciones
y a las expectativas inalcanzables les prende fuego en el incinerador.

A una mujer le llega en la vida un momento
en que la aprobación de los demás, antes inestimable, le sirve lo que unos céntimos al fondo de la hucha,
en que reemplaza la búsqueda de otras personas por una búsqueda de sí misma
y los paternales tentáculos de la tradición ya no definen su verdad.

A una mujer le llega en la vida un momento
en que el deseo de encajar en la multitud se diluye,
en que la compulsión maniática de ser perfecta se evapora
y la obsesión por caerle bien a todo el mundo se desinfla.

A una mujer le llega en la vida un momento
en que sencillamente dice «basta»,
en que las falsas apariencias, el artificio y la hipocresía le dan nauseas
y el dogmatismo y la superioridad moral le repugnan.

A una mujer le llega en la vida un momento
en que ya no teme el conflicto, sino que lo afronta con audacia como una leona,
en que protege su autenticidad con la misma valentía que protege a su bebé recién nacido
y abandona su papel de salvadora, pues ha comprendido que solo se puede salvar a sí misma.

A una mujer le llega en la vida un momento
en que deja de esconderse en las sombras de su sentimiento de indignidad,
en que deja de quitarse importancia para que otros se puedan lucir
y cambia el papel de víctima por el de partícipe en la creación.

A una mujer le llega en la vida un momento
en que rescata con descaro y arrojo su soberanía,
en que finalmente está preparada para reclamar su espacio en el mundo
y redefine la compasión como indiscutible amor a sí misma.

A una mujer le llega en la vida un momento
en que finalmente se libera de la tendencia infantil a depender de los demás,
en que se atreve a reescribir su mandato de vida.

Un mandato que dice:
«Me despido del sentimiento de indignidad y el miedo.
Me divorcio del servilismo y la pasividad.

Me despojo de la falsedad y el enredo.
Pongo fin a aparentar ser quien no soy.

»Y declaro que a partir de ahora...
Ascenderé a mi más alto poder.
Abrazaré mi máxima autonomía.
Celebraré lo que verdaderamente valgo.
Encarnaré mi más fiera valentía.
y manifestaré mi yo más auténtico.

»El momento es ahora.
Estoy lista
para despertar y renacer».

Breve carta de amor a mis hermanas antes de que empecéis el libro

Este es un libro sobre vuestro despertar. Es una oda y un homenaje a vuestra auténtica yo, a la yo que está esperando a nacer de nuevo.

Todas anhelamos ser libres, y sin embargo nos sentimos enjauladas en nuestra vida cotidiana, consumidas por el miedo y el sentimiento de que no valemos lo suficiente. Lo que estas páginas prometen es mostrarte la salida de la jaula hacia una nueva visión de ti misma.

Despertar y evolucionar significa comprendernos de verdad, hasta lo más hondo, y esto conlleva tener que admitir partes de nosotras que quizá preferimos no ver, en especial las que nos causan dolor. Pero cuando aceptamos plenamente el dolor tal como es, sin edulcorarlo y, por supuesto, sin disculparnos por él, y observamos las distintas maneras en que hemos contribuido a crearlo, podemos empezar a transformar ese dolor en sabiduría.

Comprender nuestro dolor es doloroso; por eso las palabras de estas páginas quizá te revuelvan. Quiero que sepas que las he escrito a propósito como un revulsivo, para que te enciendan y te provoquen una revolución interior. Es doloroso desmantelar la estructura de las viejas creencias y formas de ser. Que te sientas sacudida, angustiada y desolada es no solo natural, sino determinante para la transformación. Tal vez no seas consciente de ello, pero te aseguro que eres capaz de experimentar la evolución de la que hablo. Y lo que es más, mereces experimentarla. En este libro, cuento mis propias experiencias para que sepas que no estás sola. Aunque las circunstancias hayan sido otras, he estado en tu lugar. Por eso sé lo difícil que puede ser este viaje llamado vida.

Te advierto, con mucho cariño, que este libro va a ser como un puñetazo, sobre todo al principio, así que ponte el cinturón de seguridad emocional antes de que arranquemos. Teniendo en cuenta que estas páginas son una exposición de todas las distintas formas en que hemos estado dormidas, no va a ser una lectura cómoda. Cuando giremos bruscamente con rumbo a una nueva conciencia, es natural que pasemos por un fase de gran desorientación. Lo que leas te provocará reacciones inesperadas, y es posible que en muchos momentos del viaje quieras cerrar el libro y olvidarte de él. Los seres humanos tenemos una resistencia instintiva a aceptar la verdad que se revela cuando despertamos.

Ten la seguridad de que, por el solo hecho de abrir este libro, has dado un paso muy importante en la búsqueda de autenticidad. La estructura del libro reproduce la ruta que seguirá tu proceso de apertura psicológica y espiritual; por tanto, el viaje ya ha comenzado.

Deja que cada descubrimiento y revelación te inunden por completo. Date tiempo mientras lees. Párate, reflexiona, toma notas. Deja que estas páginas sean el canal de parto que facilita tu auténtico renacer.

Así pues, empecemos, hermana. Estamos listas. Zambullámonos juntas en las aguas del océano. Un nuevo horizonte nos espera al otro lado. Se llama libertad.

Exención de responsabilidades

Aunque he procurado incluir experiencias humanas de toda clase, sin duda habrá muchas que no aparezcan en estas páginas. Igualmente, aunque en general hablo de relaciones hombre-mujer, he intentado, en algunos momentos, incluir otras orientaciones sexuales.

Mi intención es ser lo más inclusiva posible. Respeto profundamente que la experiencia humana se manifieste de infinitas maneras, todas igual de dignas. Por eso, si durante la lectura te sientes excluida, te sugiero que, más que a la manifestación externa de un determinado comportamiento, prestes atención a la dinámica interna a la que alude.

Si observáramos el tapiz que tejen nuestras experiencias interiores, veríamos que tenemos mucho más en común de lo que pensamos. Te sentirás identificada con muchas de las que describo, y eso te abrirá un camino de descubrimiento y evolución.

Parte I.
Dormidas en la *Mátrix*

1. La erosión del alma

Como una espada en la funda, su brillo yace durmiente.
Como una flecha en la aljaba, su poder yace invisible.
Como un guisante en la vaina, su valor yace minúsculo.
Como un animal enjaulado,
ella espera el permiso para ser libre.
Como una mariposa en metamorfosis,
no echará a volar hasta que muera su antigua piel.

Supe que estaba en apuros cuando me desperté en una zanja a un lado de la carretera sin la más remota idea de cómo había acabado allí. Me había quedado dormida al volante y el coche se había parado en seco a pocos centímetros de un árbol. Llevaba tiempo agotada. Cuidar de mi hija de meses y trabajar a la vez en un programa de doctorado muy riguroso, sin la ayuda de una niñera ni de ningún familiar, me había llevado al límite de mis fuerzas. La parada brusca me despertó. Apenas podía respirar y me temblaba el cuerpo entero. Aunque nerviosa y confundida, por suerte fui capaz de sacar el coche de la zanja y volver a la autopista. Afortunadamente, no hubo ningún daño que lamentar; hasta el coche salió intacto.

Pero el incidente puso en primer plano otra clase de daño, algo que llevaba mucho tiempo ya corroyéndome desde dentro: la seria destrucción a la que había sometido a mi *alma*.

La erosión del alma es un proceso gradual; una especie de

carcoma que va minando poco a poco nuestro ser interior, y cuyo resultado es la muerte inevitable de aquello que sabemos que es nuestro verdadero yo. Es una enfermedad que empieza en la niñez, y se propaga y se contagia, especialmente en las mujeres. Entre sus síntomas están la pérdida de poder, de autenticidad, de voz y de visión. La erosión del alma es básicamente el olvido de nuestro saber más íntimo. Cada vez que reprimimos aquello que en lo más hondo sabemos que es verdad, nos entregamos a la erosión de nuestro más precioso tesoro: nuestra esencia.

Voy a explicarte con un ejemplo cómo ocurre. Trista, una de mis clientes, recuerda que tenía alrededor de cuatro años cuando, sin querer, le rompió un brazo a su muñeca favorita, a la que le había puesto su nombre y cuidaba como si fuera su hijita pequeña. Recuerda que lloró, destrozada, durante horas. Su padre, un hombre muy severo, le dijo que, o dejaba de llorar, o iba a llevarse una paliza, lo cual la hizo llorar todavía más. Cuando sentados a la mesa a la hora de la cena seguía llorando, su padre perdió los estribos, destrozó la muñeca y la tiró a la basura. Aquel ataque de ira la paralizó. Trista se recuerda paralizada, estupefacta: «Era como si me hubiera roto a mí en pedazos y me hubiera tirado a la basura. Quería llorar y chillar. En realidad, quería pegarle y romperlo a él, pero me quedé allí quieta, sin poderme mover. Nadie vino en mi ayuda. Nadie me consoló. Aquel día supe lo que significa sentirte abandonada. No fue solo que mi padre tirara mi muñeca preciosa; me quitó por entero la seguridad y la dignidad. No pude volver a confiar ni en él ni en mi madre nunca más». Desde ese momento, se dio cuenta de que tenía que esconder su verdadera forma de ser, y así es como se creó, para toda la vida, una armadura emocional de estoicismo.

Hoy es el día en que, a los cuarenta años, Trista sigue teniendo dificultad para expresar con fluidez lo que siente y lo que ocurre en su interior. Me contaba que a menudo su marido y sus hijos se quejaban de que no se sentían conectados con ella porque era demasiado fría y severa. Su hijo adolescente, Matt, en particular, llevaba tiempo discutiendo con ella casi a diario, y esta fue la razón por la que acudió a mí y empezó la terapia. Tuvo que pasar bastante tiempo antes de que empezara a comprender hasta qué punto las defensas con que se había armado en la niñez –retraerse y reprimir las emociones– le impedían ahora conectar con su hijo.

Trista estaba repitiendo al pie de la letra el modelo de la niñez, personificando, incluso, algunos comportamientos de su padre. Cada vez que Matt expresaba lo que sentía, ella acostumbraba a adoptar una actitud crítica y a responderle con dureza. Ahora finalmente entendía por qué. Su hijo le recordaba a la niña que ella había sido, la que recibía las reprimendas de su padre. Así que cuando le veía dominado por cualquier emoción, lo interpretaba como un signo de debilidad e intentaba acallarlo y anularle como persona, igual que habían hecho con ella. A medida que fueron saliendo sus recuerdos del pasado, Trista empezó a curar las heridas de la niña que fue y pudo, así, abrirle su corazón a Matt.

Cuando nos ocurre algo así de niñas, al principio nuestra verdadera yo lucha por sobrevivir; protesta a gritos, tan altos que se nos revuelve el estómago. Si seguimos ignorándola, sus protestas se van debilitando hasta no ser más que un simple lloriqueo. Cuando los años van borrando todo recuerdo de su existencia, los quejidos lastimeros se retraen del todo.

Esta pérdida del verdadero yo es universal. Todos los seres humanos hemos sentido sus devastadoras heridas. Al ir corroyéndose nuestra autenticidad, lo que nos queda dentro es un cráter cavernoso, en el que retumba la cacofonía de un caos que infecta cada detalle de cómo vivimos ahora. Se manifiesta de distintas maneras dañinas aunque aparentemente insignificantes:

> Coches que se salen de la carretera.
> Pérdidas del conocimiento por abuso del alcohol.
> Trastornos de la conducta alimentaria.
> Fatiga crónica.
> Inseguridad, indecisión y autosabotaje.
> Trabajos desalentadores.
> Incumplimiento de los plazos fijados.
> Impago de recibos por un olvido.
> Languidez y apatía.
> Confusión y autorrecriminación.
> Desconexión emocional y retraimiento.
> Ira e irritabilidad persistentes, y de tantas maneras más.

El accidente que pudo costarme la vida me obligó a darme cuenta de golpe de que me había desviado no solo de la carretera, sino también de la razón por la que mi alma está aquí. ¿Quién era yo? ¿En quién me había convertido, en medio del ajetreo de terminar el doctorado al tiempo que intentaba ser esposa y madre? ¿Cómo había permitido que mi esencia quedara relegada y se destruyera de aquella manera?

Me había vuelto tan hábil en esconder lo que pasaba dentro de mí que nadie se daba cuenta de que estaba emocionalmente dividida y a punto de desmoronarme. La apariencia de mujer competente estaba armada con esmero, y ocultaba la agitación y el desorden de mi vida interior. Llevaba puesta la máscara de la supercompetencia y los logros y, tras haber dedicado décadas a construirme esa imagen, era perfectamente creíble.

Nos ocurre a todos: cuando muere quien originariamente éramos, en su lugar se coloca la imagen, a la que solemos llamar *ego*, nuestro falso yo. La mayoría crecemos pensando que se trata de nuestro yo *verdadero*, sin darnos cuenta de que estamos creando toda una vida sobre esos falsos cimientos, lo cual tendrá graves repercusiones emocionales en los años por venir.

El papel del ego

El ego nace de la abnegación y prospera cada vez que ignoramos, rechazamos, reprimimos y aniquilamos, casi, nuestro yo más íntimo en favor de una fuerza exterior, normalmente la voz de los demás, en especial la de las personas queridas, la cultura en la que crecimos, o un sistema de creencias que nos cautive.

No conozco a nadie que se haya librado de la sustitución de su auténtico yo por una imagen, un personaje, la máscara detrás de la cual yace durmiente desde hace mucho su verdadero yo. En las niñas ocurre de un modo más notable aún debido al patriarcado dominante bajo el que vivimos, en el que a los niños se les permite «ser simplemente niños», mientras que a las niñas se nos instruye para que encajemos con un determinado modelo desde muy pequeñas.

Tan condicionadas estamos las mujeres a abandonar cualquier vestigio de verdad interior para amoldarnos a lo que nuestros padres o nuestra cultura quieren que seamos, que vivimos sin darnos cuenta siquiera de que existe en nosotras esa ruptura. Puede que a veces sintamos dentro un ronroneo, y que se manifieste en descontento o en estallidos de ira, pero le quitamos importancia, diciéndonos que se trata de un mal humor pasajero, o achacándolo al disgusto que alguna circunstancia concreta nos ha provocado. Sorteamos el cisma sin advertir que está creando profundas grietas en nuestra vida.

La mayoría llegamos a la edad adulta sin tener consciencia de los comportamientos artificiosos que hemos adoptado para que nos valoren y nos quieran. Y si algo nos despierta de una sacudida, como me ocurrió a mí cuando el coche se salió de la carretera, lo habitual es que corramos a escondernos y, enseguida, reciclemos la vieja forma de ser. Todo permanece más o menos como era, bajo el disfraz de «en realidad no está tan mal».

Dicho esto, tal vez te sorprenda saber que esa fachada a la que llamamos *ego* es en realidad «una aliada». El ego es la imagen de nosotras mismas que tenemos en la cabeza, una forma de vernos que concuerda con lo que nuestra familia y la sociedad esperan de nosotras. Como se ha desarrollado poco a poco en respuesta a las circunstancias que hemos vivido desde la infancia, utiliza el ingenio y nos enseña cómo comportarnos del modo más conveniente en la realidad cotidiana.

De niñas, éramos incapaces de defendernos. Crecimos sin otra opción que someternos al condicionamiento que recibíamos, incluso aunque aceptarlo significara divorciarnos de nuestra esencia. Paradójicamente, sin embargo, al actuar como sustituto de la verdadera yo, el ego lo hace en realidad por compasión. Como un aspecto necesario de lo que conlleva hacernos mayores, lo adoptamos de manera instintiva para garantizar que se satisfarán nuestras necesidades. Lo engañoso del ego es que su toma de poder, y la destitución de quien somos en esencia, son tan paulatinas que no nos damos cuenta de hasta qué punto nos va cambiando para que encajemos en nuestra familia y nuestra sociedad. Maleables como somos en la infancia, capitulamos a los dictados de nuestros mayores, a menudo sin resistirnos. Nos distorsionamos hasta coincidir con la imagen que *ellos* tienen de nosotras, y tanto es así que acabamos adoptándola como *nuestra*.

Si nuestro padre o nuestra madre nos regañaban por ser demasiado sensibles o demasiado esto o aquello, muchas teníamos una reacción inmediata a sus reprimendas y ajustábamos nuestro temperamento a sus exigencias al instante. Como en el caso de Trista, el ego se convierte así en nuestra armadura, nuestro protector, que nos ayuda a regular una infancia desalineada.

Tan grande es nuestra necesidad de reconocimiento y valoración por parte de nuestros padres y nuestra cultura, que sucumbimos al poderoso e instintivo reclamo del ego y vamos enterrando poco a poco nuestra auténtica naturaleza. La consecuencia es una falsa identidad, que ahora presentamos al mundo. Creemos que es quienes somos, pero en realidad es solo una fachada, una máscara que nos ponemos para mantener a raya el miedo a no valer nada y no ser dignas de amor.

En mitad de la niebla

Puedo decir sinceramente que viví en mitad de la niebla gran parte de mi vida. Tenía vislumbres de mi auténtica yo de tarde en tarde, claro está, pero hubo partes importantes de mí que estuvieron sumergidas durante décadas. Si echo la vista atrás a quien solía ser, no puedo evitar preguntarme cómo es que, cuando me sentía anulada o subyugada, me quedaba en silencio. La mujer que soy ahora jamás lo hubiera permitido. Y sin embargo, en el pasado, esta misma mujer no solo lo permitía, sino que lo racionalizaba y se convencía de que no tenía elección.

A esto me refiero al decir que estaba «en mitad de la niebla». La niebla es una atmósfera que nos rodea, seamos hombre o mujer; que nos nubla la visión y nos hace negar la realidad. No vemos las cosas como son. Y esa atmósfera está creada por lo que llamamos el *patriarcado*, un sistema de dominación masculina que lleva implícito el silenciamiento y denigración de la mujer, la niña y el niño. El macho, acostumbrado a estar en lo más alto de la escala jerárquica, ejerce su poder sobre los demás para mantener la autoridad. Y esa hegemonía puede ser muy peligrosa cuando no está sometida a ningún control. La *masculinidad tóxica*, como se la conoce, crea el tono del ambiente cultural y deja cicatrices emocionales tanto en las mujeres como en los hombres. En pocas palabras, «nubla» la lente de la conciencia y nos causa graves disfunciones en la vida.

Como consecuencia, las mujeres, las niñas y los niños vivimos en un estado subconsciente de alerta en torno a los hombres. Crecemos sabiendo que los hombres son los que mandan, y que su presencia podría representar una amenaza para nosotras. Cualquier mujer se aleja instintivamente del grupo de hombres que hay parados a la entrada de un callejón. Y ese instinto no es simple paranoia; es una precaución íntima consolidada en cada cultura por la innegable evidencia de las violaciones cometidas contra nosotras. Una precaución que nos protege, pero que también nos pesa.

¿Tienes idea de lo que esa consciencia de estar potencialmente en peligro le hace a nuestra psique? Tanto si tuvimos un padre que solo levantaba la voz de vez en cuando, como si tuvimos uno que montaba en cólera por el menor motivo, aprendemos a protegernos de manera instintiva de cualquier hombre que aparece en nuestra vida. Esto nos marca, y fundamentalmente determina cómo nos desarrollamos.

El patriarcado enseña a las niñas a ser como ovejas que siguen al rebaño. Somos la oveja perdida de la parábola en busca de nuestro pastor, que es, nos dicen, Dios, o nuestro padre, o nuestro futuro marido. Como miembros de cualquier rebaño, obedecemos. Sabemos que la cualidad principal de una buena oveja es ser capaz de perder su identidad, aquello que la hace única, fundirse con la multitud y mostrarse pasiva y servil. Destacar es inaceptable y atenta contra las reglas del rebaño. Lo esencial, para encajar, es ser modesta y dócil. Así que aprendemos muy pronto a desaparecer; nos volvemos tan invisibles que nos fundimos con la niebla que nos rodea.

Veo a muchas mujeres justificar constantemente el maltrato al que nos somete el patriarcado moderno. Sistemáticamente, *nuestra reacción automática* es pensar que la culpa es nuestra, como creen cualquier niño y niña cuando su madre no les hace caso o su padre los trata mal. Por eso muchas no informamos de ese comportamiento tóxico; ni siquiera lo consideramos una posibilidad. Hasta tal punto forman parte de nuestra vida los malos tratos, y vemos a nuestras madres y hermanas soportarlos a diario, que crecemos convencidas de que sencillamente las cosas son así.

Este libro nos reta a enfrentarnos al *statu quo*. Nos anima a pasar por encima del «las cosas son así» y cambiar la idea que tenemos de nosotras. De entrada, nos despierta a nuestra realidad: a cómo nuestra biología nos conforma, a cómo nuestra psicología nos moldea, y a cómo nuestra cultura nos atemoriza hasta que ya no sabemos quiénes somos. Comprender y aceptar estas tres capas nos permite liberarnos.

Lo primero es empezar a llamar *niebla* a la niebla, y distinguirla de la realidad. En mi caso, hicieron falta décadas para que me atreviera a poner nombre a mi situación. Vivía con tanto miedo a la desaprobación de todos que, por mantener la armonía, me echaba la culpa de lo que pasaba. Si alguien se portaba mal conmigo, me decía que era por algo que había hecho yo. Pensaba que esa era la manera de ser responsable, sin darme cuenta de que lo único que conseguía era evitarle al *otro* tener que asumir su responsabilidad. Mientras me echara la culpa de todo, el otro podía seguir cómodamente, y feliz por tanto, a mi lado.

Tardé mucho en comprender la diferencia entre echarme la culpa y asumir mi responsabilidad. Si culparme de todo me hacía vivir sumida en el miedo, callando y convertida en cómplice, asumir la responsabilidad me permitía ver cómo había participado en crear mi situación de víctima y plantarme, con audacia y valentía.

El miedo es la emoción dominante en nuestro estado neblinoso. Porque vivimos con miedo, no nos atrevemos a ver la toxicidad, por lo que es. Al miedo le sigue la culpa, coronada de vergüenza por sentir ese miedo y no hacer nada para atajarlo. Vi en mi propia vida este ciclo de miedo, culpa y vergüenza. Cada vez que, por miedo, me quedaba callada, me lo reprochaba después durante días. Fue cuando reconocí que tenía miedo, cuando empecé a despertar.

Hay dos flechas, ¿entiendes? Una es el ultraje que toleramos en silencio las mujeres, y la segunda es la combinación de culpa y vergüenza que sentimos por haberlo tolerado. En lo más hondo, sabemos que hubiéramos debido hablar claro sin temer las consecuencias. Pero nuestro miedo gira en torno a:

¿Qué dirá la gente?
¿Qué seré sin la aprobación de los demás?
¿Cómo me afectará a nivel material decir lo que siento?
¿Repercutirá en mis hijos?
¿Me causará daños emocionales o físicos?

Así que no solo seguimos atemorizadas, sino que no podemos evitar despreciarnos por nuestra falta de valentía. Vivir entre una y otra clase de miedo, no sabiendo cuál es peor, lo que hace es mantener el sentimiento de subyugación vivo y coleando. Hasta que un día comprendemos que tenemos que nombrarlo para poder domarlo. De repente nos sentimos preparadas para gritar desde los tejados «¡También yo!», y en lugar de ahogarnos en el victimismo, ponemos fin a lo que nos ha retenido en ese estado de subyugación.

Entiendo que haya mujeres muy enfadadas, hartas, furiosas. Han reprimido tanto tiempo lo que sentían que es comprensible que exploten y tengan la necesidad de gritar «¡Se acabó!». Cuando se comportan así, se las tacha de «irracionales», «exaltadas», se dice que «se les ha ido la cabeza»; es posible que se las margine socialmente. Por miedo a que nos pase lo mismo que a ellas, procuramos no ser tan atrevidas. No nos damos cuenta de que convertirnos en una mujer atrevida es nuestra vía de salvación.

Mientras el miedo silencia la voz de nuestra alma, seguimos siendo marionetas de las fuerzas externas. Bajo la tutela del miedo, nuestro ego se comporta como un autómata, y esas reacciones robóticas nos convierten en esclavas del miedo en todas sus formas:

Miedo al rechazo.
Miedo al fracaso.
Miedo al ostracismo.
Miedo a la soledad.
Miedo a la indignidad.
Miedo al maltrato emocional y físico.

Tan condicionadas estamos a sentir miedo que lo llevamos pegado como una segunda piel. Hasta tal punto está integrado en nuestras experiencias que a menudo somos incapaces de apreciar de verdad el grado en que nos domina. Debido al lugar que ocupamos en el patriarcado, las mujeres, por miedo al castigo, nos dejamos silenciar e intimidar por los hombres, normalmente más fuertes. Hasta que, con el tiempo, ese agachar la cabeza en silencio se convierte en nuestra respuesta automática; un gesto tan sutil que casi ni nosotras lo advertimos.

Tanto si estamos viviendo una relación tóxica como si no, o si hemos sufrido o no maltrato físico, el hecho es que estamos muy cerca de esa posibilidad. No te engañes pensando que eres más hábil o más lista solo porque no hayas sido presa de un aspecto del patriarcado de manera directa. Es inevitable sufrir sus efectos. Si eres mujer en el mundo de hoy, los has sentido de una manera u otra. Quizá en su momento no tomaras ciertas experiencias por lo que realmente eran, pero ocurrieron y, créeme, te han afectado. No conozco a una sola mujer que haya escapado al peso demoledor del patriarcado en el que vivimos.

En mi viaje de sanación, tardé años en reconocer hasta qué punto había permitido que los hombres me aplastaran la dignidad y la voz. Me da casi vergüenza admitir que estuve tan ciega y condicionada como para dejarme silenciar de la forma en que lo hice la mayor parte de mi vida. Casi no quiero que conozcas este lado de mí. Quiero que proyectes sobre mí un aura de perfección, sabiduría y poder. Y sin embargo, sé que solo si expongo la verdad desnuda sobre mi proceso de despertar te animarás tú a empezar el tuyo.

Siempre es mucho más fácil ocultar nuestros aspectos frágiles, las partes de nosotras que no son tan sabias, tan audaces o tan «cabales». Pero sé que solo cuando las mujeres cuentan sus experiencias –la verdad de los procesos que viven, sin eludir ni disfrazar lo esencial–, las demás mujeres sienten que pueden contar también las suyas. Y es comunicándonos con esa sinceridad como podemos ascender colectivamente.

Perderle miedo al malestar que nos causa revelar partes de nosotras que preferiríamos no admitir, y que indudablemente no queremos que nadie conozca, es una parte imprescindible del viaje de sanación. A menos que nos miremos de frente y reconozcamos todos los aspectos que nos constituyen, nunca estaremos enteras. Integrarnos significa aceptar todo lo que somos: lo hecho y lo *des*hecho, lo agradable y lo *des*agradable, lo fuerte y lo *no* fuerte. Completud no significa perfección. Significa aceptación: aceptar sin miramientos y sin vergüenza que somos exactamente quienes somos en cada momento.

Contar la historia de mi vida en estas páginas ha supuesto tener que aprender a desoír el malestar. A veces me resistía a hablar de algo por miedo a lo que pudieras pensar de mí y, sin embargo, sabía que tenía que traspasar los miedos, porque si no lo hacía, no iba a poder compartir nada contigo. Y si no compartía nada contigo, no iba a crecer como ser humano, y si no crecía como ser humano, tampoco lo harías tú.

Ese malestar no es solo natural, sino que es la única manera de despojarnos de lo conocido y entrar en lo nuevo. Nos enseñaron a escapar del malestar. Ahora bien, quiero que estas páginas te hagan ver que solo cuando nos metemos de cabeza en esos lugares sombríos de nuestro interior encontramos redención, verdad y libertad.

Tocar fondo

Sé que no estoy sola en esta búsqueda de mi verdadera yo. He hablado con miles de mujeres que quieren salir de la niebla y vivir una vida más despierta. Tan inconscientes somos de que es un falso yo quien vive nuestra vida –reprimido y dominado por el miedo– que con frecuencia hacen falta muchos despertares para que veamos que es así.

Me viene a la memoria mi cliente Pam. Me llamó tras haber tenido un día más agotador aún de lo habitual, dedicado entero a atender a su familia. Repasó la lista de lo que había hecho por cada uno de ellos: su madre, ya mayor, necesitaba que alguien la llevara al médico; su hermana, que estaba enferma, necesitaba que alguien organizara el servicio de asistencia a domicilio; su hija necesitaba ayuda para cambiar de sitio los muebles en su apartamento; su hijo pequeño necesitaba ayuda para hacer los deberes, y su marido necesitaba que ella le diera su opinión sobre un proyecto en el que estaba trabajando. Sensible y generosa como era, Pam pensó que anteponer las necesidades de cada uno de ellos a las suyas era lo correcto. Lo había hecho toda su vida y seguía representando el papel de mujer sacrificada. De lo que Pam no se daba cuenta era del daño que le estaba haciendo ser esa mujer. No estaba atando cabos.

Había engordado más de doce kilos en el último año. Había estado a punto de divorciarse de su marido tras descubrir que le era infiel. Perdía los estribos con sus hijos a diario. En vez de admitir el dolor que sentía, lo tapaba agarrándose con desesperación a su papel de mujer entregada, convencida de que le reportaría la salvación emocional que tanto necesitaba. Representaba la idea condicionada que tenía de la clase de madre, esposa e hija que debía ser para que la valoraran. Y esa idea la estaba matando. Solo que no lo sabía; estaba completamente sumida en la niebla.

Cuando le sugerí, con delicadeza, que estaba haciendo el papel de salvadora y reparadora para recibir lo que necesitaba, indignada contestó: «¿Me estás diciendo que hago todo esto porque quiero?». No podía creerse que estuviera insinuando semejante barbaridad. Insistió: «¿Por qué iba a hacer algo así? ¿Por qué iba a querer agotarme de esta manera? ¿Qué pasa, que me gusta que me castiguen?».

Tardamos un rato en deconstruir sus patrones de comportamiento para que entendiera que había estado haciendo el papel de reparadora, dadora y rescatadora sin siquiera darse cuenta. Había sido siempre la salvadora de la familia: la que encontraba solución a los problemas, la enfermera, la mediadora, la pacificadora. Si hacía falta algo, ella se ocupaba de proveerlo; así es como se ganó el cariño de sus padres cuando era niña. A lo largo de su vida, cada vez que alguien tenía necesidad de lo que fuera, en lugar de dejar que se las apañaran solos, corría al rescate. El único método que conocía para dar y recibir amor era ese. Es bastante posible que incluso atrajera a personas necesitadas para poder representar el papel que tan bien le salía. Hasta que al cabo de tanto tiempo de no saber cuidar de sí misma, por querer serlo todo para todos, había llegado al límite.

A las mujeres se nos enseña a recibir amor en pago a nuestro sacrificio. Ese sacrificio adopta toda clase de formas. Pero, sean cuales sean, creemos que si las encarnamos recibiremos el amor que tan desesperadamente necesitamos recibir, en principio, de los miembros de nuestra familia. Luego, poco a poco, ese comportamiento se ramifica y se extiende a nuestros amigos y a otra gente. Si representando uno u otro papel de mujer sacrificada conseguimos que nos presten atención –y da lo mismo, en realidad, que esa atención sea favorable o desfavorable–, lo adoptamos. Pronto no sabemos si estamos representando un papel o si somos de verdad así. Poco a poco, como Pam, nos vamos desesperando, y un día tocamos fondo, ya sea por agotamiento o a raíz de una crisis. La máscara se nos resquebraja y la luz empieza a filtrarse por las minúsculas grietas.

La llegada de la luz, allí donde hasta ahora todo estaba en sombra, puede ser traumática. Al despojarnos por primera vez de los papeles que representábamos, quizá nos sintamos desnudas, por un lado, y extrañamente vivas, por otro. Son sensaciones tan desconcertantes que instintivamente queremos volver a tapar las fisuras con las viejas formas de ser y olvidarnos de lo que hemos visto. Sin embargo, con el tiempo y la dosis suficiente de dolor, las grietas se hacen más grandes, y el ego ya no las puede tapar. Cuando alguien llega a este punto, solemos decir que está en crisis. Si ocurre en una etapa avanzada de la vida, la llamamos «crisis de la mediana edad».

Normalmente, solo un trauma colosal puede desestabilizar y derribar el ego, y como consecuencia quizá toquemos fondo. Como terapeuta, eso es precisamente lo que espero que le ocurra a cualquier cliente, pues significa la posible muerte del ego. Así, mientras el cliente intenta evitar por todos los medios esa experiencia, el terapeuta la espera como agua de mayo. Cuando tocamos fondo, la verdadera yo se ve obligada a despojarse de la máscara, lo cual puede hacernos sentir que no sabemos quién somos; nos hemos convertido en una extraña para nosotras mismas. Tenemos la sensación de que hemos perdido el control. Ninguna de las estrategias infalibles que empleábamos para escapar de la verdad funciona.

El día que el coche se salió de la carretera y me desperté en la cuneta, toqué fondo. Fue en ese momento cuando me di cuenta de que tenía que cambiar las cosas de inmediato. No sabía por dónde empezar ni cómo. Solo sabía que aquel era el momento. Mi alma no soportaba seguir erosionándose ya más.

Cuando tocamos fondo, debemos reconocer plenamente el trato denigrante que, en silencio, hemos permitido que la cultura y nuestros padres nos dieran y repararlo. La parte más difícil de ver al mirarnos desnudas al espejo es precisamente esa: que lo hemos permitido. Es casi insoportable admitir que nos hemos dejado degradar y despreciar hasta tal punto.

¿Y ahora qué? ¿Deberíamos volver a ser quienes nos enseñaron a ser? ¿Podemos realmente volver a vivir en la niebla, en la densa bruma de miedo, rituales y tradiciones y retomar un comportamiento igual de predecible que el de una cinta transportadora?

Si de verdad hemos tocado fondo, normalmente la decisión está tomada. Podemos seguir fingiendo que no es así, pero lo está. Es posible que la mente invente toda clase de fantasías para hacernos creer que todo sigue igual que antes, pero, en lo más hondo, sabemos que estamos evitando afrontar la cruda realidad.

La razón de que tocar fondo sea tan doloroso es que la fachada del ego se ha resquebrajado por la presión. Los hábitos y estrategias a los que estábamos acostumbradas ya no responden: han expirado. Sentimos que la vida nos lo ha quitado todo. El nuevo estado en que nos encontramos da mucho miedo. Porque... ¿quiénes somos sin los mecanismos de defensa a los que el ego nos tenía habituadas?

Si nos diéramos cuenta de que tocar fondo y experimentar la desintegración del ego es el estadio previo al renacer, no nos aterraría tanto. Como no confiamos en que todo lo que está ocurriendo sea por nuestro bien, nos resistimos. Es comprensible.

Sin el guion y las pautas de comportamiento aprendidos en la niñez, y sin las normas debilitadoras que te ha impuesto la cultura,

¿quién eres? ¿Te has preguntado alguna vez quién serías sin la máscara? Si somos lo bastante valientes como para intuir la respuesta, vamos camino de descubrir el verdadero propósito de nuestra vida: ser nuestra yo más auténtica aquí y ahora. Lo cual significa excavar para llegar a la esencia de quienes somos y deshacernos de todo lo que no sea fiel emanación de ella. Significa desprendernos de las partes de nuestro ser que ya no nos sirven y soltarnos de los patrones de comportamiento que nos han tenido inmovilizadas. Significa mirar a los ojos al miedo que nos da hacerlo y afrontar lo que se oculta detrás de él.

En el caso de Pam, significó desprenderse de la necesidad de que su valía dependiera de ser la eterna salvadora y reparadora. Al aprender a valorar cada día más su verdadera yo, liberó a los demás de la obligación de alimentar las exigencias de su ego. Al aprender a quererse de verdad, empezó a decir no más a menudo. En un principio, las personas próximas a ella se rebelaron contra su nueva forma de ser, y hasta se sintieron traicionadas, lo cual es una reacción normal. Cuando comprendieron que no tenían elección, empezaron a aceptar las cosas.

Pam había dejado entrar la luz. Al fin supo lo que era liberarse del guion que obligaba al personaje a sacrificarse para conseguir la aprobación de los demás. Y pudo responder a la pregunta que a todas se nos plantea en el viaje hacia el despertar espiritual: «¿Estoy preparada para ser auténtica y darme la aprobación que tan desesperadamente he intentado hasta ahora recibir de los demás?».

Del miedo, al amor

¿Cómo aprendimos a quedarnos calladas cuando algo nos hacía temblar de miedo? Es como si instintivamente supiéramos desde niñas que es más prudente callarnos que dar la cara. Cuando me manoseaban en el autobús, o me gritaban obscenidades por la calle, o me acosaban en la tienda, o un hombre u otro abusaban directamente de mí, aprendí a tragarme la dignidad. Siempre me daba miedo lo caro que podía costarme hacer demasiado ruido. Me importaba más lo que pensaran los demás que ser auténtica. Cualquier mujer de la que hayan abusado suscribirá lo que digo. Todas nos quedamos calladas, porque tenemos miedo de que hablar hará que nos critiquen o nos miren mal, y solo empeorará las cosas.

La opresión y subyugación culturales son las que mandan en nuestra psique, y el miedo es el examen al que nos someten a diario. Se nos califica atendiendo a lo silenciosas y sumisas que seamos. Cuanto más silenciosas, más alta la calificación. Este es el legado de la cultura patriarcal que nos tiene a todos, mujeres y hombres, desquiciados. Así es por naturaleza un sistema tóxico: nadie se libra de sus garras envenenadas.

Cuando nos sumimos en el miedo, y en el silencio que lo acompaña, nos apartamos del amor a nosotras mismas. Si algo caracteriza ese amor es el respeto y libre expresión de nuestro mundo interior sin culpa ni vergüenza. La represión constante de nuestra auténtica voz provoca en nuestro interior una desconexión cada vez mayor y más dolorosa. Al relegar e ignorar las experiencias que de verdad vivimos, nos creamos la ilusión de que ni siquiera ocurrieron. Y esa disociación nos procura cierta tranquilidad pasajera, pero con el tiempo nos hace perder contacto con la experiencia de cada momento.

Cuanto mayor sea la disociación, mayor será la falta de conexión y de armonía con nosotras mismas. Pronto, todo lo que decimos, pensamos y hacemos es puramente automático, y nos deja una sensación de desolación y ansiedad.

Cada vez que nos dejamos manipular por la cultura, y procuramos arriesgarnos lo menos posible y pasar lo más desapercibidas posible, contribuimos a que el patriarcado siga en el poder. El antídoto contra la represión que la cultura nos impone es una audaz rebelión contra el silencio. No hay nobleza de ninguna clase en abnegar de nuestra voz. Es una represión que no hace bien a nadie, y con la que solo alentamos y sustentamos la dominación del patriarcado.

En la mayoría de las relaciones íntimas que he mantenido con hombres siendo una mujer adulta, he tenido miedo. Si profesionalmente he sido valiente y audaz, en las relaciones personales era todo lo contrario. Me había vuelto artificial y había dejado que mi auténtica yo cayera en el olvido. Tardé años en despertar. Una denigración tras otra, una represión tras otra, un momento tras otro de negar la verdad silenciada en mi interior fueron creando una presión cada vez más fuerte. Yo fingía que no pasaba nada, hasta que un día ya no pude contenerla más. Y todo saltó por los aires.

Si puedo escribir este libro sobre el despertar radical, es porque yo también tuve que inspirar hondo y atreverme a andar sobre la cuerda floja. Viví tantos años engañándome a mí misma, que sé el valor que hay que tener para salir de la niebla. De todos modos, mi propósito no es hablar del dolor, sino mostrar a las mujeres que es posible transformar el dolor en poder.

No queremos darnos cuenta de que enterrar nuestra verdad significa declararnos la guerra a nosotras mismas, pero te aseguro que es así. Y a menos que lo reconozcamos, nos lo seguiremos haciendo.

Cuando permitimos los comportamientos tóxicos en nombre de la paz, en realidad estamos perpetuando la guerra. No puede haber paz verdadera si no hay autenticidad. La paz duradera nace de la aceptación sincera de quienes somos y de nuestras experiencias.

El amor a nosotras mismas florece cuando nos responsabilizamos de esas experiencias y así lo expresan nuestras palabras y nuestros actos. Honrar el proceso interior que vivimos y los sentimientos que lo acompañan es una declaración de amor a quienes somos. Cuando nos rebelamos contra el embargo de nuestra voz ordenado por la cultura, nos concedemos a nosotras mismas y unas a otras la posibilidad de que se nos escuche y se nos tenga en cuenta.

Imagina cómo sería que las mujeres del mundo entero empezaran a expresar su verdad sobre cómo es realmente ser quienes son, sus miedos y fracasos incluidos. ¿Te imaginas qué alivio de la presión sentiríamos? No tendríamos ya que vivir enclaustradas y asfixiadas fingiendo tener una vida perfecta. Nos pondríamos, a nosotras mismas y unas a otras, en libertad.

Cuando una mujer se atreve a contar la verdad de lo que ha soportado en su vida, sale del cenagal de su miedo privado y avanza hacia una nueva emoción: el amor. Al hacerlo declara: «Me amo. Soy digna de que se me escuche. Soy más que la suma de mis experiencias pasadas. Confío en mi voz».

En este libro, te desafío a que cambies el miedo por amor. Cuando contamos algo que hemos vivido y sentimos que se nos escucha, se produce en nuestro interior una integración, que pronto se manifiesta en una coherencia y completud, nuevas quizá, cada vez más claras. Cuando una mujer tiene el valor de hablar, como un tsunami despeja el camino para que otras mujeres tengan la valentía de emanciparse. Cuando empieza a vivir con autenticidad, otras mujeres se atreven a hacer lo mismo. Al temor por su seguridad individual, lo sustituye el amor por todas las mujeres. Comprende que poner fin al miedo en el que ha vivido es una demostración de amor a sí misma, a sus hermanas y a sus hijas.

Si empezamos a darnos cuenta de cómo participamos en la represión a la que estamos sometidas, podemos avanzar poco a poco hacia la plena expresión de quienes somos. Quizá tardemos en conseguirlo, ya que no estamos acostumbradas a oírnos decir lo que de verdad sentimos y pensamos. Podemos empezar por hablar con una amiga íntima o una figura maternal, por ejemplo; o con una *coach* o una terapeuta si preferimos trabajar con una persona relativamente desconocida. En cualquiera de los casos, al hacerlo manifestamos quiénes somos de verdad, en lugar de seguir viviendo inconscientes y siendo víctimas pasivas.

Darnos cuenta de cómo nos ha reprimido y silenciado la cultura nos ayuda a entender mejor nuestra psique. Porque ese darse cuenta no es pasivo; significa observar con mucha atención nuestras dinámicas internas y cómo se han desarrollado y establecido a partir de nuestro condicionamiento. A través de este proceso activo de deconstruir y discernir, el darse cuenta da paso al despertar.

Tal vez, leer estas palabras te haga sentirte intimidada o agobiada. Tal vez sientas que tú no serás capaz. En caso de que sea así, espero tranquilizarte si te digo que no hay una manera ideal de despertar. Tampoco se trata de llegar a ningún destino. Se trata sencillamente de que descubras y comprendas, y eso ocurrirá espontáneamente si dejas que estas palabras te lleguen. El darse cuenta no tiene más misterio; es como cuando una bombilla se enciende en una habitación que estaba a oscuras. Estas palabras son la bombilla; y cuando se enciende, empiezas a ver lo que antes ocultaban las sombras. Una vez que la luz está encendida, no puedes sino ver. Ese es el resultado natural de tu nueva consciencia.

Estás aquí. Es magnífico. Respiremos hondo y pasemos juntas al siguiente capítulo.

2. La idea de *Esa mujer*

No basta con que seas simplemente buena, solo excelente.
Excelente no, solo más excelente.
Más excelente no, solo sublime.
Sublime no, solo perfecta.
Perfecta no, solo una guerra contra la verdadera yo.

«Cada vez que empiezo una relación, me pierdo a mí», me dicen muchas mujeres. No me inquieto cuando me cuentan que su relación de pareja está destruyendo absolutamente todo lo que un día fueron. No me inquieto porque, en el trabajo de descubrimiento interior que haremos juntas, sé que se darán cuenta de que no es en esa relación donde ha empezado la destrucción de su verdadera yo. La relación simplemente evidencia el desmoronamiento definitivo de un mundo interior que ya amenazaba ruina.

Nadie se pierde en el otro. Llegamos al otro *ya perdidas*.

Empezamos a apartarnos de nosotras mismas muchos años antes de ser mujeres adultas y tener una relación de pareja. La propensión a alejarnos de nuestra verdadera yo nos fue instilada básicamente a golpe de latidos mientras estábamos en el vientre de nuestra madre. La situación en que hoy nos encontramos ha llegado hasta nosotras a través de las generaciones, solo que no nos damos cuenta hasta que una relación empieza a ser espejo de nuestro extravío. Si tenemos suerte, vemos las pautas heredadas y despertamos.

Aunque no es algo de lo que seamos conscientes, a la mayoría de las mujeres, desde que éramos muy pequeñas, nos enseñaron a anhelar lo que yo llamo la triple amenaza: *aprobación, valoración y alabanza*. Esa triple amenaza es el modo de encubrir el vacío que tenemos en el centro, allí donde hubiera debido florecer nuestra esencia. Y dado que no somos conscientes de quiénes somos de verdad, la triple amenaza se convierte en nuestra sustituta inconsciente, una especie de afrodisiaco.

Cuando hablo de nuestra *esencia*, me refiero a una identidad que está fondeada en el núcleo de quienes somos, y que es independiente de cualquier propósito externo. Cuando tenemos libertad para vagar sin metas y explorar, y descubrimos nuestra esencia y nos plantamos en ella con firmeza, nos damos cuenta del auténtico poder que tenemos. El problema es que otros han representado en nuestra psique, más que nosotras, el papel protagonista. Esa es la raíz de nuestra enfermedad. Hasta qué punto hemos sido talladas y pulidas por otros es sobrecogedor.

Después de haber trabajado con cientos de mujeres en la India y aquí en Occidente, creo que no he conocido a una sola mujer a la que no le enseñaran que debía ser maleable, si no sumisa, en su relación con los demás. No hablo de dejar que abusaran de ella y le pegaran. Hablo de una intensa y radical confusión acerca de quiénes somos en esencia. Hablo de la tendencia común a borrar nuestra identidad para atender a lo que la gente y la cultura esperan de nosotras. Sea cual sea la fachada que mostramos cada una, todas las mujeres batallamos con la pérdida de nuestra yo esencial a manos de otros. ¿Quién soy cuando me despojo del condicionamiento cultural y dejo de identificarme como la hija, la hermana, la esposa o la madre de alguien?

Es importantísimo que comprendamos el modelo de mujer que se nos ha impuesto. Independientemente de dónde vivamos o de cuánto ganemos, o de si crecimos en una granja de Pakistán o de Ohio, nos formamos, en uno u otro grado, de acuerdo con ese modelo. Unas recibimos los elementos fundacionales durante una comida comunitaria de *biryani* de cabrito y otras, durante un almuerzo de rosbif con patatas después de salir de la iglesia. Fuera cual fuese el modo en que se nos transmitieron, en cualquiera que fuera el idioma, el hecho es que las mujeres estamos condicionadas a reprimirnos y a entregarnos para garantizar que las necesidades de los demás, especialmente de los hombres, se satisfarán antes que las nuestras. Como consecuencia, solemos acabar agotadas, consumidas; nos volvemos irritables y gruñonas sin saber bien por qué.

Solo cuando comprendemos cuál es el origen de nuestra abnegación y de que nos valoremos tan poco, acaba por aflorar el verdadero amor a nosotras mismas. Para ello, antes debemos ahondar en nuestro interior y comprender hasta qué punto estamos divorciadas del ser que en verdad somos. Solo entonces se hará realidad la transformación.

Una parte necesaria del proceso de despertar es mirarnos al espejo y ver cada una de las ideas falsas en las que creemos a ciegas y cada patrón disfuncional que mantenemos vivo porque nos hemos hecho adictas a él. Hasta que no hayamos hecho con todo detalle esa auditoría de nuestro funcionamiento interno, no detectaremos los patrones de comportamiento que nos condicionan ni podremos liberarnos de ellos.

La verdad es que a nadie le gusta verse como un producto de la cultura y, menos aún, oír que la mayor parte de lo que hemos creído que significaba ser mujer es mentira. Hace falta una detenida introspección, diseccionar capa tras capa de condicionamiento, para descubrir hasta qué punto se nos ha embaucado. Que la mayor parte de lo que siempre hemos creído sea mentira, da miedo. ¡Qué verdad tan sobrecogedora!

Si lo que digo te provoca rechazo, lo entiendo; créeme que lo entiendo. A mí también me costó mucho admitir ciertas verdades. Me sentí traicionada por mis padres y por la cultura en la que crecí. Estaba enfadada y frustrada. Quería encerrarme en mí misma y retirarme del mundo. Es natural sentirse así. Nunca es fácil el camino para salir de la *mátrix*; está sembrado de emociones contradictorias. Sin embargo, si eres capaz de acoger el malestar en lugar de oponerle resistencia, pronto descubrirás la importancia de sometemos a este meticuloso escrutinio interior.

Cuanto más nos asomamos a las telarañas de la mente para entender lo que hay detrás, menos riesgo corremos de que nos enreden en el futuro. Porque si ni siquiera sabemos cómo nos han atrapado, ¿qué posibilidades tenemos de no volver a enredarnos en ellas una y otra vez?

Pese a lo ardua que es esta indagación, te promete el mayor de los regalos: el regalo de la autenticidad. La mayoría no somos conscientes de la fuerza tan extraordinaria que la autenticidad puede significar en nuestra vida. En mi caso, fue a base de desechar capa tras capa de falsedad, con mucho trabajo aunque con entusiasmo y confianza a la vez, como empecé a vislumbrar la liberación. Hacia eso te están conduciendo a ti también estas palabras. Sé que te indignarán a veces y te dolerán. Estoy contigo, a tu lado, apoyándote. Sigamos adelante.

¿«Buena» significa realmente buena?

Aunque se manifieste de distintas maneras, la mayoría de las mujeres nos subyugamos por una presión interna, que podría concretarse en la pregunta ¿Valgo *lo suficiente?*

¿Quién en este planeta está a la altura de lo que la cultura nos exige? Estás en lo cierto: nadie. Pero no es esto lo que se nos cuenta. Se nos transmite la engañosa idea de que, con solo que fuéramos lo bastante *esto* o lo bastante *aquello*, milagrosamente estaríamos a la altura. Y esta, por supuesto, es la trampa que nos hace vivir con la corrosiva y perpetua sensación de que no valemos lo suficiente.

La idea de que solo podemos valorarnos, querernos y honrarnos si somos esto, aquello o lo de más allá es el guion subconsciente con el que llevamos cargando demasiado tiempo ya. Solo nos tratamos a nosotras mismas como si valiéramos algo cuando cumplimos con ciertos criterios. Primero, tenemos que convertirnos en alguien o en algo, y solo entonces mereceremos que se nos acepte.

Tan generalizadas son la falta de autenticidad y la desconexión interior en las mujeres que a veces pienso que son un aspecto de nuestro ADN emocional. Se diría que estamos condicionadas desde el principio a sentirnos perdidas. Desde muy pequeñas se nos adiestró para que olvidáramos a nuestra verdadera yo, se nos amaestró para que falsificáramos el ser que realmente somos. Pero, en realidad, llevamos perdidas desde antes de nacer. Estaba ya en los genes de nuestras antecesoras, que se han ido transmitiendo de generación en generación.

Tal vez no habrías dicho que estás perdida, dado que el extravío tiene formas muy ingeniosas de disfrazarse. Aunque se delata en:

Miedo a expresarte.

Incapacidad para poner unos límites personales necesarios.

Apatía y retraimiento.

Irritabilidad y estallidos de impaciencia.

Falta de deseo sexual.

Renunciar a tus objetivos.

Falta de cuidado personal.

Ajetreo estéril.

Agobio e indecisión.

Confusión e incertidumbre.

Postergación y autosabotaje.

Inseguridad y dudas sobre tus capacidades.

Preocupación y ansiedad constantes.

Adicción a la comida y a cualquier tipo de sustancias.

Para obtener las tres drogas imprescindibles, *aprobación, valoración* y *alabanza*, las mujeres nos transformamos, básicamente, y nos convertimos en quienquiera que los demás quieran que seamos. En definitiva, nos comportamos como las personas abnegadas que nos enseñaron a ser. Esto es aún más cierto si crecimos pensando que éramos una «niña buena», ya que «la niña buena» necesita de manera desesperada que se la acredite, para lo cual busca el respaldo y la aceptación del mundo exterior. Aprendió siendo muy niña que su bondad proviene principalmente de su *obediencia*, por un lado, y por otro de su *servicio a los demás*. Y aquellas que crecieron siendo «niñas trofeo» pueden añadir a la lista una tercera fuente de bondad: la *excelencia*. Esta forma de ser crea entonces una plantilla emocional que determina nuestro modo habitual de responder al mundo. Luego, las mujeres confundimos esa forma programada de ser con nuestra verdadera yo.

Hay una enorme diferencia entre ser auténticas y ser buenas. Nos dejamos cautivar hasta tal punto por el discurso cultural en torno a la bondad que, en su nombre, renunciamos por completo a ser auténticas y a vivir en armonía con nuestro ser esencial. Solo cuando empezamos a darnos cuenta de que ese apego a la bondad nos mantiene desconectadas de nuestro saber más profundo, cambia la situación.

Pero entonces ¿no es bueno ser «buenas»?

¡Si fuera así de fácil! El problema es que «buenas» no es más que la biensonante tapadera de algo por el contrario muy siniestro y, en última instancia, inalcanzable. Es, en realidad, la forma de llamar a la expectativa de que nos comportemos de determinada manera, concuerde o no con quienes en verdad somos. Se considera que un comportamiento es «bueno» cuando se ajusta a un modelo externo, ya sea el que establece otra persona o la sociedad en conjunto.

También los chicos tienen su propio modelo al que conformarse. Todos lo tenemos. La cultura nos fuerza a todos en la infancia a conformarnos y nos educa a todos para que seamos falsos. Nosotras simplemente nos encontramos en una situación muchísimo más difícil porque, para perpetuar el poder del patriarcado, se nos enseña que solo recibiremos algún tipo de consideración externa si somos buenas. «Buena», en el caso de las mujeres, significa servil, menos que, no igual. ¿Los niños? Ellos pueden ser buenos o malos. De hecho, a veces cuanto «más malos» son, más aprobación reciben. Pueden hasta llegar a presidente de Estados Unidos.

Para deconstruir el problema, tenemos que librarnos de la idea de que hay un estándar de bondad; tenemos que desterrarla por completo. Sin ese estándar, todo cambia, y nos damos cuenta de que la sola idea de que exista un estándar de bondad es muy peligrosa. Pensar que merecemos que se nos valore *solo* si cumplimos este requisito, aquel o el de más allá es una aberración, es un pensamiento que debemos desterrar. Cuando creemos en semejante mentira, intentamos encajar en el modelo para sentir que somos dignas de aprecio. Nos evaluamos constantemente en una omnipresente escala de números ficticios y comparaciones.

Al basar su autoestima en cómo se la considera en las relaciones, la chica buena hace suya la creencia de que, a menos que anteponga las necesidades y deseos de los demás a los suyos, no está siendo lo bastante afectuosa y generosa. Si no satisface a los demás, se la considera egoísta y cruel. Si es mandona y exigente, se dice que es una «bruja».

Por supuesto, no todas seguimos a ciegas los mandatos de la sociedad. Muchas tiramos la toalla más o menos al llegar a la adolescencia, ya sea retrayéndonos y portándonos mal, o contraatacando con rebeldía. ¿Te acuerdas de qué hiciste tú? ¿Obedeciste a ciegas y te metamorfoseaste en «la niña buena»? ¿Entraste poco a poco en un estado de languidez y apatía? ¿O te convertiste tal vez en una rebelde sin causa?

Independientemente de cómo se manifestase en la adolescencia y después, lo importante es darse cuenta de que hay un arquetipo que se nos ha condicionado a seguir. No es tan fundamental que nos rebeláramos contra él o lo obedeciéramos como comprender qué es eso contra lo que luchamos o de lo que huimos.

Fuera cual fuese tu reacción de adolescente o de adulta, puedes estar segura de que el primer adoctrinamiento al que se te sometió de niña tuvo como consecuencia la triple necesidad de *aprobación, valoración* y *alabanza*. Así es como crece y se hace mayor la niña buena: olvidando que existe como individuo por derecho propio. Se la ha educado para existir *solo en contexto*.

Atrapadas en el resentimiento

Si somos mujeres, compartimos un mismo pasado. Da igual que yo tenga la piel marrón y tú blanca, o que yo tenga curvas y tú seas puro músculo. Si somos mujeres, compartimos un mismo núcleo. Por esta razón, de una manera u otra, todas y cada una estamos marcadas por el patriarcado. No es más que la consecuencia inevitable de ser mujer en nuestro tiempo.

Como la historia de mi vida es un ejemplo del proceso de lavado de cerebro que va enterrando discretamente nuestra esencia a dos metros bajo tierra, deja que te cuente algunos aspectos fundamentales de la sociedad en la que crecí. Cualesquiera que sean tus orígenes, vas a darte cuenta rápidamente de lo mucho que tenemos en común.

El movimiento Black Lives Matter (Las vidas negras importan) es noticia mientras escribo. Me crie en una cultura que abiertamente, sin la menor vergüenza, idolatraba la piel blanca. La crema facial más popular se llamaba Fair and Lovely (Clara y hermosa), que sigue siendo un número uno en ventas incluso mientras lees esto. A las niñas indias de piel marrón se les enseña desde muy pequeñas que el color de su piel no es el ideal; ni lo son la textura de su pelo, la anchura de sus caderas o la longitud de sus piernas. Todo lo que van viendo que son es sencillamente deficiente. Así que empiezan un tratamiento de blanqueamiento facial, hacen dieta líquida y se alisan el pelo.

Yo recibí una atención exagerada por tener los ojos y la piel más claros de lo común en un país que idealiza esos rasgos. Pero, a pesar de ser de color más claro que las demás niñas, seguía sin ser todo lo blanca que yo hubiera querido, y crecí con una generosa dosis de rechazo de mí misma, sin poder dejar de compararme con el ideal blanco de belleza que veía relucir como la escayola en la portada de las revistas y en la gran pantalla.

La valoración de mi físico que hacían los demás cuando era niña me confundía por completo. Recibía muchísima atención, sobre todo de los hombres mayores, y también desprecio y desdén, sobre todo de las mujeres mayores, todo ello antes de cumplir los diez años. Recuerdo que solía pensar: «¿Qué podría hacer para afearme o rebajarme lo suficiente como para que nadie esté molesto conmigo por la atención que recibo?».

La que era entonces mi mejor amiga me contó, al cabo de los años, lo que había sido para ella estar a mi lado en aquel tiempo. «Ir contigo por la calle, para mí, era una angustia –me dijo–. Llamabas la atención. La gente se paraba para hacerte comentarios sobre tus ojos o pellizcarte las mejillas, y a mí ni siquiera me miraban. Era como ser invisible». Me quedé destrozada cuando me lo contó. Sentí la necesidad de pedirle perdón, de reducirme todo lo posible a sus ojos para que se sintiera mejor.

¿Cómo debió de ser para mi amiga sentir que ella no era «la guapa» simplemente porque tenía los ojos oscuros y la piel más oscura que la mía? ¿Cómo de trastornada está una cultura en la que una niña crece sintiéndose menos que otra porque su aspecto no coincide con el ideal de belleza establecido?

Lo terrible es cuántas niñas sufren la invasión de este ideal «blanqueado» de belleza. Y la razón es que a las mujeres se nos juzga incesantemente –se nos ensalza o se nos denigra– por nuestro físico, que no depende de nosotras. Por eso, mientras nuestra percepción de lo que valemos esté ligada a algo externo, estamos perdidas: nos sentimos estupendas cuando se nos valora, y como una mierda cuando no.

No podemos evitar sentir rechazo hacia las mujeres que tienen lo que nosotras pensamos que necesitaríamos tener para sentirnos dignas de atención. He sido objeto de ese rechazo toda mi vida. De niña, a mis orejitas les llegaban innumerables indirectas maliciosas relacionadas con mi físico. Una de nuestras vecinas, a la que llamaba cariñosamente «tía», solía advertirme: «No creas que ese físico te durará para siempre. Lo que eres es aún muy joven». Quizá fuera un comentario compasivo, pero yo solo oía su antipatía y desprecio. Poco podía ella imaginar que empecé a detestar mi aspecto y lo único que quería era ser como todo el mundo.

Para cuando cumplí los once años, había encontrado una manera de resolver el problema: engordaría. Paradójicamente, es una de las tácticas que emplean las mujeres que quieren encogerse hasta hacerse invisibles. Esa fue mi estrategia, y funcionó. Al fin, me dejaron en paz. Aunque los hombres parecían sentirse aún atraídos, dejé de sufrir el rechazo de las mujeres. Y lo que más me importaba era eso, que la gente dejara ser cruel conmigo. Quería caerles bien.

A los trece años, había sido plenamente iniciada en los principios de la vergüenza y el servilismo. Aprendí de las mujeres cercanas que jamás debía brillar o darme demasiada importancia. Lo gracioso es que esto no lo aprendiera tanto de los hombres con los que tenía contacto como de las mujeres. Fueron su desprecio y desdén los que me enseñaron que era mucho más ventajoso ser una flor del empapelado que destacar; que era mejor recorrer el camino trillado: tal vez terminar los estudios y trabajar unos años, pero, incuestionablemente y sin demora, casarme, formar un hogar y tener hijos.

Ese era el final del trayecto, como si ser esposa y madre fueran el destino último de una mujer. Cualquier otra posibilidad representaba un peligro, y... ¿por qué iba a querer ninguna mujer suicidarse socialmente? Era mucho más fácil tragarse la píldora de la felicidad que se nos distribuía a todas en cada fiesta de bienvenida al bebé recién nacido, y seguir el ejemplo de *Esa mujer*.

Es importante que observemos nuestro guion interior en torno a estos modelos de vida y examinemos las repercusiones tan peligrosas que tienen. Solo cuando nos damos cuenta de los estragos emocionales que causa por doquier una cultura concebida para reprimir las tendencias naturales de cada individuo, empezamos a descubrir nuestra auténtica yo. Los primeros pasos cuando emprendemos este camino significan despertar a las innumerables tácticas que emplea la cultura para mantenernos en un constante estado de somnolencia.

Intentar ser *Esa mujer*

Si de verdad te paras a pensarlo, te darás cuenta de la ansiedad con la que vivimos las mujeres, de todos los orígenes y culturas. Las mil cosas que nos hacemos en el pelo para darle brillo y volumen, el trabajo que nos tomamos en limarnos las uñas y pintárnoslas de distintos tonos o decorárnoslas con purpurina, la cantidad inconfesable de dinero que nos gastamos en maquillaje, y la infinidad de tutoriales de YouTube que vemos para aprender a disimular o corregir nuestras facciones manifiestan todos ellos una monumental desconexión interior.

Tapamos el vacío interior de maneras muy diversas: dietas interminables, sujetadores que realzan el pecho, tratamientos de bótox, pestañas postizas. A esto podemos añadir la ropa interior de efecto adelgazante con la que conseguimos una silueta que de natural no tenemos, los tangas que nos ponemos para acentuar la forma de los glúteos, los vestidos que no nos dejan respirar, o los zapatos demencialmente incómodos con que nos adornamos los pies. En definitiva, la cantidad de energía que gastamos en «corregir» con ansiedad nuestro físico es pasmosa. Claro que muchas nos rebelamos contra esto y hacemos justo lo contrario, decididas a desbaratar «el ideal». Pero cuando lo hacemos, tenemos tendencia a tirar las frutas frescas con las podridas, y directamente nos abandonamos.

El vacío interior que siente una mujer, sea cual sea su procedencia, emana del hecho de que se minara su esencia desde el primer momento. De una manera u otra, se pisoteó su espíritu. Nos inculcaron la idea de que lo único que daría plenitud a nuestra existencia sería encajar en un inalcanzable modelo de bondad y belleza, que para muchas de nosotras es sinónimo de perfección. La perfección, por supuesto, es relativa, pero en esencia significa sentir *la presión de tener que ser excelentes sin fin en aquello en que no lo somos*.

El modelo de «bondad» está presente también en otros terrenos además del de la apariencia física. Muchas veces, durante un debate, nos obligamos a guardar silencio; nos aterra tener una forma de pensar independiente, así que nos quedamos mudas. Luego están los momentos en que no nos atrevemos a decir «no» por miedo a las posibles consecuencias. Y cada una de estas experiencias socava el poder interior que es nuestro gran tesoro, pero al que nunca accedemos.

Estas formas de ser no se nos enseñan de un modo explícito. No hace falta. Como decía en otro apartado, aparecen sin más, traídas por el éter, y transmitidas a través del cordón umbilical de la madre a la hija. Absorbemos por ósmosis la actitud de las mujeres que viven a nuestro alrededor. Y como la expansión de esa actitud atraviesa países y culturas hasta ser generalizada, pensamos que esa es la forma natural de ser de una mujer: la forma de ser de *Esa mujer*.

Lo que pretendo mostrarte es que nada de esto, *nada*, es natural, sino simplemente cultural. Quiero mostrarte cómo una cultura sumida en la inconsciencia nos está manipulando escandalosamente para que hagamos gran parte de lo que hacemos; y luego quiero explicarte por qué no tenemos que creernos *nada* de lo que nos cuenta.

Sé que estás pensando: «Qué máximas tan profundas. Lástima que estén tan lejos de la realidad». Te diré que mi adicción a la idea de *Esa mujer* me tuvo esclavizada durante los primeros cuarenta y dos años de mi vida. Me atenazaba la garganta tan fuerte que el único sonido que conseguía hacer era un susurro en falsete. Me oprimía las costillas dentro de un corsé que casi no me dejaba respirar. Me obligaba a subirme a unos tacones que hacían peligrar mis frágiles tobillos. Convertía mis audaces afirmaciones en lastimeras preguntas dubitativas y mis verdades, en mentiras descaradas. Me cubría la piel de la cara y la reemplazaba por una máscara. Me acribillaba la serenidad con incesantes pinchazos de angustia cada vez que me comparaba con otras mujeres.

Por muy lejos que vivamos de nuestro país, por mucho que hayamos conseguido profesionalmente tú o yo, y al margen de lo que hayamos llegado a ser, de lo delgadas que estemos o de cuántas veces hayamos ganado el concurso a la madre más atenta, nos persiguen los estereotipos que nos endosaron las mujeres entre las que crecimos. Aquellos primeros arquetipos son los ladrillos y la argamasa con los que está construida nuestra psique.

Por eso los primeros años de vida son tan fundamentales. Lo que absorbemos en la infancia crea el color de las células y la viscosidad de la sangre que nos constituyen. Nuestras orejitas y nuestra mente tan impresionable escuchan con atención cómo nuestra madre reivindica su autoridad o no lo hace, y cómo nuestro padre hace uso o abusa de su poder. Aquellos primeros arquetipos con los que estuvimos en contacto los hacemos nuestros; se convierten en los cimientos sobre los que nos sostenemos.

La única manera de dejar atrás estos arquetipos es destruyéndolos. La única manera de destruirlos es extirpando todas y cada una de las falsas identidades que esos arquetipos han creado en nuestro interior. Debemos morir a quienes hemos creído ser, para que nuestra esencia, nuestra verdadera yo, cobre vida y podamos empezar a vivir con autenticidad.

Como sabemos, no es nada fácil cambiar el viejo paradigma de *Esa mujer* por uno rediseñado enteramente desde dentro. Hacen falta agallas. Somos animales de costumbres y, por lo general, codiciamos la complacencia por encima de la aventura, y la constancia por encima del caos. Solo cuando estamos animadas por el espíritu de lo salvaje, y dispuestas a dar un vuelco a nuestra vida, podemos transformar lo viejo en algo radicalmente distinto.

Hablo de un verdadero renacer espiritual, la clase de renacer para el que se necesita un gran coraje y con el que están comprometidas las guerreras y guerreros espirituales. La clase de transformación para la que es necesario *un despertar radical.*

3. ¿Nos atrevemos a responsabilizarnos de la parte que nos toca?

Si la vaina no estuviera ocupada por la espada, yacería vacante.
Si la aljaba no contuviera las flechas, yacería vacía.
Si la concha no envolviera la ostra, yacería hueca.
Se necesitan mutuamente para tener valor y propósito.
No están completas la una sin la otra.

Aunque las mujeres parezcamos estar predestinadas a cumplir los mandatos culturales, tenemos el poder para cambiar nuestro destino. Aquí es donde interviene el despertar radical. Cuanto más reconozcamos el doloroso pasado emocional que hemos vivido, nuestro sopor y nuestras adicciones psicológicas, más preparadas estaremos para trascenderlos. Hacer frente a nuestros demonios interiores es la única manera de degollarlos. Solo cuando los examinamos uno a uno, podemos en verdad recuperar nuestro poder.

Este libro podría ser una compilación más de aforismos concebidos para motivar a las mujeres a mostrar lo mejor de sí mismas, o para apaciguar su ira. Podría ser una colección de frases inspiradoras sobre la importancia de recuperar nuestro poder. Ha habido muchas mujeres que han escrito esta clase de libros. A mí no me interesa motivar a nadie. Lo que me importa es el despertar de la mujer, que es algo muy diferente. Hasta que no deconstruyamos cómo hemos llegado a esta situación, las palabras motivadoras no van a cuajar; son meramente parches, no una cura. Para despertar, tenemos que ir más allá del deseo de estar motivadas o de ser felices o positivas. Son sin duda cualidades maravillosas, pero, a menos que estemos dispuestas a hacer el trabajo interior, viviremos en una alternancia de avances y retrocesos, subidas y bajadas. Solo una sanación interior radical nos hará de verdad nacer de nuevo.

El primer paso de este *trabajo interior* es, como podrás suponer, mirar hacia dentro. Por instinto, miramos hacia fuera, pero emprender el trabajo interior significa soltarnos de lo externo. El despertar espiritual conlleva un arduo y doloroso proceso de aceptación de la verdad y de reconciliación. Ese fue, de hecho, el proceso que vivió Sudáfrica tras el *apartheid* y Alemania tras el régimen nazi: el de recordar y poner en palabras los abusos y el dolor sufridos, muchas veces ante quienes los habían perpetrado. Este proceso honra la sanación que se produce cuando tenemos la valentía de exponer nuestras heridas para que otros sean testigos de ellas, de revivirlas, reproducirlas y repararlas. Y empieza por el brutal encuentro cara a cara con el sufrimiento que tenemos dentro; sin esto, no hay posibilidad de llegar a la alegría. Para que la sanación sea verdadera, tenemos que reconocer plenamente nuestro dolor.

Saltarnos este proceso es utilizar la espiritualidad como escape. El *baipás espiritual* consiste en evitar las emociones dolorosas para darnos y dar a los demás una imagen de superioridad espiritual. Lo cierto es que no podemos «sobrespiritualizarnos» forzándonos a sentirnos bien. En realidad, esto es precisamente lo opuesto al propósito de la guerrera espiritual.

Por miedo a exponerse y ser vulnerables, son muchas las clientas a las que les da vergüenza hablarme de su mundo interior. Creen que son las únicas que pasan por ciertas experiencias. Si te diera un dólar por cada historia que he oído casi idéntica a las que aparecen en el libro, serías rica. Así de común y universal es nuestra experiencia interior. Es de donde nace nuestra hermandad. Una vez que descubrimos el vínculo, esa fraternidad es nuestra fortaleza.

Si buscamos a alguien a quien culpar de nuestra realidad como mujeres, no hace falta que miremos muy lejos; podemos culpar fácilmente a los hombres y al patriarcado. Es fácil caer en la tentación de despotricar contra los hombres, pero es un error. Cuando lo hacemos, marginamos a nuestros hermanos. Sí, es cierto que los hombres son parte sustancial del patriarcado, que son sus líderes, incluso sus creadores, pero eso no significa que ellos no estén también a su merced. Dado que los sistemas patriarcales se han consolidado a lo largo de milenios, un niño que viva en el mundo de hoy se va a sentir igual de atrapado en los tentáculos patriarcales de nuestra cultura que una niña. ¿Goza de más privilegios que ella? Sin duda. Pero, insisto, aunque de manera distinta a las mujeres, el patriarcado tiene también sometidos a los hombres.

Sería un descuido por mi parte no decir que muchos hombres que conozco se sienten obligados a vivir detrás de una fachada. Tienen que esconder sus lágrimas, sus miedos y su sexualidad. Tienen que hacer el papel de sustentador y protector a pesar de sus auténticos deseos. Llevan puesta la máscara de la agresividad o el estoicismo, por mucho que les cueste en algunos casos. Aunque voy a seguir centrándome en la experiencia femenina, no quiero que olvidemos que no somos las únicas que vivimos esclavizadas por el patriarcado. Esa es la cualidad de un sistema tóxico: todo el mundo sufre. Cuando alguien actúa con falsedad, todos pierden; de la misma manera que, cuando alguien se libera, nos damos cuenta de que todos tenemos capacidad para hacerlo.

La mujer que ha despertado indaga para entender la gravedad de su situación no porque quiera quejarse o sentirse víctima de ella. Toma en consideración todos los elementos que han intervenido para crearla. De hecho, a veces, admite abiertamente que en algunos sentidos el patriarcado la beneficia. Por ejemplo, no se espera de ella que haga la clase de trabajo manual pesado y poco grato que se espera que haga un hombre. En las situaciones de peligro, siempre se pone a salvo a las mujeres y los niños primero. Y no hablemos ya de ir a la guerra, para lo que es más probable que se reclute a los hombres que a las mujeres. Así que, en algunos sentidos, las mujeres gozamos de privilegios que los hombres no tienen, y esto también se ha de tener en cuenta.

Protestar contra la cultura, o el patriarcado, a un nivel resulta liberador, pero es también una trampa. Siempre que nuestra curación dependa de otro u otros, por muy justificadas que estén las protestas seguiremos esclavizadas a él o a ellos. La verdadera libertad no tiene nada que ver con el otro. Cuando comprendemos que es así, empezamos a hacer nuestro camino en solitario. Puede que parezca imposible al principio, pero no lo es. Solo hace falta un radical despertar interior.

Dicen los sabios que, para entender la verdad de un conflicto, no sirve contemplarlo desde una sola perspectiva. Lo cierto es que ambos, hombres y mujeres, provocamos, mantenemos y perpetuamos el fracaso las unas de los otros. Nosotras las mujeres somos colaboradoras en la perpetuación del sistema que nos tiene sometidas tanto como somos sus títeres, y el que estemos en esta situación desastrosa se debe, en parte, a que hemos contribuido a su continuidad.

Para alcanzar un estado de libertad interior, las mujeres tenemos que admitir nuestra parte de responsabilidad en la permanencia del patriarcado. A menos que lo hagamos, seguiremos obcecadas en una sola perspectiva del problema: la de lo que *los hombres* nos han hecho. Y aunque es cierto que los hombres han hecho mucho contra las mujeres –han violado nuestras libertades, han abusado de nuestro cuerpo y nos han cosificado–, no ha sido del todo sin nuestra participación. Claro que es necesario educar a nuestros padres, hermanos e hijos y revisar con ellos lo que su legado ancestral les dice que significa ser hombre. Pero no es esto lo que provocará nuestra verdadera y radical transformación. Esa transformación empieza por la pregunta ¿Qué nos hemos hecho *a nosotras mismas*? ¿Cómo hemos interiorizado el abuso externo y creado una maltratadora interior?

Gandhi les decía a los indios que no era el Imperio británico el que tenía la llave de su libertad. En lugar de cargar contra el imperio para que pusiera fin a los doscientos años de dominación, la prioridad de Gandhi fue enseñar a los indios a creer en sí mismos. En vez de luchar contra el enemigo, despertó el poder interior dormido de quienes se consideraban «víctimas» y les desafió a hacer uso de él para convertirse en sus propios líderes. Abogó por el autogobierno y la autosuficiencia. En lugar de depender de las fábricas textiles inglesas, los indios empezaron a tejer sus propios hilos de algodón para confeccionar su ropa, aprendieron a producir su propia sal, y se negaron a utilizar productos de fabricación extranjera. Gandhi enseñó a los indios a honrar el trabajo hecho con sus manos y a enorgullecerse de sus logros. Todo esto se tradujo en que la ocupación británica fuera irrelevante.

Este es el aspecto que toma una insurrección consciente; hace irrelevantes a los opresores. Exige a los oprimidos que examinen de qué manera han participado *ellos* en la perpetuación de aquello que los subyuga, a que se pregunten ¿Cómo puedo poner fin a cada comportamiento con el que contribuyo a mi propia degradación? ¿Cómo puedo encontrar en mí la solución a haberme dejado arrebatar el control de mi vida?

Muchas mujeres permanecen eternamente en relaciones disfuncionales porque siguen esperando que el otro cambie. Su felicidad va y viene como un péndulo, siempre pendiente del otro. Y ese otro podría ser en realidad cualquier persona o cualquier cosa: su padre, su madre, su pareja, su hija, o su peso, su balance bancario, o su belleza.

Por eso hay tanta gente adicta a todo tipo de sustancias, y tantas mujeres que se sienten desdichadas en su matrimonio durante décadas; es porque en el fondo no han asumido plena responsabilidad por su participación disfuncional en la dinámica. Han cedido su poder al otro y viven esperando a que, por arte de magia, aparezca el príncipe encantado, o la princesa encantada si sueñan con alguien de su mismo género. Solo cuando finalmente se dan cuenta de que ese príncipe o princesa no llega, despiertan a su propia libertadora interior.

Seguro que conoces a más de una mujer que vive como agarrada a un yoyó, subiendo y bajando constantemente, siempre indecisa. No creo que exagere si digo que la mayoría de mis clientas llegan a mí en estado de yoyó. ¿Y cuál es la razón principal por la que esa situación se eterniza? Porque están plenamente convencidas de que el problema es «el otro».

Pero el yoyó no sube y baja entre nosotras y el otro. Pensamos que el yoyó se mueve entre nuestro amor y odio por el otro, o entre nuestra extrema necesidad y extremo desprecio del otro. No es así. El yoyó va y viene entre nuestro amor y odio por las partes que a nosotras nos faltan. Estamos esperándonos a nosotras mismas. Solo al cabo de mucho trabajo interior, el yoyó se queda quieto. Cuando nos damos cuenta de que tanto el problema como la solución están en nosotras, empieza el proceso de cambio. Esa es la pieza que faltaba, el elemento clave. Sin él, en el caso de que la otra persona cambie, esta vez nos sentiremos en deuda con su cambio.

Cuando comprendemos que somos nosotras nuestras esclavizadoras, damos el primer paso hacia la liberación. La plena emancipación comienza en nuestra mente, con independencia del otro. Cuando nos soltamos de todas las ataduras externas, desatamos nuestro poder interior y nos damos la libertad de ser autónomas sin reservas.

Las mujeres necesitamos reescribir la descripción que nos hacemos de nosotras mismas. Necesitamos revisar todo nuestro condicionamiento para poder deshacer el daño que nos han causado los siglos de toxicidad patriarcal. Reconociendo plenamente el sexismo y sin excusas, una mujer se debe atrever a preguntarse cómo perpetuamos *nosotras* el paradigma.

El león del patriarcado se alimenta del servilismo de las mujeres. Aunque podemos lamentarnos de sus artes depredadoras, si somos inteligentes nos daremos cuenta de que no sirve de nada. Demostramos ser inteligentes cuando nos preguntamos cómo perpetúa ese servilismo la mujer que permite que interiormente se la derrote. Que el patriarcado crea servilismo lo sabemos, pero darnos cuenta de que el servilismo crea su propia esclavitud es la única manera de liberarnos.

Porque… ¿cómo puede alguien subyugarnos *desde fuera* si no lo permitimos *desde dentro*? La dominación de los hombres presupone la sumisión de las mujeres. Entiéndeme, no estoy diciendo que *pidamos* esa sumisión y ni siquiera que la *disculpemos*. Digo que estamos *implicadas* en que la dinámica siga en pie. Como mujer, y una mujer pequeñita además, soy muy consciente de que un hombre puede intimidarme por su tamaño sin inmutarse y de que, por mucha fortaleza mental que yo tenga, no hay nada en realidad que pueda hacer al respecto. Sin embargo, sé también que sentarme a esperar a que la dominación abusiva machista desaparezca por sí sola es ridículo; tendría que esperar para siempre. La verdad es esta: solo cuando las mujeres pongamos fin a nuestro silencio, nos unamos y, como una sola entidad, tomemos el control de la inagotable fuente de energía que somos, dejaremos de formar parte de esta dinámica y de estar sometidas a los dictados del tóxico patriarcado en que vivimos. La poderosa energía a la que me refiero nace de lo más hondo de nosotras: de nuestra sangre, sudor y lágrimas. Es desde esa vulnerabilidad nuestra, que nos ha causado un sufrimiento tan profundo, desde donde nos liberaremos de las cadenas, eslabón a eslabón.

Muchas mujeres protestan cuando digo que hemos contribuido a crear nuestra situación. Comprender lo que significa contribuir a la creación de algo significa tener el valor de asumir nuestra intervención en una dinámica, ya sea por obra o por omisión. Lo único que quiero es animar a todas las mujeres a que se responsabilicen de su intervención en esta dinámica para que las ruedas del cambio puedan empezar a girar en dirección a nuestra regencia.

Si mientras lees esto notas cualquier resistencia, te animo a que le prestes atención y escribas lo que sientes; luego te pido que sigas leyendo. Entenderás mejor de lo que hablo a medida que vayas pasando las páginas. No soy «antimujer» ni tampoco «antihombre». Estoy en terreno neutral, pues sé que solo cuando ambos sexos se tengan en la misma estima, con compasión y comprensión por ambas partes, podrá haber una armonía duradera.

Cuando mi amiga Sarah me llamó un día para contarme que había ido a su primera sesión de terapia, me puse muy contenta. «¡Al fin!», pensé. Luego añadió: «Necesito que la terapeuta me diga qué hacer con el narcisista de mi marido. ¡Que me dé algunas pautas para poder hablar con él!». Aunque era verdad que necesitaba algunas pautas, le recordé: «En realidad, esto no tiene nada que ver con él. Tiene que ver solo contigo, con cómo lo atrajiste a tu vida y le has tenido dando vueltas en un ciclo de disfunción. Si pones la atención en él, no vas a conseguir nada. Pon la atención en tu vacío interior, que es lo que mantiene en pie esta dinámica».

Sarah se quedó como si le hubieran dado una bofetada. Luego, cuando se le pasó el enfado inicial, sacudió la cabeza despacio al ir dándose cuenta: «Sí, no tiene nada que ver con él, ¿verdad? Seguiré repitiendo el mismo patrón y atraeré a mi vida a otro narcisista si no comprendo de verdad *mis* patrones».

Prácticamente, en todas las situaciones conflictivas de las que mis clientas me hablan, oigo señalar a un culpable. Curiosamente, nos da cierta tranquilidad que sea otro el que ha creado nuestra situación. Sin embargo, cuanto más culpamos a otro, más abdicamos de nuestro poder. Lo reducimos a nada cuando nos consideramos tan frágiles como para que otro nos destroce. Nadie puede destrozarnos a menos que le otorguemos ese privilegio.

El poder está en nuestra hermandad

Las mujeres necesitan a otras mujeres. Nos necesitamos desesperadamente unas a otras. Necesitamos que nuestras hermanas se alegren de nuestros logros y empaticen con nuestras dificultades. Necesitamos que nuestras hermanas nos abracen cuando tenemos la casa hecha un desastre porque estamos demasiado agotadas para limpiarla, y que nos comprendan cuando llegamos a la reunión con la profesora de nuestros hijos tarde, desarregladas, o ni siquiera aparecemos porque se nos ha olvidado. Necesitamos que nuestras hermanas nos quieran cuando aparecemos en una fiesta con la ropa arrugada porque nos hemos pasado la noche en vela atendiendo a nuestra hijita enferma. Necesitamos que sean nuestra válvula de escape, nuestro bálsamo y el sitio donde nos sentimos seguras. Tristemente, no siempre es así. Muy a menudo, las mujeres sienten que su peor detractor son otras mujeres. Hasta que esta realidad cambie, el patriarcado seguirá ejerciendo su fuerza y su poder.

Cada vez que elegimos no aplaudir los esfuerzos de una mujer por mostrarse exactamente como es, le hacemos una reverencia al patriarcado. Cada vez que intentamos destacar por encima de nuestras hermanas en presencia de los hombres, les transmitimos el mensaje de que la atención que recibimos de ellos nos es imprescindible para sobrevivir. En lugar de unirnos en el envejecimiento natural de la piel y la flacidez de las nalgas, competimos entre nosotras y hacemos a nuestras hermanas sentirse mal consigo mismas. Pero nuestra fuerza como colectivo no nos la va a dar inyectarnos bótox para tener mejor aspecto que otras mujeres. Lo que nos dará fuerza es el abrazo de nuestras hermanas. Este es el verdadero propósito de todos los movimientos feministas: hacer que las mujeres se den cuenta de su fuerza como colectivo.

Cada vez que criticamos a otra mujer en presencia de los hombres, estamos cediéndoles nuestro poder, un poder que ellos no han pedido, pero del que, sin duda, indirectamente se van a beneficiar. La mayoría de los hombres con los que hablo me cuentan cuánto les confunde ver lo envidiosas y mezquinas que pueden ser las mujeres entre ellas. Tenemos que darnos cuenta de que esta competición constante con nuestras hermanas es, en realidad, una inyección de esteroides para el patriarcado. Sentirnos amenazadas unas por otras nos come la vitalidad, lo cual nos deja luego en una posición aún más débil frente al patriarcado. Y así, el ciclo de subyugación al dominio machista continúa, sin que nos demos cuenta.

Cuando empezamos a despertar, la idea que tenemos de las demás mujeres cambia. Dejamos de verlas como una amenaza, o como contrincantes, y se convierten en las aliadas que tanto necesitamos. En lugar de ser las críticas más despiadadas unas de otras, empezamos a ser nuestro mayor apoyo. El movimiento feminista, entre otros, nos desafía a que seamos autónomas y reduzcamos nuestra dependencia de los hombres. Esto es muy importante, desde luego, pero en el verdadero camino a la libertad no está implícita la lucha contra los hombres; de ninguna de las maneras. El verdadero camino es el que tallamos las mujeres cuando nos unimos como hermanas y, siendo una, ensanchamos luego el abrazo para incluir a los hombres.

Formar parte de una hermandad significa atrevernos a ser exactamente quienes somos. Significa atrevernos a expresar lo que sentimos y pensamos incluso aunque temamos que se nos condene al ostracismo. Atrevernos a ser transparentes, así como permitir que sea nuestra autenticidad la que nos libere. Si nuestra vida es imperfecta, aceptamos con compasión hacia nosotras mismas que es así; no fingimos lo contrario para parecer perfectas. Nos permitimos ser lo más naturales posible, lo más comprensivas y libres de prejuicios que podamos. Nos enseñamos unas a otras lo que significa celebrar quienes somos, y honramos nuestras diferencias en lugar de intentar ser idénticas. A medida que nos unimos, mayor es nuestra emancipación colectiva e individual, y ese respeto a nosotras mismas es como una onda expansiva que contribuye a equilibrar el terreno.

Nuestro poder no está dirigido contra los hombres. El poder verdadero nunca está dirigido contra nadie. Si lo estuviera, no sería poder, sería debilidad. El verdadero poder tiene que ver siempre con una misma, mientras que el pseudopoder tiene que ver con el otro. Cuando ascendamos investidas de verdadero poder no solo cuidaremos de nosotras, sino también de nuestros hermanos y nuestros hijos. El primer paso es que pongamos fin a esa rivalidad y competición y nos apoyemos, movilicemos y elevemos unas a otras.

4. Es hora de desenmascarar las mentiras que nos han contado

La cierva no se queja de no ser jaguar.
Ni la margarita se marchita por crecer al lado de la rosa.
La leona no se encoge ante el león.
Ni el pavo real atenúa el brillo de sus plumas ante el águila.
Cada cual abraza su derecho a ser plenamente lo que es
sin la menor duda.

Todavía hay veces que la memoria me transporta al dormitorio de mi abuela y me quedo observando la destreza con que se ata el sari, con toda su complejidad, y la miro luego anudarse con un ágil movimiento de dedos el largo cabello en un moño.

Mi abuela nunca se miraba al espejo. Un día le pregunté por qué. Me respondió: «Ahora soy viuda. Por eso solo llevo saris blancos. Ya no soy lo joven ni lo hermosa que fui. No tengo necesidad de mirarme al espejo y acicalarme la cara. Eso quedó atrás. Si mi marido estuviera vivo, sería otra cosa».

Recuerdo que, en ese momento, no supe si maravillarme de su abnegación o protestar. Una parte de mí sabía que aquello no tenía sentido; sin embargo, allí estaba ella, contenta, creyendo que su destino era aquel. El respeto profundamente arraigado que sentía por mis mayores me selló los labios y asentí con la cabeza; otra parte de mí lloraba por ella en silencio.

Mi abuela creía en lo que hacía. Creía que estaba haciendo lo correcto al abandonar todo interés por sí misma y vivir como un vestigio de lo que había sido. Creía que no merecía disfrutar ya del sexo. Creía que aquella abnegación era la escalera al cielo. No solo era para ella un deber sagrado, sino una vocación espiritual, que quería cumplir hasta las últimas consecuencias porque de ella obtenía su sentido de identidad. Había asociado hasta tal punto su identidad con el sacrificio que no era capaz de separar la una del otro.

Me pregunto: ¿Era tan diferente mi abuela de la mayoría de las mujeres? ¿No asociamos la mayoría nuestro bienestar y la imagen que tenemos de nosotras a cuánto vivimos para los demás, hasta el punto de que, si no nos entregamos lo suficiente, nos sentimos culpables, o parece como si tuviéramos que defendernos?

Aunque es natural que las mujeres llevemos el peso de la vida familiar porque biológicamente estamos más capacitadas para la crianza, esto es también fuente de muchos conflictos en nuestros días, sobre todo si una madre tiene deseos de dedicarse, además de a la crianza, a otras actividades. Como ya no vivimos en comunidades tribales nómadas en mitad de la jungla, a las mujeres esta situación nos provoca dudas, culpa y enfado porque nuestras parejas masculinas no tengan que hacerse ningún planteamiento de este tipo. La mujer carga con el peso de este dilema y, en muchos casos, tiene que elegir entre seguir su vocación o ser esposa y madre. El precio que pagará si intenta hacer las dos cosas será el agotamiento y la lucha constante consigo misma, y como esto va en contra de sus ideas de lo que significa ser «una mujer perfecta», seguir su impulso de autonomía le parece sacrílego y blasfemo. Es un precio muy alto, sin duda.

La píldora que mata

Si pudiéramos diseccionar el cerebro de una serie de mujeres y examinar los mensajes que hay grabados en él, nos quedaríamos pasmadas de lo similares que son no solo nuestras creencias, sino muchos de los matices que hemos ido incorporando sobre lo que significa ser mujer. No es fácil admitir que nos han lavado el cerebro por completo. Es como si nuestra mente estuviera poseída.

El principal ingrediente de la píldora que nos tragamos es el sentimiento de no valer nada, así que la píldora, sin prisa pero sin pausa, anula en la mujer el sentido de sí misma. Aunque probablemente es un sentimiento que en alguna medida sufren todos los seres humanos, las mujeres nos hemos tragado píldoras a cubos. Pero hay algo todavía peor, y es que a ese sentimiento de insignificancia le ponemos un disfraz, tan engañoso que con frecuencia confundimos luego «insignificante» con «virtuoso». Así de lista es la cultura: toma sus mensajes dirigidos a anularnos y les pone un envoltorio con la palabra virtud. Luego, en el caso de las mujeres, la evaluación de esa virtud depende siempre de cómo de sacrificadas seamos y cómo de capaces de tener a todos contentos. Si los demás no están contentos, sentimos que somos un fracaso y que, por tanto, no valemos nada.

Nadie tuvo que decirme lo que se esperaba de mí como mujer; lo sabía desde los cinco años. Sabía que se esperaba que cocinara bien, que tuviera la casa inmaculada y que criara bien a mis hijos. A medida que me fui haciendo mayor, la lista de expectativas fue creciendo hasta ser tan larga como el río Nilo. Delgada, bella, moderna, compasiva y generosa son algunas de las cualidades que se añadieron. Luego, por si no eran suficientes, se sumaron otras, como tener el cutis fino, buena figura y una preciosa y lustrosa cabellera. Sin duda, estos mandatos son más propios de una cultura industrializada y occidentalizada, y es posible que una mujer que se críe en los arrozales de Tailandia no reciba el mismo adoctrinamiento. Sin embargo, probablemente esté sometida a una diferenciación del poder en sus relaciones con los hombres, que rayará en lo malsano, y se le exigirá que represente papeles que no se corresponden con quien auténticamente es.

El mandato de ser inauténticas empieza en el momento que nacemos. Nuestras madres introducen esos dictados culturales en las sábanas que amorosamente nos abrigan en la cuna y en los móviles que cuelgan encima de nuestra cabecita. Nunca los cuestionamos; no pensábamos que tuviéramos que hacerlo. De pequeños, somos todos tan ingenuos que creemos a ciegas en nuestros mayores. Si nos dicen que recemos a un determinado Dios y les vemos a ellos hacerlo, vamos a hacerlo también. Si nos dicen que no se puede confiar en la gente, vamos a pensar lo mismo que ellos. Si nos dicen que la piel marrón es inferior y que la gente de piel marrón debería marcharse de nuestro país, no solo vamos a creerlos y a seguir esa misma línea de pensamiento, sino que vamos a creer de verdad que estamos siendo buenos niños y niñas cuando atacamos a la gente de piel marrón. Si se nos enseñó que las relaciones entre personas del mismo sexo son inaceptables, nos volvemos homófobos. Nos casamos con la idea que tiene la sociedad de cómo se debe ser. Desviarnos de esa idea nos provoca confusión y malestar.

De pequeños, captamos de inmediato cuándo nuestro padre o

nuestra madre nos dirigen una mirada de orgullo o de desprecio. Captamos intuitivamente las señales, verbales y no verbales. *Leerlos* es igual de importante que leer un mapa en el desierto: son nuestra guía de supervivencia. Y cuanto más sensibles somos, más pistas captamos y más nos distorsionamos y contorsionamos para convertirnos en la niña o el niño modelo que ellos desean. Cuando a continuación recibimos su aprecio y su cariño, nos sentimos premiados y hacemos más de eso que les complace. De pequeños, estamos dispuestos a hacer casi cualquier cosa con tal de recibir aprobación.

Cuando a una niña o a un niño se le silencia de esta manera, los sentimientos reprimidos se quedan enterrados de momento. Ahora bien, no desaparecen; se manifiestan en su imagen corporal, en cómo se ve a sí mismo o a sí misma, en las calificaciones escolares, en su comportamiento alimentario, o en otros aspectos del cuidado personal. Cada vez que se nos pide que nos mintamos, algo se nos muere dentro.

Como crecí en una cultura que atormentaba a las niñas con este tipo de mensajes, me juré no inculcar a mi hija ninguno de ellos. Aunque estoy segura de que hubo cosas que se colaron –¿cómo hubiera podido no ser así?–, en general, evité conscientemente condicionarla con ideas y comportamientos robóticos cuando era pequeña. Hice todo lo posible por mantenerla apartada del adoctrinamiento cultural.

En la infraestructura de toda mujer, hay una lista interminable de preceptos impuestos por la familia y la cultura que nos dictan cómo interpretar cada olor y cada cosa que vemos –qué es bueno, qué es malo, qué es feo– y que no van a abandonarnos simplemente porque lo queramos. La cultura nos ha llenado la mente de imágenes e ideas que se han adherido a nuestra identidad. Solo cuando descubrimos quién somos auténticamente y nos separamos de quien nos han dicho que somos, empezamos a vivir con sinceridad, valentía y verdad.

El lazo de las expectativas

Cuando mi clienta Megan supo que no podía quedarse embarazada, el mundo se le vino abajo. Entró en una oscura y profunda depresión. Hasta que llegó el momento de la verdad, había sido inconcebible para ella no poder cumplir su anhelo de ser madre. Se derrumbó. Era como si le hubieran dicho que le quedaban solo unos días de vida.

Cuando finalmente vino a verme, se la veía consumida. Sin duda, no podía imaginarse otra vida que no fuera la que había visualizado que tendría. Le sugerí la posibilidad de la gestación subrogada, la adopción o la fecundación *in vitro*, pero no podía ni planteárselas. La cuestión era que no estar biológicamente capacitada para ser madre la hacía sentirse menos mujer. En su psique estaba fijada la idea de que la única forma legítima de ser madre era pariendo. Tardamos meses en desenredar esa identidad asumida, lo cual le permitió descubrir que su valía como mujer no estaba ni mucho menos determinada por poder o no poder concebir. Al final se rindió a la realidad y adoptó a una niña recién nacida, y acabó queriéndola como si la hubiera parido.

Me acuerdo de Megan porque su caso no es tan distinto del de miles de nosotras. En algún sitio profundo del inconsciente tenemos una imagen de cómo debemos ser y de los papeles que debemos cumplir. Cuando nuestros esfuerzos por hacer realidad esa versión de nosotras no dan resultados, sufrimos una crisis de identidad. Morimos a nosotras mismas. Sentimos que no somos nadie y que nuestra vida no tiene sentido. Porque... ¿quiénes somos sin la imagen de nosotras que hemos hecho nuestra?

La historia de Megan se repite ahora mismo en la cabeza de mujeres de todo el mundo. También en la tuya, en una u otra medida.

Empieza con las preguntas ¿Quién soy sin los papeles que cumplo? ¿Quién soy, sin mi identidad de esposa, compañera, hermana, madre, hija, amiga?

Hace solo unos días estuve trabajando con Kate, una madre que estaba angustiada por los problemas de ansiedad de su hija. «Siente que es un fracaso –se lamentaba–. No es ni la mejor estudiante de su clase ni la mejor atleta. No es ni la más delgada ni a la que más admiran sus amigas. Se critica a sí misma constantemente. Siente que no vale nada».

Kate no es la única madre que sufre porque su hija no se valore. Gracias a las redes sociales, millones de madres vemos a nuestras hijas esclavizadas de ideas atroces sobre lo que significa ser mujer. Si antes aprendíamos del inconsciente individual de nuestros padres o de nuestros familiares próximos, ahora las niñas absorben los mensajes del inconsciente de millones de otras niñas y mujeres extraviadas y confundidas. Si antes el problema tenía lugar en el marco de la familia, ahora sus causas y efectos son globales. Es posible que antes la abuela comentara que había engordado unos kilos desde Semana Santa, pero ahora el mundo entero puede expresar sus opiniones sobre ella. ¿El resultado? Que nuestras hijas adolescentes están más atrapadas que nunca.

Ese cambio en la forma de percibirse y valorarse a sí mismas ocurre a nivel inconsciente; no hace falta que nadie haya dicho una palabra. Basta hablar con cualquier adolescente para ver que es así.

Mi clienta Alison, de dieciséis años, estaba convencida de que su madre se enfadaría mucho con ella si se enteraba de que tenía novio. «Piensa que estoy hecha de madera. Cree que no conozco a ningún chico y que no debería sentir por los chicos lo que es normal sentir. Solo porque a ella no le gustaran los chicos cuando tenía mi edad, piensa que a mí debería pasarme lo mismo. Lo peor es que no me deja salir con mis amigas, que sí salen con chicos, porque piensa que está mal».

Cuando le pregunté qué hacía ella entonces, me contestó: «Finjo. La engaño. Me invento mentiras todo el tiempo. Mi vida entera se ha convertido en una farsa. Cuando quedo con Jake, le digo a mi madre que estoy en casa de Rebeca, lo que significa que Rebeca tiene que mentir también, pero no puedo hacer otra cosa. Tengo una vida entera de la que mi madre no sabe nada».

De nuestros padres y de nuestra cultura, aprendemos a mentir. Es un comportamiento humano generalizado. No hay un solo ser humano que no haya aprendido a mentir desde muy pequeño. Algunos se convierten en expertos del engaño a gran escala, y otros solo recurren a alguna mentira que otra de vez en cuando. La mayoría crecemos convencidos de que decir la verdad es simplemente demasiado peligroso; puede condenarnos al ostracismo, la expulsión, el rechazo y el abandono. Aprendimos muy pronto que decir la verdad no era en realidad un acto tan noble como nos contaban. El precio que pagábamos por decir la verdad era espantosamente alto. Luego, al hacernos mayores y tener que someternos cada vez a más y más normas, el deseo de decir la verdad disminuye más todavía.

La verdad sobre el mentir es que corroe la esencia de quienes somos y nos desgarra el alma. Nos obliga a vivir una doble o triple vida, lo cual ahoga nuestro auténtico yo no solo en presencia de aquellos a quienes mentimos directamente, sino en otros aspectos de nuestra vida. Cada vez que enterramos nuestra verdad, nos estamos traicionando. Con cada enterramiento, la desconfianza y la desconexión de nosotras mismas se hacen cada vez mayores, pues nuestra auténtica yo se da cuenta de que no tiene en nosotras una camarada. No puede contar con que le cubriremos las espaldas. El alma se sume entonces en una gran oscuridad, que en la jerga moderna se denomina *depresión*. En el alma, la depresión es un profundo abandono de quienes en verdad somos.

Imagina cómo debe ser «vivir en el armario» toda una vida. Nuestras hermanas y hermanos LGTBIQ+ lo saben muy bien. ¡Qué miedo paralizante a «salir», qué terror al desprecio y al ostracismo! Durante años han tenido que reprimir la expresión de quien auténticamente son, lo cual les ha obligado a vivir temiendo constantemente por su seguridad y su bienestar.

Mi hija, Maia, tenía alrededor de doce años cuando su padre y yo estábamos en un «momento educativo» con ella. Intentábamos explicarle que pensábamos que cierto comportamiento suyo no había estado bien. Ella nos escuchaba atentamente. Viéndola, pensé que estaba entendiendo que teníamos razón, y recuerdo que me enorgullecí por saber hacérselo ver. Cuando terminamos, nos dirigió una mirada inexpresiva y dijo: «¿Sabéis qué? Acabo de darme cuenta de que no estoy de acuerdo con vosotros. Es más, me da igual lo que penséis». Tras lo cual, salió de la habitación. Nos quedamos con la boca abierta.

«¿Qué ha sido eso?», espetó el que era entonces mi marido. Estaba furioso. «¡Déjame que la llame y le diga que no puede hablarnos así!». Se lo tomó como una intolerable falta de respeto. Yo estaba a punto de sumarme a su plan, pero de repente me detuve. Respiré hondo, y me di cuenta de que lo que acaba de hacer nuestra hija era en realidad uno de los objetivos conscientes de cualquier padre o madre: que nuestros hijos sean capaces de pensar y decidir ellos solos. El único problema era que costaba escucharlo de una niña de doce años. La verdad es que nuestras opiniones *deberían* importarles cada vez menos a nuestros hijos, a medida que se van haciendo mayores y empiezan a conocerse y a escuchar su mente y su corazón. Deberíamos ir dejando poco a poco de ser para ellos las figuras centrales. No deberían tener que ocuparse de nuestros pareceres mientras avanzan en su vida y se convierten, valientes y poderosos, en protagonistas de su viaje.

Es algo que a la mayoría de los padres y madres nos cuesta digerir. Al final, no reprendimos a Maia porque, cuando examinamos con calma su comentario, vimos que lo que había hecho no estaba mal; solo se lo había parecido a nuestros egos. Ella simplemente había expresado su verdad.

La lealtad a las tradiciones

Desde el momento que nacemos, vamos adoptando un legado, unas tradiciones y unas formas de ser institucionalizadas. Si nuestros antepasados hacían las cosas de una determinada manera, eso mismo se espera de nosotras. Así, en nombre de la tradición, se nos roba el derecho a descubrir nuestra auténtica voz y a manifestar nuestro particular destino.

La obediencia ciega a la tradición provoca el primer y principal divorcio interno de nuestra auténtica yo. De esta primera traición, nacen las demás formas de traición. Ese matrimonio con las tradiciones nos hace creer que cometemos un delito o, todavía peor, un pecado si las contradecimos. Cuando empezamos a ver lo insidiosas que pueden ser las tradiciones, nos atrevemos a separarnos de ellas. Las tradiciones son, en cierto sentido, la presión a la que nos someten los muertos. Se nos transmiten como si fueran la ley, y creemos que somos malas si las infringimos. En realidad, no son más que formas de ser que nos atan a la conformidad y la previsibilidad. Nos dan una sensación de control en un universo incontrolable.

Quienes proceden de familias tradicionales se oponen rotundamente a esto que digo. No los culpo. El apego a sus formas de ser es tan fuerte que, naturalmente, mis palabras les provocan rechazo, si no indignación. Si notas que estás tan en desacuerdo con mis palabras que te crean enfado, te aconsejo que pares un momento. Esa resistencia que sientes no surge porque estés oyendo ideas extrañas que son mentira o no tienen sentido; surge porque quizá te estás aferrando a tus maneras de ser establecidas. Cuanto más fuerte te agarres a ellas, mayor será tu reacción a lo que estoy diciendo. Te recomiendo que seas compasiva contigo cuando sientas que aparece esa resistencia y te preguntes «¿Por qué me da tanto miedo soltarme?».

Las tradiciones, aunque excelentes en lo que se refiere a conservar el legado de la cultura, pueden también impedirnos ser conscientes de la realidad de las cosas. Cuando nos criamos en un ambiente en el que se concede importancia primordial a la tradición –ya sea al legado educativo, a las raíces religiosas o a las costumbres propias de una cultura–, nuestra psique se identifica con ella. Cuanto más se nos inculca en la infancia el respeto a las tradiciones, más se funde con ellas nuestra identidad, hasta el punto de que pronto no sabemos ya quiénes somos fuera de ellas.

Nos gusta creer que tenemos libre albedrío, pero ese libre albedrío puede compararse con comer en un bufé, en el que las opciones están determinadas por las preferencias del dueño del restaurante y la habilidad del cocinero. Elegimos entre las opciones que otros ya han elegido. Durante años, ni siquiera elegimos entre ellas, sino que nos tragamos a ciegas las migas que nuestro padre, nuestra madre y nuestra cultura deciden que nos convienen. La ropa que nos ponemos, el Dios al que veneramos, nuestra profesión e incluso nuestro marido, tal vez, son decisión de la familia en la que hemos nacido. Admitir hasta qué punto se nos ha robado la posibilidad de elegir es fundamental para despertar.

Pensamos que somos nosotras quienes elegimos el matrimonio, nuestras carreras, nuestra religión. No es así. Ninguna de esas elecciones es puramente nuestra. Solo cuando comprendemos que nuestra vida se ha alimentado de tradiciones cuyos orígenes están en el pasado, es cuando podemos liberarnos de las amarras de la conformidad robótica.

Hace ya años me di cuenta de que muchas tradiciones, sobre todo las indias, aunque preciosas por un lado y, sin duda, dignas de conservarse en concordancia con el libre albedrío de cada persona, estaban llenas de mensajes sutiles de subyugación, servilismo y patriarcado. El problema no está en las tradiciones en sí, sino en cómo se nos presentan, como si fueran el Santo Grial. El hecho de que esas tradiciones estén ligadas al sentimiento de lo que valemos como seres humanos es el problema. Si se nos ofrecieran como posibilidades, y no como escala en la que evaluar nuestra valía humana, sería otro asunto. Pero lo cierto es que muchas de nuestras tradiciones nos roban la inocencia, al dictarnos que las obedezcamos en lugar de obedecer nuestros propios y estimulantes anhelos.

Abandonar una tradición después de haber vivido establecidas en ella durante décadas significa para nosotras una traición, casi una muerte, y por eso muy pocos dejan atrás sus tradiciones. Es la misma razón por la que más de una persona homosexual vive una lucha atroz consigo misma antes de «salir del armario». En muchos casos siente que está rompiendo la tradición de la heterosexualidad, que es la forma predominante de formar una familia.

Por su naturaleza, las tradiciones se eximen de dejar margen para la creatividad, la espontaneidad y las aportaciones individuales. Su función intrínseca es atarnos al pasado, impedir una indagación seria de si el pasado tiene cabida o no en nuestro presente o nuestro futuro. En lugar de permitirnos y permitir a nuestros hijos entrar y salir de unas y otras tradiciones con soltura, y elegir aquellas que encajen de verdad con la personalidad de cada cual, nos sentimos en la obligación de honrar aquellas que se nos adjudicaron durante la niñez. Cuando los fantasmas del pasado viven en el presente, subconscientemente nos dictan cómo vivir; nos entregan sutiles guiones de cómo eran antes las cosas y cómo «deben ser» ahora. Y presumimos que el sentimiento de obligatoriedad que esas tradiciones nos despiertan es normal.

Es posible que creamos venerar una tradición familiar, pero, tras un examen minucioso, descubramos que simplemente estamos habituadas a él y, por tanto, ciegamente apegadas. La pregunta que necesitamos hacernos es: ¿Mantenemos la tradición porque nos sentimos obligadas, o porque tenemos una relación consciente con ella? A menos que nos atrevamos a preguntárnoslo, seguiremos esclavizadas a lo que nos precedió.

La mujer emancipada es aquella que no acepta a ciegas la falacia de que estamos sujetas por la tradición. Está dispuesta a perder todas las tradiciones –y quiero decir *todas*– si es necesario. A su debido tiempo, quizá decida conservar algunas, pero solo tras haber experimentado lo que significa vivir sin ellas. Al llegar al desnudo paraje de la posibilidad, en el que no existen señales, sabe que el viaje la ha llevado de vuelta a casa, a sí misma.

5. Deconstruyamos los patrones

El hilo enhebrado en la aguja crea el dibujo de nuestra vida.
Las puntadas bordan intrincadas sombras de confuso diseño.
Entrecruzándose y entrecruzándose,
los colores suben y bajan por el tapiz.
Haciéndonos perder de vista dónde empezó todo.
Pronto, nos ponemos la ropa sin saber que alguien
zurció puntada a puntada los agujeros.

Tal vez, uno de los descubrimientos más reveladores para una terapeuta sea que *no vivimos una vida, vivimos un patrón*.

Quiero traspasar contigo las perturbaciones superficiales de tu vida y entrar en una capa más profunda, en la que los patrones que nos dirigen se ven con claridad. Entrar en esta capa profunda es como quitarnos las telarañas de los ojos. La razón por la que la mayoría no seamos conscientes de esos patrones de conducta es que hemos estado hambrientas de dos alimentos: amor y valoración. Tan hambrientas hemos estado que vivimos en un estupor alucinatorio. Atención, aceptación y valoración son los premios que nos obsesionan y que buscamos frenéticamente a cualquier precio.

Como creemos que lo que buscamos solo se puede encontrar en el exterior, la cacería nos lleva de relación en relación y, en ocasiones, de logro en logro. Nos sentimos marionetas en manos del mundo y concluimos que las situaciones *nos ocurren*, y no que ocurren con nuestra participación consensual. Nos sentimos desventuradas espectadoras, sin más posibilidad que la de reaccionar frente a lo que la vida nos impone. Posiblemente hemos actuado como víctimas pasivas, subiendo y bajando igual que un yoyó en respuesta a lo que la vida nos va presentando; pero la verdad es que participamos muy activamente en nuestras experiencias y contribuimos a crearlas. La pasividad es, por tanto, una elección –y muy activa además– disfrazada de no elección. A menos que admitamos que el papel que hacemos de espectadoras pasivas es, en realidad, extensión de una elección activa, nos quedaremos sumidas en él, desdichadas e impotentes ante las consecuencias que ese papel desencadena. Los patrones de esa falta de respuesta ante la vida se establecieron en nosotras en la infancia, cuando se nos enseñó que el amor debíamos obtenerlo de nuestro padre y nuestra madre. Esos patrones nos permitían resolver estas incógnitas:

¿Me quieren?
¿Les importo?
¿Soy alguien?

En lugar de descubrir cómo darnos a nosotras mismas lo que necesitábamos, lo buscamos en el mundo, sobre todo en nuestros padres. A todos los niños y niñas de todos los países se les enseña a intentar obtener la aprobación y valoración de sus mayores. Nuestros padres están en lo más alto de la jerarquía, por supuesto, seguidos de nuestros familiares de más edad y, luego, de nuestros profesores. Esto nos condiciona a depender de ellos. Llevados por el deseo de obtener el amor y el aprecio que creemos que necesitamos de ellos, abandonamos sin dudarlo al ser que en verdad somos, y nos amoldamos.

Por más que se lo explique a mis clientes, tengo que repetirlo muchas veces para que realmente se den cuenta de hasta qué punto están determinados sus actuales patrones de comportamiento por los primeros años de su vida. A nivel emocional, nos cuesta mucho comprender algunas cosas. Si repito esto en particular a lo largo de todo el libro es por esta razón: cuantas más veces lo oigas, expresado de distintas maneras, más consciente serás de la tendencia que tenemos a repetir esos patrones.

Linda es el ejemplo perfecto de alguien que llevaba años haciendo terapia «en serio», pero, por más que se devanara los sesos, no podía entender por qué de repente le provocaba tal ansiedad que en el trabajo le hubieran ofrecido un ascenso. Cuando llegaba el momento de reunirse con su jefe para repasar con detalle cuáles serían sus nuevas responsabilidades, ponía la excusa de que estaba enferma. La reunión se acabó posponiendo para la semana siguiente y, cuando volvió a llegar el momento, la excusa esta vez fue que estaba enfermo su hijo.

«¿Qué me pasa? –me preguntó–. Siempre he querido ese puesto y, ahora que me lo han ofrecido, estoy aterrorizada». Lo que le pasaba a Linda es que estaba paralizada por el miedo al fracaso. Nos llevó varias sesiones deconstruir las raíces de ese miedo. Se había criado en una familia muy religiosa y estricta y había aprendido desde pequeña que, para evitar el castigo, tenía que ser perfecta. Eso había hecho en todos los aspectos de su vida: había destacado en el terreno académico, estaba en estupenda forma física, se había casado con un próspero empresario, y estaba educando a sus hijos para que fueran hombres de éxito. Parecía tenerlo todo bajo control, hasta que llegó el momento del derrumbe.

Una vez que deconstruimos su pasado y establecimos conexiones con el presente, quedó claro que no podía sino pensar que iba a fallar en el nuevo trabajo. Se sentía insegura. Como cuando era niña, le aterraba que la fueran a castigar. Tan enredada estaba en su pasado, que no se daba cuenta del efecto que tenía en su realidad presente. Los miedos pasados se habían apoderado de ella y se había quedado inmovilizada, como solía quedarse de niña. «Cuando era pequeña, me escondía en mi armario, aterrada por la ira de mi padre. Esperaba allí a que se hiciera de noche y, cuando estaba segura de que mi padre estaba ya dormido, me atrevía a arrastrarme hasta mi cama». Linda estaba repitiendo ahora aquel trauma emocional. Le daba miedo no estar a la altura, y tener que sufrir el escarmiento, así que se escondía en el «armario».

Ya comenté en otro apartado que, por ósmosis, aprendemos a prestar atención a cómo actúan nuestros padres con nosotras e imitamos a continuación su comportamiento. Linda aprendió a crearse una personalidad perfeccionista para evitar el castigo. Sin embargo, ahora que era una mujer adulta, esa personalidad la tenía paralizada y estaba obligándola a sabotear su progreso profesional. De pequeñas, cada vez que nuestro ego se pone en primer plano, hacemos lo que sea necesario para que nuestros padres se fijen en nosotras. Nos convertimos en niñas complacientes o en payasas, en rebeldes furibundas o en obedientes discípulas. Representamos el papel que se nos pide, o nos retiramos de escena. Decimos a todo que sí en total pasividad, o nos desviamos agresivamente del modelo. Nos agitamos y forcejeamos, progresamos y retrocedemos, lo que haga falta con tal de recibir el amor y la aprobación que buscamos. Y así comienza la danza de la inautenticidad. Total, ¿qué más da que abandonemos a nuestra auténtica yo mientras tengamos la sensación de que se nos quiere? Creíamos que era la vasija de oro al final del arco iris.

Las experiencias emocionales más destacadas que vivimos de niñas se convierten en nuestro modelo, el patrón que ahora inconscientemente reproducimos. A ellas me refiero cuando hablo de los sentimientos heridos que nos dejó la niñez. De niña, sentir el dolor interior da demasiado miedo. Es mucho más fácil no sentir, y es a lo que el ego nos ayuda, formando un duro caparazón alrededor del dolor y construyendo, con toda esa energía herida, una personalidad falsa. Una vez que descubrimos el patrón base desde el que nos relacionamos con la gente y con lo que sucede, lo vemos asomar por todas partes. Y esos patrones son más evidentes que nunca cuando nos enfrentamos a una situación que sentimos que nos pone a prueba, y regresamos automáticamente a la estrategia instintiva que empleábamos cuando éramos niñas.

En mi trabajo de terapeuta, veo que no solo reproducimos un patrón, *somos* el patrón. El patrón se convierte en nosotras, o, dicho de otra manera, el ego se convierte en nosotras. Creemos que somos la personalidad que adoptamos para sobrevivir en la infancia y, en vez de adaptarnos a la novedad de cada momento, lo reinterpretamos para hacerlo coincidir con la plantilla del pasado. No vivimos con espontaneidad, respondiendo momento a momento con autenticidad a lo que la vida nos presenta, sino que, tensas y preparadas siempre para reaccionar, nos lanzamos como un péndulo desbocado hacia un extremo o hacia el otro dependiendo de las señales que nos lleguen del exterior.

No es fácil darse cuenta de que la manera en que reaccionamos ante una situación difícil es una repetición del pasado. Hasta tal punto estamos fundidas con ese patrón base que no comprendemos que todos los patrones son en realidad sistemas de defensa que hemos incorporado y que inyectamos al momento presente. Todo parece tan real. Lo bueno es que, una vez que descubrimos que estamos repitiendo un patrón emocional, podemos empezar a desmantelar esas formas de comportamiento profundamente arraigadas.

La diferencia entre autenticidad y bondad

Cuando advirtamos que somos adictas a buscar el amor fuera de nosotras, quizás nos atrevamos a preguntarnos qué significa darse amor *a una misma*. ¿Qué significaría para ti valorar tanto tu saber que les cerrara el paso a las opiniones de los demás? ¿Podemos de verdad honrarnos y respetarnos a nosotras mismas hasta ese punto? Cuando empecemos a hacer esta indagación tan seria, es probable que nos deje atónitas descubrir lo poco que nos valoramos. Las respuestas podrían ser:

> No, no puedo darme amor y consideración.
> No, no confío en mi opinión ni en mi saber.
> No, no creo que sea suficientemente importante como para que me escuchen.

Es posible que nos demos cuenta de la poca importancia que nos damos y de lo poco que apreciamos nuestra voz interior. Preferimos que sean los demás los que nos hagan sentirnos importantes que descubrir dentro de nosotras que los somos. Si piensas seriamente en ello, tal vez te resulte evidente el desprecio y la crueldad con que nos tratamos. ¿Cómo demonios aprendimos a menospreciarnos y descalificarnos de esta manera?

Darnos cuenta de que nuestra desconexión interior perpetúa la renuncia a hacer uso de nuestro auténtico poder puede sacudirnos hasta la médula. Es posible que incluso nos saque de golpe del delirio de sentirnos víctimas y echar la culpa de todo a los demás. Quizá, por primera vez, veamos con claridad que somos las tramoyistas de nuestro teatro, las veinticuatro horas del día dedicadas a disponer la utilería para escenificar nuestro fallecimiento interior. La maldad no está fuera. Nuestras parejas simplemente representan el papel que les asignamos en nuestra vida. Nunca son ellas quienes tienen el poder, sino nosotras.s

Para cambiar, tenemos que ser conscientes de lo que sucede en nuestro interior. Tenemos que consultarnos en cada momento y preguntarnos lo siguiente:

> ¿Estoy actuando así por obligación, porque siento que es mi deber, o por autenticidad y en armonía conmigo misma?
>
> ¿Estoy actuando así por miedo a perder el amor de esta persona, o por el poder que nace del amor a mí misma?
>
> ¿Estoy actuando así por un sentimiento de escasez y de temor a cómo podrían ser las cosas, o por la abundancia de lo que es?
>
> ¿Estoy a falta de lo necesario para el futuro, o en posesión del poder que necesito en el presente?
>
> ¿Estoy actuando así por el deseo de complacer a esa persona, o por el deseo de complacerme a mí?
>
> ¿Estoy reproduciendo un patrón del pasado, o respondiendo con franqueza al presente?

¿Nace de la autenticidad y el autogobierno alguna de nuestras motivaciones, o la mayoría de ellas están impulsadas por una carencia interna que emana del vacío que ocupa el centro de nuestro ser? Porque, en este caso, es bastante probable que todas nuestras motivaciones estén vinculadas al deber, basadas en el miedo y enfocadas en la carencia. A medida que nos damos cuenta de estas desconexiones internas, resulta cada vez más evidente que necesitamos dar un giro hacia un nuevo espacio de conexión. Pero ¿cómo? ¿Qué favorece un estado de conexión interior?

La respuesta nos lleva siempre de vuelta a la quietud interior y la reflexión. Cuanto más nos sentamos en silencio con nosotras mismas en estado reflexivo, más nos damos cuenta de lo que sucede en nuestro interior. Empezamos a depender de nuestra propia compañía y a disfrutar de nuestra amistad. Aprendemos a ser compañeras de nuestro ser interior y a valorar sus opiniones, deseos e ideas. Básicamente, empezamos a cortejar a nuestra auténtica yo.

Si estamos atentas a nosotras mismas, nos sorprendemos a menudo en el acto de la traición mientras está sucediendo. Cuando nos damos cuenta de que estamos a punto de infravalorarnos, damos un giro. Cuanto más captamos esos actos de abnegación, más conscientes somos de los momentos en que acallamos nuestra voz interior y empezamos a hablar como autómatas. Al principio, tal vez ni siquiera seamos capaces de diferenciar nuestra voz del eco de la de los demás, pero poco a poco vamos aprendiendo. Es posible que tardemos meses, o muchos años, pero un día finalmente habremos llegado a un nuevo estado en el que la aguja empiece a desplazarse de fuera hacia dentro, del deber autoimpuesto a la autenticidad, de la escasez a la abundancia, del miedo a la emancipación. El resultado natural de estos cambios es un floreciente sentimiento de amor por quienes somos. Antes de que nos demos cuenta, empezamos a tenernos la misma estima y respeto que antes les teníamos a los demás.

Cuando el seísmo emocional transforma por completo el desprecio en amor, entendemos por primera vez nuestro auténtico poder y propósito. Finalmente, reconectadas con nosotras mismas, nos sentimos también íntimamente conectadas con toda la vida que nos rodea. Este es el poder que emana de amar y honrar al ser que somos.

El papel del papel

Rindo homenaje a lo largo del libro a la influencia que tiene en nosotras el ego porque comprenderlo es imprescindible para despertar. A menos que seamos capaces de detectarlo mientras actúa, estaremos bajo su control y nunca podremos florecer por completo como adultas espiritualmente despiertas.

El ego es un aliado importantísimo y necesario; suelo decir que es como la cáscara del huevo, que protege al polluelo antes y durante la eclosión. Ahora bien, si la cáscara se mantiene para siempre intacta, acabará matando al polluelo cuya protección era su razón de ser. La evolución espiritual nunca tiene como objetivo aniquilar el ego ni reprobar el papel que hace. El objetivo es solo comprenderlo y, gracias a esa comprensión, dejar de necesitarlo.

Cuando detectamos al ego en acción, debemos recordar que está protegiéndonos de las heridas de la niñez. Dado que es así, proviene siempre de una carencia, y esto significa que, una vez que hayamos desenterrado los sentimientos no resueltos que la constituyen, podremos sanar lo que está herido. Al empezar a desenterrarlos, descubrimos la cantidad de maneras distintas en que compensábamos el dolor que sentíamos y cómo en realidad todas ellas nos alejaban más y más de nuestra verdad.

Nuestra auténtica yo está dentro de nosotras, relegada bajo los sentimientos de la niña herida. A medida que vamos siendo cada vez más conscientes de quiénes somos realmente y el dolor se cura, nuestra verdad empieza a aflorar radiante y clara. El camino de la curación supone reconocer las distintas máscaras del ego en nuestras formas habituales de comportarnos, así como aprender a detenernos cuando las vemos. Esa pausa nos da la posibilidad de profundizar, haciéndonos preguntas como: ¿Qué está protegiendo el ego? ¿Qué puedo poner de mi parte para dulcificar las experiencias dolorosas de la infancia y no tener que recurrir a una falsa personalidad?

Con solo detenernos y enfocar la atención en los comportamientos del ego, instantáneamente evitamos que nuestra energía los alimente. Poco a poco, el ego se empieza a debilitar. Dirigimos la energía hacia donde es necesaria y, gracias a ella, nuestra voz de niñas tiene la oportunidad de expresar sus miedos. A diferencia de lo que sucedió entonces, esta vez *se la escucha*. Por primera vez, quizá, los miedos de la infancia se atenúan.

Mirarse al espejo es lo más difícil del mundo. Nadie quiere admitir que su desdicha es obra suya; nadie. Es demasiado doloroso. Es mucho más fácil vivir creyéndonos inocentes e ignorar nuestra participación activa. La clave está en no perder de vista el ego, siempre tan escurridizo. Lo más tramposo de los patrones del ego es que se manifiestan de manera distinta cada vez, y nos pillan tan desprevenidas que creemos que el común denominador de todos ellos somos *nosotras*. Hasta tal punto nos encandila con sus disfraces que nos los creemos, convencidas de que todos ellos son nuestra auténtica yo, cuando en realidad no son más que repetitivos patrones de inautenticidad.

Por eso hay un mayor índice de fracasos en las segundas nupcias que en las primeras. No somos conscientes de los patrones que nos rigen. El ego nos hace creer que nos estamos enamorando de alguien completamente distinto de nuestra anterior pareja porque esta vez es rubia en vez de morena, o contable en vez de pianista. Como la presentación es diferente, pensamos que la experiencia también lo será. Poco imaginamos que, bajo las apariencias, se oculta la misma configuración emocional que dirigió nuestra anterior relación amorosa.

A los pocos meses de empezar una nueva relación después de separarnos, o no mucho después de haber vuelto a contraer matrimonio, si es lo que hemos elegido, los viejos patrones afloran. Y esta vez, toleramos mucho menos las tonterías que en el primer matrimonio. En algunos casos, solo al cabo de varias relaciones nos damos cuenta de que seguimos atrayendo a nuevas parejas, pero todas con los mismos patrones emocionales.

¡Ay, las innumerables caras del ego! En el trabajo, por ejemplo, a veces los patrones de comportamiento se manifiestan en dilaciones, en un jefe acosador, o en una compañera en la que no se puede confiar. Como hasta ahora nunca nos habíamos encontrado en una situación idéntica, nos dejamos engañar por su novedad aparente y reaccionamos a cada detalle como si fuera nuevo por completo. Con el tiempo, empezamos a sentirnos de la misma manera que en el anterior trabajo o situación: fatigadas, inquietas y aburridas. O impotentes. Entonces nos preguntamos: ¿Cómo he llegado otra vez aquí? ¿Qué me hace sentirme de esta manera? ¿Por qué estoy de vuelta en el punto de partida? No se nos ocurre que estamos en lo que Freud llamó «compulsión de repetición». Repetimos compulsivamente la misma experiencia emocional una y otra vez.

La consciencia de nosotras mismas es la exterminadora del ego. Lo desinfla. Por eso ser conscientes es siempre el primer paso. Ser conscientes de la realidad es siempre el comienzo. Presentes con nuestros patrones de comportamiento nos preguntamos:

> ¿Qué caras suele poner mi ego?
> ¿Qué lo provoca fácilmente?
> ¿Cómo se comporta una vez que se ha activado?
> ¿Qué recompensa recibe?
> ¿Qué está tratando de proteger dentro de mí?

Al hacer las preguntas adecuadas, impedimos que el ego se haga con el poder y domine nuestra vida. La valentía de volvernos hacia dentro y responsabilizarnos de nuestra totalidad difumina instantáneamente el poder del ego y le permite retirarse. Lo que aflora entonces en el centro del escenario es nuestra yo más auténtica, que ya no tiene miedo de ser transparente, de mostrarse desnuda y real. Los días en que necesitábamos usar las fachadas del ego como escudo han quedado en el pasado. Un mañana nuevo está en el horizonte.

6. Mudar la piel

Llega un momento en que la niña de ayer muere.
Un momento en que sus viejas heridas de repente dejan de sangrar.
Un momento en que las cadenas que la ataban de repente se derriten.
Un momento en que su búsqueda de redención toca a su fin.
En que finalmente llega al amanecer
de su renacer espiritual.

Este capítulo es un recorrido por diversos aspectos de mi viaje personal. Aunque cuento detalles de mi camino particular, te pido que lo leas a través, también, de la lente de tu vida, porque tal vez mis palabras te sirvan de espejo en el que ver reflejados tus propios retos y adversidades. Si extrapolas mis experiencias a tu vida, te harán darte cuenta de muchas cosas.

Mientras lees, pregúntate ¿Qué relación tiene esto con mis luchas? ¿Cuándo sentí algo parecido, y cómo puedo emplear su proceso para que mis decisiones sean más conscientes? En esta investigación profunda es donde el libro te será de mayor utilidad. Para hacerla, se necesita quietud interior y estar dispuesta a reflexionar en serio. Confío en que lo estás.

Ahora sé que mi momento de claridad fue a la vez un trauma y una revelación. Sabía con toda certeza que no podía continuar más con mi matrimonio tal como estaba. Algo tenía que cambiar: o yo, o el que entonces era mi marido, o absolutamente todo.

Mi exmarido era el único hombre con el que había estado, desde hacía veintidós años, y nunca me había imaginado la vida sin él. Habíamos crecido y madurado juntos, y luego nos habíamos distanciado. Hasta que la balanza se inclinó definitivamente hacia el distanciamiento, habíamos estado plenamente casados y comprometidos con nuestra relación. Durante esos veintidós años, nunca miré más allá de él ni de la relación.

Un sinfín de causas y efectos condujeron al día en que me desperté sabiendo con claridad meridiana que mi matrimonio tenía que terminar. ¿Cuáles fueron esas causas y efectos? La primera causa se remonta a mi condicionamiento infantil, como en todos los seres humanos. Esas causas habían establecido en mí estructuras psicológicas que me hacían traicionarme sin el menor esfuerzo. Como efecto de ellas, se crearon patrones de relación por los que me dejaba aplastar sin hacer nada por expresar mi auténtico poder. Luego, haberme quedado paralizada me llenaba de vergüenza, y esta a su vez daba paso a una mayor represión y silenciamiento.

Mi exmarido añadía a esto sus propias causas y efectos de la niñez, así que juntos creamos nuestra particular dinámica conyugal. Las heridas infantiles aún abiertas de ambos establecieron patrones en los que a mí me correspondía el papel de cuidadora y protectora emocional, intentaba hacer de reparadora, salvadora y sanadora. El resultado de representar esos papeles era que mis necesidades se quedaban sin atender. En mi interior, el pozo se fue secando y me dejó un sentimiento de escasez.

Durante mucho tiempo, hubo tantos momentos en que apreté la mandíbula y me callé por mantener la paz, tantos momentos en que me tragué la dignidad por mantener la familia intacta. Cuando quería decir no, no lo hacía; movía la cabeza en señal de asentimiento.

Cuando quería hacer valer mi voluntad, no lo hacía; me convencía de que mis deseos no merecían tenerse en cuenta. Tenía tanto miedo a complicar las cosas y a que mi marido pensara que me gustaba crear problemas, que hacía todo lo humanamente posible por salvar la situación. Me decía: «¡Si me esforzara por ser más amable, seríamos más felices! Si estuviera más delgada, el sexo nos iría mejor. Si ganara más dinero, disfrutaríamos más de la vida». Arremetía contra mí misma constantemente, me reprendía por no ser «como había que ser». Por miedo a su reprobación y a que me dejara de querer, intenté convertirme en la mujer de todas sus fantasías. Tan obsesionada estaba con que se sintiera bien, que perdí por completo hasta la última conexión conmigo misma.

Cada vez que notaba que mi marido estaba a disgusto, lo achacaba a mi ineptitud; no cabía duda de que era por algo que yo no había hecho lo bastante bien. Pronto, ese «no ser capaz de hacer nada lo bastante bien» de Shefali era lo que definía la historia del matrimonio y mi trauma. Seguí intentando hacer las cosas cada vez mejor: ser doña más perfecta, doña más generosa, doña más sexi. Lo que quiera que hubiera que hacer, estaba dispuesta a hacerlo. Y luego, veintidós años más tarde, todo se paró en seco. No me había dado cuenta de que el depósito del combustible estaba vacío desde hacía varios años. Literalmente, se me habían agotado los recursos. Literalmente, no tenía nada más que dar; había llegado al límite de mis capacidades.

En todas las parejas, cada miembro aporta sus propias causas y efectos, y les corresponde a cada uno y cada una investigar cuáles son y cómo influyen en la dinámica de la relación. Lo único que de verdad sirve es responsabilizarnos de las causas y efectos que son nuestros, en vez de culpar a la otra parte. Cuando las cosas no son como nos gustaría, solemos hacer todo lo posible por controlar o cambiar al otro. Esta es a menudo la primera estrategia que elegimos. Yo lo hice durante años. Vivía esperando a que mi exmarido dejara de comportarse de determinadas maneras para yo poder respirar. Tras muchos intentos infructuosos por hacerle cambiar, desperté y me di cuenta de que la única persona que necesitaba cambiar era yo.

Al final, un día tenemos la gran revelación de que evolucionar y madurar depende de nosotras, no del «otro». En lugar de enfocarnos en la otra parte, debemos enfocarnos en lo que a nivel emocional hemos aportado nosotras, y preguntarnos, por ejemplo: ¿Cómo estoy reaccionando a su comportamiento? ¿De qué forma contribuyen a su comportamiento mis propios comportamientos condicionados? ¿Qué me mueve a la hora de decidir? ¿Cómo estoy participando en esta dinámica cíclica?

En cualquier situación, siempre tenemos tres opciones: quedarnos y aceptar las cosas como son; cambiar las cosas (ya sea a nosotras mismas o al otro), o irnos. ¿Cuál elegimos? Con frecuencia, vamos y venimos de una a otra durante años, inquietas y dubitativas. Nos damos cuenta de que, en última instancia, el poder para cambiar nuestra vida recae en nosotras, y a veces nos enfada que sea así. Entonces nos indisponemos contra el otro por obligarnos a tomar una decisión tan difícil, lo cual pone de manifiesto nuestra inmadurez espiritual, ya que nadie puede obligarnos a decidir. Son nuestras propias causas y efectos las que crean esa lucha con nosotras mismas. No hay nadie afuera a quien culpar. Al darnos cuenta de esto, ponemos fin al victimismo y dejamos de vivir sometidas a las limitaciones del pasado.

Cuando empecé a despertar, lenta, «centimétricamente», me di cuenta de que tenía que dejar de esperar a que mi exmarido cambiara sus patrones de comportamiento y, en lugar de eso, poner fin a los míos. Tenía que cambiar lo que estaba haciendo. Si pensaba que le estaba dando demasiado, pues, en vez de rogarle que dejara de tomar tanto de mí, tenía que cambiarme yo y sencillamente dejar de darle tanto. Esta era la impactante y sencilla verdad. Por supuesto, esto significaba poner límites, algo que se me daba francamente mal. Tenía que empezar a decir no, cuando llevaba décadas diciendo sí. El impacto sísmico que tuvo en el matrimonio fue muy serio.

A medida que iba investigando y comprendiendo, empecé a crear nuevas causas y efectos en mi estructura psicológica y, al hacerlo, del modo más natural dejé atrás los vestigios de la «antigua Shefali» y entré en nuevas versiones de mí misma. Empezaron a salir de mi boca frases distintas y se establecieron nuevos límites; incluso la comida que me llevaba a la boca cambió. Mi forma de vestir cambió drásticamente; cambió la postura de los hombros, el ángulo desde el que establecía contacto visual, el gesto de la barbilla cuando hablaba. Hubo cambios sutiles pero profundos en mi yo externa a medida que mi yo interna empezaba a evolucionar. La gente comentaba que tenía un nuevo *look*. Sí, era el *look* de una mujer despierta.

Naturalmente, la dinámica de poder en el matrimonio sufrió una sacudida. Las reverberaciones provocaron enormes grietas en el sistema, y un camino flanqueado de muros que amenazaban ruina nos llevó hacia lo desconocido. Las ciudadelas y fortalezas que habíamos imaginado que nos protegían se empezaron a derrumbar. Pronto había escombros por todas partes. Aún estaba por verse si el equipo de restauración sería capaz de implementar un nuevo plan urbanístico en lo que había sido la antigua ciudad.

Cuando cambiamos de raíz el modo de comportarnos, provocamos una alarmante desestabilización del *statu quo* de nuestras relaciones y, como es natural, quienes estaban acostumbrados al antiguo régimen protestan. Vaya que si protestan. Quieren que todo vuelva a ser como antes y se oponen a los cambios que estamos haciendo. El enfrentamiento es inevitable, y en ese momento la pareja puede elegir cómo resolverlo: o la parte que ha empezado a cambiar detiene su evolución, que es lo que suele suceder, o la parte que se resiste al cambio deja de resistirse y acoge con alegría la evolución de su pareja.

En mi caso, no ocurrió ni lo uno ni lo otro. Ni él ni yo cambiamos lo suficiente como para fluir juntos. ¿El resultado? Una presa emocional. Una situación que no éramos capaces de resolver. Creo que, en cierto sentido, los dos sabíamos que era inútil; había demasiada distancia entre nosotros. Pese a lo doloroso que era, nos dimos cuenta de que el movimiento de separación era inevitable.

Cada paso que daba hacia mi yo despierta me creaba irremediablemente una profunda lucha interior. Estaba perpleja, llena de dudas, indecisión y miedo y, en algunos momentos, absoluto terror. Lo único cierto y que me hacía seguir adelante era que no tenía elección: o continuaba viviendo como hasta entonces y seguía negando mi auténtica yo, o permitía que la nueva parte de mí creciera y continuara forjando el camino del despertar.

Todos los aspectos de mi vida fueron objeto de revisión drástica cuando empecé a despertar: no solo aquellos relacionados con mi matrimonio, sino los de todas mis relaciones. En situaciones en que antes me retraía y me quedaba callada, ahora me atrevía a protestar y a cuestionar. En las que antes cedía y me sacrificaba, ahora me atrevía a pensar en mí primero. En las que antes me dejaba pisotear, ahora le ponía límites al poder de los demás sin inmutarme. ¿Y sabes qué dos cosas dejé de hacer por encima de todo? Extenderme en explicaciones y suplicar que me valoraran.

Durante mucho tiempo, había tenido la costumbre de dar explicaciones para que se me considerara «buena». Finalmente descubrí un estado en el que me daba igual que se me considerara «la mala». No me importaba que se me malinterpretara, ni siquiera que se me malinterpretara seriamente. Al final, descubrí un estado en el que la única persona de la que necesitaba valoración era yo. Descubrirlo supuso un paso inmenso en mi evolución. Había dejado de inquietarme que a la gente le inquietaran las cosas que yo decía o hacía. Antes habría sido impensable. Y por fin, al cabo de tantos años, no me alteraba. Sin duda hizo falta muchísimo tiempo, pero una vez que llegué a ese estado, ¡ah, qué victoria tan dulce fue! Fue una bienvenida de vuelta a *mí*.

Mis numerosas y profundas reverberaciones internas habían empezado a cambiar el mundo que me rodeaba. La yo despierta tuvo un impacto en todos los aspectos de mi vida, el trabajo incluido, y pronto empecé a tomar otro tipo de decisiones profesionales y a asumir riesgos como no había hecho nunca. La mariposa batía al fin sus alas y estaba a punto de emprender el vuelo. Ya no podía seguir enjaulada. El cielo abierto la esperaba, y echó a volar, al fin sin trabas, libre.

Lo que pasa cuando las mujeres despertamos es que honramos al ser que somos, y ese respeto nos permite establecer nuevos límites personales, algunos de ellos innegociables. Suele ser intimidador establecerlos, pero es un paso esencial en el camino de la evolución. Vemos la vida tal como es, y no como de niñas fantaseábamos que era. A la niña que hay en nosotras, la despertamos y la animamos a que asuma su poder. Si no se nos trata con respeto, nos levantamos y nos vamos; sin excepciones. Si la falsedad flota en el ambiente, decimos adiós. Cada vez que nuestra antigua mártir aparece, con amabilidad pero con firmeza, le indicamos dónde está la puerta. Los sentimientos intensos han dejado de atemorizarnos, celebramos su presencia. Libre de las mil voces interiores y sus críticas, la vida se nos presenta sencilla y clara. Si queremos hablar, hablamos. Si queremos llorar, lloramos. No hay nadie a quien pedir permiso ni nadie a quien culpar. Somos ahora nuestra propia madre, amante y amiga íntima. Somos ahora nuestro propio árbol generoso.

No te equivoques, yo tardé años en llegar a esto y recibí toda clase de ayuda. Lo digo porque no quiero darte la falsa impresión de que es como contar uno, dos, tres ¡y listo! Ser madre, sin duda, hizo que el proceso fuera más costoso; a veces era un peso casi imposible de soportar. Para las mujeres, compaginar la evolución personal con la crianza puede suponer una dificultad mayor que para los hombres. Porque nos tomamos más a pecho la responsabilidad de atender a las necesidades de la familia, nos causa un dolor muy profundo sentir que, de alguna manera, estamos abandonando a nuestros hijos.

A mí me daba miedo cambiar demasiado el *statu quo* de mi matrimonio porque sabía que a mi hija le afectaría. A veces, me daban ganas de detener el vuelo por temor a que a ella pudiera cortarle las alas. Su bienestar me importaba más que el mío, sin ninguna duda. A la menor señal de alarma, estaba dispuesta a parar en seco mi despertar para que ella se sintiera igual de cuidada que siempre. La lucha interior era terrible; en algunos momentos, una auténtica tortura.

¿Cómo elige una madre entre el bienestar de sus hijos y su propia liberación? Es casi imposible. Al final, del único modo que puede seguir avanzando es creyendo con total certeza que su avance será bueno para todos. Solo cuando está plenamente convencida de que, a pesar de la comodidad momentánea que supone, quedarse donde está será más perjudicial para ella y para todos que pasar por las tribulaciones de la transformación, es cuando se atreve a dar un paso más.

Así fue en mi caso. Veía con tal claridad mi grado de «marchitamiento» que sabía que, si me quedaba, no podría ser para mi hija la madre que ella se merecía. Entendí que quedarme estaba haciendo peligrar mi salud mental hasta tal punto que iba a ser mejor para ella que me fuera y recuperara la estabilidad. Sabía que sería para ella mucho mejor madre y modelo de mujer fuera de aquel matrimonio que dentro de él.

Tomar estas decisiones, a ninguna nos resulta fácil. El camino se empieza a aclarar al cabo de años de intensa atención a nosotras mismas y de búsqueda del alma. Un verdadero renacer es aquel que finalmente se traduce en la evolución de todas.

Pero ¿y si no ves con tanta claridad como yo que la única alternativa posible es seguir adelante? Muchas mujeres se quedan en una relación infeliz atrapadas en la indecisión y el *statu quo* durante años. Les parece igual de traicionero quedarse agarradas al borde de la cornisa que saltar. Ni en lo uno ni en lo otro ven posibilidad de redención. La pregunta ¿debería quedarme o *me debería ir*? es una constante en su cabeza durante décadas. A esas mujeres, siempre les digo que aún no ha llegado su momento de tomar la decisión definitiva. Tan temibles son a sus ojos las dos opciones, que no encuentran el valor para decidirse ni por la una ni por la otra. Procuro tranquilizarlas; les digo: «No es el momento, y es fundamental aceptarlo. Porque cuando lo hacemos, nos rendimos al actual estado emocional y honramos su vaivén».

Por ahora, debemos permanecer serenas y atentas en ese estado, y para ello necesitamos fuerza emocional y perseverancia. No es una derrota ni es pasividad permanecer serenas con lo que sentimos, sino más bien un acto de sabiduría, siempre y cuando observemos atentamente cada instante del proceso. De hecho, hablo de ese «permanecer serenas» con lo que está sucediendo como si fuera una estrategia espiritual legítima porque para mí lo es. Es mucho lo que se puede ganar de permanecer serenas con la lucha, observando la batalla con respetuosa amabilidad y dejando que los pros y los contras eleven la cabeza, a veces los unos, luego los otros, sin inclinarnos en favor de ninguno de los dos. Ambas partes están presentes para contar su historia y enseñarnos algo valioso. Si nos impacientamos y actuamos sin estar maduras, podemos tomar una decisión precipitada que a la larga tenga aún peores consecuencias. Por tanto, ni nos menospreciamos por ser lentas ni nos apresuramos a llegar a una conclusión. Esta es, de hecho, una parte importante del proceso de investigación y organización. Si nos la saltamos porque ese estado de ambigüedad nos resulta insoportable, habremos pasado por alto aspectos esenciales del proceso de evolución.

Lo sabio es hacer las cosas cuando llega el momento adecuado. Se podría hablar mucho sobre la idoneidad de los momentos en el avance espiritual. Esto quiere decir que avanzamos solo si la llamada es clara y alta. Suele suceder cuando nuestra conciencia interior encuentra su par en el mundo exterior, y la realidad interior y exterior se alinean. No podemos más que esperar a que esa alineación llegue. Mientras no se nos presente con claridad qué hacer, debemos acogernos a la frase «Todavía no estoy lista» y dejar que la falta de claridad sea nuestra compañera de cama, con la confianza de que en ese estado de rendición a la vida se nos presentará el camino por seguir cuando sea el momento oportuno.

Cuando las mujeres nos atrevemos a tomar decisiones valientes, solemos temer cómo reaccionará nuestra pareja. ¿Responderá con ira o con compasión? Si ocurre lo primero, es posible que sintamos terror. Nuestra seguridad física podría estar en peligro; los hombres son por naturaleza más fuertes y agresivos y pueden llegar a suponer una amenaza física. Pero, en realidad, ni siquiera importa si nuestra pareja es un hombre o no. A veces, incluso si la otra parte es una mujer, que se vuelve agresiva cuando algo la hiere, la experiencia puede ser francamente aterradora. Permitirnos sentir esos temores es fundamental para abrirnos nuevos caminos. Son patrones emocionales que deben romperse, pero primero honrando nuestros miedos, y luego ideando formas de liberarnos de ellos. Cuando permitimos que alguien nos oprima del modo que sea, surge automáticamente el miedo. Es cuando nos damos cuenta de que le hemos cedido a otra persona nuestro poder, cuando podemos responsabilizarnos de la parte que nos toca y crearnos una identidad nueva.

Las mujeres cuya pareja podría poner en peligro sus vidas ya no tienen tiempo; es así de triste, pero es la simple realidad. En el instante en que se produce la menor agresión física, les insisto enérgicamente a mis clientas que se vayan. En este caso, no hay nada que decidir; la decisión está grabada en piedra desde el primer abuso físico que sufrieron. Ya es demasiado tarde para estas mujeres. Son mujeres que tienen tendencia a culparse por el peligro en el que se encuentran. Tan negativa es la opinión que tienen de sí mismas, que no encuentran la dignidad suficiente para salir de la situación de abuso. Con frecuencia, sus hijos tienen además un papel muy importante en ese miedo a marcharse. Estas mujeres en particular necesitan aprender que hay una diferencia entre el miedo y el terror. El primero puede ser un componente quizá inevitable de cualquier crisis; el segundo es una señal definitiva para marcharse. Cuando el miedo cruza la línea y se convierte en terror, aunque solo haya ocurrido una o dos veces, una mujer debe actuar de inmediato, incluso aunque signifique idear una estrategia de salida.

No podemos permitir que nuestros hijos y nuestras hijas cometan los mismos errores que nosotras, ni ellos pueden permitírselo. Necesitan aprender que, en definitiva, no hay excusas para un comportamiento dañino, da igual lo «encantadora» que sea la mayor parte del tiempo la persona que nos hace daño. Sobre todo, necesitan aprender que no pueden tolerar vivir con miedo, menos aún con terror, de otro ser humano bajo ninguna circunstancia. Cuando les infundimos valentía a nuestras hijas con un terminante «nunca toleres ninguna forma de opresión», les damos luz verde para que salgan de cualquier situación abusiva, sin excepciones; no hacen falta preguntas ni vale ninguna excusa. Lo mismo que nunca deben conducir en estado de ebriedad, nunca deben permitir que una relación de abuso las intoxique. Nuestro mandato es ayudarles a darse cuenta del poder que tienen sus decisiones, y de su derecho a ejecutarlas. Empieza por nosotras.

Al ser criadoras por naturaleza, las mujeres somos reacias a tomar decisiones que pueden causar trastornos en la vida de otros. Nos preocupamos tanto por el bienestar de los demás que acaba por abrumarnos e impedirnos pensar siquiera en cuidar de nosotras. En mi caso, además del miedo a cómo podrían afectarle a mi hija las decisiones que tomara, tenía miedo a cómo reaccionarían los numerosos miembros de nuestras familias. Tenía miedo de hacerles daño a los padres de mi exmarido y a los míos, todos ya muy mayores. Sentía que la familia de él era mi familia, y todavía lo siento. ¿Me seguirían queriendo? ¿Se enfadarían conmigo? El riesgo de perder toda conexión con ellos era considerable.

Luego estaba mi comunidad. ¿Cómo se sentirían todos? ¿Me juzgarían por no ser «una madre consciente»? Al fin y al cabo, había escrito libros sobre el tema, y entre ellos uno titulado *Padres conscientes*. ¿Era posible que dejar mi matrimonio hiciera que mis seguidores me dejaran a mí? Me consolaba pensar que nunca había descrito de un modo convencional a un padre o una madre conscientes, o a una familia despierta. Si acaso, había subrayado una y otra vez que era la autenticidad lo que los caracterizaba. Te cuento esto para que sepas cuáles eran mis luchas y mostrarte que yo también tenía mucho miedo y dudaba de mí.

No quiero que las mujeres que estáis leyendo esto tengáis miedo de que, si despertáis, vuestros matrimonios vayan a terminarse; en absoluto. Que la dinámica de la relación cambie porque uno de los miembros ha despertado no significa que la relación se tenga que disolver. Muchas veces, las dos partes son capaces de adaptarse, evolucionar, crecer juntas y entrar en un nivel nuevo de consciencia conyugal. Cuando sucede, es algo sencillamente precioso. En muchas parejas, a cada parte le entusiasma que la otra parte evolucione, y cada una procura cambiar a su vez para mantenerse en sintonía con la otra. Algunas lo consiguen y otras, no. A las que no lo consiguen, no se las puede juzgar. Y en las parejas que sí, la evolución espiritual se convierte en un asunto de familia. Lo he visto muchas veces en mi trabajo, y es un proceso enormemente alentador para todos.

He hablado con frecuencia del miedo en este libro. Si estas páginas contienen un mensaje esencial, sería el de revisar el miedo. Quiero mostrarte que el miedo fue mi compañero en el viaje a la autenticidad. Es natural que sea así. El objetivo de una vida valiente no es exterminar el miedo, sino entablar amistad con él y transformarlo. La valentía nace precisamente de esa trascendencia.

Si, por un lado, vivir con miedo a otra persona es algo que debemos extinguir de inmediato, por otro tenemos que comprender que el miedo interior forma parte del instinto humano. Muchas le tenemos miedo al miedo, que es la razón por la que el miedo gana.

En mi viaje de despertar, tuve que reajustar la relación que tenía con mis miedos internos, y, gracias a ello, he podido transformar por completo la forma de superar el miedo cuando aparece. Sé que cada vez que el miedo asoma la cabeza, debo permitirme sentirlo. En lugar de huir de él o acallarlo, necesito inclinarme hacia él: ¿Qué intenta decirme este miedo? ¿Qué necesita curarse para que este miedo no resulte tan siniestro?

Poco a poco empecé a crear una nueva relación con el miedo. Cada vez que aparecía, lo saludaba y le dejaba que me oprimiera el pecho y me inundara los ojos. Me sentaba bien hacerlo porque era natural. Por supuesto, cada vez se mostraba de una forma nueva e inesperada. Con ello, me estaba advirtiendo de que no hay mapas ni caminos netamente trazados. En cuanto lo escuchaba y le daba mi afecto, él empezaba a ceder.

¿Sabes quién fue capaz de hacer eso dentro de mí? Mi auténtica yo. Cuanto más la dejaba intervenir, con más fuerza y poder se erguía. Pronto, ella era el centro de atención y la que se encargaba de poner orden en mis caóticas emociones internas.

No hay un camino definido para despertar. Las decisiones que yo tomé en los distintos momentos a mí me sirvieron, pero tal vez serían desastrosas para ti. Te recomiendo que no te fijes tanto en las estrategias que empleé de cara al exterior, sino en las internas, porque es en nuestro interior donde somos todas tan similares. Cuáles eran mis miedos, cómo los identifiqué y qué hice para superarlos, qué cambios hice dentro de mí: estas son las claves que pueden ayudar a las mujeres de cualquier sector demográfico. Las decisiones concretas que tomé de cara al exterior tenían que ver con mis circunstancias particulares, pero eso no impide que cualquier mujer pueda aprender del proceso interno del que emanaron.

Si cuento lo aterrador que fue para mí el proceso de despertar, es para daros a otras mujeres, que tal vez estéis solas, el consuelo de saber que no sois las únicas que tenéis miedo. *Es* una perspectiva aterradora la de cambiar nuestra vida. Son momentos en los que es indispensable buscar ayuda y consejo.

Yo tuve la suerte de poder acudir a mi mejor amiga durante este proceso. El apoyo que recibí de ella para seguir adelante no tiene precio. Juntas, de la mano, viajamos de lo conocido a lo desconocido. Cada vez que me olvidaba de mi poder interior, mi amiga me lo recordaba. Cada vez que dudaba de mí misma y entraba en el ciclo de la culpa y la vergüenza, mi amiga hacía de espejo de mi verdadera yo y me retaba a que dejara atrás los restos de mi ego. Cada vez que quería abandonarlo todo y ceder al miedo, me recogía y me llevaba sana y salva a la otra orilla. Acompañó mis lágrimas, calmó mis terrores. Pintó luminosos horizontes en las puertas que no me atrevía a traspasar, y lo único que tuve que hacer fue abrir la cerradura y cruzarlas. Estos son los regalos de una sabia amiga.

Contar con un grupo, o incluso con una sola persona de confianza, es de gran ayuda en el proceso. Hacerlo sola puede ser muy difícil. Pero para que se nos brinde ayuda, antes debemos tener el valor de pedirla. Debemos comunicar que la necesitamos y estar abiertas a recibirla. Para eso hay que tener valentía, pues significa abandonar nuestro manto de perfección y el estatus de supermujer y permitirnos ser humildes y mostrarnos necesitadas.

A muchas nos cuesta, porque no queremos ser una carga y porque estamos apegadas a nuestras ideas sobre la competencia. Sin embargo, pedir ayuda significa estar receptivas a la interconexión y la hermandad. Bajarnos del pedestal de la perfección es, en realidad, un llamamiento a que otras mujeres hagan lo mismo, para construir así una red de poder unas alrededor de otras. En mi viaje, mis amigas más cercanas fueron mis aliadas y mi fuerza. Crearon un círculo invisible de solidaridad y confianza a mi alrededor sin el que no habría sido capaz de avanzar con la fortaleza y claridad que lo hice.

El despertar es una bestia salvaje. Es absolutamente cierto el dicho de que la ignorancia es una bendición. Claro que lo es. Es muchísimo más fácil tener la cabeza enterrada en la arena y obedecer los dictados de los demás. Cuando nos quedamos calladas, nadie se enfada con nosotras. Quedarnos calladas nos evita tener que afrontar las posibles consecuencias desastrosas del conflicto, o tener que tomar medidas minuciosas para cambiar nuestra vida. Que todo siga siendo cómodo y predecible da mucha seguridad.

Para muchas mujeres, esa burbuja de ignorancia será el pilar de su existencia. Pero hay unas pocas, unas pocas flores silvestres, para las que esa ignorancia se convertirá en una soga anudada alrededor del cuello que les causará un sufrimiento insoportable. Para esas mujeres escribo estas palabras.

Tiene sentido que, al cumplir los cuarenta, muchas mujeres que optamos por recorrer el camino menos transitado entremos en una década de metamorfosis. Hemos cumplido con diligencia la lista de deberes –somos mujeres educadas, casadas y tal vez madres– y nos hemos olvidado por completo de nosotras hasta este momento. Pero algo sucede cuando nuestros hijos llegan a la adolescencia. Contemplar cómo de repente se hacen autónomos y se vuelven atrevidos, desafiantes y combativos nos despierta algo dentro. Es como una sacudida que nos hace darnos cuenta de nuestra pasividad y docilidad. Los vemos actuar con imprudencia, con audacia, sin miedo. Dejan de necesitarnos tanto. Y empezamos a preguntarnos seriamente: ¿Y ahora quién se supone que soy?

Esto es al menos lo que me pasó a mí. Al cumplir los trece años, mi hija se había convertido en una joven fuerte e independiente. Ya no necesitaba a su madre de la misma manera. Pasé de ser «mami» a ser «mamá». Todas las madres saben que, cuando esto sucede, significa el final de su poder manifiesto sobre la vida de su hijo. El niño finalmente ha descubierto que «mami» no es tan fascinante, tan lista ni tan divertida. El mundo es mucho más grande que «mami» y necesita explorarlo. Ahora es simplemente «mamá», un medio para lograr un fin, y recurre a ella solo cuando necesita que le provea comida o dinero, o que le lleve en coche a algún sitio.

El año que mi hija se hizo mayor, yo también di un vuelco a mi vida. Ella echó a volar y yo, también. Le habían salido alas y a mí, también. Había llegado el momento de dejar el nido. Como le ocurre a una mujer embarazada una vez que llega la fecha prevista para el parto, mi cérvix espiritual se dilató y nada volvió a ser igual en mi mundo.

Reescribir quiénes somos

Ahora podemos hacer una nueva descripción de quienes somos: qué aspecto tenemos, si queremos casarnos o no –y cómo casarnos si nos casamos–, cómo queremos hacer de madres, lo que sea. Al principio da miedo porque nos encontramos en aguas desconocidas, pero pronto descubrimos en ellas una libertad nueva. Una vez que sabemos que no va a ser la cultura la que nos defina, empezamos a recuperar nuestro poder. La valoración que buscamos en los demás ya no significa tanto para nosotras. Tenemos los pies firmemente asentados en una realidad nueva, una realidad basada en cómo nos valoramos a nosotras mismas.

Si hay una institución en la que el miedo manda, es la del divorcio. La cultura ha infundido pavor al proceso de divorcio como forma de control, para que la gente no se divorcie. El sistema entero está pensado para fomentar la tiranía, el miedo y la competencia. Los juzgados de familia y los abogados matrimonialistas están confabulados para perpetuar este sentimiento de pavor. A los abogados matrimonialistas se les ha instruido para que ganen batallas, no para domar egos ni cuidar de los corazones. El proceso entero huele a guerra.

En el momento de mi divorcio, supe que me enfrentaba a la ciclópea tarea de desmantelar los miedos que me provocaba todo lo relacionado con los abogados y el sistema judicial. Sabía que, lo mismo que la cultura había creado su propia versión del matrimonio, había creado su propia versión del divorcio, y que, dado que era un artilugio cultural, estaba en mi mano decidir cómo quería interactuar con él. Podía, o someterme a las formas de hacer de la cultura, o emplear las mías. Lo entendí como el reto espiritual de deconstruir los temores que me generaba esta institución. Sabía que mi evolución dependía de ser capaz de transformar la forma de relacionarme con el miedo.

Sabía que, si no luchaba por liberar al divorcio de su estigma, no solo me fallaría a mí, sino también a mi hija y a todos aquellos a quienes tenía posibilidad de ayudar en mi trabajo. Gracias a los pasos que había dado en mi evolución espiritual, veía con transparencia los engaños que la cultura ha difundido en torno al tema del divorcio. Pude desvincularme de todas las etiquetas relacionadas con la posición en que me encontraba y de sus implicaciones culturales. Tenía claro el sentido de lo que estaba viviendo y redefiní lo que significaba el divorcio para mí. Me negué a convenir con cómo lo entendía la cultura. Vi que la cultura se valía siempre de dos recursos: el miedo y el control. Me negué a vivir sometida a sus dictados.

Fue al empezar a reformular la idea de divorcio cuando todo dio un giro. Vi que aquel divorcio no era una ruptura con nada externo; era un divorcio de mi pasado, de mi falta de autenticidad, de mi falsa yo, de mi ego. Era, en realidad, un divorcio del miedo y del control. Cuando empecé a entenderlo como una declaración personal en el viaje de mi vida, lo demás vino solo. Descubrí y recuperé mi auténtico poder, en lugar de acabar de perder el poco que hasta entonces tenía. Sintonicé con mi verdad interior. Entré en un espacio expansivo y sincero de compasión, en vez de alentar la culpa y el resentimiento. No estaba enfadada en absoluto. De hecho, sentía un profundo respeto por todas las lecciones que había aprendido. No veía el momento como un final, sino como una compleción, que necesita de una energía diferente.

A medida que deconstruía todas las mentiras acerca del divorcio, empecé a preguntarme: ¿Tiene que ser realmente un proceso contencioso, o puedo construir un nuevo paradigma? ¿Tengo de verdad que entrar en el miedo y la sensación de carencia, o puedo conectarme con la abundancia y mi auténtico poder? ¿Tiene de verdad que ser una experiencia de *yo contra ti*, o puede ser una experiencia de conciencia unificada?

Sabía que cómo formulara el proceso en mi mente influiría drásticamente en el estado de mi corazón y de todo mi ser. Primero necesitaba entrar en el estado de conciencia adecuado. La única persona a la que podía cambiar era a mí. Me recordaba continuamente que debía encontrar la vía que fuera más favorable para todos, también para mi marido, con independencia de la energía emocional que emanara de él. Cómo se comportara él me importaba mucho menos que cómo me comportaba yo. Lo único que tenía importancia era cómo decidía mostrarme. Sabía, de manera intuitiva, que la forma en que me mostrara repercutiría en la psique de mi hija durante las próximas décadas y, por tanto, en su descendencia durante generaciones. La forma en que me comportara sería el sello distintivo de mi conciencia expandida de mujer despierta que había recuperado su poder. El que existieran los formalismos legales o las normas establecidas por la cultura no significaba que tuviera que acatarlos. Elegí liberarme de toda presión que me obligara a llevar a cabo mi divorcio de una manera que no se alineara con mi esencia. Me comprometí a permanecer conectada con el amor todo lo posible y a tener presente en todo momento el bienestar de mi familia. Sabía que si sucumbía a los deseos de mi ego, y me dejaba llevar por la avaricia, la mezquindad o la competencia, dejaría de estar en armonía con el sentir de mi nueva yo. Por encima de todo, necesitaba hacerlo por mí, por mi nueva yo, por una mujer que ya no permitía que el miedo y el ego la gobernaran. Era necesario que cada paso que diera y cada decisión que tomara estuvieran alineados con esta nueva forma de percibirme a mí misma.

Si me mantuve leal a mi esencia, no fue por debilidad, sino todo lo contrario. En mi matrimonio con mi nueva yo, me comprometí a permanecer arraigada en la autenticidad, lejos del ego. El divorcio no significaba tanto separarme de mi marido como contraer matrimonio con mi auténtica yo. La intención de cada paso que daba no era tanto alejarme de él como acercarme a mi verdad. Con esto en mente, dejé que la consciencia más elevada de que era capaz se filtrara por todo mi ser. Esto me permitió pasar casi flotando sobre el lodazal de los formalismos sin sentido.

Cuando contraté a mi abogado, le dije que era yo quien iba a encargarse del divorcio y que solo necesitaba de él asesoramiento legal. Le dije que no iba a atenerme a las tradicionales condiciones legales, sino que iba a guiarme por lo que fuera mejor para la salud emocional de mi hija. Le informé de que, si intentaba hacerme tomar decisiones que dejarían a mi marido en una situación comprometida en el sentido que fuera, sería un consejo poco acertado, ya que perjudicaría a mi hija. Si yo ganaba pero mi ex perdía, entonces, en última instancia, mi hija perdería, y eso para mí era inaceptable. Le dije que no iba a dejarme amedrentar por las formalidades legales ni por lo que se considerara legalmente justo. Le dije que yo misma definiría lo que significaban estos conceptos. Básicamente, le dejé claro que él trabajaría para mí y que las cosas se harían como yo decidiera, aunque contradijeran sus consejos. «Nada de conflictos, nada de intimidación, nada de amenazas», insistí. Si hacía algo de esto, lo despediría.

Un año después del divorcio, el abogado es capaz de entender ahora mi punto de vista. Lo explico con detalle para transmitir a las mujeres la seguridad de que pueden tomar las riendas de sus decisiones y no sentirse acosadas por el sistema judicial. Pueden forjar sus propias realidades tanto como les sea financieramente posible. La verdadera batalla no es la legal, sino la que se libra entre nuestra esencia y el modo en que está instituido el divorcio.

Todavía recuerdo cómo me temblaban las manos de una forma incontrolable el día que le firmé el primer cheque a mi abogado. Lloré la pérdida de lo que una vez había tenido. Recordé detalles del pasado y los buenos momentos que habíamos vivido juntos: las vacaciones, las cenas, el nacimiento de nuestra hija, en lugar de pensar únicamente en los malos. ¿Cómo no hacerlo? Se me vinieron de golpe a la mente tantas imágenes de los últimos veinticinco años mientras firmaba el cheque, que no pude controlar el torrente de emociones. Me permití sentirlas. Era natural hacerlo. Si no hubiese dejado que esos sentimientos me inundaran, no hubiese podido procesar plenamente lo que de verdad me estaba pasando.

Me aterraba pensar en el futuro, no saber lo que me traería. Sin embargo, aunque el miedo se me extendiera por la piel cada noche, seguía volviéndome hacia mi interior. Sabía que el miedo procedía del ego y de lo que la cultura me había inculcado. Sabía que necesitaba trasladarme a otro lugar de mi mente, alejado de la carencia y la escasez del ego. Cada vez que me volvía hacia dentro, la respuesta era clara: estaba haciendo exactamente lo que necesitaba hacer. Había llegado la hora de que floreciera por mi cuenta y encontrara a mi verdadera yo fuera del marco del matrimonio. Necesitaba abrirme paso con decisión a través de mis miedos, que es lo que hice. Seguí avanzando paso a paso, un pie delante del otro.

La institución del divorcio aboga por una repartición al cincuenta por ciento, lo cual mantiene a ambas partes enredadas en la negociación y, a menudo, en el conflicto. Las decisiones sobre quién se queda con el piano y quién con la obra de arte heredada pueden tardar una eternidad en resolverse. Si uno va a quedarse con la joya más cara, el otro quiere una compensación equivalente. Así, en un interminable pedir, conceder o no conceder, negociar y renegociar, la pareja se va enfrascando en la batalla de la «forma».

Aunque este tipo de lucha quizá surta efecto en algunos casos, no siempre es la manera más inteligente de actuar. Obsesionarse con que se repartan por igual los bienes, o el tiempo que cada parte pasará con los hijos, puede acabar creando estragos y provocando peleas impropias de personas maduras. Quedarse atascado en el estricto cumplimiento de este modelo significa, en realidad, quedarse atado a la forma, a cosas como los céntimos y los muebles, en lugar de tener en cuenta el aspecto sin forma de la situación en conjunto, que tiene que ver con la conexión, la armonía y la paz. Lo importante no es quién consigue qué, sino que todos consigan el mayor bien posible. Cuando la prioridad es esa, podemos permitirnos «perder» algo sin considerarlo necesariamente una derrota.

El final de cualquier relación es traumático a distintos niveles. Es natural querer culpar al otro y pelearse por objetos y por dinero. Ahora bien, esta clase de conflictos nos crean la ilusión de que todo depende de tener control y poder, dos cosas de las que precisamente sentimos que carecemos por completo en esos momentos. Lo que ocurre entonces es que cada centímetro de poder interior que sentimos que se nos arrebata, intentamos reconquistarlo en el mundo exterior, y actuamos como si los jarrones y los platos fueran importantes. La verdad es que esta es nuestra forma de luchar por recuperar la sensación de control y dominio internos. Si los abogados especializados en divorcios se dieran cuenta de esto, y ayudaran a sus clientes en vez de aprovecharse de ellos, el proceso de divorcio sería muy distinto.

El vacío interior y la impotencia que sentimos durante el proceso nos llevan a adoptar el papel de «luchadora», lo cual nos hace perder de vista el premio espiritual. Por eso, la única manera de cruzar con madurez las aguas turbulentas de un divorcio es observando cómo la impotencia puede convertirnos en tiránicos monstruos ávidos de poder, que se manifestarán en el exterior como un monstruo con poder hegemónico. Por eso contratamos a abogados matrimonialistas con fama de «tiburones». Pero las cosas no tienen por qué ser así. Si somos capaces de procesar nuestros sentimientos más profundos, en lugar de proyectarlos en nuestra pareja, podemos no perder los papeles y dejar que el proceso fluya sin esa obsesión por conseguirle victorias a nuestro ego.

La verdad es que la batalla por el poder no es, en última instancia, externa sino interna. El divorcio está concebido como un procedimiento conflictivo, y esto significa que necesita fomentar en nosotras la confusión y el caos interior para sostenerse. Si los abogados fueran personas más evolucionadas espiritualmente, sabrían que la lucha externa por los bienes materiales es solo un reflejo de la verdadera lucha interior por el poder y el control. Si de verdad les importara el bienestar anímico de sus clientes, les dirían con amabilidad que da lo mismo quién se quede con el juego de té y quién con el collar; que, en definitiva, ni una cosa ni la otra les harán sentirse mejor. Que son falsas victorias. Les dirían que la verdadera victoria consiste en recuperar la dignidad y la fortaleza; que centraran toda su atención en eso. Pero los abogados no lo hacen, porque su sustento depende de que sus clientes sean codiciosos y manipuladores. Cuanto más se enredan las partes en el conflicto, más ganan ellos. Es tarea nuestra darnos cuenta de esto, y es lo que nos permite recuperar el poder del que la institución del divorcio se ha apropiado.

No a todos los abogados matrimonialistas les mueve el dinero, por supuesto. Algunos tienen más conciencia y aconsejan con más inteligencia y humanidad a sus clientes. Pero lo importante, en cualquier caso, es que los abogados, los sacerdotes, los profesores, los médicos, los maestros, o cualquiera que sea el «profesional», no deberían tener dominio emocional sobre nosotras. Somos nosotras quienes elegimos cómo pilotar nuestro barco emocional. Estamos tan acostumbradas a dejarnos seducir por los «profesionales», los «expertos», hasta los «gurús», que nos desconectamos de nuestro saber y nuestro centro. La obediencia a todos ellos no es sino una extensión más del secuestro de nuestro poder, iniciado por la familia y la cultura. Estamos tan acostumbradas a no tener voz que, cuando nos enfrentamos a alguien a quien se considera una «autoridad», le cedemos de inmediato nuestro poder.

Para reformular mi perspectiva del divorcio, tuve que definir lo que significaba para mí la victoria. ¿En qué se concretaría? Cuando finalmente tuve una imagen precisa, me alineé con ella y pude tomar decisiones con claridad. Para mí, la victoria significaba que mi hija sufriera lo menos posible, y dependía de mí contribuir a que se sintiera querida, valorada y segura durante todo el proceso de divorcio. Una vez que tuve esta certeza, me aseguré de que hasta el más mínimo paso condujera a ello. Significaba que no iba a entretenerme con el papeleo ni me iba a pelear por nada que no fuera esencial.

Sé que no todo el mundo puede permitirse tomar esta decisión. Habrá casos en que esto tal vez sea justo lo contrario de lo que alguien debe hacer. Como ya he dicho, la forma en que se manifiesten en el exterior las decisiones que tomamos puede variar mucho según las circunstancias de cada mujer. Algunas elegirán quizá luchar con ahínco en los tribunales; otras, quizá, elijan una u otra versión de lo que yo hice.

En última instancia, lo que importa no es lo que hacemos de cara al exterior, sino cómo nos sentimos por dentro. A fin de cuentas, nuestro bienestar no depende tanto de lo que hacemos o de lo que tenemos como de lo resueltas que nos sentimos. Solía recordarme que es así. Me preguntaba a menudo: ¿Qué siento sobre cómo están yendo las cosas? ¿Están en consonancia con mi auténtica yo las decisiones que tomo? ¿Actúo movida por el miedo o por un sentimiento de abundancia?

El poder para reescribir cualquier aspecto de nuestro pasado y nuestro presente está en nosotras. Cuanto más nos honremos a nosotras mismas, con amor y regocijándonos en nuestra esencia, mayor será el sentimiento de alegría y abundancia con que reescribiremos nuestra vida. A medida que recuperamos todo el poder que hemos otorgado a los demás, podemos empezar a alinear nuestras vidas con aquello que de verdad nos importa.

Somos las guionistas y las narradoras. Somos las directoras y las actrices. Aunque en la vida ocurren cosas que no podemos prever, y a las que tendremos que enfrentarnos, el poder para dar un giro a la escena y cambiar el argumento está en nosotras. Debemos recordar siempre que el poder para decidir cómo experimentamos nuestro mundo está en nosotras; no podemos cederlo, es nuestro recurso más valioso.

Entrar en el canal de parto

Para muchas de nosotras, son aterradores, incluso petrificantes, los últimos momentos de «despertar», en que abandonamos la vieja dimensión de miedo y apocamiento, de dependencia abrumadora y conformidad pasiva. Aunque vivir en ese estado haya sido una tortura, la idea de salir de él nos paraliza, porque, por muy traicionera que fuese nuestra vida, es lo único que conocemos. Aunque fuese demencial, nos era también familiar, cómoda, predecible. En ella, probablemente hemos establecido relaciones, tal vez incluso nos hemos casado y criado a unos hijos. Puede que nos hayamos extraviado un millón de veces, para luego encontrarnos por unos momentos antes de que la inconsciencia nos secuestrara de nuevo. Puede que hayamos reído y llorado a mares, en ella. Puede que sea el único hogar que conocemos. Abandonar esa vida, a pesar de sus increíbles adversidades, nos resulta inimaginable, y la perspectiva trae consigo sus traumas particulares y nuevos miedos.

A pesar del dolor que nos han provocado en el pasado nuestros apegos y adicciones, nos son muy queridos. Hemos pasado décadas atrincheradas en estos patrones; representan a quien creemos ser. Por eso, cuando nos extirpamos la antigua yo, su muerte exige un duelo; eludirlo para demostrar «superioridad espiritual» significa una vez más no honrar, como se merece, el dolor que en verdad estamos experimentando.

En el momento en que todo lo que habíamos planeado mientras vivíamos como zombis, en un estado de sopor, empieza a desmoronarse ante nuestros ojos, lo que antes era un futuro previsible se transforma de repente en un túnel largo y solitario. Empezamos a darnos cuenta de que estamos muriendo a lo viejo, a lo familiar, a lo predecible. Se nos desprenden todos los velos, las máscaras se hacen pedazos. Es posible que durante días no hagamos otra cosa que preguntarnos cómo hemos podido vivir década tras década una vida en la que éramos espiritualmente mudas, sordas y ciegas. ¿Cómo hemos podido permitirnos existir en semejante estado?

Nos asusta enfrentarnos a lo desconocido. La verdad llama a la puerta, pero estamos demasiado asustadas para abrir. Muchas la dejamos llamar y llamar, esperando a que se agote y se vaya. A partir de ese momento, la vida entera apesta. Llenamos los días con sesiones interminables de televisión, con medicamentos y distracciones de cualquier tipo; lo que sea, con tal de no tener que abrirle la puerta a la autenticidad. La cultura se encarga de que a las mujeres nos aterre cortejar a la verdad, no digamos ya casarnos con ella.

Entrar en el canal de parto de la transformación conlleva inevitablemente una regresión y muchísimo dolor. ¿Cómo podría no ser así? Cuando una parte de nosotras muere y se nos desprende la vieja piel, es natural que entremos en un estado de duelo por lo que se ha ido. Sin embargo, en cuanto empecemos a expresar nuestra verdad, es posible que pronto nos sintamos tan bien que la idea de volvernos a engañar nos dé nauseas. ¿Cómo podemos volver atrás una vez que hemos probado a qué sabe el cielo? El único camino es hacia delante. Esta alineación interior calma los miedos y brilla con luz propia, incluso aunque no haya ante nosotras un camino definido.

Dejar lo viejo significa abandonar todo lo que entrañaba. Al empezar a atravesar el túnel, muchas mujeres que creían que podían llevarse la vieja dinámica consigo se dan cuenta rápidamente de que no. Comprendemos que tenemos que «hacernos adultas» y tomar decisiones difíciles; no podemos seguir siendo niñas que fantasean con tenerlo todo. Hemos llegado al punto en el que el camino se bifurca y tenemos que elegir.

Al entrar en el proceso de renacer, echamos de menos el orden rutinario y las comodidades que nos proporcionaba nuestra vida anterior. Puede que nos sorprendamos intentando aferrarnos a quienes éramos, incluso aunque la antigua vida estuviera sembrada de dolor. Algo de ella está todavía próximo y nos resulta entrañable. En mi caso, estaba apegada a la idea de ser una «buena chica india», que jamás se divorciaría, y una «buena madre», que jamás rompería una familia. El apego a estas ideas me hizo sufrir mucho. Cada vez que sentía las punzadas de la culpa, me entraban ganas de retroceder y volver a rastras a mi antigua yo. Tuve que hacer acopio de todo mi valor para seguir adelante.

A veces me tenía que parar a preguntarme ¿Qué me está pidiendo de verdad mi auténtica yo?, y la respuesta era la luz que me guiaba. En el fondo sabía que, mientras obedeciera a mi auténtica voz con pasión y consciencia, todo iría bien. Una vez derramada la sangre y enterrados los cuerpos sin vida, llegaría el momento de la resurrección del alma. Y si para mí era así, acabaría siéndolo para todas.

Me llevó dos largos años de intensa reflexión y meditación poder ignorar la voz del ego. Me llevó dos largos años conseguir que mi marido empezara a aceptar mínimamente la nueva situación y dejara de sufrir por ella. Sobre todo, me llevó dos largos años dejar atrás lo viejo y manifestar lo nuevo.

El proceso me mostró a qué presión tan enorme se somete a las mujeres para que encajen en el molde y cumplan a la perfección todo lo que se espera de ellas. Las madres tienen la presión de seguir casadas y mantener a la familia unida cueste lo que cueste, pero no son las únicas que están bajo presión. ¿Qué hay de las mujeres que no quieren casarse o tener hijos, o que quieren vivir relaciones lesbianas, bisexuales, transexuales o poliamorosas? ¿Qué pasa con ellas? ¿Qué clase de acrobacias emocionales tendrán que hacer para evitar que se las ridiculice o se las desprecie? Cuando se ha establecido una manera «correcta» de ser, y es una mentalidad estrecha quien define lo que eso significa, vivir fuera de los límites marcados es una aventura peligrosa. Más vale no traspasar la línea, y conformarse.

En mi proceso personal de despertar, cada vez que la voz de la culpa o la vergüenza me reprendía desde dentro diciéndome «tienes que hacer esto», «debes hacer aquello» o «esto no lo puedes hacer», escuchaba con atención para ver de dónde venía. Y me preguntaba: ¿Qué haría Shefali en este momento si no tuviera miedo? ¿Qué es lo que siento *yo* en este momento? Al poco, ya no me hacía falta preguntar. Mi auténtica yo había dejado de estar enterrada. Al poco, yo y mi verdadera yo éramos una. Y empecé a vivir siendo yo.

Liberé mi saber interior de las ataduras y lo utilicé como faro. Era mi estrella polar. Mi voz interior sonaba con claridad, y, cuanto más la escuchaba, más se abría mi corazón y más alegría radiante me salía de dentro. Al ver florecer en mí cada día más mi yo verdadera, mi hija se fue soltando también del apego a lo que su vida había sido y empezó a acoger todo lo que le ofrecía la nueva situación. Al fin había llegado el amanecer de un nuevo día.

Mientras lees estas palabras, tal vez te preguntes: ¿Estoy viviendo con autenticidad? Aunque sin duda es una pregunta intimidante a distintos niveles, el hecho en sí de que te la hagas marca un antes y un después. Cuando esta pregunta empieza a formar parte de tu diálogo interno, tu vida empieza a girar en una nueva dirección. Como una flor que dirige su corola hacia la luz, empiezas a dirigir tu vida hacia esa búsqueda de autenticidad. Primero surge la pregunta, y le sigue un desarrollo orgánico del camino dirigido hacia su respuesta. Solo por estar leyendo esto, has emprendido ya el camino hacia un nuevo amanecer.

Parte II.
Cara a cara con la sombra

7. Las muchas caras del ego

La imagen reflejada en el espejo no suele ser agradable.
Las rajas y fisuras asoman bajo la máscara
con una viveza imposible de ignorar.
Introducimos en escena a otros actores
para difuminar su intensidad perturbadora.
Entretanto, las fisuras siguen ensanchándose y alargándose
hasta que, al final, la imagen del espejo
y el propio espejo se hacen añicos.

Hora de cambiar de marcha; ponemos la segunda velocidad y seguimos adelante. Ahora que hemos explorado en la primera parte cómo nos gobierna el miedo, estamos preparadas para ver cómo nos adaptamos a esos miedos.

Para mantener los miedos a raya, nos ponemos las máscaras del ego. Son las que nos ayudaron a adaptarnos en la infancia y a sobrevivir, y las que, cuando somos hombres y mujeres adultos, se han convertido en nuestra segunda piel. Al cabo de varias décadas, llevamos esas máscaras tan bien puestas que cuesta distinguir qué es falso y qué verdadero. Por eso, una vez que nos damos cuenta de que son máscaras y nos despegamos de ellas, podemos empezar a cambiar nuestros patrones emocionales.

El ego no se desintegrará hasta que empecemos a caminar hacia la totalidad, porque solo el sentimiento de plenitud que emana de nuestra auténtica yo puede llenar nuestros agujeros internos. La tarea no consiste, por tanto, en matar el ego, sino en sanar los huecos interiores en los que nuestra verdadera yo no se ha podido desarrollar.

Aunque el propósito de todas las caras del ego es el mismo, cada una tiene rasgos específicos que podemos aprender y que nos ayudarán a reconocerlas cuando asomen. Es posible que en un tipo de relación aparezca siempre cierta fachada, mientras que una situación diferente reclamará otra fachada distinta. Al describir las cualidades de cada una, quiero mostrarte cómo opera nuestra psicología y cómo establece la consiguiente dinámica externa.

Todo el mundo puede tener una opinión sobre su propio comportamiento o el de otra persona, pero solo si entendemos la raíz del comportamiento podemos empezar a conectar con nosotras mismas o con el otro. De la verdadera comprensión nace una profunda empatía.

Los siguientes capítulos te darán la oportunidad de identificarte con los temas que se tratan y las pautas de comportamiento que se describen. Es posible que te identifiques con varios de ellos al mismo tiempo. Es natural. Cada vez que ocurra, mantén la atención enfocada en tu interior y pregúntate: ¿Cómo utilizo las máscaras en mi vida para que se me valore? ¿Cómo emplea exactamente mi sentimiento de insuficiencia estas estrategias del ego? Reflexionar sobre esto hará que, poco a poco, no solo te entiendas mejor a ti misma, sino que entenderás mejor también a los demás.

Las dadoras: la víctima, la mártir, la salvadora y la empática sangrante

La fachada de *La dadora* es una de las defensas más comunes que emplea el ego para dar supremacía a las chicas «buenas» cuando están desesperadas. Cada vez que la niña buena tiene miedo de que la rechacen o la abandonen, muestra de inmediato esta fachada: tapa su verdad interior con una máscara y se sacrifica para consolar o ayudar a los demás.

Es una fachada a la que recurren las mujeres de naturaleza sensible y empática. El patrón básico de comportamiento que llevan integrado es el de darse. Encogerse y difuminarse por los demás les resulta lo más natural. Y cuando se sienten amenazadas del modo que sea, recurren a esta tendencia inherente y la exageran. Es decir, intensifican ese modelo básico de comportamiento en cuanto entra en escena el miedo.

Las «dadoras» pueden convertirse en mujeres codependientes, por depender tan desmesuradamente de la valoración de los demás. De hecho, se podría incluso decir que su sentido de identidad depende por entero de esa valoración, hasta el punto de que, sin ella, es como si no existiesen.

A continuación, describo varias de las máscaras que usa *La dadora*. Sentirte identificada con cualquiera de sus aspectos quizá te ayude a tomar conciencia de cómo se manifiestan esas constelaciones en tu vida, para que puedas verlas por lo que son en momentos de lucha interior.

La víctima

Marilyn, una mujer de cincuenta y tres años, vino a mi consulta porque estaba pasando por un momento de parálisis laboral y personal. Quería dejar un trabajo al que no veía futuro, pero no se le ocurría cómo dar el paso. Sabía que tenía que demostrar que era una mujer competente si quería conseguir un puesto mejor o encontrar un nuevo trabajo.

Le sugerí distintas posibilidades para hacer ese cambio, entre ellas confiar más en sí misma a la hora de pedir un aumento de sueldo; incluso ensayamos lo que le diría a su jefe. Hicimos un calendario, con pasos concretos y fechas límite.

A pesar de todo, al cabo de cuatro meses de terapia intensiva, no había habido ningún avance. Marilyn tenía infinidad de justificaciones de por qué no era capaz de hacer que nada cambiara. Fuera cual fuese la solución que se nos ocurriera, siempre encontraba una manera de sabotearla. Como terapeuta suya, recuerdo que me sentí derrotada. Un día me pregunté: ¿Estaré enfocando las cosas mal? Cuando llegó la hora de su sesión, empecé a sentir lástima de mí. Entonces caí en la cuenta: estaba sintiendo lo que sentía ella, ¡lástima de sí misma! Marilyn estaba representando el clásico papel de víctima.

Ahora fui yo quien representó ante ella su patrón. Le mostré que, por muy claro que tuviera cuál era el camino para salir de la situación en la que estaba, siempre encontraba alguna excusa. Se decía, por ejemplo: «Tengo mala suerte con estas cosas. Nunca me salen bien. No sé si soy capaz de hacer esto». O: «He intentado encontrar otro trabajo, pero, cada vez que hablo con los departamentos de recursos humanos, todo el mundo está muy ocupado. No parece que les interese mi currículum. Tengo la sensación de que les doy igual».

Su lenguaje corporal era el de una mujer diez años mayor. Tenía siempre aspecto preocupado y se quejaba constantemente. Si no era de su trabajo, era de su marido que no la apoyaba, o de las exigencias de su madre. La culpa era de todo y de todos menos suya.

Una vez que detecté la fachada de su ego, se la mostré de frente. Decir que se resistió a admitir que hubiera algo de cierto en lo que le decía sería quedarme muy corta. Estaba indignada. «¿O sea que crees que me invento las cosas? Eres como todos los demás. Como mi marido, que ya no quiere ayudarme. ¡Y ahora resulta que tú tampoco! Sabía que acabarías dándome la espalda como todo el mundo». Gracias a que me di cuenta de que su ego me estaba provocando, me negué a morder el anzuelo. Tuve paciencia y le seguí mostrando con compasión cada uno de sus mecanismos de defensa.

Finalmente, las compuertas estallaron. «Odio mi trabajo. Odio mi matrimonio. Soy muy desgraciada y no sé cómo he llegado a esto. Me esfuerzo por mantener las cosas a flote, pero todo se desmorona». Por fin les hablaba directamente a los vacíos de su interior. Su desesperación era ahora más fuerte que las defensas del ego.

Le mostré con delicadeza que su ego lo tenía todo preparado para que pudiera hacerse la víctima. Le pregunté:

¿Te sientes como si fueras la «pobrecita» en tu vida y en tu trabajo?
¿Sientes que la gente se aprovecha de ti?
¿Sientes lástima de ti y te gustaría que las cosas fueran diferentes?
¿Sientes que tú tienes razón y que ellos están equivocados?
¿Te sientes insultada y menospreciada por todos?
¿Esperas cosas de los demás que no se cumplen?
¿Te sientes como si fueras un blanco inocente para la ira de los demás?

¿Les cuentas tus problemas a los demás, esperando comprensión, y te duele cuando no la recibes?
¿Sientes que, si los demás fueran diferentes, tú serías diferente?

Cuando contestó que sí a todas las preguntas, le dije que ese era el patrón típico de quienes se consideran víctimas. Es un patrón que establecemos en la niñez para impedirnos destacar.

Investigamos en qué momento pudo haber absorbido Marilyn este patrón. Ni siquiera hizo falta profundizar mucho para que de repente exclamara: «¡Mi madre! Ella es la eterna víctima. Ella es a la que todo el mundo trata injustamente. Crecí sintiéndome culpable de su dolor». Había aprendido de su madre que culpar al mundo y vivir inmovilizada en el eterno ¡pobre de mí! era una forma de hacer frente a la vida e, inconscientemente, lo estaba repitiendo para seguir estancada.

Millones de mujeres somos como Marilyn. Esa actitud de víctimas nos tiene sumidas en una posición inferior a la que sentimos que merecemos, esperando sin fin a que el otro cambie, o a que alguien nos rescate para poder ser libres. La ironía es que, luego, nada nos parece nunca lo bastante bueno. Estamos tan poco acostumbradas a la alegría que no la vemos aunque la tengamos delante de los ojos. Tan habituadas estamos a vivir afligidas que automáticamente nos esperamos siempre lo peor, e invitamos así a que se cumpla la profecía de que no nos pasa nada bueno jamás.

La conciencia de víctimas es tramposa y difícil de eliminar, porque es el refugio ideal que nos permite revolcarnos en el miedo a no ser dignas de que nos quieran. Las víctimas se quedan atascadas en esa idea de sí mismas para no tener que responsabilizarse de cómo les va la vida. Tienen miedo de dar el paso para cambiar por si existe la más mínima posibilidad de que las cosas no salgan bien.

Antes de seguir adelante, debo aclarar que, desafortunadamente, la víctima como tal existe. Por ejemplo, una puede ser víctima de una violación, o de un trato brutal, o del racismo. No es a esto a lo que me refiero aquí en absoluto. Hablo de la *conciencia* de víctima por la que vivimos atrapadas en una forma de pensar que nos encierra en una posición inferior a la que merecemos. Hablo de sentirnos, sea cual sea nuestra realidad actual, constantemente atacadas, u objeto impotente de las acciones de otros. La *conciencia* de víctima es más una configuración mental que una posición real en que nos encontremos por un acto de violencia emocional o física cometido contra nosotras.

Marilyn se dio cuenta de cómo utilizaba a los demás, empezando por su jefe, para que escenificaran su guion interno. Al quitarse las anteojeras, vio que el hombre era simplemente un ser humano con sus limitaciones, como ella. Una vez que abandonó su papel de mujer a la que todo le sale mal, fue capaz de pedir un aumento de sueldo y un puesto con más responsabilidades.

Cuando nos hacemos las víctimas, es posible que oigamos, en tono de superioridad moral, acompañado de un sentimiento de indefensión, pensamientos como: «No puedo creer que me haya pasado esto. Después de lo que me he sacrificado, y de todo a lo que he tenido que renunciar, jamás habría imaginado que se me trataría así». La víctima siempre es la «pobrecita». Siempre hay alguien que se aprovecha de ella.

Para transformar esa conciencia de víctima, para que desaparezca, tenemos que plantarnos y tomar las riendas de nuestra vida. Los sentimientos de culpa e impotencia deben transformarse en acción.

Cada día que una víctima se despierta con un propósito en mente y ganas de conseguirlo, está un paso más cerca de cambiar.

Cuando la víctima despierta al hecho de que nadie la puso en una posición de desventaja, sino que fue su elección subconsciente, es posible que al principio no sepa cómo encajarlo. Darse cuenta de que una misma es la causante de su propia condición de «pobre de mí» es un encuentro impactante con la realidad. Descubrir que la certeza de que no tenías elección es una falacia absoluta te dejará desorientada. Quizá sientas que tu mundo entero se desmorona.

Pero cuando comprendes que siempre puedes elegir cómo mostrarte, dejas de sufrir en silencio por ser una víctima y empiezas a luchar a voces por ti. Eliges recuperar tu poder en lugar de someterte al de los demás; vas dejando atrás poco a poco a los que se habían hecho adictos a esa versión reprimida de ti. Si eres capaz de atravesar las inclemencias de esta transición, tu conciencia de víctima se transformará en conciencia de vencedora, pues habrás roto los grilletes invisibles que te han tenido atada toda la vida.

La mártir

Cada vez que hablo del complejo de mártir, me viene a la mente Sasha. Sasha es una abogada de empresa que además es madre, hija obediente que cuida de su padre inválido, esposa de un atareado director ejecutivo, y ferviente ecologista que dedica desinteresadamente al menos veinticinco horas al mes a colaborar con organizaciones benéficas. Jamás está quieta. La única razón por la que aceptó venir a sesiones de terapia fue porque Anna, una de sus hijas, estaba teniendo problemas de ansiedad en su primer año de colegio.

Al principio, era la niñera la que traía habitualmente a Anna, y Sasha solo venía muy de tarde en tarde. Me costó mucho convencerla para que asistiera a unas cuantas sesiones. Accedió y, durante la primera sesión, se disculpó con insistencia por no haber estado más presente.

Me resultaba fácil identificarme con Sasha y me cayó bien desde el primer momento. Era una profesional competente que simplemente no sabía decir que no, la clásica mártir. Cuando se lo dije, se echó a reír. Era inteligente e ingeniosa y dijo: «Sabía que eras franca y directa, pero no sabía cuánto. Me acabas de hacer añicos la tapadera».

Nos reímos mucho. Era la risa conjunta de dos mujeres que no tenían problema en reconocer su neurosis. Quise hacerle ver que había organizado su vida para que cada momento estuviera al servicio de algo exterior a ella, lo cual le exigía sacrificar su bienestar y hasta el de sus hijas.

Para que se diera cuenta con claridad de las numerosas maneras en que este papel se manifestaba en su vida, le pregunté:

¿Identificas el papel que haces con personas como la Madre Teresa de Calcuta o la figura heroica de alguna santa?

¿Llegas a los sitios, o te presentas en medio de cualquier situación, y de inmediato te haces cargo de todo?

¿Sufres normalmente con nobleza y en silencio el peso de todo el trabajo que haces?

¿Te sientes desbordada a veces por la cantidad de cosas que llevas a las espaldas?

¿Te crea resentimiento que no se te valore y no se tenga en cuenta tu dedicación?

Respondió con un sonoro sí a todas las preguntas.

«Me cuesta tanto quejarme –contestó–. Pero, por otro lado, tengo la sensación de que, si no me quejo, a nadie le importo. Nadie me pregunta nunca cómo me van las cosas o cómo me siento. Todos dan por sentado que estoy bien. Y es verdad, lo estoy; me gusta poder dar a los demás. Pero a la vez estoy agotada y tengo la impresión de que todos me utilizan, así que en algunos momentos suspiro y protesto en silencio».

Una vez que Sasha se dio cuenta de que habíamos tocado patrones muy profundos, empezó a acudir a las sesiones con regularidad. Descubrimos lo que había en la base de su complejo de mártir. Había crecido al lado de una hermana que padecía una enfermedad crónica, y había visto a sus padres obsesionados con ella las veinticuatro horas del día y dedicados a atenderla hasta el agotamiento. A Sasha siempre le habían hecho sentirse culpable por estar sana y ser una niña normal. En la consulta recordaba: «Si alguna vez me quejaba por los problemas normales que tiene una niña, me trataban con desprecio y me llamaban desagradecida. Me sentía culpable de ser quien era. Crecí con tanto dolor por no ser yo la que estaba enferma que acabé envidiando literalmente a mi hermana».

Ahí estaba su versión de no ser ni mucho menos lo buena que hubiera debido. Sentía de verdad que era mala por ser quien era. Y la única manera que había encontrado de exorcizar aquella maldad era haciendo el bien a todas horas, para presentarse como la heroína. Ese era el origen de su necesidad de serlo todo para todos, incluidos los animales y la propia Tierra. Estaba decidida a compensar a cualquier precio no haber sido «la niña rota».

En una de las sesiones se derrumbó. «Nunca se me tuvo en cuenta de niña. Ni siquiera existía. Mis padres solo se acordaban de mí si podía serles de ayuda». En cuanto acabó de decir estas palabras, se sumió en un profundo silencio. Luego susurró: «En realidad, estoy resentida con todas las personas que hay en mi vida. Les he dado mi existencia entera, y ellas siguen tomando y tomando de mí. Estoy resentida con ellas como lo estaba con mi hermana. ¡Dios mío!, he recreado mi infancia entera, ¿verdad?».

En el momento en que nos damos cuenta de lo que sentimos y de cómo nuestro ego ha creado una personalidad falsa, los agujeros interiores que anhelan desde siempre que nuestra verdadera yo los llene salen a la luz, y podemos avanzar hacia la compleción.

Había llegado la hora de que Sasha dejara de lamentar lo que había perdido en la niñez, para poder empezar a integrar esa pérdida en vez de esconderse de ella. Lloró durante el resto de la sesión. Desapareció la abogada centrada y competente y la reemplazó una niña temblorosa e indefensa. Sin su ego, era sincera y real. Finalmente había vuelto a la niña a la que en su niñez abandonó a un lado del camino.

Una vez que comprendemos cuáles son las verdaderas necesidades de la niña desatendida, podemos emprender la aventura de satisfacerlas. Sasha se dio cuenta de que, en lugar de sublimar sus necesidades internas dedicándose a servir a los demás, tenía que transformarlas en servicio a sí misma. Había llegado la hora de iniciar la gozosa empresa de ser para sí misma la madre que había echado de menos. La atención sin límites que sus padres le habían prestado a su hermana, y que ahora Sasha prestaba a los demás, debía prodigársela a sí misma. En cuanto empezó a dar prioridad a sus necesidades, se fue desprendiendo lentamente de los deberes y compromisos innecesarios que se había impuesto para satisfacer las de los demás. Se fue soltando del impulso de atender a las carencias de los demás como forma de sobrecompensar las suyas y, poco a poco, empezó a cuidar de sí misma. Finalmente, llegó a un estado de calma en el que el malestar de los demás ya no era como una puñalada en el corazón. Qué gran alivio fue.

Las mártires se quejan a menudo de dolores corporales y estrés neurológico. Esto es debido a que, literalmente, sobrecargan el sistema nervioso porque no se cuidan. El antídoto contra el complejo de mártir es el respeto a una misma, colocarse en una posición en la que sea una la que recibe atención, compasión y cuidados. Debe darse a sí misma todo lo que está habituada a dar a los demás. Suena egoísta y narcisista, pero es exactamente lo que necesitan las mártires.

Cuando la mártir dirija el foco de atención hacia ella, por fuerza se sentirá egoísta. Al principio, ni siquiera sabrá cómo hacerlo. El primer paso para respetarse es desalojar su vida de todo lo que le es ajeno. Esto implica un difícil proceso de soltarse, pero a medida que se vaya desprendiendo del peso de las expectativas de todos, empezará a respirar con más libertad. Pronto descubrirá su autoridad, y eso la liberará de tener que conseguir como sea que los demás la valoren.

Una parte del proceso es relevarse de todas las funciones que ha ido asumiendo, como, por ejemplo, la de miembro de la junta directiva de varias ONG, de las asociaciones escolares de madres, padres y profesores, o de organizaciones benéficas de ayuda a los hospitales. A medida que vaya evaporándose en ella la necesidad de ser una mártir, en su lugar irá apareciendo una mujer a la que no le da miedo tener defectos, ser normal y corriente y, sobre todo, humana, y que no siente ninguna necesidad de justificarse por ser así.

La salvadora

No creo que conozca a un solo terapeuta que no sufra esta cara del ego. Estoy convencida de que la mayoría de los que se dedican a procurar asistencia psicológica, emocional o social tienen las cualidades de este patrón.

Después de cumplir los veinte años, tuve durante tiempo un ardiente deseo de ayudar a los demás. Aunque era una motivación loable que me impulsó a hacer buenas obras en más de una ocasión, la llevé al extremo: no quería solo ayudar, quería rescatar a la gente. Y no solo rescatarla, sino curarla. Si pasaba con el coche por delante de una parada de autobús, tenía que hacer un esfuerzo para no parar y ofrecerme a llevar a alguien, sin pensar demasiado en lo que yo tuviera planeado hacer. O si alguien tenía apuros económicos, el impulso era intervenir y ocuparme de todos sus males.

Al final me tuve que preguntar: pero... ¿te han pedido ayuda? Y la respuesta era «no». Ese deseo de entrar de lleno en la vida de alguien para ayudarle no era casi nunca en respuesta a una petición suya; era en respuesta a una necesidad que yo me inventaba. Esto, naturalmente, me llevó a querer saber ¿de dónde nace esta necesidad de salvar a la gente?

Pronto me di cuenta de que era una máscara que ocultaba algo más profundo. Mi «salvadora» tenía un lado oscuro. Es verdad, era amable y generosa, pero el extremo al que lo llevaba todo me hizo ver que, además, intentaba cumplir con ello un anhelo secreto. Por un lado, sentía tanta empatía y compasión por el dolor de los demás que quería aliviar sus penas, pero, por otro, me inquietaban tanto sus lágrimas que, en realidad, intentaba salvarme yo del dolor de verlos sufrir.

Anhelaba diversas cosas:

> Dar me permitía sentirme importante y útil, valorada y digna.
> Dar me permitía no enfrentarme al dolor que me causaba el dolor del otro.
> Dar me permitía eludir el posible malestar de dar cabida a lo desconocido.
> Dar me permitía sentirme superior y competente, fuerte y con control de las situaciones.
> Dar atraía a mí a personas rotas, lo cual me permitía continuar el ciclo.
> Dar me permitía no tener que aprender a ser la receptora.
> Dar significaba que podía distraerme de cuidar de mí.

Las que somos salvadoras ponemos la atención en los demás para no ponerla en nuestra auténtica yo. Esto nos permite mantener la imagen de bondad, incluso de superioridad, que es nuestra forma de compensar el sentimiento de inferioridad que tenemos.

Todavía recuerdo una sesión con mi supervisor de prácticas a los veintitantos años. Le conté que, en la sesión con mi clienta, me había pasado del tiempo fijado una hora entera porque se le había estropeado el coche y le había ofrecido ayuda. No era la primera vez que aquella clienta se había encontrado de repente en una emergencia. Era una mujer que una y otra vez se las arreglaba para tener que depender de los demás. Sabía desde hacía mucho que el coche tenía un problema y que lo tenía que arreglar.

Cuando le dije a mi supervisor que me había ofrecido a llevarla a su casa, casi se cae de la silla. Me miró con una mezcla extraña de incredulidad y lástima. En ese momento, supe que había hecho algo totalmente inaceptable. Yo pensaba que al actuar así estaba siendo compasiva, pero él me explicó que lo había hecho por un complejo de salvadora. Me quedé fascinada. Nunca había oído hablar de nada parecido. Me hizo ver que me había fundido con mi clienta y me había identificado por entero con sus continuas adversidades como si fueran las mías. No había ningún límite entre ella y yo. Luego, con mucho cariño, me ayudó a comprender que, al actuar de ese modo, estaba predisponiéndola a depender de mí, incapacitándola en lugar de ayudarle a recuperar su poder.

Esta fue mi introducción a mi complejo de salvadora. En aquel momento, pensé que eso era todo: ahora que sabía lo que era, lo podría dominar. Poco podía yo imaginar entonces que tardaría décadas en superarlo, ni que, en realidad, formaba parte de un problema mayor. Al ir avanzando en mi viaje hacia la completud, pude darme cuenta de lo insidiosa que era esa identificación con la salvadora, y de que tenía que separarme de ella. Esto es algo muy difícil de hacer para alguien que se dedique a cualquier profesión de asistencia psicológica o social, como lo es para la mayoría de las mujeres, y en especial para las que son de naturaleza maternal y protectora. Una de las razones, precisamente, por las que elegimos dedicarnos a la sanación o a la maternidad es porque tenemos un corazón compasivo y una personalidad generosa. Ponerle límites a cualquiera de los dos no es sencillo, pero, si no lo hacemos, las defensas del ego pueden crecer hasta el punto de que imaginemos que somos mesías que hemos venido aquí a salvar al mundo.

Muchos terapeutas lo creen, así como muchos líderes religiosos que se hacen llamar, por ejemplo, «gurú», o «reverendo» por creerse una extensión de Dios. Una vez que entré en contacto con mi complejo de salvadora y vi el narcisismo que escondía, me quedé horrorizada. ¿De dónde había sacado yo la delirante idea de que ejercía una influencia tan enorme sobre los demás? ¿Cómo había podido sobrestimarme tan disparatadamente?

Pude empezar a soltarme del complejo de salvadora cuando me di cuenta de que, por él, estaba perjudicando a mis clientes: les estaba impidiendo tener que recurrir al ingenio y sentir los dolores inherentes a su evolución. Les estaba robando la experiencia de sus luchas y quitándoles el poder para encontrar soluciones. En cuanto lo vi con claridad, supe que tenía que aniquilar de inmediato cualquier idea de intentar salvar a nadie.

Ashley era una clienta de cuarenta y siete años que estaba decidida a evitarles a sus hijos cualquier dolor o conflicto interno. Vino a la consulta por primera vez porque sus hijos contravenían sus deseos en casa y estaban creándole muchos problemas. No solo no la ayudaban con las tareas domésticas, sino que habían empezado a usar su tarjeta de crédito sin pedirle permiso. Estaba desesperada cuando vino a verme. «Me desvivo por ellos. No entiendo por qué me tratan tan mal», me confió.

Le pregunté: «¿Y por qué te desvives por ellos? ¿Qué intentas conseguir?».

«Me duele tanto que sufran –dijo–. Su padre nos dejó cuando eran pequeños. Desde entonces, he cargado con la culpa de haberlos criado sola, de que no hayan tenido un modelo de hombre en sus vidas. Desde que me di cuenta de lo traumatizados que estaban porque su padre los abandonó, he intentado con todas mis fuerzas compensarlos por la pérdida, pero nada de lo que hago les sirve».

Empaticé con Ashley. Quería de todo corazón lo mejor para sus hijos, como lo queremos todas. Pero le expliqué que, si se desvivía por ellos, no era porque sus hijos de verdad lo necesitaran. El deseo de dárselo todo provenía de algo mucho más profundo, de un sentimiento de culpa que le resultaba insoportable. El dolor y el remordimiento por lo que su exmarido les había obligado a tener que soportar eran una constante en su vida. Y como forma de compensarlo, trataba de salvar a sus hijos del dolor que sentían. No se daba cuenta de que, en realidad, era a sí misma a quien trataba de salvar.

Ahora, al cabo de años de darles todo lo que se les antojaba, y sin ponerles los límites que hubieran necesitado, hacían lo que les daba la gana. Quise que entendiera que, en realidad, les había hecho un flaco favor. Les había hecho creer que vivían en un mundo en el que sus deseos les serían siempre concedidos y siempre habría alguien que los salvaría. Por eso la trataban como la otorgadora de deseos y su asistenta personal; lo que ella quisiera, les era indiferente.

Cuando le mostré a Ashley el patrón que había estado reproduciendo, se quedó boquiabierta. No podía creerse que la culpa la hubiera cegado hasta tal punto y hubiera sido el motor de todo lo que hacía. Al darse cuenta, ¡de inmediato se sintió todavía más culpable! Había vivido tan identificada con aquella imagen de salvadora que descubrir de repente que era una egocéntrica fue una sacudida.

Algunas máscaras del ego pasan desapercibidas porque la cultura las fomenta, sobre todo en el caso de las mujeres. Se nos sonríe y se nos da una palmadita en la espalda por llevarlas puestas. Solo cuando están a punto de asfixiarnos, es cuando estamos dispuestas al fin a salir arrastrándonos detrás de ellas. Lo cierto es que vivimos detrás de esas fachadas porque tenemos miedo de mostrarnos como en verdad somos. Hemos aprendido desde hace una eternidad que esas fachadas del ego son la manera de conseguir que se nos valore, y por eso siguen teniéndonos esclavizadas.

El antídoto para el complejo de salvadora es aprender a tolerar el sufrimiento, empezando por el nuestro. La mayoría de las salvadoras crean este personaje para evitar tener que sentir de verdad su propio dolor. Pensar que el otro sufre, sobre todo si la salvadora es la causante del sufrimiento, la abruma tanto que se siente en la obligación de eliminarlo. Piensa que, si libera al otro de su dolor, ella no tendrá ya que experimentar ese mismo sentimiento cuando esté con él. La salvadora se siente una mujer competente cuando acude al rescate del otro. «Arreglar» al otro la centra y da a su vida una nueva dirección. La única forma de salir de este patrón es darse cuenta de que no hay nadie en el exterior a quien salvar o arreglar. Ni siquiera podemos hacerlo por nuestros hijos ni por los seres más queridos, lo cual es muy difícil de aceptar. La única persona por la que podemos hacerlo somos nosotras mismas.

Cuando la salvadora se da cuenta de que el dolor del otro es necesario, e incluso vital, para que despierte a su verdadero yo, es cuando es capaz de acoger su propio dolor y de aceptar todo lo que ha hecho por evitar el malestar que ese dolor le causa. Tiene que rehabilitarse y resistir la tentación de resolver los problemas de los demás.

En lugar de volcarse en ellos, empieza a volverse hacia su interior. Se pregunta: ¿cómo puedo curarme desde dentro? Y al hacerlo, empieza a ocuparse poco a poco del dolor que hay en ella. Se permite llorar en situaciones en que antes no lo hacía. Aprende a tolerar más el dolor, y eso la hace dar un paso en su evolución humana. Al darse cuenta de la fuerza que emana de esto, comprende que el acto de volverse hacia dentro podría tener el mismo efecto en la vida de otra persona; y ve que su papel de salvadora estaba impidiéndoles a otros sumergirse en sí mismos y conectar con la intensidad de lo que sentían. En lugar de apresurarse a evitar que los demás se encuentren cara a cara con su dolor, ahora les enseña a invitarlo a entrar con los brazos abiertos.

La empática sangrante

De pequeña, en la India, iba a un colegio católico femenino de Mumbai. Aunque me había criado sin religión, este fue el colegio al que mis padres decidieron llevarme porque era uno de los mejores del barrio. Una de las formas de difusión del catolicismo en la India durante el colonialismo británico fue el sistema educativo. Muchos padres, deseosos de que sus hijos se occidentalizaran, preferían llevarlos a colegios católicos en vez de a las clásicas escuelas indias, aunque luego no fueran a recibir una educación católica en casa.

Cuando llegaba la hora de la oración matutina, si aquel día íbamos a tener un control de conocimientos o un examen final, veía a todas las niñas católicas ponerse de pie para rezar con gran fervor a Jesús. Fruncían el ceño, juntaban con fuerza las manos en gesto de oración y se mecían suavemente hacia delante y hacia atrás. Daba la impresión de que todo su empeño estaba puesto en aquella última súplica a Jesús para que las redimiera durante el examen. Mis ojos de niña lo captaban todo. Oí rumores de que sus padres las azotaban con el cinturón si llevaban malas notas a casa. Mi corazón sangraba por ellas.

Hice un plan. Decidí que les daría mi cuota de bendiciones de Dios. Como no me había criado en el marco de ninguna religión, no tenía una conexión personal con ninguna deidad. Solo esperaba que lo que iba a hacer no se volviera contra mí. Me levanté y recé a su Dios, y a todos los dioses que se me ocurrieron, rogándoles que les dieran buenas notas a mis compañeras. Hice un trueque con ellos, les dije que a mí me pusieran una mala nota y que algunas de mis buenas notas se las dieran a ellas; a mí, mis padres no me presionaban en asuntos escolares. Esperaba que los dioses fueran comprensivos y cuidaran de mis amigas. Lo hice desde primer curso hasta tercero.

Cuento esto porque muestra que mi empatía «sangrante» empezó a edad muy temprana. A los siete años, ayudaba a cuidar a un anciano enfermo que vivía en el mismo edificio. Ayudaba a su esposa a cambiar las sábanas y a vestirlo. Lo visité todos los días hasta que se puso mejor. Era la única niña del barrio que se iba del parque antes de hora, para tener tiempo de pasar por su casa y jugar con él a las cartas. No hizo falta que nadie me lo sugiriera; lo hacía porque me salía hacerlo. Mi madre es la clásica empática sangrante y me enseñó con su ejemplo a llevar la empatía al límite; aprendí a preocuparme mucho por los demás. No es de extrañar que me hiciera psicóloga. Mi capacidad de empatía les permite a mis clientes sentirse protegidos, valorados y comprendidos, lo cual es muy importante para su proceso de integración y compleción. Pero esa misma empatía hizo que se me desdibujara la frontera entre el otro y yo, lo que significaba que su dolor se convertía en mi dolor y su situación, en la mía.

Aunque ser generosa, intuitiva y atenta es sin duda una buena cualidad, como todas las fachadas puede llevarse al extremo y convertirse en una forma de ignorar aspectos de nuestra auténtica yo. Un día me di cuenta de que me había encerrado en ese papel de empática sangrante. En cuanto mis clientes me conocían un poco, esperaban que estuviera a su disposición a todas horas y para lo que fuera. Cuando realmente no les podía atender en el momento que me lo pedían, se enfadaban conmigo, como si estuviera violando su derecho inalienable a tenerme a sus órdenes. Cada vez que esto ocurría, el apego a mi papel me hacía sentirme terriblemente culpable, porque entendía que mi misión era acompañarlos en sus momentos difíciles aunque fuera al precio de no poder ocuparme de mí. Cuando me di cuenta de que estaba «haciendo el papel» de empática, pude empezar a liberarme de él. Hice una lista de los rasgos de mi personalidad que me hacían virar hacia ese exceso de empatía:

La capacidad de sentir el dolor del otro en un grado muy alto.
La capacidad de compasión por las circunstancias de los demás.
El deseo de aliviar el sufrimiento del otro.
La voluntad de ayudar a los demás a cualquier precio.
La incapacidad para marcar unos límites personales claros y firmes.
La incapacidad para pedir ayuda y para recibirla con naturalidad.
La incapacidad para expresar claramente mis necesidades sin sentirme culpable.
La tendencia a sentirme herida cuando el otro no aprecia lo que hago o no me valora.
La dificultad para decir no y afrontar el conflicto.
La incapacidad para tolerar el conflicto y las tensiones.
El deseo de que los demás me necesiten y dependan de mí.
La tendencia a ser superdadivosa, superservicial.

Una vez terminada la lista de patrones, pude observarlos con cierto grado de objetividad. Cuando lo hice, empecé a ver que era yo la que establecía mis relaciones de la forma en que lo hacía.

Cualquier persona empática tiene el deseo abrumador de que se la considere «buena». Su entrega a menudo se torna en un sacrificio excesivo. Si el dar incluye recibir, entonces no lo considera dar. Hay un condicionamiento oculto del que la persona empática no suele ser en absoluto consciente. Cuando el otro cambia a mejor, ella se siente muy bien consigo misma. Cuando en el otro no se produce ningún cambio, la persona empática se desanima, se siente menospreciada y resentida.

Uno de los principales aspectos ocultos de la empatía extrema es que suele ir acompañada de unos límites personales muy frágiles. A la persona empática le cuesta decir no a los que la necesitan. Es capaz de excusar en el otro cualquier mal comportamiento, pues lo considera producto de su dolor. Como siente con tal intensidad el dolor del otro, le resulta prácticamente imposible separar ese mal comportamiento del dolor del que nace. En consecuencia, nunca considera al otro responsable de cómo se comporta. Y si le toca a ella sufrir las consecuencias de ese comportamiento destructivo, adopta el papel de «la que todo lo entiende».

Ese deseo de dar exageradamente que tiene la mujer empática proviene de su carencia interior. Por eso, su identidad depende de lo mucho que el otro dependa de ella. Pero, en la sombra, oculta su parte narcisista que disfruta sintiéndose necesitada y reclamada. De ahí que las mujeres empáticas suelan entablar relaciones íntimas con narcisistas depredadores: ambos llenan sus vacíos dependiendo la una del otro y alimentándose mutuamente.

Para que la empática se entienda a sí misma, necesita someterse a una deconstrucción sistemática de sus patrones. Esto significa observar atentamente cómo contribuye a crear su realidad. Lo primero de lo que necesita ser consciente es de que la finalidad de su entrega es obtener amor y valoración. Su incapacidad para decir «no» puede venir más del miedo al conflicto y al abandono que de la ausencia de deseo de decir no. Hasta que sea capaz de llegar al origen de esos miedos esenciales, la empática no podrá establecer los límites que necesita para prosperar.

Durante años he escuchado a las mujeres culpar a otros, sobre todo a su pareja o a su expareja, de no ser felices con ellos. «Fue culpa suya. Era tan mezquino. Era un imbécil». Por supuesto, la indignación que ellas sienten siempre está justificada. En definitiva, ellas eran «las buenas»; así es como su ego lo tenía todo organizado. Quizá lo que en realidad hubieran querido decir era: «¡Basta ya! No voy a permitir que me trates así. Valgo demasiado para estar viviendo una relación como esta», pero les daba demasiado miedo decirlo. Así que, en lugar de armarse de valor, permitían que el otro siguiera tratándolas mal para poder seguir sintiéndose «la que todo lo entiende».

Dado que a las «mujeres buenas» nos resulta intolerable que se nos considere «una bruja», continuamos siendo lo que nuestro ego nos ha enseñado a ser: compasivas, amables, comprensivas; sentimos que estamos por encima del que acaba de lanzarnos su frustración. Y así dejamos pasar otro momento de maltrato, una violación más de los límites necesarios frente a la que no hacemos nada. Pero nuestro resentimiento interior se hace más fuerte; sentimos vergüenza; nos culpamos o culpamos al otro, y el ciclo continúa.

Para hacer una deconstrucción como esta, hay que tener agallas. Es muy doloroso para la empática darse cuenta de que la razón por la que le pisan los pies continuamente es que los pone en mitad del camino por el que se acercan los zapatos del otro. Como en todo despertar, esta revelación es un mazazo.

El antídoto para la empatía sangrante es una dosis saludable de valoración de una misma y cuidado personal. Cuando la empática esté en contacto con su ser más íntimo, espontáneamente pondrá límites claros y firmes. Gracias a esos límites, podrá expresar sus maravillosas cualidades para el amor y el cuidado de los demás sin dar pie a que los demás sean desconsiderados con ella. Ahora bien, para poder poner esos límites y que los demás los respeten, antes tiene que renunciar a su apego a la idea de ser «la buena». Una vez que esté dispuesta a deshacerse de ese programa que ejecuta inconscientemente, se dará cuenta de que los límites son sagrados.

A menudo, no tenemos un alto concepto de los límites porque pensamos que provocan desconexión. Ese no es el propósito de los límites. Cuando se crean desde una clara alineación interior, lo que hacen es permitir que las relaciones sean saludables. Entrañan el potencial para enseñar a ambas partes a confiar en sí mismas y ser independientes.

La empática empieza a sanarse cuando cambia su guion interno. Si antes consideraba que entregarse por completo era la única forma válida de comportarse en las relaciones, ahora empieza a aprender a recibir. A medida que se da cuenta de lo que vale y de que es digna de recibir, aumenta su capacidad para crear límites saludables. Es cada vez más consciente de que esos límites crean un espacio interior sagrado dentro del cual su precioso corazón puede respirar libre y jubiloso.

Si soy sincera, tengo que admitir que hay en mí partes de cada uno de estos arquetipos de *La dadora*. Tal vez tú sientas lo mismo, como si las distintas caras se fundieran una con otra. Es natural. Al fin y al cabo, nuestra psique no está dividida en compartimentos estancos. Estate atenta a todo lo que vas descubriendo y sigue escribiendo en tu diario sobre las fachadas con las que más te identificas. Pronto entenderás con claridad cómo se manifiesta la principal fachada de tu ego y verás cuáles son las estrategias a las que más recurres cuando te encuentras en un estado de carencia.

8. Las controladoras

La perfeccionista, la mujer helicóptero, la tirana y la mujer escudo

Las controladoras son mujeres muy ansiosas que convierten su ansiedad en control sobre todo lo que las rodea para sentirse competentes y al mando. Se disfrazan de triunfadoras, en el caso de la perfeccionista; de sufrientes cuidadoras, en el caso de la mujer helicóptero; de controladoras dominantes, en el caso de la tirana; y de una rigidez impenetrable, en el caso de la mujer escudo.

Si las dadoras quieren demostrarle al mundo lo buenas que son, las controladoras quieren demostrar lo competentes que son. Una dadora no puede soportar que se la considere egocéntrica, y una controladora no puede soportar que se la considere un fracaso. A unas y a otras las gobierna un mórbido deseo inconsciente de responder a una acuciante pregunta interior: ¿Valgo lo suficiente? Esta es la pregunta que todos los arquetipos del ego se hacen.

Las controladoras, como su nombre indica, controlan constantemente las situaciones, las relaciones y sus posibles resultados. Para calmar la ansiedad que les provoca no dar la talla, dirigen esa energía a controlar todo lo que tienen a la vista: limpiar mejor la casa, cocinar más, hacer más ejercicio, vigilar más a sus hijos, prepararse más para esto o aquello, trabajar más, ser más ambiciosas, maquillarse más, tener más ropa, conseguir un ascenso profesional más meteórico, tener más control y más dominio sobre los demás. Son personas que llevan al extremo todo lo que hacen y que intentan convertirse en maestras del detalle.

Las controladoras no saben estarse quietas. Su ansiedad interior es tan fuerte que tienen que aliviar la presión haciendo y haciendo y haciendo. Suele ser agotador estar cerca de ellas, y van dejando a su paso una estela de ansiedad. Mientras exploramos sus diferentes máscaras, mira a ver si hay algún aspecto con el que te sientas identificada.

La perfeccionista

Aunque el sentido de logro y la excelencia son saludables e incluso esenciales para el vivir diario, las perfeccionistas van mucho más allá de lo saludable. Para lo que sea, intentan estar meticulosa y exageradamente preparadas. Atentas como están siempre a cualquier posible error, hasta traspasar con mucho los límites de lo necesario, se hacen cargo con rapidez de cualquier eventualidad para descartar la más mínima posibilidad de fracaso.

El mayor problema de intentar ser perfecta en cualquier tarea es que a veces el péndulo acaba inclinándose hacia el lado contrario, y la perfeccionista se rinde antes de haberla comenzado siquiera. Aterrorizada por fracasar, la idea de que tal vez no consiga cumplir su objetivo la deja paralizada. Aunque este patrón, que suele calificarse de pereza, es más difícil de detectar, conviene tener presente que la pasividad y la decisión de eludir ciertas actividades son a veces una manifestación encubierta del mismo mal: el mal del perfeccionismo.

El motor que impulsa el comportamiento de la perfeccionista es evitar el fracaso a toda costa. La perspectiva de no triunfar en algo, o de ni siquiera dar la talla, es tan insoportable que la perfeccionista tomará todas las medidas necesarias para evitarlo. Del resultado que obtenga de cualquier cosa que haga, depende cómo se valorará. De modo que, por un lado, la anima enormemente la idea de luchar por conseguir su objetivo, porque sabe que, si lo consigue, se sentirá maravillosamente bien consigo misma, pero, por el otro, si no lo consigue, se quedará destrozada. El péndulo interior está atado al resultado externo. La ansiedad que siente por que puedan considerarla mediocre, o simplemente una más, la hace encogerse por dentro.

Tia es una perfeccionista elevada al cubo. Es una mujer muy guapa, delgada, de unos cincuenta años. Está tan acostumbrada a que la adulen por su belleza que le resulta indiferente. Eso le da igual. Lo único que le preocupa es no usar la talla «cero». Se mira al espejo y no ve la belleza deslumbrante que ven los demás. Lo que ella ve es una barbilla caída y una mandíbula flácida. Se señala cada arruga y cada marca y me las enseña como si le estuvieran abriendo la piel en canal. Se queja constantemente de que nota cómo los muslos rozan uno contra otro cuando se mueve. Por todo ello, Tia se ha sometido a todas las intervenciones estéticas que se practican. No se ha dejado ni una. Desde el bótox hasta la liposucción, pasando por los estiramientos faciales, los rellenos y un sinfín de cirugías más, lo ha probado todo. Se ha sometido incansablemente a cada invento, y sigue sintiéndose insatisfecha y descontenta.

Tia ha estado asistiendo a sesiones de terapia todo este último año. Por mucho que he intentado aconsejarla, el desdén que siente por sí misma no ha cambiado. Si la felicito por algo, siempre escucho: «Gracias, pero...». No están, entre las cualidades de las perfeccionistas, aceptarse y celebrar quienes son.

Tia no es la única que sufre este mal. He visto a innumerables amigas y colegas llevar a cuestas la misma carga del perfeccionismo. Lo mismo se manifiesta en un exceso de preparación que en lo contrario: la parálisis. Es tan fuerte su afán por querer controlar hasta la más mínima posibilidad de un imprevisto, que, o se pasan años preparándose para catástrofes imaginarias, o de repente se paran en seco y entran en estado comatoso.

La perfeccionista vive torturada desde dentro por una severa crítica interior que la acosa sin tregua. Su voz suena así:

> Tienes que estar constantemente activa y rendir al máximo para sentirte bien.
>
> Tienes que hacerlo mejor que la última vez y seguir superándote.
>
> Tienes que, o destacar, o retirarte: ser mediocre es inaceptable.
>
> No puedes confiar a nadie el trabajo porque lo podría estropear.
>
> Deberías comprobarlo todo dos veces y hacer una evaluación de riesgos.
>
> Deberías hacer más, trabajar con más ahínco.
>
> Tienes que poner toda tu atención en el 1% que esta vez ha salido mal o que podría salir mal.
>
> No tiene sentido que empieces un nuevo proyecto si no estás segura de que harás un trabajo excelente.
>
> Tienes que ser más crítica contigo cuando no consigues los resultados que querías.
>
> Si las cosas no salen según lo previsto, es porque eres una incompetente y no vales para nada.

Mika es oradora profesional y la veo en muchas conferencias a las que asisto. Lo habitual es que, entre bastidores, se pasee de lado a lado ensayando una y otra vez lo que tiene que decir. Me confesó que elige la indumentaria con varios meses de antelación y que contrata a asesores de dicción para que la ayuden a perfeccionar el tono de voz. «No tiene nada de malo querer ser excelente –le dije–, pero una cosa es hacer lo posible por dar lo mejor de ti, y otra muy distinta es aspirar a la perfección». La primera nos hace aprender y madurar constantemente; la segunda nos provoca una «perfeccionitis». La primera es flexible y funcional, y la segunda es inflexible y disfuncional. Son dos motivaciones muy diferentes, y dos maneras muy diferentes de ser.

Cuando el perfeccionismo se sale de madre, se convierte en «perfeccionitis», casi una enfermedad mental. Si elevamos el deseo de ser excelentes a un nivel paranoide, le damos permiso para que nos controle y nos robe la alegría. La alegría solo puede nacer de un estado de presencia y espontaneidad, que estarán muy mermadas por la sucesión de pensamientos críticos.

Sé que Mika sufre de «perfeccionitis» porque, mientras ensaya y se pasea de un lado a otro, se siente a la vez aterrorizada. Tiene a punto las notas, la presentación de PowerPoint, y el frasco de Trankimazin del que se toma dos pastillas con el desayuno. Se derrumba de la misma manera antes de cada charla. Me dice: «Me da tanto miedo olvidarme de lo que tengo que decir o que hacer que acabo atacada de los nervios».

La vida no trae consigo una garantía de que siempre todo nos saldrá bien, que es lo que la perfeccionista espera. Cuando la perfeccionista aprende a volverse hacia dentro y soportar la dolorosa ansiedad que le produce un posible rechazo o fracaso, puede aprender a tolerar lo incierta que es la vida por naturaleza. Cuando empiece a entresacar de su propio estado natural un sentimiento de confianza, sin necesidad de hacer nada dejará de lado sus delirios de control y aceptará que una vida bien vivida es aquella en la que nos rendimos al hecho de que es imposible controlarla.

Las perfeccionistas cambiarán desde dentro cuando se den cuenta de que cometer errores o sufrir una derrota no son solo inevitables, sino verdaderamente necesarios para mejorar. Hasta entonces, intentarán evitarlos como si fueran una tragedia. Solo con un profundo amor a sí mismas, pueden las perfeccionistas dejar de lado sus exigencias demenciales y liberarse de la vergüenza que les provoca la posibilidad de fracasar.

La mujer helicóptero

Elisha estaba empeñada en que su hija tenía que ir a alguna universidad que estuviera a menos de dos horas en coche de donde vivían, y su hija Cheryl quería ir a una universidad que estuviera al otro lado del país, lo que significaba que discutían todo el tiempo. Un día, en mitad de la sesión de terapia, la hija se levantó y salió del despacho diciendo que sentía que su madre la asfixiaba.

Elisha, que estaba a su lado, se quedó desolada y quiso salir corriendo detrás de ella. Tuve que levantarme y conducirla de vuelta a la silla. «No puedes salir corriendo detrás de tu hija. No tiene cinco años. Es casi una mujer. ¿Qué es lo que te preocupa?».

Elisha respondió: «Me preocupa que se haga daño. Está tan enfadada conmigo que no sé lo que hará. Tengo que estar siempre pendiente para asegurarme de que no le pase nada malo».

Elisha es la clásica madre helicóptero. Está demasiado atenta a las necesidades de sus hijos y se involucra demasiado en todos los aspectos de sus vidas. Los trata igual que cuando eran pequeños; a sus ojos, siguen siendo criaturas indefensas e inmaduras.

En las sesiones individuales con Cheryl, me confesó que capitulaba ante su madre porque tenía miedo de sus arrebatos de ira. Ahora que había llegado el momento de ir a la universidad, a Cheryl le ponía muy nerviosa pensar que no iba a poder ir a la que había elegido.

Elisha se negaba a aceptar que hubiera el menor problema en la forma de educar a sus hijos. Se negaba a admitir que sintiera una ansiedad que nada tenía que ver con su hija. Elisha no era muy diferente de los cientos de padres y madres helicóptero que he conocido en mi consulta. Tal es su tendencia a sobreproteger a sus hijos que planean en círculos a su alrededor y están a su servicio las veinticuatro horas del día, convertidos en sus mayordomos, conserjes, chóferes o criados.

Esta fachada del ego no es exclusiva de los padres y las madres. Se da en muchas relaciones y adopta muchos matices. El deseo extremo de control se manifiesta en:

Sobreposesión: se considera al otro una extensión directa de una misma.

Sobreprotección: se trata al otro como un objeto precioso que hay que salvaguardar.

Sobreorganización: la vida está organizada y programada hasta en el más mínimo detalle.

Sobrecrítica: culpa de cómo son las cosas a todos y a todo.

Sobredirección: dirige la vida del otro como si fuera la propia.

Sobreimplicación: traspasa los límites personales y se inmiscuye en todos los aspectos de la vida del otro.

El motor de la madre helicóptero es una intensa ansiedad provocada por su impotencia y que traslada a los demás. Incapaz de tolerar su estado interior, proyecta esa intensa energía en el exterior.

A sus cincuenta años, Stella había dado a luz a Janet tras muchos tratamientos fallidos de fecundación *in vitro*. Naturalmente, cuidaba de aquel bebé milagroso con guantes de seda. Pidió cita para venir a verme porque su marido la había obligado. «Cree que voy a arruinar la vida de Janet con mis locuras», me dijo.

A continuación describió «sus locuras». Me confesó: «Me aterra que se caiga y se haga daño, así que no la dejo salir al patio conmigo porque hay varios escalones y podría caerse. La hago llevar un casco en casa porque no quiero que se golpee la cabeza contra la pared. En el parque, no la pierdo de vista un segundo». Luego, me puso una docena de ejemplos más de lo aterrorizada que estaba por que su hija se hiciera daño. Por un lado, me parecía una madre vigilante; por otro, una clásica madre helicóptero Uber.

Empezamos a ahondar en su intenso deseo de control. Se había sometido a nueve tratamientos de fecundación *in vitro* en los últimos diecisiete años. Es difícil juzgar a alguien que ha hecho tal esfuerzo y ha pasado por tanta agitación y tanta angustia. No era de extrañar que, ahora, que al fin había logrado su objetivo, sintiera la necesidad de proteger este tesoro.

Tan obsesionada estaba con su misión de ser la mejor madre posible que la identificación con su hija dominaba su vida. Quería preservar su identidad de madre insuperablemente atenta y cariñosa y demostrarse que todos aquellos años de lucha habían merecido la pena. A sus ojos, si Janet se hacía daño o había que llevarla al hospital, habría fracasado como madre. Hasta tal punto quería ser competente que acabó por incapacitarse para cumplir su misión.

En lugar de volverse hacia dentro para descubrir el origen de su inseguridad, protegía a su hija con un exceso de celo. Si se aseguraba de que nunca le pasara nada a Janet, se libraría de tener que enfrentarse a la sensación de ser una madre incompetente.

Yo crecí rodeada de mujeres helicóptero. Tengo una tía que no puede estarse quieta. Es incapaz. Constantemente tiene que organizarlo y reorganizarlo todo, que limpiar y ordenar. De niña, me mareaba mirarla; era tal su grado de ansiedad que le resultaba insoportable relajarse y simplemente ser. Sigue igual, si no está haciendo algo todo el tiempo, teme que pueda ocurrir algo terrible.

La mayoría de las mujeres helicóptero ni siquiera se consideran controladoras; se consideran mujeres que cuidan del bienestar de los demás. Ese es el cebo que su ego les pone para que sigan comportándose así. Porque si una mujer se considera atenta y generosa, ¿qué razón podría tener para abandonar ese comportamiento? Lo hará solo cuando sea capaz de admitir que la causa de su desvelo por el bienestar de todos son sus propias ansiedades y, por consiguiente, la necesidad de protegerse. Cuando vea que está perjudicando a las personas a las que quiere, tal vez lo deje de hacer. Lo más importante es que admita su deseo de control.

Las personas helicóptero tienen que aprender a liberar su deseo de controlar la vida. En pocas palabras, tienen que aprender el arte de la rendición. Cuando comprendan que la vida es intrínsecamente caótica y cambiante por mucho que intenten controlarla, tal vez aprendan a detener su quehacer incesante y empiecen a estar presentes. Solo cuando comprendan lo inútil que es empeñarse en controlarlo todo, podrán liberarse y rendirse al hecho de que la vida es como es.

Confiar en la inmediatez de la vida no es fácil para nadie, y mucho menos para la mujer helicóptero, que ha aprendido a mantener a raya los sentimientos de vulnerabilidad ocupándose de supervisar hasta el más mínimo detalle de su entorno, y en especial a las personas queridas. Al principio, retirarse le provocará extrañeza y desasosiego. Curiosamente, hacer menos puede resultarle extremadamente costoso. A medida que aprenda a retirarse, aprenderá, no obstante, a canalizar esa energía y a redirigirla hacia sí misma. Liberará a los demás y dejará a cada cual con su destino, y ella abrazará plenamente el suyo propio.

La tirana pasivo-agresiva

Este personaje es una combinación, en talla XXL, de dadora y controladora fundidas en una. Ella es la camaleónica comandante en jefe recién tratada con esteroides.

Por lo general, esta mujer exhibe una fachada complaciente. Es pasiva, dulce, tolerante, dócil, flexible y de trato fácil. Le gusta complacer a los demás y suele oponer poca o ninguna resistencia a los cambios de planes. El problema es que querrá ser complaciente a toda costa, principalmente para evitar saber lo que de verdad siente, ya que tiene miedo al conflicto. Tanto la asusta cualquier forma de conflicto que, para controlar que no vaya a producirse en torno a ella, hará lo imposible por atender a las necesidades del otro antes que a las suyas. Siente una presión interior tremenda por resolverlo todo con una sonrisa.

Y… ¿cómo se transforma esta fachada tan encantadora en una tempestad desatada? Ocurre cuando, de tanto hacer lo imposible, un día se rompe. Por ejemplo, quiere que la casa esté impecable para una fiesta que va a celebrar; quiere que los invitados estén contentos y que haya comida suficiente; quiere que todos reciban el mejor servicio posible, así que trabaja como una esclava el día entero. Su marido y sus hijos no tienen la misma aspiración; a ellos les da igual que la casa esté desordenada. Y aquí es donde se desata el caos y esta mujer se convierte en una tirana resentida, cansada y frustrada que les grita a todos porque la fiesta no les importa lo mismo que a ella.

Muchas madres se sentirán totalmente identificadas con esto. Yo, al menos, sí. Dedicamos cada momento a cuidar de nuestros hijos, de la casa, de las personas a las que queremos, diciendo todo el día que sí, manteniendo la calma. No somos conscientes de hasta qué punto nos afecta todo ello de una forma sutil. No nos damos cuenta de lo agotadas que estamos de tanto dar. Hacemos lo posible por no perder la alegría. Enterramos la fatiga, desdibujamos nuestros límites y ocultamos las lágrimas. Hasta que un día nos rompemos. Ni siquiera éramos conscientes de que tuviéramos necesidades a las que nadie atendía hasta que algo nos enciende la mecha y toda la rabia contenida explota. Por supuesto, la descargamos en quienes no la merecen, que suelen ser nuestros hijos, y eso nos crea un sentimiento de culpa.

En el momento después de explorar, nos tortura la vergüenza. No podemos creer lo que hemos hecho, después de todo un día conteniéndonos y dando. Sentimos que lo hemos echado todo a perder. Este es el sino de la tempestuosa mujer pasivo-agresiva. Está atrapada en el ciclo de la eterna complacencia sin ser consciente de en qué momento ha sobrepasado sus límites.

El ciclo en el que cae contiene estos elementos:

Dice sí a todo lo que se le pide, sin excepciones, hasta que está exhausta y explota.

No expresa sus necesidades hasta que ya no puede más y se rompe.

Se descuida hasta el punto de desarrollar una enfermedad crónica.
Controla a los demás hasta en los más mínimos detalles por un sentimiento de culpa.

La verdad es que no queremos decir sí a todo lo que se nos pide. No queremos trabajar tanto. Ni queremos tampoco sentirnos culpables por decir no. No queremos controlar a nadie y, sin embargo, lo seguimos haciendo.

Me viene a la mente mi cliente Sheena. Empezó su primera sesión llorando a mares. Me confesó que necesitaba hacer algún curso para aprender a controlar la ira porque últimamente perdía la cabeza con sus hijas. «Son buenas niñas, pero yo les exijo que sean perfectas. Les chillo literalmente el día entero. Quiero que sean como soldaditos».

Con dos hijas de menos de seis años, Sheena se había convertido en una supermujer. Hacía comida casera todos los días sin excepción, limpiaba la casa, y se ocupaba también de llevar la contabilidad y los asuntos financieros de la empresa de su marido, además de encargarse de las facturas y las reparaciones domésticas. ¿Lo triste del caso? Pues que lo único que veía era su fracaso como madre. No se daba cuenta de que estaba tratando de cumplir una expectativa disparatada de lo que significaba ser madre.

«¿Por qué sientes toda esta presión?», le pregunté. «Mi marido da por hecho que las sábanas tienen que estar planchadas y todo tiene que estar inmaculado –me confió–. Su madre cocinaba a diario, y eso es lo que espera de mí». Le describió incluso con cierta reverencia, y luego me dijo: «Él piensa que no soy suficientemente organizada ni lo que se dice trabajadora. Cree que debería aprovechar mejor el tiempo y esforzarme más por ser una buena madre y esposa».

En esto radicaba el problema. Sheena intentaba complacer a su marido, que tenía un nivel de exigencia inusualmente alto en lo referente a los asuntos domésticos. Y por intentar cumplir las expectativas de su marido, estaba arruinándoles la infancia a sus hijas, a las que había alistado como soldados rasos en su ejército.

Cuando Sheena se dio cuenta de lo que estaba haciendo, se quedó horrorizada. Admitió: «Quiero decirle que baje el listón, pero me da miedo. Podría provocar un conflicto, y eso no lo soporto. Me aterran los conflictos. Por otra parte, además, quiero ser su ideal de mujer perfecta, que es como ve a su madre».

Sheena me contó que su padre se había ido cuando ella era pequeña. Se crió sola con su madre, que hacía varios trabajos distintos para llegar a fin de mes. Aprendió pronto a ser la niña perfecta para no darle a su madre ninguna preocupación. El único problema es que ahora no puede ser igual de perfecta. Su marido es tan exigente y tan perfeccionista que, por mucho que haga, para él nunca es suficiente.

El antídoto para las mujeres complacientes es despedir, sin contemplaciones, a los jefes a los que intentan complacer. Toda mujer complaciente intenta satisfacer a alguien a quien ha colocado en un pedestal; está dispuesta a hacer lo imposible por ganarse el favor de esta persona y, si es necesario, reclutará a quien esté a su alrededor para que la ayude. Cuando quise hacerle ver a Sheena lo asombrosamente eficiente que ya era, y cómo había estado adorando a su marido sin sentir de verdad que lo merecía, se le abrieron los ojos de par en par. Descubrimos que la razón de esta obsequiosidad suya era el miedo a que su marido la abandonara como había hecho su padre. En algún lugar de la psique de Sheena estaba arraigada la idea de que, si hubiera sido una hija mejor, su padre no se habría ido. Se esforzaba tanto por intentar ser supermaravillosa en su matrimonio porque, inconscientemente, de ese modo alejaba el miedo a que su marido la pudiera abandonar.

Le expliqué: «Has convertido a tu marido en tu jefe. Él no lo pidió. Entiendo que es bastante mandón, pero eso no lo convierte en tu jefe. Ese puesto se lo has dado tú, ¡despídelo! Esta dinámica tan desigual te está destrozando por dentro, y luego lo descargas con tus hijas. Eres tú la jefa de tu vida. Y si a tu marido no le gusta, quizá sea él quien tenga que hacer algunos ajustes. No puedes retorcer cada una de tus células para que se amolde a su ideal y él esté contento. Estar contento es tarea suya. ¡Despídelo ahora mismo!».

Poco a poco, Sheena se dio cuenta de que le había dado a su marido el papel de padre, jefe y validador. *Necesitaba* su aprobación. Y cuanto más la necesitaba, más sucumbía a sus expectativas disparatadas. Si ella asumía la «jefatura» de su vida, podía enviar a su marido de vuelta al carril por el que le correspondía circular, y ella prosperar circulando por el suyo.

Este proceso de individuación es fundamental en las relaciones en que hay un enredo de papeles y una parte depende de la aprobación de la otra. Sheena seguía esperando inconscientemente la aprobación de papá y, además, temía que la abandonara. Cuando pudo llorar su pasado e integrar en su mundo adulto el dolor por aquella pérdida, bajó a su marido del pedestal. Colocarlo al nivel normal de un ser humano con sus defectos le permitió establecer límites y poner su atención donde necesitaba estar: no en los platos ni en la masa casera de pizza, sino en la alegría de sus hijas.

Sheena salió de inmediato del ciclo de la tirana pasivo-agresiva. Sabía que se arriesgaba a no recibir la aprobación de quienes se habían hecho adictos a tenerla bajo su control, y era una perspectiva desalentadora. Pero se dio cuenta de que, si llegaba a ocurrir, perder a esas personas sería una lástima y punto. Al fin y al cabo, estaba ganando una nueva jefa, amiga y amante: ella misma.

El antídoto en este caso es uno: reclutarse a una misma como jefa y validadora. Mientras intentemos recibir aprobación del exterior, sufriremos un continuo desajuste interior; iremos de fuera hacia dentro y de dentro hacia fuera hasta que algo en nuestro interior salte en pedazos. La cuerda floja de la inautenticidad se romperá un día y se desatará el caos. Al igual que ocurre con las demás fachadas del ego, cuanto más sinceras seamos con nosotras mismas, menos probabilidades hay de que se nos encienda la mecha y explotemos.

La mujer escudo

Esta mujer es fácil de detectar porque destaca entre la multitud. Por poco común que sea su caso, todas hemos conocido al menos a una de ellas en nuestra vida, y es casi imposible de olvidar. Se trata de una mujer que parece tenerlo todo siempre calculado, estar siempre al mando. Es educada, fría, poco emotiva, recia, racional e independiente, y no permitirá que nadie la vea en ningún momento de debilidad. Está resuelta a tenerlo todo siempre bajo control.

Por lo general, una mujer alfa como ella aprendió muy pronto que, para tener control en la vida, tenía que asumir de lleno su masculinidad. El personaje que representa nació probablemente tras haber sufrido experiencias traumáticas o abusos en su infancia. Es comprensible que una niña que ha pasado por eso desarrolle un escudo para protegerse de cualquier abuso. Una parte de ese escudo consiste en ser impenetrable, y una parte de ser impenetrable consiste en no colocarse jamás en una posición de vulnerabilidad. Esto le exige a esa mujer no mostrar sus emociones, ser fuerte e independiente. En pocas palabras, le exige deshacerse de su lado femenino.

La mujer escudo creció convencida de que necesitaba dominar el mundo que la rodeaba para tener algún poder sobre su vida. Se ha convertido así en una mujer extremadamente ambiciosa, enérgica, diligente en su trabajo y decidida a llegar a la cima en todo lo que hace. Con frecuencia, esta mujer suele ser líder de una organización, un partido político o algún movimiento. Tenemos mucho que agradecerle, pero no podemos olvidar que paga un precio muy alto por su escudo en términos de bienestar.

Kylie encarnaba este arquetipo a la perfección. No había prácticamente nada que no fuera capaz de hacer. «Tuve que ser el niño y la niña de la familia. Se esperaba que fuera igual de buena en los deportes que en la repostería, que fuera la mejor de mi clase en ciencias y que destacara en costura y todas las demás actividades típicamente femeninas». Ahora, a los cincuenta y tres años, es una psiquiatra de renombre, escritora y concertista de violín. ¿Su talón de Aquiles? Las relaciones. Lo que más le cuesta, lo que de verdad la pone a prueba, son las relaciones.

«No soporto que alguien haga un drama de lo que esté pasando –dice Kylie–. Es entonces cuando me desconecto. Me resulta caótico, me perturba. Ver expresar las emociones es una señal de peligro. No puedo ni mostrar las mías ni permito a los demás que muestren las suyas».

Las últimas relaciones de Kylie habían terminado bruscamente. Si surgían problemas y quien fuera su pareja en ese momento actuaba dominado por las emociones, ella se cerraba y le evitaba. Al parecer, esperaba que sus parejas fueran como ella, racionales en todo momento y casi desapegadas.

Empezamos por examinar esa aversión a las manifestaciones emocionales. Como suele ocurrir, el camino nos llevó a la época en que tenía seis años y vivía con un padre alcohólico y muy estricto propenso a los ataques de ira. En uno de aquellos arrebatos, le dijo que ojalá no hubiera nacido; le confesó que él siempre había querido tener un hijo. Más que las explosiones de ira de su padre, a Kylie le dolía que su madre nunca interviniera para protegerla. A aquel resentimiento de su padre porque no hubiera sido un niño, achacaba Kylie que la animara insistentemente a practicar deportes rudos, que a ella no le gustaban, o que se burlara de ella si la veía llorar. Si mostraba el menor signo de debilidad, le chillaba. Muchas veces, la golpeaba con el cinturón. A veces ella lloraba llamando a su madre, que nunca oía sus voces suplicando ayuda. Las burlas, el acoso y el maltrato por parte de su padre, y la falta de atención por parte de su madre, le enseñaron a endurecerse por fuera, y vio cómo poco a poco su verdadera yo se marchitaba.

Le expliqué que ese «escudo» que se había creado la había protegido durante la infancia, pero ahora, en vez de ayudarla, debilitaba su conexión con los demás. Definimos cómo había configurado concretamente su personalidad para que pudiera identificar con facilidad sus patrones:

Estoica e insensible.
Racional, desapegada y lógica en los argumentos.
Seria y callada, incapaz de soltarse.
Excesivamente exigente, exitosa y organizada.
Una Google andante: capaz de ofrecer al instante toda clase de datos.
Una mujer que evita las películas y conversaciones emotivas.
Una mujer a la que todos recurren cuando hay que evitar un desastre.

La descripción dio en el clavo y Kylie se rio de sí misma, algo muy inusual. De inmediato empezó a ver que había creado este personaje para protegerse de los arrebatos de ira de su padre y para convertirse en el hijo que él siempre había querido.

A las mujeres que llevan esta armadura protectora suelen gustarles la soledad y la tranquilidad; no les gusta que nadie invada su espacio emocional ni físico. Por eso, es fácil dejarlas de lado y olvidar que quizá estén sufriendo. Su exterior impenetrable, unido a su autosuficiencia, hacen que sea difícil conectar con ellas. Transmiten la sensación de que es mejor dejarlas solas. Lo que estas mujeres se pierden es la conexión humana.

Kylie tardó varios meses en cambiar. Le resultaba tan inquietante mostrarse como era que casi tuvo que reeducarse y aprender a hablar un lenguaje enteramente nuevo. Tuvo que aprender a sintonizar consigo misma con regularidad. Para ayudarla, le preguntaba: «¿Qué sientes ahora?». Luego se lo volvía a preguntar: «¿Y ahora?». Y otra vez más: «¿Y ahora?». Estaba tan acostumbrada a meterse en su cabeza de un modo puramente racional que no tenía ni idea de cómo mirar hacia dentro. Sin embargo, fue aprendiendo a hacerlo poco a poco y empezó a permitir a ciertas personas entrar en su vida interior.

El antídoto para las mujeres que llevan una máscara así de dura es aprender a sentir sus sentimientos sin intelectualizarlos. A pasitos muy pequeños, estas mujeres necesitan incorporar el corazón y dejar de vivir solo desde la mente. Necesitan empezar a usar palabras como «siento» en lugar de «pienso». Necesitan aprender que los sentimientos no son ni una amenaza ni una debilidad, sino otra forma de comunicación; si acaso, poder mostrarse como una mujer con sentimientos es una fortaleza.

Tan condicionadas están las mujeres escudo a creer que las emociones son un defecto que se desprecian por sentir. Su evolución conlleva, por tanto, aprender a confiar en que sabrán vivir con los sentimientos, y, para ello, nada mejor que asumir mayores riesgos conociendo a más gente y probando cosas nuevas, lo que las convertirá en personas más completas.

9. Las recibidoras

La diva, la princesa y la niña

¿Sientes que eres todas las mujeres que he descrito hasta ahora? Es comprensible que te sientas abrumada. Como seres versátiles que somos, mostramos diferentes partes de nosotras dependiendo de la situación y el momento. Sin embargo, una vez que hayas leído la descripción de todos los personajes, te darás cuenta de que solo hay un par de ellos que predominan en ti, como en cada una de nosotras.

Y ahora veamos, ¿quiénes son las recibidoras? A diferencia de las dadoras y las controladoras, las recibidoras actúan como actúan porque no tienen qué las gobierne. Como están desvinculadas de su poder interno, se agarran a los demás para extraerles sus recursos y los utilizan como salvavidas. Las recibidoras dependen de los demás para que les hagan las cosas y les procuren sustento emocional.

Como el narcisista, que ha aprendido a vivir tan abstraído en sí mismo que no se da cuenta de las necesidades de los demás, también las recibidoras han aprendido a protegerse entrando en un estado permanente de ensimismamiento. Como indefensas mujeres pasivo-agresivas, se vuelven dependientes de todo aquel que está cerca de ellas. Vamos a ver algunas de las manifestaciones más comunes de las recibidoras.

La diva

La diva cree que se ha ganado el derecho a dar órdenes a todo el mundo y a exigir que todo se haga a su manera. Se cree mejor que los demás, y punto. Debido a ese complejo de superioridad, tiene la delirante idea de que los demás existen para servirla. Cree que tiene el privilegio de que se le dé ese servicio.

Por lo general, aunque no siempre, una diva es alguien que tiene algún galardón en su haber y que ha probado lo que es ser una «estrella». Y como se ha identificado con ser una estrella, está convencida de que debe ser tratada como tal. Espera que se le preste atención absoluta, que se la elogie sin límites, y recibir el favor de todos.

Normalmente he visto desprender esta energía a personas que han alcanzado el estatus de celebridad en alguna medida, o una posición social influyente y prestigiosa. Pero también la he visto en familias en las que alguien se erige en jerarca y utiliza su estatus para mandar a los demás. La sed de valoración es tan grande en estas personas que se creen su personaje y esperan que su público o su familia les regalen los oídos. Por supuesto, cuando dejan de recibir todas esas atenciones, lo habitual es que sufran una crisis nerviosa, o caigan en alguna adicción.

No es raro que las mujeres que han conseguido cierto estatus social a raíz de algún triunfo profesional se den aires de diva. Por un lado, puede que en verdad sea un logro haber salvado todos los obstáculos imaginables para llegar hasta donde están, pero eso no justifica su prepotencia. Es la forma que tiene el ego de mantenernos atadas a la valoración de los demás.

A Stephanie la habían elegido para interpretar un papel secundario en un espectáculo de Broadway y no cabía en sí de alegría.

Era el sueño de su vida. Pasó de ser una chica sencilla a una joven aspirante a estrella. Aunque encarnar nuestro auténtico poder siempre es positivo, deja de serlo si el personaje de diva anula la esencia de esa persona.

Esto es lo que le ocurrió a Stephanie. No tardó en empezar a quejarse de sus compañeros de trabajo. Eran todos unos aficionados, y muy poco interesantes para su gusto; hasta el director era poco profesional. Quería que todos ellos la reconocieran como a alguien importante; si no lo hacían, le entraba un ataque de furia narcisista. Se consideraba con derecho a que la trataran mejor, y se sentía seriamente irritada cuando no era así.

Vino a la consulta porque su actuación acababa de recibir una crítica muy dura; estaba destrozada. No era capaz de digerirla y volver a la normalidad; de hecho, se estaba planteando poner fin a su carrera de actriz. La necesidad de sentirse superior a los demás era más fuerte que su amor por el teatro. Cuando descompuse la actitud de la diva en una lista de elementos y se los fui enumerando, se quedó petrificada. Estos son algunos de los aspectos que destaqué:

Necesidad de ser el centro de atención.
Necesidad de recibir solo valoraciones favorables.
Los comentarios negativos son una tragedia.
Necesidad de ser considerada mejor que todos los demás.
Necesidad de ser tratada con guantes de seda.

Cuando Stephanie comprendió que estaba interpretando el papel de diva, se sintió avergonzada. Le pedí que intentara recordar algún momento de su infancia en el que se la hubiera tratado como a una diva, y se acordó de una obra de teatro que había protagonizado estando en tercero de primaria. Me contó con detalle lo fabulosamente que se había sentido y, sobre todo, lo orgullosa que su madre había estado de ella. Su madre era una actriz muy conocida a la que Stephanie siempre había querido emular. Ser el centro de todas las miradas le parecía maravilloso a la pequeña Stephanie; llevaba toda su vida anhelando ese momento. Por desgracia, nunca la volvieron a elegir para hacer un papel principal, y eso la había hecho sentirse fracasada. En el espectáculo de Broadway había representado lo más parecido a un papel protagonista desde tercero de primaria.

Estando en el candelero, Stephanie había recuperado la seguridad y la dignidad. No se dio cuenta de que estaba empleando el personaje de diva para establecer una jerarquía y colocarse por encima de los demás actores y actrices. Necesitaba demostrar su poder porque en su interior no lo tenía. Era tal su sed de aprobación que no podía tolerar que se dijera de ella nada negativo.

Como persona pública que soy, he visto a bastantes de mis contemporáneas encarnar la energía de diva. Se sienten con derecho a recibir un tratamiento especial, en cuanto son un poco famosas, y les ofende no recibirlo. Tan desprovistas de esa clase de valoración han vivido que, en cuanto han probado su néctar, se han vuelto insaciables y, si se les niega, se enfurecen.

La energía de diva no debe confundirse con el auténtico poder, ya que no emana de un corazón despierto, sino de un sentimiento de vacío y carencia. Las divas intentan tomar de otros lo que se les negó de niñas.

La energía de diva es común entre los progenitores; muchas madres pisotean a sus hijos desplegando sobre ellos el poder que nunca se les permitió ejercer en su infancia. He observado que las suegras ejercen a veces esa misma energía sobre sus nueras.

En una cultura fascinada por el estrellato y que proyecta de continuo el efecto halo* sobre quienes están en el candelero, es fácil dejarse deslumbrar y creerse que una es de verdad el viento, la luna, el sol y las estrellas. Al principio de convertirme en un personaje público, cuando vi cómo me dejaba encandilar por los elogios supe que tenía que hacer un profundo trabajo espiritual. Empecé a preguntarme ¿por qué me importa tanto lo que la gente piense de mí? ¿Tan vacía estoy por dentro?

Cuando no tenemos conexión interior con nuestra valía, es fácil que nos dejemos llevar por las opiniones de los demás; es como si necesitáramos de ellos para construir nuestra identidad. Por eso, la mayoría de los que alcanzan el estrellato demasiado pronto en la vida, antes de haber descubierto quiénes son realmente, acaban destruidos a la vista de todos. Influenciados por el número de comentarios favorables y desfavorables que reciben, se cuestionan constantemente quién son en realidad.

Como gran parte del trabajo que hago es de cara al público, he tenido que aprender a distanciarme del tribunal de la opinión pública. Cuando doy una charla en Facebook o sobre un escenario, siempre recibo miles de comentarios sobre todo tipo de temas, desde la ropa que llevaba puesta o el aspecto que tenía, hasta lo que dije y si están de acuerdo o no. Para mí es importante escuchar su parecer y evolucionar a partir de lo que dicen, pero es peligroso estar a merced de las proyecciones caprichosas de los demás.

Solo cuando me deshice por completo de todo tipo de opiniones,

* El psicólogo Edward Thorndike llamó «efecto halo» al sesgo cognitivo por el cual tendemos a hacer una valoración global de una persona, organización o producto a partir de solo una o unas pocas características que conozcamos de ellos o sean verificables. (*N. de la T.*)

incluso de las positivas, me liberé. Entendí que tanto las positivas como las negativas eran solo proyecciones de gente desconocida que no tenían nada que ver con mi realidad personal. Si les parecía competente, no era necesariamente porque lo fuera, sino porque estaban de acuerdo con lo que decía. Si les parecía una idiota integral, tal vez era porque lo que decía chocaba con las creencias que ellos veneraban. La clave es desapegarse de los comentarios alentadores y de los desalentadores.

La energía de diva nace de una profunda inseguridad. Cuando esa energía se apodera de nosotras, nos volvemos competitivas y adoptamos una actitud destructiva hacia los demás; estamos dominadas por una inflexible crítica interior, mordaz y despiadada. Solo cuando la diva esté dispuesta a volverse hacia dentro y se atreva a mirar a la cara a sus demonios, podrá romper ese patrón. Tendrá que dejar de fingir y empezar a decir la verdad sobre cómo se siente realmente en lo más profundo: nula, inservible, insignificante. Una vez que esté en contacto con ese espacio interior, puede caérsele la máscara. Y es precioso lo que sucede a continuación: la gente empieza a ver quien realmente es, y su atractivo es mayor que nunca. Recibir el afecto sincero de los demás le hace darse cuenta de que ya no necesita llevar puesta la máscara de diva. La conexión es un triunfo para los demás y para ella.

Cuando nos volvemos hacia ese silencioso espacio interior, nos damos cuenta de que no hay nada por lo que ser una diva. Lo cierto es que somos siempre valiosas, diva o no. Pero hasta que establezcamos contacto con esa verdad profunda, seguiremos viviendo a la caza de aprobación.

La princesa

La princesa emplea la fachada de alguien que se niega a asumir su poder. Está atascada en la fase preadolescente o adolescente de su desarrollo; se muestra rebelde y bravucona, pero se niega a hacerse mayor. La perspectiva de entrar en la vida adulta la abruma, así que espera que los demás intervengan y se encarguen de todo por ella. Se siente con derecho a que se le den oportunidades y a que la mimen. No es que necesariamente se sienta superior a los demás como una diva, sino que espera, pasiva, que se le dé todo hecho.

Debbie llevaba unos meses viniendo a terapia cuando me reveló que se sentía muy desgraciada en su matrimonio. Aunque es inteligente, reconoció que nunca se había interesado seriamente por nada. «Hice mis pinitos en toda clase de cosas, desde deportes hasta estudios académicos. Nada me llamaba suficientemente la atención». La vida fue pasando, nacieron sus hijos y dejó de plantearse dedicarse de manera profesional a nada; ahora le parecía un sueño lejano. En su matrimonio, Debbie se quejaba de que no había demasiada intimidad ni conexión emocional. Su marido, un médico de prestigio, casi nunca estaba en casa, y ella se quejaba de que no le prestaba atención y de que siempre anteponía su carrera o sus hijos a estar con ella. Se sentía apática y aburrida. Le sugerí que buscara un trabajo o colaborara como voluntaria en alguna organización para sentirse más llena.

Pasaron las semanas y continuaban las quejas. Quería que hubiera más pasión en su vida y algo que de verdad le diera sentido, pero no tomaba ninguna medida concreta para conseguirlo. Su marido y ella se pasaban el día negociando cuánto dinero podía gastar, y ella nunca estaba contenta con el presupuesto que él le asignaba. Le sugerí que ganara dinero por su cuenta y se independizara de su marido.

Como le ocurre a la víctima, Debbie se sintió desairada. Pero a diferencia de la víctima, había a la vez una especie de presunción pasiva en su postura. «¿Por qué no me deja gastar lo que yo quiera? Tiene mucho dinero. Quiero reformar la casita de la piscina, pero me ha dicho que no. Detesto que sea así de tacaño. Ojalá fuera uno de esos maridos que son generosos con sus esposas».

Querer que otro se ocupe de nosotras es una señal del complejo de princesa. Creemos que tenemos derecho a que nos cuiden, nos protejan y nos provean de lo que necesitamos. No se nos ocurre que nosotras debamos contribuir en igual o similar medida a procurárnoslo, no hablemos ya de procurárselo a los demás.

Cuando me zambullí más hondo en la psique de Debbie para descubrir por qué exactamente no quería buscar trabajo, sus excusas fueron diversas:

> Nunca he tenido un trabajo de verdad.
>
> No sé si valgo para trabajar.
>
> Me llevaría al menos otro año encontrar trabajo.

Para cada sugerencia que le hacía tenía la misma respuesta: «No sé». La razón por la que no sabía era que no necesitaba saber. Ya había alguien, en este caso su marido, que sabía por ella.

La impotencia y el estancamiento son el sello de la princesa. No es mala, ni siquiera manipuladora, es solo exasperantemente egocéntrica. No siente que tiene el poder necesario para hacer lo que hay que hacer, así que de forma automática pide ayuda incluso para aquello que podría hacer perfectamente sola. Está tan arraigada en ella la sensación de impotencia que los demás se dedican, como lo más natural, a atar los cabos sueltos que va dejando.

Debbie siguió esperando a que su marido le aumentara el presupuesto y a que le diera permiso para reformar la casita de la piscina. También siguió esperando a que el trabajo ideal le cayera del cielo. Y mientras esperaba, seguía queriendo que las cosas cambiasen. Cuando le dije que las cosas no iban a cambiar solas, se quedó desconcertada. «¿Y entonces qué hago?», me preguntó. No me molesté en responder a una pregunta a la que ya había respondido innumerables veces, pero me sirvió para ver que formaba parte de su personaje dominado por la impotencia.

Cuando alguien hace demasiadas preguntas antes de empezar a hacer algo: «¿Cómo hago esta parte?», «¿Y ahora cómo sigo?», al principio parecen preguntas sinceras y serias. Solo después de haberlas respondido varias docenas de veces, caemos en la cuenta de que se trata de un hábito de impotencia pasiva.

Una vez que capté la carga intencional que había detrás de la confusión de Debbie y reconocí en ella una obstinación y una parálisis secretamente intencionadas, dejé de lanzarme al rescate con sugerencias y estrategias. Descubrí que la aterrorizaba pasar a la acción. Y más aún, que tenía miedo de hacerse adulta y ser autónoma; era mucho más fácil para ella esperar que otros asumieran los riesgos que ella temía correr. De este modo, podía culpar a los demás y eludir toda responsabilidad. Convenciéndose de que las cosas no funcionaban, ya fuera por culpa de otro, o porque, por más que se esforzara, no obtenía ningún resultado, podía preservar su identidad de mujer intachable.

Cuando le describí a Debbie su personaje, al principio se quedó callada y luego rompió a llorar. Dijo que no sabía que fuera tan transparente y que no había imaginado que aquella fuera una forma de ser condicionada; ella pensaba que era así. Estos son algunos de los patrones que ayudé a Debbie a identificar:

Recurrir continuamente al sentimiento de impotencia y de no saber hacer las cosas.

Terror a entrar en la edad adulta y tener que ser responsable.

Conseguir atención y amor sintiéndose incapaz e indefensa.

Proteger a la psique del fracaso manteniéndose pasiva.

Sentirse con derecho a recibir ayuda y enfadarse cuando no la recibe.

Cuando seguimos el rastro de los problemas de Debbie hasta su niñez, salió a la luz que el hermano mayor con el que había crecido era un triunfador nato. Me contó que él se llevaba toda la atención y que ella se sentía abandonada y sola. En los únicos momentos en que su familia le prestaba atención era cuando se ponía enferma o le ocurría algo malo. Así que aprendió desde muy pequeña a entrar en estados de pasividad para que le hicieran caso.

Las princesas tienen miedo a fracasar, a que se las rechace y, por encima de todo, a ser un fraude y en realidad no valer nada. El único antídoto para este complejo es tocar fondo. La mayoría de la gente cambia solo cuando se le agotan los recursos y absolutamente ninguna de las estrategias anteriores surte ya efecto. Para que esto ocurra, todas las personas que hay en la vida de la princesa tienen que dejar de colaborar en su ardid, pues son ellas las que la mantienen en esa situación. En cuanto dejen de permitirle seguir en estado de pasividad, no le quedará más opción que aguzar el ingenio.

Todavía recuerdo el momento en que le dije a una de mis clientas, una princesa típica, que no podía ayudarla más. Se quedó destrozada. Le expliqué con cariño que no rescatarla era lo mejor que podía hacer por ella. Si permitía que siguiera dependiendo de mí, la estaría, de hecho, perjudicando. Para que me sintiera culpable, se puso a llorar: «¿Cómo puedes abandonarme así?». Yo sabía que su impotencia provenía del ego y no de su verdadera yo, que era valiente y poderosa. Le propuse que hiciera ciertos cambios en su vida y, una vez que los llevara a cabo, volviera. Todavía estoy esperando su llamada. No me lo tomo a mal. Sé el poder que tienen los ardides del ego, así como que pueden mantenernos atascadas en cualquier patrón de comportamiento interminablemente.

Debbie empezó a sanarse solo una vez que llegó definitivamente a un punto muerto. Su marido se negaba a cambiar y rescatarla; incluso le pidió el divorcio. Sus hijos estaban en la universidad y a saber dónde más. No había nadie a quien recurrir. Así fue como ella tocó fondo. Lo primero que hizo a continuación fue encontrar un trabajo a media jornada, que acabó siendo un trabajo a jornada completa. Al principio una parte de ella se resistía y le costaba ir a trabajar, pero, en cuanto ahorró un poco de dinero, empezó a confiar más en sí misma y a tener una sensación de autonomía. Esa confianza la hizo aprender a valorarse. Tuve el honor de ver su transformación, de princesa pasiva a mujer adulta.

Si la princesa quiere cambiar, tendrá que «pasar el mono» y desintoxicarse de su dependencia de los demás. Tendrá que hacerse mayor y tomar las riendas de su vida. Una vez que se siente al volante de su destino, descubrirá que no era tan aterrador después de todo. Se dará cuenta con una sonrisa de que la vista desde el parabrisas es exuberante y tentadora.

La niña

La niña vive en una burbuja de confort, complacencia, ingenuidad y negación de la realidad con un efímero sentimiento de esperanza y optimismo. Ella es la eterna Peter Pan. Como tiene miedo de hacerse mayor y afrontar la realidad, es normalmente una mujer que está encantada de vivir toda su vida en el mismo sitio y hacer el mismo trabajo, si es que llega a trabajar, o de dedicarse con comodidad a los mismos quehaceres día tras día.

A la niña no le gustan los cambios, los conflictos ni los sobresaltos. Si tuviera que elegir, preferiría mantener el *statu quo* y ser relativamente poco feliz que hacer un cambio que tal vez le procurara la dicha suprema. A ella, la seguridad le importa más que la autenticidad. Así que adopta una postura de servilismo, dócil y conciliatoria, que le permite mantener a raya toda lucha interior o conflicto exterior. Se aferra a sus fantasías de infancia y se pasa la vida esperando a que se hagan realidad, sin hacer nunca demasiado por materializarlas. En apariencia es alegre y optimista, pero esto es porque vive en una versión fantástica de la realidad que nunca se hará real.

Evadirse de la realidad para no enfrentarse a ella es lo que caracteriza a la niña. He observado que, en la mayoría de los casos, quienes encarnan este personaje son mujeres a las que su pareja no trata todo lo bien que debería, por lo cual inventan un cuento de hadas que falsea la situación y que les permite mantener las cosas como están. O si trabajan, tienen fantasías sobre sus jefes o compañeros de trabajo y dicen, por ejemplo: «Confío en que un día entrará y se dará cuenta de todo lo que he hecho como secretaria suya». O tal vez se cuenten que, un día, el hombre casado con el que tienen una relación dejará a su esposa y «Estará para siempre conmigo. Entre tanto, yo sé que eso es lo que quiere de verdad, pero no puede». Viven en el mundo de «un día», como la niña o el niño que dice: «Un día seré el presidente de Estados Unidos» o «Un día seré astronauta».

Todavía me acuerdo de mi primera sesión con Melody. Entró en el despacho con un vestido largo de color amarillo pálido, con aspecto frágil y lánguido. Se apretaba los nudillos con tal fuerza que no le circulaba la sangre. «Creo que mi marido tiene una aventura –dijo–. No estoy segura, pero hay señales de que es así. No es la primera vez». Cuando quise saber cómo había reaccionado a sus infidelidades anteriores, me contestó: «No dije nada. Pensé que era algo puntual. Luego siguió ocurriendo, y confiaba en que un día se terminaría. Me sorprendía tanto que hiciera algo así que me lo tomé como una irregularidad, no como la norma. Ahora está ocurriendo otra vez y no me puedo creer que estoy en la misma situación de hace diez años».

Melody nunca se había enfrentado directamente a su marido ni le había dicho lo que sentía. Prefería quedarse callada para no empeorar la situación. Cuando le pregunté qué quería hacer esta vez, me dijo: «Pues lo mismo que siempre, esperar a que pase la tempestad. Porque se va a pasar ¿verdad? Sé que mi marido no quiere mentirme. Si me está mintiendo, no puede ser por mucho tiempo. Así que voy a centrarme en lo positivo y a dejarle que haga lo que hacen los chicos. Al fin y al cabo, ¿hay alguna relación que sea perfecta?».

En unos instantes, Melody pasó del abatimiento a un alegre optimismo. Fue fascinante verlo. ¿Qué había pasado con todo lo que sentía unos minutos antes? Entonces entendí lo que le ocurría. Cada vez que miraba la verdad de frente, la desilusión, el dolor y la sensación de caos eran enormes, casi imposibles de soportar. En cuanto su niña interior sentía la punzada de las emociones profundas, el ego saltaba al rescate y enmascaraba su dolor con el personaje de la niña. Una vez que tenía la máscara bien encajada en la cara, todo cambiaba: pasaba, de ser una mujer adulta enfrentada a la discordia de su realidad inquietante, a una niña que vivía en un mundo de fantasía en el que no había motivo de inquietud.

La niña le permitía a Melody seguir siendo optimista sin cambiar su vida. Le permitía ignorar la disonancia cognitiva que sentía y entrar en el estado Pollyanna de inconsciencia y contento. Le resultaba mucho más fácil protegerse detrás del personaje que enfrentarse a la dolorosa verdad de su matrimonio. Solo cuando la ayudé a ver cómo se las arreglaba el ego para conseguir esto, fue capaz de salir de sus patrones. Le describí algunos de sus comportamientos para que pudiera identificar esos patrones con más facilidad:

> Adopta una actitud pasiva cuando hay que tomar decisiones.
> Se queda paralizada cuando tiene que actuar, por lo que los demás se ven obligados a actuar en su lugar.
> No tolera de ningún modo el dolor, y lo elude para poder estar contenta.
> Se niega terminantemente a admitir las verdades dolorosas de su vida.
> Asegura con insistencia que está feliz, incluso aunque nada en ella corrobora auténticamente que lo está.
> No tiene consciencia de su dolor ni de sus verdaderos sentimientos, ni percibe los de los demás.
> Mantiene una relación superficial consigo misma y con los demás.
> No le gusta indagar en la realidad profunda de su vida ni de la vida en general.
> Para evitar el conflicto, ignora sus auténticos sentimientos y adopta una actitud conciliatoria.

Quienes emplean la fachada de niña aprendieron a edad muy temprana que el caos de la vida es muy peligroso, ya que obliga a tomar demasiadas decisiones arriesgadas. Mejor esconder la cabeza debajo del ala; es mucho más seguro y así se evitan los sobresaltos. Lo único que importa es protegerse de la angustia de tener que aventurarse fuera de la cajita de cerillas para enfrentarse a la incertidumbre de lo desconocido.

En el centro de este personaje hay una niña herida y desconcertada por la confusión y el desorden presentes en su vida. Cuando Melody tenía siete años, sus padres se divorciaron. Me decía que su vida cambió de la noche a la mañana y ya nada volvió a ser igual. Nadie intervino para rescatarla de las emociones que la abrumaban ni para aliviar la confusión en que vivía. Recuerda haber tenido una regresión a una edad anterior en la que las cosas eran más felices y tranquilas. Empezó a chuparse el dedo y a hacerse pis en la cama, lo cual hizo enfadar a sus padres. A pesar de ello, se aferró a la inocencia y ha mantenido desde entonces esta personalidad infantil; es su protección, que la mantiene calentita y a salvo. Lo que sintió de niña fue para ella tan aterrador que se juró no volver a sentirlo. Por eso le gusta ponerse la máscara, porque la envuelve en una burbuja de alegría, optimismo y esperanza, todo lo cual garantiza que el engaño seguirá en pie.

El antídoto para el complejo infantil de Melody es una desintoxicación radical de las estrategias de evasión que ha adoptado todos estos años, y un encuentro cara a cara con la verdad. Ella ya sabe la verdad; solo finge que no la sabe porque es mucho más fácil jugar al juego de «no saber», así no tiene que enfrentarse a nadie, ni que soportar ningún conflicto, ni hay necesidad de cambiar nada.

Si Melody quiere evolucionar, tendrá que quitarse la máscara de niña y quedarse desnuda ante el espejo de su vida real. Tendrá que verse a sí misma bajo la luz deslumbrante de la consciencia. Al enfrentarse a su vida tal como es, y no como le gustaría que fuera, conectará con su resiliencia; percibirá su fuerza y su valentía y, sobre todo, se dará cuenta de que puede soportar el cambio y de que lo está haciendo por su bien. Empezará a aceptar más y más cambios, y dejará atrás la nube negra de una vida vivida sin autenticidad y gobernada por el miedo. Cuando lo haga, remplazará a su ingenuidad un ardor implacable por la verdad.

El arquetipo de la niña llevado al límite hace que la mujer encarne el complejo de muñeca. Se vuelve infinitamente dócil y acomodaticia, dispuesta a ser el juguete de su dueño. Como una muñeca, esta mujer sirve al otro sacrificando por completo el ser que es. Es un personaje que asumen normalmente mujeres que sufren un grave menosprecio y abuso emocional. La muñeca sucumbe a la voluntad y los caprichos del otro, al que considera más poderoso. Para salir de esta situación, tiene que descubrir su voz interior y atreverse a usarla. Aunque sea arriesgado y quizás peligroso, una vez que empiece a hacer uso de su voluntad, podrá liberarse. Las víctimas de los delitos cometidos por algunas sectas, y de casos como el de Jeffrey Epstein,* suelen ser mujeres con complejo de muñeca. Se trata de mujeres a las que se ha privado de autonomía y se ha forzado a abandonar todo sentido de su condición de personas, lo que las lleva a creer que su razón de ser es estar al servicio de los demás, aun cuando esto signifique consentir que otros abusen de ellas.

* Jeffrey Edward Epstein fue un magnate financiero y delincuente sexual estadounidense condenado por tráfico de menores en el mundo de élite y conocido como depredador sexual. Se suicidó, supuestamente, en 2019. (*N. de la T.*)

Liberar el ego

Es importante recordar que somos criaturas llenas de matices y que podemos ser muchas cosas a la vez. Al presentar esta clasificación de las caras del ego, soy consciente de que somos demasiado complejas como para que se nos pueda clasificar. Es más, nuestro ego puede disfrazarse de distintos personajes al mismo tiempo y hacernos interpretar primero un papel y luego otro. No hay reglas fijas en lo que respecta a nuestra psique. Fluyamos con el momento presente y preguntémonos qué versión de nuestro ego está actuando en este instante. En lugar de juzgar e intentar predecir al ego, elegimos estar presentes.

Una vez que hayamos despertado a las diversas formas en que nuestro ego actúa, podemos dejar de derrochar energía en el mundo exterior y dirigirla hacia dentro, y preguntarnos qué herida de nuestro pasado se está activando y haciéndonos tener miedo. Al penetrar bajo la capa de protección que el ego nos proporciona, tenemos la posibilidad de comprender por qué sentimos, de entrada, necesidad de protegernos. Por lo general, esto nos lleva a la primera infancia, al temor de no ser todo lo buenas que debíamos y a sentir que no importábamos, que no se nos quería, que no se nos valoraba. Cuando comprendemos que el ego solo estaba protegiéndonos de los miedos que sentíamos en la niñez, empezamos a sentirnos agradecidas de que lo hiciera. Nos damos cuenta, a la vez, de que ahora tenemos la posibilidad de ser para nosotras un padre y una madre, los que queríamos tener y no tuvimos.

El ego solo se crece en la sombra de nuestra inconsciencia. Cuanto más sale a la luz nuestro mundo interior bajo el resplandor de la consciencia, más se desvanece el ego. Luego el camino para liberar el ego es conocer nuestra verdadera yo. Ahí están todas las respuestas.

Parte III.
De vuelta a la naturaleza

Exención de responsabilidades: creo sinceramente que todo ser humano tiene derecho a abrazar su identidad en lo que a orientación sexual se refiere y a elegir el estilo de vida que sea más acorde a ella. La experiencia de toda mujer y hombre debe honrarse por lo que es, ya se identifique con su identidad biológica o no.

En este capítulo, me dirijo mayormente a los individuos cisgénero porque la intención es deconstruir algunos fenómenos esenciales establecidos dentro de este grupo y que traspasan cualquier delimitación demográfica. Aunque hable en términos tradicionales del sexo y el género, no pretendo excluir las experiencias lesbianas, homosexuales, bisexuales ni las de los hombres y mujeres trans, de género no binario, fluido o las de los individuos intersexuales. Seguro que alguna se me escapa, pero no es mi intención. Lo que se puede aprender en este capítulo es independiente de cómo nos identifiquemos con respecto al género.

10. El diseño natural de nuestro cuerpo

Como una obra de arte, somos infinitamente inmaculadas.
Como el mecanismo de un reloj, somos inefablemente precisas.
Como un rompecabezas, somos profundamente complejas.
Como un oasis, somos ilimitadamente reconstituyentes.
Como el propio universo, somos indómitas, eternas y libres.

Durante la adolescencia de mi hija, hablábamos con frecuencia de su sexualidad. Se quejaba de que los chicos de su edad que conocía, o eran unos inmaduros, o lo único que les importaba era «enrollarse». Me contaba que muchas de sus amigas se sentían presionadas a tener sexo y que ella no sentía que estuviera preparada. A veces me hacía preguntas referentes al sexo y a menudo me contaba sus miedos y dilemas.

Cada vez que hablábamos de sexo, respiraba aliviada porque se sintiera cómoda haciéndolo. Yo desde luego nunca sentí que podía hacerlo con mi madre. No se hablaba de sexo, ni siquiera de las inquietudes que a mí me pudiera crear. Se suponía que era algo que tenía que descubrir yo sola, y que mi madre habría preferido que ni siquiera existiera para mí, excepto, por supuesto, para formar una familia.

El mensaje que recibí creciendo a su lado fue que el sexo es malo.

No solo malo, sino repugnante. Si una chica consentía en tener sexo, era una zorra y una inmoral. En mi código moral, esto no encajaba. No lo entendía. Si era tan malo, ¿por qué era la única forma de tener hijos? Los tabús en torno al sexo no tenían para mí ningún sentido.

Una parte importante de este viaje de despertar consiste en renovar la idea de quien somos en el nivel más básico de nuestra biología y nuestro cuerpo. Esto nos exige indagar en la esencia de lo que nos hace masculinos y femeninas. Preguntamos: ¿cómo influye mi sexo en mi psicología? E iniciamos un diálogo inocente con nosotras mismas sobre nuestro cuerpo, nuestro sexo y nuestra sexualidad, para ser conscientes de cómo nos influyen.

La naturaleza nos lo puso fácil. La mayoría nacemos hombre o mujer. Ese es nuestro sexo. Pero nuestro sexo no es necesariamente nuestro género. Nuestra identidad de género es una construcción a la vez personal y cultural. Si es cierto que en la mayoría de los casos el sexo nos viene dado de nacimiento, la identidad de género va definiéndose y perfilándose con el tiempo conforme vaya siendo la interacción psicológica con nuestra familia y nuestras circunstancias.

No existe un fenómeno definitivo llamado «mujer» u «hombre». La única realidad objetiva es nuestra feminidad y nuestra masculinidad. Esta es nuestra naturaleza fundacional; y aunque la medicina moderna, las hormonas o la cirugía puedan alterarla hasta cierto punto, sigue siendo la esencia de quienes somos de nacimiento.

A medida que despertamos, es importante que seamos conscientes de cómo la naturaleza, concretamente la biología, ha moldeado nuestro cuerpo y nos ha diseñado para realizar las funciones que realizamos. Las preguntas fundamentales que debemos hacernos como mujeres son: ¿Qué significa ser hembra? ¿Cómo nos afecta el hecho de tener una vagina, pechos y un predominio de hormonas femeninas? ¿Cómo ha capitalizado la cultura algunos aspectos de nuestra biología y los ha manipulado en su propio provecho patriarcal? Solo cuando comprendemos nuestra naturaleza femenina y masculina desde una perspectiva biopsicológica, empezamos a entendernos mejor a nosotras y nosotros mismos como mujeres y como hombres.

Si por un lado es cierto que hombres y mujeres somos iguales en cuanto a que tenemos el mismo derecho a la dignidad y la libertad, somos desiguales en la forma en que la naturaleza nos ha construido. No tenemos la misma forma física ni la misma fuerza. Nuestros roles biológicos no son iguales. Hay diferencias radicales entre mujeres y hombres que debemos comprender, y hacerlo nos ayudará decisivamente a entendernos de verdad.

La naturaleza preparó a las mujeres para la crianza

El cuerpo de la mujer está diseñado para dar de sí misma. De este instinto de crianza nace un impulso natural de sintonizar con los demás. Somos las constructoras por excelencia de la comunidad y las recolectoras de la tribu. Ese es el camino del *tao* femenino.

Debido a su biología y a la forma en que la naturaleza ha configurado su cuerpo, la hembra entraña la facultad de criar. Y es de esta naturaleza dadora de lo que la cultura ha abusado en beneficio propio. Cuando no somos plenamente conscientes de que esto es lo que hace la cultura, podemos entregarnos hasta el punto de no saber ya quiénes somos.

Veamos cómo está diseñado nuestro cuerpo para que seamos dadoras. Piensa en cada aspecto del cuerpo que está exquisitamente proyectado para tener hijos. Que una elija o no ser madre es otra cuestión. El hecho es que nuestra arquitectura biológica está diseñada para parir. Piensa también en cómo crea espacio nuestro vientre para la criatura que se va a gestar: se expande para acomodarla y contenerla, y nuestros pechos saben que deben crecer y retener la leche que el bebé mamará. Es un diseño ni más ni menos que milagroso.

Durante mi propia incursión en la maternidad, recuerdo que me maravillaba que mis pechos supieran amamantar a mi bebé recién nacida cada vez que lo necesitaba. Si antes habían sido objetos de belleza y sexualidad, ahora habían ascendido al sagrado propósito de alimentar a mi hija. Me sentía agradecida por esa conexión con la naturaleza, y asombrada de que mi cuerpo supiera lo que tenía que hacer sin yo decidir nada. Fue la primera vez que me sentí animal. Era, en esencia, un vehículo para que la naturaleza se reconstituyera. No me sentí menos por ello. Me sentí exaltada. Me sentí una con la leona, la chimpancé y la gallina. Al igual que sus cuerpos daban y servían a sus crías, yo estaba diseñada por la naturaleza para servir. Me sentí sustentadora de vida, poderosa y capaz. Era una con todos los seres sintientes. Era una con la tierra. Ella y yo estábamos hechas de la misma sustancia, una sustancia que daba flor, nutría y se regeneraba.

Aunque la biología diseñó a la mujer para ser dadora, la cultura la reconfiguró para que se entregara hasta el punto de perder el poco sentido de sí misma que pudiera haberle quedado después de la infancia. El proyecto de mujer que dibujó la cultura era un mandato asfixiante. Por eso, entender la diferencia entre el legado biológico y el cultural es la clave de nuestro despertar.

La cultura se dio cuenta de que seríamos propensas a dar a los demás, y en lugar de permitirnos tener consciencia de nuestro poder cuando lo hacíamos, nos minó la capacidad de sentir ese poder. Sabiendo que como mujeres nos adaptaríamos lo necesario para procurar sustento, se aprovechó sin miramientos de nuestra formidable adaptabilidad.

¿Cómo honrar, entonces, lo que nos sale hacer de un modo natural y no perdernos a nosotras mismas? ¿Cómo lo hacemos para dar y recibir sin abandonarnos? A menos que seamos conscientes de que la manipulación que ha hecho la cultura de nuestras cualidades biológicas naturales nos ha llevado por un camino destructivo, seguiremos dormidas, pasivas y oprimidas.

La naturaleza quería que supiéramos quiénes somos y que lo que descubriéramos nos *fortaleciera*, no que nos *devorara*. Despertar conlleva tomar conciencia de la diferencia entre lo que nos es realmente natural y lo condicionado.

La naturaleza no pretendía que nos perdiéramos a nosotras mismas. La naturaleza quiere que las mujeres reivindiquemos la totalidad de quienes somos. Por eso nos da la posibilidad de ser madres, pero no nos castiga si elegimos no serlo. La naturaleza se mantiene neutral y acepta que hay mecanismos naturales de equilibrio en el modo de avanzar de las especies. Algunas son muy prolíferas y otras, no. No es motivo de vergüenza ni juicio; es simplemente como es. La cultura, sin embargo, no es tan neutral. La cultura establece que las mujeres adultas que no son madres sientan cierta turbación; cuando no, que se sientan avergonzadas y marginadas. Son emociones que provienen del apego a cómo nos exige la cultura que vivamos. La naturaleza, en cambio, se da cuenta de que no todo el mundo es igual ni tendría por qué serlo. La cultura desprecia la diversidad, mientras que la naturaleza la celebra y la exalta.

Ser conscientes de nuestra biología es lo que nos permite entender todo lo demás, pues ella es la que engendra nuestra capacidad de procurar sustento y cuidados, de ser empáticas y sexuales. Para entender quiénes somos psicológica, cultural y espiritualmente, debemos entender nuestra biología y cómo esa biología nos convierte en presa ideal para el patriarcado.

Dueñas de nuestra vagina

Es misteriosa y compleja la vagina que la naturaleza ha situado en un punto, oculto y protegido, de conexión entre los muslos. Si observas su diseño, ves que no es tan diferente del capullo que forman los pétalos plegados de una flor; en este caso, la vulva lo cubre muy suavemente. La vagina, con sus intrincadas capas, queda oculta a la vista, como si la naturaleza la hubiera hecho evolucionar así por su vulnerabilidad.

En su diseño, nuestra vagina tiene la capacidad de ser la receptora del pene del hombre y el portal para el nacimiento de la siguiente generación. Es pasiva en cuanto a que es receptora, y a la vez activa por su función vital para el nacimiento de nuestros bebés. Por su doble papel, ejecuta una danza de inacción y acción, recibiendo y dando, estirando y empujando. Una danza que nos es natural. En el pasado, esta era una cualidad valorada por las comunidades tribales en las que vivíamos, donde las mujeres ocupábamos una posición de elevado estatus y liderazgo. Ha sido el actual patriarcado el que nos ha aislado a unas de otras y ha abusado de nuestro instinto de dar en lugar de elevarnos por él.

Solo porque la vagina esté oculta a la vista, no significa que haya que ignorarla o negar su existencia. La naturaleza no nos enseñó que debiéramos evitar nuestra vagina; lo ha hecho la cultura moderna. En la época moderna, se nos ha enseñado cada vez más a rechazar nuestra sexualidad, condicionadas a creer que somos «malas» si nos dejamos llevar por los instintos. El primer adoctrinamiento de una mujer en este sentido es cuando se le enseña a evitar su vagina.

Lo que a mí se me enseñó de niña es que la vagina era una «zona de no tocar». Somos chicas «malas» si estamos en sintonía con nuestro deseo sexual. Y cuando se nos niega el regocijo en nuestra sexualidad, perdemos la facultad de conectar con nuestro cuerpo, no digamos ya la de hacernos cargo de nuestro placer. Si nos avergüenza ver, tocar o sentir nuestra vagina, ¿cómo esperamos poder sentirnos plenamente cómodas cuando otro ser humano nos toca?

Si hemos renegado de nuestro poder, es en parte porque estamos desconectadas del poder que albergamos entre los muslos. La mayoría de las mujeres que conozco están desconectadas de su vagina. Pocas hemos cultivado una relación íntima con ella. Nos han dicho que hacerlo es, básicamente, ser una puta.

¿Recuerdas que tu madre conversara contigo sobre los placeres y el dolor del sexo? ¿Te ayudó a familiarizarte con tu vagina y te enseñó que puedes tomar en tus manos tu espléndida habilidad sexual para aprender a darte placer? Yo al menos no recuerdo ninguna conversación de este tipo con mi madre. Fue después cuando descubrí todo lo que me quedaba por descubrir y tomé mi sexualidad en mis manos.

Si a una mujer no se le enseña a regocijarse en su vagina, ¿cómo va a saber qué le produce placer? ¿Cómo puede guiar a su amante para que la satisfaga? Tenemos que ser nosotras las que hagamos de guía y le mostremos cómo nos gusta que se nos toque y se nos dé placer. Eso no nos convierte en putas ni en zorras. Es el condicionamiento el que nos hace pensar que solo «esas» mujeres exponen su sexualidad.

Una cosa es negar nuestra sexualidad como si fuera pertenencia de otro ser humano, y otra muy distinta es que se nos enseñe a evitar una parte de nuestro cuerpo porque está asociada con el sexo. Ambas significan la negación y represión de algo natural e intrínseco a nosotras, pero esto último implica además el rechazo de algo que forma parte de nuestro cuerpo. Cuando se nos enseña a rechazar una parte de nuestro cuerpo como si no existiera, creemos inconscientemente que es una parte «mala» de nosotras. Al renunciar a una parte fundamental de quienes somos, se produce en nuestro interior una desconexión que invade sigilosamente todos los aspectos de la vida.

La vagina es el lugar de nacimiento de toda vida humana y la fuente de nuestro poder sexual. Ignorar sus numerosos dones es un ultraje. Establecer contacto con la generosidad de nuestra vagina es reclamar nuestra identidad de seres sexuales, algo a lo que la cultura se opone rotundamente. Tenemos que entender que una mujer que se hace cargo de su poder sexual ya no depende de un hombre, excepto para procrear. Una vez que recupera el poder de su vagina, está declarando su emancipación de las garras del patriarcado. Es una mujer que tener en cuenta. Exaltar la vagina y lo que representa es despertar el renacer de lo femenino.

A las mujeres se nos ha condicionado a creer que el único propósito de la vagina es ser un lienzo de placer para el otro, en la mayoría de los casos para el disfrute sexual del hombre; así es como la vagina consigue su legitimidad. Y esa creencia es la fuente de nuestra sumisión. Considerarnos capaces solo de ofrecer placer al otro nos hace entregar las llaves de nuestra liberación sexual y dejarnos reducir por un patriarcado que prospera a expensas de nuestra represión.

¿Te imaginas que tomáramos ese placer en nuestras manos y recuperáramos la propiedad de nuestro deseo sexual y nuestro clímax? Cuando somos capaces de llevarnos al clímax con amor, recuperamos nuestra soberanía. Centradas de este modo en nuestra verdadera yo, nos iluminamos y brillamos, independientes ya de los hombres y de cualquier otra persona que haya en nuestra vida. Nos implantamos firmemente en nuestro propio ser. Dependemos del hombre sobre todo para la procreación; sería delicioso que se diera también el placer con él, pero no es la única opción que tenemos.

El camino hacia la conectividad y la liberación sexual comienza haciéndonos dueñas de nuestra vagina. La vagina no es simplemente una abertura que hay en el cuerpo. No es algo que está «ahí abajo» y que tengamos que esconder bajo las faldas bien planchadas y entre las piernas cruzadas con elegancia. Es el lugar de nacimiento de la propia vida. Y puesto que no hay vida sin la vagina, entrañamos las generaciones de la vida en nuestro cuerpo. La vagina ha sido creada, hasta en el último detalle, no solo para iniciar y culminar la gestación de la vida, sino también para nuestro placer. Solo cuando comprendemos el propósito de la vagina, comprendemos quiénes somos, en sentido biológico y también psicológico, cultural y emocional.

Cuando comprendemos que la vagina contiene las claves tanto de nuestra esclavitud como de nuestra emancipación, nos adueñamos plenamente de nuestro viaje por la vida. Despertar significa reclamar el poder sobre cada parte de nosotras. No poder sobre los demás, sino el poder que habita el santuario de nuestra verdad.

De la subyugación a la soberanía

Al abrirse a la vida a través de la abertura que hay en su cuerpo, la mujer tiene el poder de elevar su propia experiencia sexual y la de su pareja. Cuanto más se abre, más puede danzar, jugar con su vagina y disfrutar de ella, y ofrecer gran placer a la pareja con la que comparta su intimidad. De nuevo, es precisamente esa abertura lo que la hace más vulnerable y puede someterla a una agresiva subyugación. La vagina no tiene puertas de seguridad, y esto la convierte en presa fácil de los avances indeseados de un hombre que decida entrar en ella; por tanto, necesita protegerse seriamente. Para gran disgusto suyo, todos los padres y madres saben de manera instintiva esto sobre su hija. Ella quizá incluso proteste porque su hermano tiene más libertades, pero sus padres la harán callar porque saben que una chica corre siempre un riesgo que sus hijos varones no correrán nunca.

La vagina tiene un enorme poder para dar y sentir placer. La mujer emancipada entiende ese poder y elige sabiamente a quién se lo da. Cuando ejerce con gran discreción y discernimiento su derecho a elegir, pasa de la subyugación a la soberanía.

A menos que despertemos de forma deliberada y consciente a nuestro propio potencial orgásmico, seguiremos estando al servicio del otro, relativamente insatisfechas y sin saber por qué. La mujer que descubre su faceta de «guerrera» aprende que el deseo de servir al otro debe nacer de su deseo de *servirse a sí misma*. Cuando comprende que su lealtad primera y más importante es a su propia verdad, y solo después a la verdad de otros, cambia el paradigma a su favor. Ahora puede hacer ambas cosas: adherirse a su diseño biológico natural de sustentadora y protectora, y centrarse a la vez en su propio desarrollo como ser humano plenamente autónomo que tiene necesidades y deseos propios.

Cuando se produce la concepción, por esa intrincada interacción autónoma de efectos dominó, las mujeres son las que tienen la sagrada responsabilidad de nutrir al ser que empieza a crecer dentro de ellas. Nuestro alimento se convierte en su alimento. Nuestra sangre es una con la de ese ser. Nuestro cuerpo se ensancha para acomodarlo, o acomodarlos a veces. Expandirnos para atender las necesidades del otro está integrado en nuestra arquitectura.

Con el parto, entramos en una nueva danza, irrevocablemente entrelazadas ahora con otro. Esos nueve meses de unión con el ser que vivía en nuestro vientre nos han cambiado. Cuanto antes enterremos a la persona que solíamos ser y abracemos a la madre que somos ahora, menor será nuestro trauma. Los meses de gestación nos permiten llorar nuestra antigua identidad y abrazar la nueva.

Acogiendo los aspectos maternales de nuestra biopsicología, tenemos la oportunidad de alejarnos de la subyugación de la cultura y elevarnos para asumir nuestro poder. Cuando tomamos conciencia de nuestro potencial absolutamente alucinante para albergar, parir y criar a nuestros hijos, tomamos conciencia de nuestro poder. Ver cómo nuestro cuerpo se adapta y se transforma para satisfacer sus necesidades nos conecta con el poder natural del universo. Somos la tierra y el mar, un hogar, un jardín, un santuario. Vibramos al unísono con todo lo que en el universo es fuente de vida, nos damos cuenta de que la naturaleza nos creó para ser divinas. Ha sido la cultura la que nos ha maltratado la mente y ha abusado de nuestro cuerpo de forma tan brutal que ha anulado nuestra conexión con ese poder divino. La mujer que ha despertado reclama lo que la naturaleza quería para ella y, al hacerlo, libera a sus hermanas e hijas para que hagan lo mismo.

Dentro de todas nosotras, madres y no madres por igual, hay un conocimiento intuitivo y sabio de nuestros poderes maternales. Ese saber es el que nos hace capaces de atender con amor y dedicación a los seres que parimos. Una vez que conectemos con ese saber que llevamos dentro, tal vez podamos aprovecharlo en otras áreas de la vida. Al igual que nuestro cuerpo se transforma en un floreciente campo para nuestros retoños, podemos transformarnos en eso mismo para nosotras. Incluso aunque una mujer no dé a luz, sigue siendo una madre, ya sea para sus amigos, la gente mayor, los animales, los hijos e hijas de otros, o para su propio ser interior.

Es una realidad que todas las mujeres llevan el principio de la maternidad en ellas. Está en nosotras ese potencial, ya sea biológica o socialmente. Así que, tanto si tenemos hijos como si no, debemos recordar que albergamos el poder de ser madres de todo lo que nos rodea, incluidas nosotras mismas. Cuando abrazamos esta capacidad maternal, especialmente hacia nosotras mismas, empezamos a desligarnos de nuestra dependencia de los demás.

Al acoger con plenitud esa inmensa capacidad sustentadora que hay en nosotras, tomamos en nuestras manos la crianza de nuestro propio ser y ponemos fin a la dependencia psicológica del mundo exterior. Es así como nos elevamos al sagrado reino de una diosa, y nos alimentamos con el valor que antes pensábamos que solo podía venirnos de fuera.

Reivindicar quienes somos

Cuando la mujer despierta tiene que elegir entre mirar afuera o adentro, se vuelve hacia dentro, y únicamente después hacia fuera. Al consultarse a sí misma antes de comprometerse con otro, invierte los efectos del divorcio original que vivió en la infancia, por el que se separó de su verdad. Declara a sus seres queridos que su mayor deseo es servirlos y que se compromete seriamente a cuidar de ellos, al tiempo que afirma claramente la alineación con su voz interior. Al principio, quizá los que la oyen sean reacios a aceptarlo, pero acabarán haciéndolo porque verán que habla desde un saber interior que no se deja influir por nadie ni por nada, amenazas incluidas.

Una parte de nuestro despertar consiste en tomar conciencia de nuestro cuerpo y nuestra naturaleza sexual y reclamar nuestra soberanía sobre ellos; y ser dueñas de nuestro cuerpo significa, entre otras cosas, entrar en contacto con nuestros ritmos y ciclos naturales. Con nuestro ciclo menstrual, por ejemplo; no estamos en contacto con sus picos y valles. En cada una de las fases del ciclo, el cuerpo experimenta grandes cambios hormonales, muchos de los cuales nos pasan desapercibidos. Debido a esto, trabajamos en contra del ritmo natural del cuerpo, y esa asincronía tiene una consecuencia negativa en nuestra psicología.

Nunca había prestado atención al poder tan grande que ejercen las hormonas sobre la psique hasta que empecé a dar el pecho. Ahora, al acercarme a la menopausia y hablar con docenas de amigas, me inclino ante el poder de estas sustancias químicas. Las hormonas nos preparan exquisitamente para ser portadoras del principio femenino. Cada mes, la mayoría nos vemos afectadas por el enorme poder de nuestras hormonas, que nos provocan altibajos de humor y del apetito. La intrincada manera en que interactúan con nuestra biología influye significativamente en nuestras emociones diarias.

Hablemos de la píldora, ¿te parece? Cuando se inventó la píldora anticonceptiva en 1960, marcó una nueva forma de ser para las mujeres. En algunos sentidos, liberó a las mujeres y, en otros, les tendió una trampa. Permitió a las mujeres tener más sexo con menos riesgo de un embarazo no deseado. Permitió que, casadas o no, se sintieran más con control de sus ciclos menstruales y de su expresión sexual. Ahora podían planificar su fertilidad con independencia de sus parejas o cónyuges y darse la oportunidad de tener una actividad profesional durante el tiempo que desearan. Un número cada vez mayor de mujeres hacían una carrera universitaria y ganaban mejores sueldos. La edad del matrimonio se fue retrasando cada vez más. Había más libertad para elegir y, con ello, mayor expresión sexual.

Pero todo lo bueno tiene sus inconvenientes, y es lo que ocurre con la píldora. El inconveniente es que nos saca de los ritmos naturales del cuerpo, y esto tiene sus consecuencias. Trabajar en contra de la naturaleza tiene un precio. Muchas mujeres se quejan de un aumento de peso, hinchazón, síntomas serios de síndrome premenstrual, irritabilidad y mal humor. Esto no puede beneficiarnos de ninguna manera. Parte del despertar conlleva, por tanto, hacer la investigación necesaria para aprender sobre nuestras hormonas y las opciones que tenemos. Debemos asegurarnos de que, a la hora de elegir, lo hacemos con el poder que nos da tener conocimientos sobre lo que elegimos.

Cuando empezamos a ser dueñas de nuestro cuerpo y de las decisiones que tomamos, somos capaces de vivir la sexualidad con más seguridad en nosotras mismas. Hacerlo nos permite liberarnos de gran parte de la represión sexual que el patriarcado ha ejercido sobre nosotras. *Sexo* ya no es una palabra sucia, y en nuestra mente la experiencia ha dejado de ser vergonzosa. Solo cuando deshacemos el condicionamiento tóxico que se nos ha impuesto, dejamos de depender de los hombres y de cualquiera para disfrutar del sexo. Y una parte de esa liberación es aprender a tener un orgasmo y permitirnos desearlo tanto como queramos, lo cual a su vez implica renovar nuestra idea de nosotras mismas y empezar a vernos como seres sexuales. En lugar de escondernos tras el velo del dogma cultural, nos permitimos florecer sexualmente.

Cuando empecé a ser dueña de mi sexualidad, no solo me encontré más conectada con mi cuerpo, sino que también lo acepté más, lo que me llevó a reverenciarlo y a celebrar que fuera tal cual era. Esto dio paso a una transformación y un florecer sexual que ahora es para mí una exploración en evolución constante, y regulada enteramente por mis deseos como mujer autónoma, y no por los dictados de la cultura.

Una mujer que aprecia plenamente los inconmensurables dones y riqueza que entraña su cuerpo es una fuente inagotable de energía. Una vez que se da cuenta de verdad de lo asombroso que es su cuerpo, trasciende su forma concreta y entra en lo milagroso de sus funciones. Porque más allá de su belleza física y su capacidad para el placer sexual, que el cuerpo de una mujer pueda alimentar al ser que ha nacido de ella es un hecho de proporciones inigualables. Una vez que la mujer comprende el potencial que alberga su cuerpo, y abraza plenamente lo que eso significa para ella, puede desarrollar una relación íntima consigo misma y con su poder interior. Ahora entiende la fuerza que la habita y empieza a aprovechar su energía irrevocable. Ya no hay nada que la detenga. Se ha encontrado a sí misma.

Cuando se produce este profundo cambio interno, la carretera es su alfombra mágica y las ruedas son sus alas. No hay forma de parar a una mujer que ha recuperado su cuerpo. Ahora es dueña de todo lo que la hace mujer, sin disculparse. Ocupa descaradamente el ser que es, y por el momento no tiene ninguna intención de abandonarlo. Todo el que vive a su alrededor está avisado.

11. Dos biopsicologías distintas

Clamando atención y cuidado constantes.
El pene programado para la gratificación y el placer inmediatos
hace al hombre rehén de una necesidad errante de satisfacción
que le incapacita para ejercer un poder libre sobre sus exigencias,
preso en su infierno particular de placer y dolor.

La mayoría de las parejas que tienen hijos de ambos sexos descubren con perplejidad lo diferentes que son las unas de los otros; por primera vez, quizá, se dan cuenta de la enorme diferencia entre los sexos. Por su temperamento orgánico, está claro que los niños y las niñas están construidos de manera particular, unos y otras. Aunque el elemento cultural intervenga en esa construcción, hay innumerables diferencias biológicas que explican la diversidad psicológica. Comprender esas diferencias es fundamental si queremos despertar plenamente a nuestra sexualidad con nosotras mismas y unas con otros y, a través de ello, a nuestra humanidad.

Todo empieza por el macho, a quien la naturaleza hace responsable de la proliferación de su especie. Es él quien lleva la batuta, por así decirlo. La naturaleza dio a los machos y a las hembras papeles complementarios, y uno y otra desempeñan un papel determinado en la díada reproductiva. Entender cuáles son esos papeles, y cómo los estableció la naturaleza, nos permite comprender cómo han moldeado nuestra psicología y cómo nos han convertido en presa fácil del afán divisivo de una cultura inconsciente. De entrada, sabemos que la vida empieza con la eyaculación del esperma provocada por el orgasmo masculino.

Para comprender lo diferentes que somos los hombres y las mujeres en la díada sexual, podemos empezar diciendo que casi el cien por cien de los hombres llegan siempre al orgasmo durante la actividad sexual. Entre las mujeres, aunque la mayoría son capaces de llegar al orgasmo, numerosos estudios muestran que solo alrededor del cuarenta por ciento llegan al clímax «casi siempre» durante la actividad sexual. Incluso en este caso, las estadísticas no son determinantes porque hay factores que no se tienen en cuenta, como si esas mujeres mantienen una relación amorosa con su pareja sexual, o se sienten conectadas con ella.

Me di cuenta de esto en mis propias experiencias sexuales. Durante el sexo, yo «buscaba» ese maldito punto G y arqueaba todo el cuerpo esperando el orgasmo, mientras que mis parejas sexuales masculinas intentaban con gran esfuerzo *no* tenerlo. Fue una observación fascinante. ¿Cómo es que una parte se esforzaba tanto por alcanzar el clímax y la otra por *no* alcanzarlo? ¿Me pasaba solo a mí, o era eso lo que en general les pasaba a las mujeres? Fue entonces cuando investigué un poco, y me quedé anonadada al enterarme de lo difícil que le resultaba universalmente al cuerpo femenino llegar al clímax.

La pregunta inevitable es: y esto, ¿por qué?

¿Es posible que la naturaleza creara esa diferencia porque el papel de la mujer en la díada reproductiva es diferente al del hombre? Pensé: el macho tiene la responsabilidad de proliferar infinitamente con sus millones de espermatozoides; esa responsabilidad lleva consigo la garantía del placer; se excita rápidamente y es capaz de llegar con rapidez al orgasmo; si no se le garantizara el placer, no cumpliría la orden de procrear. ¿Cuál es su recompensa por cumplir ese mandato de la naturaleza y colaborar así con su programa reproductivo? Un orgasmo intensamente placentero.

Piénsalo un poco: solo uno de los miembros de la díada hombre-mujer necesita llegar al orgasmo y eyacular para que se produzca la reproducción. Si la naturaleza diera a ambas partes la necesidad de tener un orgasmo para reproducirse, estaría dando a ambas partes el papel activo. Pero la naturaleza sabía que el equilibrio saludable proviene de la unión de lo activo y lo pasivo, de empujar y recibir, del yin y el yang. Otorgó al macho el papel activo y a la hembra, el pasivo, consciente de que ambos son fundamentales en la danza de la vida.

Por su papel más pasivo en la danza que el del hombre, las mujeres no necesitan tener un orgasmo para reproducirse. Pueden quedarse embarazadas sin él si la cópula se produce dentro de su periodo de fertilidad. Los animales no humanos dan señales de su época de celo de los modos más diversos, desde secretando feromonas hasta emitiendo ciertos sonidos. La naturaleza protegió a la mujer contra los embarazos constantes haciéndola fértil solo durante un determinado periodo del mes y, además, solo durante una etapa determinada de su vida. Cuando está en periodo fértil, es probable que se quede embarazada si recibe la eyaculación de un hombre. ¿Y el hombre? Su caso es muy diferente. Él siempre está dispuesto, pero su orgasmo es imprescindible para que la reproducción tenga alguna posibilidad de éxito.

Como el placer en su caso está garantizado, es probable que lo busque más que las mujeres. En esa búsqueda, recurrirá naturalmente a sus instintos depredadores. Pero si es cierto que la depredación masculina existe en todo el reino animal, en el reino animal no humano apenas se da la violación tal y como la conocemos, por no hablar de otras perversiones sexuales del mundo moderno. La cultura ha enrevesado y pervertido una forma de ser natural y, con ello, ha dado lugar a una masculinidad tóxica que ronda con agresividad a las hembras sin tener en cuenta su vulnerabilidad.

La biología del macho

Se dice con frecuencia que el pene del hombre es su segundo cerebro. Está conectado neuralmente de tal manera que puede excitarse en contra de la voluntad consciente del hombre. No te podría contar cuántos hombres me han confesado durante las sesiones que a menudo se sienten avergonzados por la facilidad y la frecuencia con que tienen una erección, muchas veces en contra de su voluntad consciente. Las investigaciones nos dicen que el hombre medio tiene unas once erecciones al día, muchas de las cuales se producen por la noche, y a menudo ocurren sin ninguna estimulación sexual obvia.

Para garantizar la proliferación de la especie, es necesario que los machos se exciten con facilidad y frecuencia. ¿Qué hizo la naturaleza para conseguirlo? Los dotó de una mayor sensibilidad a la estimulación visual que a las hembras. Esa es la razón por la que muchas nos burlamos de la «mirada errática» de los hombres. Si realmente entendiéramos por qué vagabundean sus ojos, entenderíamos también que la gran mayoría de los machos humanos –es decir, hombres– no lo pueden remediar.

Paremos un instante. ¿Estás teniendo una reacción negativa a lo que estás leyendo? ¿Una reacción que dice: «¡y una mierda!»? En ese caso, es todavía más importante que leas esto. Yo solía reaccionar igual. Fruncía el ceño y miraba con desdén a mis amigos cuando los veía girar la cabeza hacia cada mujer atractiva que pasaba. Los tachaba de «inmaduros» e incluso me sentía ofendida. Ha sido recientemente cuando, tras haber investigado, he podido discernir con más claridad estas cuestiones basándome en sus raíces biológicas. La reacción que tienen muchas mujeres nace de la idea equivocada de que no somos animales. Cuando olvidamos que somos animales, pasamos por alto cuál es nuestra configuración innata y, a causa de esto, sufrimos.

Los hombres están configurados para excitarse mediante la estimulación visual; forma parte de su diseño neuroquímico. No reconocer esto lleva a las mujeres a creer que se comportan así deliberadamente para hacerles daño, lo cual no podría estar más lejos de la realidad.

Un amigo me contó que un día, al entrar al cine con su esposa, miró un momento a una mujer que salía. Giró la cabeza durante un segundo. Su esposa al darse cuenta le gritó: «¡Eres un salido!». En un intento de quitar hierro al asunto, él le explicó que había creído que era una mujer a la que conocía. Su esposa no se lo creyó y salió furiosa del cine a buscar un taxi para irse a casa. No hubo sexo ni esa noche ni hasta varias noches después.

¿Sabes a cuántos hombres he oído quejarse de peleas como esta, porque se habían quedado mirando una forma femenina demasiado tiempo y su esposa o su pareja se había molestado? Se preguntaban qué deberían haber hecho, ¿bajar la mirada y fingir que no habían reparado en una mujer atractiva, cuando lo único que en realidad querían era mirar? Para ellos es parecido a lo que sentiríamos nosotras al contemplar una flor muy bella o una puesta de sol.

Lo que las mujeres no entienden, como yo no lo entendí durante décadas, es que la reacción masculina a las formas femeninas es una respuesta programada. Pensamos que cuando los hombres giran la cabeza para mirar a una mujer llamativa es una elección intencionada y, por tanto, nos lo tomamos como un desprecio. ¡Qué equivocadas estamos! Es una cuestión puramente biológica. La naturaleza necesita que sus machos no pierdan nunca de vista su misión, y por eso les procura una excitación fácil y rápida para que puedan hacer «su trabajo». Las mujeres juzgan a los hombres sin sentir siquiera curiosidad por cómo debe de ser vivir bajo el asedio constante de la pulsión sexual.

El mandato biológico de un hombre es dormir, comer y tener sexo. El nuestro también lo es, pero la parte del sexo no es para nosotras un mandato tan inexorable como para ellos. Nuestra ovulación ocurre en mitad de un ciclo menstrual que dura entre veintiocho y treinta días, mientras que los hombres funcionan con un ciclo hormonal de veinticuatro horas. Esto hace que un hombre sienta una excitación sexual mucho más frecuente que la mayoría de las mujeres. La estimulación sexual en el hombre está dirigida por la testosterona, y la mayoría de los hombres tiene entre diez y cincuenta veces más testosterona que las mujeres. Esta hormona por sí sola es capaz de crear comportamientos así de diferentes. El hecho de que la testosterona circule por el torrente sanguíneo masculino a tal velocidad significa que los hombres están bajo el asedio de una disposición mental completamente distinta a la de las mujeres.

Tal vez influya también el hecho de que la oxitocina –conocida a menudo como la «hormona del abrazo» o la «hormona del amor» porque se libera cuando nos acurrucamos juntos o establecemos un fuerte vínculo social– funcione de forma diferente en hombres y mujeres, lo cual contribuye a que las mujeres no puedan identificarse en absoluto con la forma en que los hombres manifiestan su sexualidad. Para nosotras, la sexualidad tiene mucho que ver con la conexión. Quizá la conexión sea una parte importante de casi todo lo que hacemos. Nuestros niveles de oxitocina nos impulsan a dar prioridad a la conexión y los vínculos familiares. La oxitocina que el cuerpo segrega durante el parto, por ejemplo, nos hace establecer un vínculo con el ser recién nacido y darle los cuidados que necesita, algo que los hombres no experimentan. Es bastante comprensible que las mujeres no entiendan cómo pueden los hombres separar el sexo de la conexión afectiva, esa conexión que nosotras deseamos por encima de todo.

Sé que es muy compleja la interacción de hormonas que debería tenerse en cuenta en todo momento. Si toco este par de detalles en concreto, es solo para que te hagas una idea de lo intrínsecamente distintos que somos las mujeres y los hombres.

Más de un hombre me ha dicho que salir en busca de alivio sexual es como lanzarse en busca de comida. A lo que se refieren es a que, al igual que nosotras sentimos con regularidad las punzadas del hambre, ellos sienten las punzadas del sexo. No provienen de una elección consciente, sino más bien de una necesidad biológica. Provienen del mismo impulso, y tienen la misma neutralidad, que buscar un restaurante que sirva un tipo de cocina determinada. ¿Nos burlamos de nuestras hijas y nuestros hijos adolescentes porque siempre tienen hambre? Yo veo lo que me pasa cuando tengo hambre: me pongo de mal humor, estoy irritable, me porto como una niña. Quiero literalmente hincarle el diente a lo primero que vea. Cuando me doy cuenta de cómo me afecta tener hambre y aplico luego esa misma sensación de hambre a la privación sexual que siente un hombre, puedo entender hasta qué punto le afectan sus hormonas.

Este entendimiento me despierta una profunda compasión, que me aleja de las ganas de culpabilizarlos o avergonzarlos, y me hace entrar en un nuevo terreno de empatía. Soy plenamente consciente de que, como mujer, solo puedo empatizar; nunca voy a conocer de verdad la realidad de un hombre. Diré todavía más, siento la necesidad de ayudarles a regular su hambre sexual en lugar de despreciarlos por ella. Del mismo modo que un hombre nunca sabrá lo que se siente al menstruar, estar embarazada, sufrir los dolores de parto, dar a luz o amamantar, las mujeres tampoco podemos saber lo que significa para un hombre vivir cautivo de su apetito sexual. Es fundamental entender esto para liberarnos, tanto en las relaciones entre hombres y mujeres como en nuestra cultura en general.

Cuando un hombre tiene una apetencia constante de sexo, a las mujeres a menudo nos disgusta. Nos quejamos de su insistencia y decimos que son como animales. A veces esa frustración está justificada; al fin y al cabo, estamos en el extremo receptor de su depredación, que puede ser sencillamente agotadora. El hecho es que muchas mujeres avergüenzan a los hombres por sus necesidades biológicas. No las entendemos, así que las tratamos con desprecio. Si empezáramos a entender las necesidades de los hombres, crearíamos un puente hacia ellos. Sí, por supuesto, hay parejas en las que las mujeres tienen un mayor deseo sexual que los hombres. No es inusual. Estoy refiriéndome a las experiencias estereotipadas de la mayoría de las mujeres y hombres del mundo, en las que lo predominante es que los hombres tengan un mayor apetito sexual que las mujeres.

Tomar conciencia de que los hombres están configurados de

forma diferente puede hacer que surja en nosotras la empatía y la compasión, y que, en lugar de verlos como el enemigo, los veamos como seres humanos compañeros nuestros que, como nosotras, tienen sus luchas internas y necesitan de nuestra comprensión. Podemos dejar de tomarnos su deseo de tener sexo, con nosotras o con otra mujer, como una afrenta personal a nosotras y a nuestros valores y entenderlo dentro de su contexto biológico.

El hambre de sexo está en la mente del hombre hasta que la sacia, luego desaparece de su mente. De este modo, un hombre puede manifestar cierto grado de afecto acompañando al sexo, así como una asombrosa capacidad para separar lo uno de lo otro, lo cual hace que a veces nos cosifiquen para cumplir su mandato casi diario de consumar la presión sexual. La naturaleza no tenía planeado que esa cosificación se tornara en abuso; es la cultura la que lo ha hecho, por la brutal subyugación a que ha sometido a la mujer. La naturaleza dio al hombre un mandato práctico, es cierto, pero no tiene nada que ver con el abuso. Atendiendo al mandato, la penetración de una mujer tenía una cualidad funcional. Entrar, salir y listo. Esto es al menos lo que nos parece a las mujeres, y por lo que podemos llegar a despreciar la actitud masculina todavía más. Calificamos a los hombres de infantiles por su imperiosa necesidad de tener sexo y, a continuación, pasar a otra cosa.

Hemos vilipendiado a los hombres por su gran deseo sexual; en parte, porque nos hemos sentido presa indefensa de sus avances no deseados, pero también porque no hemos entendido cómo los diseñó la naturaleza. Al igual que no deberíamos avergonzarnos porque la lasaña o la tarta de chocolate de nuestra abuela nos resulte tan irresistible que se nos hace la boca agua de solo pensar en ella, o comemos de ella casi hasta reventar cuando la prepara para las fiestas, no podemos avergonzar a los hombres por sentir esa hambre de sexo. Conviene repetir, sin embargo, con respecto a esa lujuria, que la naturaleza no pretendía que el hombre forzara a la mujer o la dominara violentamente. Eso lo ha hecho el patriarcado.

¿Por qué crees que las páginas web de porno son las más visitadas de internet? ¿Por qué la prostitución es la profesión más antigua del mundo? ¿Simplemente porque «los hombres son unos cerdos»? Si esta fuera la explicación, ¿no estaríamos diciendo que nuestros hijos varones pronto serán unos cerdos? ¿Te suena bien? Muchas mujeres y algunos hombres contestarán rotundamente: «¡Sí! Los hombres son unos cerdos imperdonables». Si esta es su respuesta, es porque la cultura se ha encargado formidablemente de condicionarnos para que vilipendiemos la lujuria masculina en lugar de entender su fundamento científico.

No estoy defendiendo que los hombres vean pornografía, vayan a clubs de *striptease*, o se queden mirándoles el pecho a las mujeres. Simplemente trato de entender la razón biológica de que se sientan tan atraídos a hacerlo. No me basta con juzgarlos, decir que son una vergüenza y quedarme tan tranquila. Quiero profundizar en cómo la configuración innata del hombre contribuye a su sexualidad. Entender esto es entender el camino del *tao* masculino.

Por tener un pene que introduce en una vagina, a un hombre le es natural penetrar más allá de los límites. En el acto en sí, hay cierta violación inherente del otro, aun cuando se haga de la manera más amorosa. Su empuje requiere agresividad. Por estar fuera del cuerpo, el pene actúa como un arma de conquista. De ahí, en parte, que los hombres tengan más facilidad para ser agresivos y dominantes. Cuando eso se lleva al extremo, se manifiesta como masculinidad tóxica.

Nuestros hermanos y nuestros hijos necesitan ayuda. Necesitan que se les eduque sobre sus cuerpos y sus deseos. En lugar de sentirse avergonzados cuando empiezan a sentir el cosquilleo de la calentura en la adolescencia, deben celebrarla y honrarla. Es necesario que entiendan su sexualidad como un don divino, como nosotras entendemos la nuestra. Cuando lo hagan, podrán entrar en un nivel de conciencia que les permita honrarse a sí mismos y a sus parejas sexuales como espejos divinos de la propia naturaleza. Una conciencia así no puede dañar al otro; solo puede elevarle y exaltarle. Todo comienza con una redefinición de la sexualidad y el nacimiento de una nueva conciencia sexual, por igual en hombres y mujeres.

El huevo de oro

El esperma es barato, mientras que el óvulo es dorado y precioso. Los hombres pueden eyacular millones de espermatozoides cada vez que tienen un orgasmo; producen miles de millones cada día. Son cifras pasmosas. Esa es la razón por la que los hombres son tan caballerosos con su semilla. Pueden, literalmente, regalarla y marcharse sin la menor preocupación. ¿Y las mujeres? Nuestro ciclo menstrual nos permite disponer de un óvulo al mes y tenemos un número limitado de óvulos en nuestro ciclo vital. Están en nosotras cuando nacemos y van disminuyendo cada año que pasa. El hombre es fértil durante todo el mes; y la mujer lo es solo cuando se libera su único huevo de oro, así de importante es su «ventana fértil». A quién le da ese único óvulo importa y mucho.

La ovulación de una mujer no está a la vista de todos. Solo ella sabe cuándo es su periodo fértil. La naturaleza nos protegió para que fuéramos dueñas de nuestra fertilidad; nos hizo de manera que tuviéramos que seleccionar cuidadosamente qué pareja se queda con nuestro huevo de oro. No todos merecen la oportunidad, solo el que consideremos más apto. Por eso, en el mundo natural, los machos son los que persiguen y seducen a las hembras. Los machos tienen que competir por esa valiosa oportunidad de fecundar el huevo de oro.

Cuando comprendemos este hecho –nuestra distinta configuración natural–, empezamos a actuar de forma muy diferente. En vez de intentar competir por la atención de los hombres, esperamos a que *ellos* compitan por nosotras. Hoy en día, las mujeres compiten constantemente entre sí por la atención de los hombres. ¿Cómo se han confundido hasta tal punto las cosas? Si comprendiéramos cómo dispuso la naturaleza que fuera, dejaríamos de competir. En lugar de hacer lo imposible por seducir a los hombres, haríamos lo contrario. Conoceríamos nuestro valor y dejaríamos que nos sedujeran.

Veo a cantidad de chicas jóvenes hoy en día embadurnarse la cara con maquillaje, ponerse pestañas postizas, bótox en las mejillas y en los labios, quitarse las costillas, hacerse implantes en las nalgas, todo ello en un empeño por competir con las demás mujeres. ¿Por qué? Por asegurarse la atención de los hombres. En esta competencia, las mujeres entregamos nuestro poder al patriarcado. En lugar de reclamar la propiedad de quienes somos sin disculparnos, y hacer así que los hombres se acerquen a nosotras, hacemos lo contrario. Competimos entre nosotras sin piedad, manipulamos nuestro cuerpo para darle una forma antinatural y nos disfrazamos, sin darnos cuenta de que esto compromete nuestro poder y disminuye nuestro valor. Creemos que todo ello nos da una apariencia mejor. Aunque eso podría ser discutible, lo que no deja lugar a dudas es que nos denigramos por dentro y nos vendemos al mejor postor, y de paso le hacemos el juego al patriarcado que decimos que nos controla. ¿Te das cuenta de que somos partícipes del sometimiento del que nos quejamos?

Han de cambiar las tornas. Tenemos que dejar de hacer ver que somos nosotras las que vivimos en estado de carencia. Los hombres nos necesitan tanto o más que nosotras a ellos. ¿Por qué nos reducimos a objetos y luego nos quejamos de que nos cosifican? Cuando nos elevemos a la posición de las diosas que realmente somos, exigiremos y recibiremos el respeto que merecemos. Tenemos que darnos cuenta de que tal vez no estemos biológicamente dotadas de fuerza física, pero tenemos en nuestro interior lo que la vida más necesita para sobrevivir: nuestros óvulos.

El depredador y la presa

Para cuando cumplí los seis o siete años, me había dado cuenta de que tenía que protegerme de los hombres, y pensé que la solución era ser una guerrera, una *ninja*, aunque no tenía ni idea de cómo. Para cuando cumplí los doce, dos hombres que eran parientes míos me habían agredido sexualmente, y varias docenas de hombres más me habían manoseado en autobuses, trenes y celebraciones familiares. Como tenía un color de ojos y un tono de piel que a la gente de mi país le parecían envidiables, se me prestaba una atención exagerada. Cuando, a edad temprana, empezaron a desarrollárseme los pechos, me convertí en el objetivo de innumerables insinuaciones masculinas. La atención que recibía era mucho mayor de la que cualquier niña debería tener que soportar, y me creó recelo hacia los hombres.

Mi madre vivía ajena a lo que me estaba pasando. No tenía ni idea de que yo era un objetivo asequible y una presa fácil a los ojos de los hombres jóvenes y adultos. ¿Cómo no se daba cuenta? Cuando al cabo de los años le conté por lo que había pasado, se quedó horrorizada. Ella nunca había recibido de joven ese grado de atención indeseada porque había crecido bajo la protección de unos padres muy estrictos; protección que la convirtió en una joven sexualmente reprimida. Y como no sabía nada sobre la dinámica hombre-mujer en el mundo real, no se le ocurrió que tuviera que protegerme del instinto depredador de los hombres de los que vivía rodeada.

Cuando un pariente nuestro particularmente tocón se quedaba a dormir en casa por algún motivo, yo me envolvía en la manta de la cabeza a los pies como una salchicha, y me hacía la muerta. Nunca funcionaba. Yo le echaba agallas, sin embargo. Una vez lo empujé, le di una patada en la ingle y corrí a la habitación de mi madre. Cuando al cabo del tiempo le amenacé con contárselo a mi madre, le dio igual. Sabía cómo era yo; me había estudiado bien. Sabía que era demasiado compasiva como para herir a mis padres y provocarles la angustia que les habría creado saberlo. Como era una jovencita empática y precoz, decidí que era también lo bastante fuerte como para encargarme sola de aquellos abusos en vez de cargarles con ellos a mis padres. Intuía que no sabrían qué hacer. Esto significaba que aquel pariente tocón había ganado la partida. Guardé silencio. Pronto me resigné a ser objeto de su atención indeseada, y luego de la de otros.

La tragedia no es solo que aquellos hombres hicieran lo que le hacían a una joven indefensa, como otros hombres les hacen a millones de mujeres en todo el mundo. La verdadera tragedia es que nuestras madres, tías y profesoras no nos enseñen a prepararnos para ello. Nadie me dijo que yo era una posible presa, y es lo que me gustaría que alguien me hubiera explicado. Me hubiese gustado que alguien me hubiera agarrado por los hombros, me hubiera mirado fijamente a los ojos y me hubiera dicho: «Eres una niña que poco a poco se hará mujer. Desde este momento hasta que seas anciana, siempre serás una presa. No todos los hombres ven a las mujeres como una posible presa pero muchos sí. Tomar consciencia de esto, te ayudará. Te dará poder. No hay nada por lo que sentirse mal; así es como nos ha hecho la naturaleza. Ser consciente de esto hará que no te pille desprevenida. Estarás atenta, presente en todo momento. Te protegerás lo más sabiamente que puedas, sabiendo que incluso así serás objeto de insinuaciones indeseadas. En cuanto ocurra, debes acudir a tus hermanas o a una de nosotras. Tienes que pedir ayuda. Tienes que contarlo abiertamente y denunciar cualquier abuso. No es en absoluto motivo de vergüenza ser víctima de un depredador. No es culpa tuya que suceda. Tu menor tamaño te convierte en un objetivo fácil para un hombre que no haya domado sus instintos. Ahora bien, esto no te convierte en una víctima de por vida». ¡Ay, cómo me hubiese gustado que alguien hubiera normalizado un poco lo que viví y haber tenido la libertad para expresar tanta confusión! La cultura no me dio la posibilidad de hablar, por eso escribo estas palabras ahora, para alentar a las madres y a las hijas que se encuentren en circunstancias parecidas a que recuperen su poder y las vivan de forma diferente.

¿Te parece que estoy aprobando el comportamiento del depredador? No es lo que intento. ¿Sabes lo que pasa?, que ni siquiera depende de él; depende de nosotras, la presa. Si entendemos cuál es nuestro estatus en esto a lo que llamamos vida, podemos liberarnos. Querer creer que las cosas son de otra manera es un error. Entiendo que te pueda molestar que haga esta definición de nosotras, pero ser presa no tiene por qué convertirnos en víctimas. El victimismo es una forma de pensar. Ser víctima de los depredadores, como lo fui yo cuando era joven, es una realidad, no es una invención ni una imaginación. Pero después de haber examinado a fondo mi pasado, hace tiempo que he dejado de vivir con conciencia de víctima. Como expliqué en otra ocasión, es muy diferente ser víctima de un delito, como lo somos algunas, y denunciarlo, que vivir sumida en la conciencia de víctima. Tenemos que comprender la diferencia.

Otros animales no protestan porque se les considere *depredador* o *presa*. Son nombres que hacen referencia simplemente a quién es el cazador y quién el cazado. Los animales no humanos saben qué posición ocupan dentro de la cadena alimentaria y, por muchos de sus comportamientos, parece que lo aceptan. Desarrollan agudos sensores y habilidades para la caza basadas en esa percepción alerta. Protegen a sus crías y supervisan la tribu con un saber hacer envidiable, y eso es posible porque su instinto emana de la conciencia de lo que son. Por supuesto, hay hombres que nunca han puesto en práctica el instinto cazador con una mujer y a los que la sola idea de hacerlo les espantaría. Ahora bien, la cuestión es que los hombres están *configurados* para ser cazadores. Su radar, actúen o no a partir de las señales que reciben, está siempre a la caza de una hembra atractiva.

La mayoría de las mujeres están hartas de ser la presa. Es sencillamente agotador, frustrante, y exasperante a veces. Además de humillarnos, nos hace vulnerables. Tanto si se produce un acercamiento directo como si no, el hecho es que siempre estamos en el ojo silencioso del cazador. Dediquemos un momento a reconocer el agravante que supone para las mujeres estar constantemente en el radar sexual de un hombre. El supermercado, el gimnasio –¡el gimnasio!–, el avión, el centro comercial, el club, el trabajo: dondequiera que vayamos, somos presas. Sentimos los ojos puestos en nosotras constantemente, y a veces las manos. ¿Saben los hombres lo que se siente al saberse constantemente así? ¿Tienen alguna idea?

El otro día estaba en un ascensor con dos amigas y entró un joven. Entró sin prisa al espacio en el que nosotras estábamos, y ni siquiera levantó la vista del teléfono móvil. Cuando salió, nos quedamos maravilladas de su naturalidad, al estar rodeado de tres mujeres. Las tres sabíamos que si hubiera ocurrido a la inversa, y hubiera sido una de nosotras la que hubiera entrado en un ascensor en el que había tres hombres, se habría sentido de un modo muy diferente. ¿Cuántas veces hemos tenido que dar un rodeo porque nos ha dado miedo atajar por un callejón? ¿Cuántas veces nos sentimos aliviadas cuando al cruzar un parque de noche vemos a alguna otra mujer, y no solo hombres?

A un nivel u otro, los hombres saben que son depredadores. Saben también que nadie anda a la caza para convertirlos en su presa. Qué gran alivio y libertad debe de ser. No puedo ni imaginar cómo sería un solo día en esa vida tan libre. Las mujeres tenemos que estar constantemente en guardia. Ese es nuestro destino como mujeres, y cuanto antes lo aceptemos sin el menor victimismo, mejor.

Pese a saber que somos una posible presa, no sabemos exactamente *cuánto* de presa somos. Si creemos que hay un hombre que nos mira, la realidad posiblemente sea que hay otros diez de los que no nos damos cuenta. Si entendiéramos esto, nos haríamos fuertes rodeándonos de nuestras hermanas en situaciones de peligro tanto como fuera posible. Cuando nos ocurriera algo desagradable, porque en definitiva no es decisión nuestra a quién nos encontramos en la vida, deberíamos decirlo y conseguir la ayuda que necesitamos.

Muchas hemos confundido el acto de ser presa con la atención genuina. Pensamos: «Ah, está tan fascinado conmigo. Piensa que soy preciosa, así que debe de ir en serio». O nos decimos: «Creo que le gusto, porque me ha regalado un ramo de flores». No nos damos cuenta de que todo eso forma parte de la caza. A ese hombre no le gustamos necesariamente más de lo que le gusta la siguiente mujer a la que salga a cazar. A sus ojos, las diversas mujeres no son tan diferentes de los platos expuestos en un *buffet*; él va pasando por delante de ellos examinando lo que tiene a su disposición. Sé que suena un poco burdo, pero pregunta a los hombres y la mayoría admitirán que es cierto. Es decir, los solteros; los hombres casados nunca se harían el harakiri siendo así de sinceros.

Nos hacemos tantas veces la ilusión de que la atención de un hombre significa que le importamos. Cuando persigue nuestra compañía, creemos que le interesamos de verdad. Luego, cuando el hombre nos desecha tras un encuentro sexual, nos lamentamos. No caímos en la cuenta de que no éramos objeto de su interés sincero, sino de su instinto cazador. Es un hecho muy difícil de aceptar, y a la vez es fundamental aceptarlo y hacérselo ver a nuestras hijas, ¿no te parece?

Por no comprender la naturaleza de la caza, las mujeres nos rendimos al encanto de hombres que no están disponibles y que solo buscan una aventura, o nos sentimos heridas cuando el hombre al que amamos muestra interés por otra mujer. No te imaginas la cantidad de mujeres que acuden a mí quejándose de los hombres con los que salen. No se pueden creer que, después de acostarse con ellas, o incluso después de haber salido con ellas durante un tiempo, pasen con facilidad a otra cosa y sigan con su vida. No lo entendemos y nos sentimos ofendidas. Lloramos a mares, no dormimos, nos convertimos en un manojo de nervios. Si entendiéramos la psicobiología masculina, no perderíamos el tiempo derramando lágrimas inútiles.

Nos armaríamos para no volver a ser presa de nadie, en la medida de lo posible. Decidiríamos más despacio con quién nos acostamos. Haríamos las preguntas necesarias y no nos dejaríamos seducir por ramos de rosas y palabras dulces. Comprenderíamos la naturaleza de la caza y desempeñaríamos nuestro papel con inteligencia.

Incluso aunque decidamos entregarnos al más digno de los pretendientes, no deberíamos hacerlo sin saber con claridad lo que significa ser un pretendiente digno. Significa que, a medida que evolucionamos juntos, ese digno pretendiente es alguien que toma consciencia de su psicobiología masculina y se responsabiliza plenamente de ella. Es un hombre que no utilizará a una mujer ni le ocultará sus intenciones.

La razón por la que muchas decimos que los hombres siempre nos engañan es que somos unas ingenuas. Nos dejamos engatusar sin darnos cuenta de que probablemente somos solo un medio para conseguir un fin. ¿Son así todos y cada uno de los hombres del mundo? No, pero la mayoría lo son.

Esto no pretende ser un alegato en favor de los hombres, sino sencillamente una invitación a las mujeres a entender qué les pasa por dentro a los hombres en esos momentos en que ellas se sienten rechazadas. En su mayor parte, tiene poco que ver con quienes son personalmente y mucho que ver con la naturaleza de la dinámica depredador-presa. Cuando comprendemos esto, sufrimos menos.

Comprender a nuestras parejas masculinas teniendo en cuenta cuál es su configuración biológica significa entender con quién estamos tratando. No se trata de si nos gusta o no, se trata de comprender la realidad de las cosas. Comprender nos da la posibilidad de hacer uso de nuestro poder de decisión. Una vez que comprendemos a la mitad masculina con la que compartimos el planeta, más fuertes nos hace nuestro saber y más podemos habitar nuestra libertad interior.

La sabiduría de nuestras diferencias

Uno de los principales problemas que he observado en las relaciones surge de la idea de que los hombres y las mujeres deben ser iguales. Cuanto más aprendo sobre nuestra constitución intrínseca, más me doy cuenta de que esa idea es una fantasía. De hecho, es precisamente esa ilusión de que tenemos que ser iguales la que causa gran parte del sufrimiento que vemos en las relaciones entre hombres y mujeres.

Cuando entramos en una relación íntima hombre-mujer, lo natural es que descubramos que hay grandes diferencias entre nosotros. En realidad, es lo normal en cualquier relación, pero más todavía en una díada hombre-mujer. Como decía en un apartado anterior, estamos configurados de manera tan distinta que es casi inimaginable que nuestras perspectivas puedan coincidir. Y si no conectamos, no se satisfacen nuestras necesidades. Entramos entonces en un estado de insatisfacción. Inquietas, o nos encerramos en nosotras mismas y entramos en una depresión, o nos volcamos hacia fuera, en busca probablemente de una aventura. La desconexión nos causa sufrimiento; sin embargo, gran parte de él es innecesario y se desvanecería si comprendiéramos que nuestro problema fundamental no es la imposibilidad de entendernos con el sexo opuesto, sino la fantasía de que necesitamos experimentar la vida ni más ni menos de la misma manera.

Somos intrínsecamente dimorfos. Es decir, hay en nuestra especie dos formas diferenciadas: macho y hembra. Y esto es aplicable no solo a las características físicas y sexuales, sino también a las psicológicas, emocionales y espirituales. Poner a dos seres humanos tan intrínsecamente distintos bajo un mismo techo y aislarlos de la vida en comunidad es, en muchos casos, el principio del fin.

La unión por parejas de hombres y mujeres en unidades nucleares monógamas de larga duración es, tal vez, una de las principales causas de que las relaciones sean disfuncionales, de la violencia doméstica y el divorcio. Si a una mujer y un hombre adultos radicalmente distintos y en gran medida inconscientes se les pide que firmen un contrato legal vinculante, que se prometan mutuamente lealtad eterna, sin tener en absoluto en cuenta la disparidad esencial de sus respectivas libidos, y que luego críen juntos a su prole, sin tener en absoluto en cuenta lo dispares que puedan ser sus respectivas filosofías de la crianza, lo extraño sería que esa relación no fuera un fracaso. Por eso la mayoría de los matrimonios se desmoronan, y la mayoría de los que se mantienen en pie acaban reducidos a un acuerdo de carácter económico o social.

¿Significa esto que no hay posibilidad de que una pareja se lleve bien? En absoluto. Hablo de la insatisfacción generalizada que existe entre las parejas, y no hablo de ninguna pareja en particular.

Hay parejas que quieren trascender las barreras culturales y están dispuestas a abrir su relación a nuevas posibilidades, tanto sexuales como emocionales. Son parejas que están abiertas a hablar sobre cómo le afectan a cada una de las partes las diferencias sexuales, y sobre el acercamiento o separación emocionales que se derivan de ellas. Al ser más conscientes de las necesidades sexuales y emocionales del otro, tal vez estas parejas permitan una apertura de la díada monógama y estén de acuerdo en dejar que fuentes externas a la relación satisfagan esas necesidades, sin los celos o la posesividad que obstruyen la armonía en una pareja tradicional.

Al apartarnos de la comunidad y entrar en el aislamiento nuclear, vivimos más alejados de nuestra tribu y ejercemos más presión sobre nuestra pareja para que satisfaga todas las necesidades que en origen debían satisfacer otras personas. Hasta que reconozcamos este desajuste y volvamos a vivir en comunidad, como el resto de los animales, nos sentiremos privados de nuestros derechos, y solos.

El vínculo de pareja no debería ser el único medio de conexión emocional y sustento sexual. Es sencillamente absurdo pretender que una sola persona pueda satisfacer todas nuestras necesidades emocionales y sexuales. Para satisfacer algunas de ellas, quizá a veces tengamos que recurrir a otras personas de nuestra comunidad. Esta es una medida saludable. Si buscamos una fuente de satisfacción externa a la pareja, no es como rebelión beligerante, sino con la sabia aceptación de que la otra parte puede no tener nuestras mismas necesidades. Si permitimos que se satisfagan de otras maneras, nos entregamos a nuestra relación principal con mayor entusiasmo y plenitud. La mejor manera de hacerlo es participando en una comunidad más amplia.

Los kibutz, las comunas y otras comunidades intencionales existen desde hace mucho tiempo y siguen existiendo repartidas por todo el mundo. Estos grupos entienden la importancia fundamental de vivir en una tierra compartida, con recursos y relaciones compartidas. Los niños y niñas se crían rodeados de una amplia red de adultos, lo que les permite crear su propia red de interdependencia. De este modo, cuentan con diversas personas como punto de referencia, y su aprendizaje no está limitado a las capacidades de sus padres o madres biológicos. También para los adultos, la tribu ofrece mayores posibilidades de disfrute y realización emocionales y sexuales. Cuando la comunidad establece su intención de compartir, y esa intención tiene un valor sagrado, los adultos son capaces de vivir múltiples relaciones sin tener que enfrentarse a los preceptos derivados de la propiedad y el control que plagan la díada tradicional.

No pretendo dar una imagen idílica de este tipo de comunidades, como si fueran una utopía, sino reconocer que todos los animales, incluidos los humanos, hemos vivido en comunidades de este tipo a lo largo de la historia. La actual díada monógama es una invención moderna, que ha tenido graves repercusiones psicológicas, sexuales y emocionales tanto para el individuo como para la familia. Su tendencia a la desintegración y a la disfunción no se debe a una falta de moralidad o de esfuerzo, sino a su alejamiento de nuestra naturaleza inherente de seres hechos para vivir en comunidad.

Las comunidades intencionales de carácter espiritual han sido uno de los factores fundamentales de transformación en mi vida. Cuando utilizo la palabra «intencionales», me refiero a que han sido creadas de forma consciente y deliberada. Cuando nos reunimos con nuestros familiares y amigos de toda la vida, suele haber de fondo cierto sentido de obligación, y también posiblemente cierto desajuste en cuanto a cómo entiende cada cual el propósito común. Eso no ocurre en una comunidad intencional. En ella, las personas se juntan por una visión y una misión comunes. Hablan normalmente un lenguaje común, que el alma entiende, y el propósito de reunirse es la transformación interior y la conexión, ya sea solo emocional o con un componente sexual añadido.

¿Cómo encontrar una comunidad intencional de este tipo? Lo primero es tener clara tu intención en lo más hondo. A medida que empiezas a alinear con ella tu discurso, tus comportamientos y tus acciones, te vas ramificando. Empiezas a unirte a grupos que reflejan esa alineación. Personalmente, empecé a «pasar el rato» en las comunidades de personas cuya sabiduría admiraba, y luego creé mis propios espacios de encuentro en los que podían participar personas de todo el mundo. A través de estas conexiones intencionales, me di permiso para ser auténticamente yo. Participar en este tipo de comunidades requiere acción. No sirve sentarse a esperar a que a una le llegue la oportunidad; hay que buscar activamente estas conexiones. Es el paso de la pasividad a la actividad lo que nosotras, como mujeres que han empezado a despertar, tenemos que emprender. Al hacerlo, nos alejamos de lo que ya no nos sirve y nos dirigimos hacia lo que sí.

Al dar estos pasos conscientes, empezamos a perfilar nuestras vidas para reflejar todo lo que hemos sentido dentro de nuestra alma y que ahora somos lo suficientemente valientes para manifestar. Vivir entre personas que coinciden con nuestra esencia no es solo un regalo que nos hacemos, sino nuestro derecho como seres que están despertando.

Parte IV.
Quebrar la *Mátrix*

12. ¿Realidad o ficción?

En una neblina de mentiras, no podemos saber la verdad.
En un cenagal de vergüenza, no podemos conocer la soberanía.
En una red de doblez, no podemos descubrir la autenticidad.
Mucho de lo que se nos ha condicionado a creer es falso.
La búsqueda de nuestra esencia empieza con este descubrimiento.

Las mentiras que nos cuenta la cultura no han empezado ahora. Se filtraron en la mente de nuestros padres, y en la de los suyos antes que ellos. Como no tuvieron la oportunidad de despertar, involuntariamente se creyeron las mentiras y nos enseñaron a creer en ellas también. Lo que pasó a continuación fue decisivo: absorbimos esas voces *como si fueran nuestras*. Ahora esas voces son nuestras voces. *No sabemos diferenciarlas de nosotras.*

Las mujeres nos hemos perdido a nosotras mismas en un laberinto de creencias que son en su mayoría antinaturales. Como nuestro instinto es amoldarnos y someternos a nuestros seres queridos, no las cuestionamos. Las adoptamos, ingenuas, y nos envolvemos en una mortaja de creencias falsas.

Cuando empecé a despertar, casi no podía creerme que fuera posible pensar de otra manera. Era inconcebible para mí tener cualquier otra volición que no fuera la de esas voces. Me sentía predestinada a creer que aquella era yo. Solo cuando me fui dando cuenta de que aquellas voces eran mentiras, pude, muy despacio al principio, desapegarme de ellas.

Nuestro condicionamiento es igual de profundo y grandioso que el océano para un pez. Ni siquiera sabemos que estemos condicionadas. El adoctrinamiento ha sido tan intenso desde nuestros primeros días de vida que es lo natural pensar que el mundo funciona así. Si nuestros padres nos hubieran dicho que rezáramos a los puercoespines violetas que viven escondidos en el cielo, lo habríamos hecho. Si nos hubieran dicho que el mundo tiene forma triangular, nos lo habríamos creído también.

Me encantaba un juego al que jugaba mi hija cuando era pequeña; se llamaba *Realidad o ficción*. En la escuela, aprendían cuál es la diferencia fundamental entre ambas. Los hechos son fácilmente verificables: el sol calienta, la tierra es redonda, el zapato es azul, la pared es amarilla. Es claramente perceptible, observable, real. La naturaleza no necesita que creamos en ella para ser real. La lluvia es la lluvia y la gravedad es la gravedad. La tierra gira sobre sí misma y alrededor del sol. Las estaciones cambian cuando cambian. El océano forma olas o está en calma. El sol produce calor y luz. No hay nada que discutir sobre estas realidades y, por tanto, no hace falta creer en ellas. Nadie nos pregunta: ¿crees que está lloviendo en este momento? ¿Crees que el sol nos da luz? La naturaleza es simplemente lo que es. No libramos guerras para defender que existe, ni sectas ni grupos.

Es tan rotunda y dolorosamente obvio que nuestras creencias son simplemente eso: *creencias*. Y nos impiden ver lo que tenemos delante. La ficción es todo menos hechos. Es subjetiva, personal. La ficción incluye creencias y deseos, fe y esperanza; castillos en el aire, historias que los humanos creamos y a las que nos quedamos aferrados.

Cuando empezamos a despertar, nos damos cuenta de lo poco que el pensamiento se basa en hechos, y lo mucho que se basa en la ficción. Al decir «yo creo», estamos diciendo en realidad «hablo de algo ficticio». Porque si eso de lo que hablamos fuera un hecho, no nos haría falta creer en ello; estaría ante nuestros ojos para que todo el mundo lo viera, lo palpara, lo sintiera y observara. No habría nada que debatir.

El Buda comprendió que las creencias son un engaño, ideas falsas a las que nos aferramos porque tenemos la mente demasiado débil para que pueda captar la realidad de las cosas tal cual es. Creemos en todo tipo de cosas: los hindúes creen en el dios mono y en el dios elefante; los judíos creen que son el «pueblo elegido»; otros creen en el poder de entonar ciertas oraciones, como si fueran amuletos que pudieran cambiarles la suerte. La mayoría tenemos una creencia, creemos en un determinado relato sobre uno u otro aspecto de la vida o la muerte. A partir de esas creencias, fabricamos los dioses en los que hemos elegido creer y a los que hemos elegido servir, y que se convierten en la base de nuestra realidad cotidiana.

El Buda dijo también que la vida es *maya*, es decir, una ilusión: las cosas no son lo que parecen. Lo que quiso decir es que el condicionamiento, la historia y el legado emocional de cada ser humano influyen en su percepción de las cosas. No ser conscientes de esto nos hace pensar que lo que creemos es real, sin darnos cuenta de que hasta lo que vemos es principalmente lo que se nos ha condicionado a ver. Vemos las cosas como nuestra forma de pensar nos dice que son, no como son realmente.

La cultura, y concretamente el patriarcado, tiene un miedo atroz de la mujer despierta y que ha recuperado su poder. Es una amenaza para el *statu quo*. ¿Una mujer que ya no es dócil, muda, servil y dependiente?, ¿que ya no está dispuesta a renunciar a sí misma por atender a la comodidad y el bienestar de todos?, ¿que ya no va a colocarse en segundo lugar excepto cuando ella elija conscientemente hacerlo?

¿*Esa* mujer?

¿Sabes el poder que alberga? Es una fuerza que tener en cuenta. Es una mujer que ha probado el néctar de contar consigo misma. Es imparable. Ya no se la puede encadenar con ningún miedo. Ninguno de los viejos ardides funciona ya con ella, pues ve lo que hay detrás de cualquier espejismo. Cuando su vida entra en contacto con las de los demás, ellos sienten también esa libertad en sus vidas. Pronto todos se liberan para vivir en la verdad. Es un estado de ser que nunca puede hacer daño a otro, ya que todos honran su esencia común. Una mujer que honra su esencia tiene el poder de sanar de verdad el mundo.

Despertar significa que dejamos de actuar al compás del mundo exterior y empezamos a expresarnos de acuerdo con el mundo que hay nosotras. Una vez que comprendemos que hemos estado viviendo una *idea* de quiénes somos en lugar de la verdad de quienes somos, empezamos a despojarnos de todo lo que no concuerda con nuestra auténtica yo.

Una mentira disfuncional

La mayoría crecimos sometidas a una dieta estricta de mitos, creencias e ilusiones que ingeniaron nuestros padres y nuestra cultura. Nuestros padres, en su mayor parte, eran también títeres de esa cultura, y, como consecuencia, sus mentes se empapaban de cualesquiera que fueran las creencias que en aquel momento saturaban su entorno. Sin considerar si eran legítimas, lógicas, razonables, realistas o no, las ingerían y las hacían suyas. Luego las incorporaban al biberón y a la papilla, y nos las daban de comer mezcladas con ingredientes que nos eran tan familiares como el aire que respirábamos. Nadie se planteaba poner en entredicho o desafiar el *statu quo*.

Si la cultura dice que beber a diario dos litros y medio de leche y comer cuatro huevos para el desayuno es saludable, seguimos el consejo como robots. O comemos pollo, o ratas, o caracoles. ¿Qué diferencia hay al fin y al cabo? Todo es un condicionamiento, ¿no te das cuenta? En algunos países comen patas de araña y grillos no porque sean gente rara, sino porque es lo que aprendieron desde niños. Quizá para otra cultura sea raro comer pollos. Una vez que entendemos que todo es resultado de una programación, nos damos cuenta de que la mayoría de los algoritmos de nuestra educación estaban manipulados por una cultura que se beneficiaba considerablemente de que se propagaran.

Piensa en algo tan simple como el Día de San Valentín, que nos ha arrastrado como a ovejas a esa idea del romance y el cortejo. Las rosas, las joyas, las cenas a la luz de las velas, las tarjetas, los globos, los osos de peluche y los bombones se venden como expresión singular de esta ocasión, lo cual crea en las mujeres la tramposa idea de que solo son mujeres queridas y deseadas si sus parejas les regalan alguna de esas formas de expresión romántica. Los hombres, sin duda, también han caído en la trampa: tienen la sensación de estar faltando a su deber si no obsequian a sus parejas con toda la parafernalia propia de la festividad. Así que envían enormes ramos de flores, a veces acompañados de fastuosos regalos, como demostración de amor. Sucumbimos a la creencia de que el amor debe celebrarse de esta manera, sin darnos cuenta de que somos títeres de un gran sistema comercial que se hace millonario a nuestra costa.

Otro tanto ocurre con la industria del diamante, que también se ha beneficiado enormemente de la idea del amor romántico. De Beers y los pioneros del *boom* de los diamantes supieron convertir estas piedrecillas en las joyas más preciadas. Este es solo un ejemplo más de cómo hemos asimilado prácticas ideadas por el sistema sin darnos cuenta de que el consumismo es una tomadura de pelo.

A la mayoría se nos ha educado conforme a las creencias del momento. Cuando éramos pequeños, nuestra viveza e inocencia infantiles hacían que creyéramos en todo lo que nuestros padres querían, desde Papá Noel hasta el Ratoncito Pérez, pasando por la buena suerte que daba encontrar un trébol de cuatro hojas. No podíamos imaginar que estuviéramos metiéndonos en falsedades absolutas que nos atraparían y moldearían nuestra psicología durante décadas.

Es importante enseñarles a nuestros hijos lo que es real. No hace falta quitarles la parte festiva del Ratoncito Pérez ni a Papá Noel, pero tienen que saber qué es real y qué no. Si has visto *El Show de Truman*, sabes perfectamente de lo que hablo. La película es sobre un hombre que vive en una realidad simulada, que es para los demás un *reality show*, y no se da cuenta de ello hasta que es adulto. Somos como Truman, cada uno en nuestra burbuja del *Show de Truman* particular.

Es hora de desmontar la fachada cultural

Unos años más tarde, algunos nos atrevemos a admitir: «Pero esto no tiene ningún sentido». El descubrimiento suele provocarnos una reacción violenta, y es uno de los motivos de enfrentamiento entre la mayoría de los padres y sus hijos adolescentes. Al llegar a la adolescencia, la niña y el niño salen del encantamiento obrado por su padre y su madre y, de repente, se dan cuenta de que muchas de las cosas en las que les habían hecho creer se las sacaron de la manga.

Hasta ese momento, dábamos por sentado que todo lo que nos enseñaban estaba probado y verificado. No sabíamos que los sistemas vigentes eran corruptos, que estaban fundados en la inconsciencia y dominados por el miedo, ni que mucho de lo que veíamos en las revistas y en las noticias era mentira. No podíamos imaginar que nuestros líderes nos manipularan, o que el gobierno en el que confiábamos pudiera traicionarnos. Pero por encima de todo, no podíamos creernos que nuestros padres se tragaran todo esto y nos lo hicieran tragar.

Cuando los adolescentes empiezan a decir lo que piensan y a desafiar la autoridad de sus padres o de las tradiciones culturales en las que han vivido inmersos, a menudo se les suelta una reprimenda muy seria y se les exige «un poco de respeto». Cuando empecé a despertar a los veintidós años, me di cuenta de que gran parte de lo que creía que era real no era más que un conglomerado de creencias culturales heredadas de mis padres. Entonces, ¿quién era *yo*? ¿En qué creía *yo*? ¿Era solo un triste producto de la educación que me habían dado? ¿Había algo de todo ello en lo que se pudiera creer? Empecé a cuestionarlo todo; y quiero decir *todo*. Cuanto más cuestionaba, más me daba cuenta de que la mayoría de las cosas que nos enseñan sobre quiénes somos y la realidad son una cortina de humo.

Cada vez que nos ocurre algo, en lugar de vivir la experiencia por lo que es, instintivamente creamos un cuento a su alrededor. Por ejemplo, si estando en la cima de una montaña vemos de repente una exquisita puesta de sol, nos maravillamos de lo afortunadas que somos y lo archivamos como un día bueno. Si otro día subimos a la misma montaña y nos ataca un puma, o nos sorprende una gran tormenta, quizá lo archivemos como el peor día de nuestra vida. Dependiendo de la narración que inventemos en torno a ese día, volveremos a subir a esa montaña a menudo o no subiremos nunca más. La realidad es que ambos días fueron simplemente días.

Lo mismo nos ocurre en las relaciones. Sean cuales sean los problemas de la infancia que nos hayamos traído con nosotras, los proyectamos siempre sobre el presente y nos hacemos películas mentales en torno a él: nos inventamos quiénes son los buenos y quiénes los malos basándonos en esas proyecciones. Esto no significa que no haya enemigos ahí fuera. Solo digo que mucho de lo que creemos ver se basa más en *cómo pensamos* que en la realidad.

Nuestra vida no es realmente nuestra vida, sino el producto de lo que *creemos* sobre nuestra vida. ¿Tienes idea de cuántas oportunidades nos hemos perdido por creer cosas que no tenían el menor fundamento…, cuántas montañas no hemos escalado, cuántos caminos no hemos recorrido, a cuántas personas nos hemos quedado sin conocer? En las sesiones de terapia, he visto a muchísima gente envolver su vida en creencias totalmente falsas y protegerse de cualquier aventura de la vida porque algo en la mente no les deja salir de la jaula.

¿Cómo sería criarse sin ninguna creencia? No necesitamos creer en nada. Creemos porque tenemos demasiado miedo a conocer la realidad tal como *es*. La realidad es transitoria, y este es un hecho que a la mayoría de los humanos les cuesta demasiado asimilar. Porque si en la vida nada es permanente, la verdad es que ningún intento de control por nuestra parte tiene sentido. Al final, todos vamos a morir, y no tenemos ni idea de cómo ni de cuándo. Claro, por eso inventamos las creencias, para darnos una razón de ser. Inventamos creencias para fingir que tenemos control sobre la incontrolable naturaleza de la vida. Las creencias nos calman la ansiedad de no ser más, en realidad, que una mota de polvo o un grano de arena. Para mí, este es un hecho de lo más estimulante, que me permite comprenderme a un nivel profundo; para otro, tal vez sea un abismo que intentará evitar a toda costa.

La vida está llena de incógnitas. No sabemos por qué alguien nace en la opulencia, y alguien nace en la indigencia y enfermo. Los hinduistas, para simplificar, creen que esas diferencias entre la vida de unos y de otros provienen de la forma en que hemos vivido en vidas anteriores. El problema de este planteamiento es que lleva implícita la idea de lo bueno y lo malo. En algunos círculos, a los ricos se les considera automáticamente buenos y a los indigentes, malos, lo cual crea prejuicios y estereotipos. Lo cierto es que no sabemos por qué ni cómo nacimos en las circunstancias en las que nacimos; sencillamente fue así.

El miedo a no tener el control sobre el grandioso diseño de la vida y la muerte nos lleva a intentar controlarlo todo. Una de las formas más generalizadas de ejercer ese control es creando instituciones, dotadas de reglas y normas a las que luego nos aferramos para sentir que lo tenemos todo en orden. No nos damos cuenta de que son solo castillos en el aire. Les damos credibilidad porque, sin ellas, temeríamos que la vida quedara fuera de control.

En lugar de afrontar la verdadera naturaleza de la realidad, es decir, que *está* fuera de nuestro control, creamos realidades sustitutivas que nos permiten sentirnos como si supiéramos. Este es el gran robo, el gran engaño. Estamos convencidos de que sabemos cosas cuando, en realidad, no es así.

El hecho de que las creencias varíen de un individuo o cultura a otros demuestra que la realidad es subjetiva. Si no, todos veríamos la misma realidad porque sería la única realidad que habría. El que cada uno tengamos nuestra propia visión de la realidad es la demostración más clara de que toda ella –*toda* ella sin excluir nada– surge de la realidad subjetiva de cada cual y de su cultura.

Cuando no queremos aceptar la verdad y preferimos crear distorsiones de la realidad, aunque vayan en contra de la objetividad o de lo que ha demostrado la ciencia, estamos pisando un terreno peligroso. Celebramos la fe que profesamos a nuestras creencias, y las consideramos sagradas. Cuanta más fe tenemos, más santificados nos sentimos. Cuando empezamos a examinar nuestra mente y a reconocer hasta qué punto está contaminada por las creencias, nos soltamos de ellas y entramos en un espacio de liberación interior, ligereza y reencuentro con nuestro poder.

Separarnos de la corriente dominante

Despertar nos permite darnos cuenta de que hemos sido presa de un sistema fundamentado en la codicia. Lo mismo el sistema educativo que la industria cosmética o la tecnológica nos venden productos para calmarnos los miedos. Si queremos hacernos cargo de nuestra vida, tenemos que descifrar el código de la *mátrix* y superar la presión cultural constante para que nos suscribamos a ella. Solo entonces tendremos alguna posibilidad de liberarnos de la mentalidad de rebaño que nos tiene inmovilizados a la mayoría.

La idea de desprendernos de nuestras creencias nos da terror, nos preguntamos quiénes seremos sin ellas. Pensamos que nos dan poder, cuando en realidad nos limitan. Creemos que no seremos nada sin nuestras creencias, cuando en realidad es lo contrario: solo nos damos cuenta de quiénes somos cuando las desechamos. Entonces, en lugar de descubrir que no somos nada, descubrimos que *ellas* no son nada. En lugar de descubrir que las necesitamos para sobrevivir, nos damos cuenta de que nos han impedido ser de verdad quienes somos.

Cuanto mayor número de adeptos tiene una creencia, más ficticia es, posiblemente. A las masas les gusta conformarse; son superficiales, obtusas y viven desconectadas de su auténtica voz. Si formas parte de un colectivo con mentalidad de masa, es posible que estés dispuesta a renunciar a tu voz interior para formar parte de la multitud. En el momento que empiezas a cantar tu propia melodía, desentonas.

Formar parte de la masa no es lo mismo que formar parte de una tribu o comunidad intencional. Las masas están llenas de seguidores, no de pensadores originales. Una tribu, reunión o comunidad intencional es lo contrario. Busca líderes y desafía a cada persona a que recorra su propio camino, por más que sea dentro del contenedor sagrado que es la red creada por todos los que participan de ella.

Cuando despertamos, decidimos vivir con los hechos, más que con la ficción. O como suelo decir, decidimos vivir de acuerdo con el «como es» y no con el «como si fuera». Salimos de la negación y nos enfrentamos a nuestra vida de una forma directa y transparente. Nos negamos a silenciar nuestra verdad por incómoda que sea para otros. Nuestra conexión con nosotras mismas es demasiado importante y necesaria como para seguir desechándola.

La búsqueda suprema es la de la comunión con la realidad tal como aparece ante nuestros ojos, sin distorsionarla para que encaje en el relato. Cuanto más somos una con el existir de nuestro mundo tal cual es, más entramos en el momento presente. Cuanto más vivimos en el momento presente, menos sufrimos. Todo empieza con nuestra voluntad de quitarnos las anteojeras y empezar a estar en comunión con la realidad de nuestra vida en lugar de con las fantasías. Hacen falta agallas para mirar a través de las telarañas de la *mátrix* en que vivimos y borrarlas para siempre, pero solo así empezaremos a tener una visión clara de nuestro mundo. Hasta entonces, estará distorsionada por los engaños de la cultura y seguiremos creyéndonos el espejismo.

Cuando vemos que se nos ha alimentado con una dieta de creencias falsas y que hemos vivido una vida inconsciente, de indignidad, empezamos a recuperar nuestro poder. Una vez que descubrimos lo que valemos de verdad, nos damos permiso para alejarnos de todo lo que ya no nos sirve. Dejamos de bailar al son de la opinión que los demás tienen de nosotras y recuperamos el derecho a aprobar quienes somos. Ya no hará falta que nadie en el exterior nos dé su aprobación o nos considere dignas. Nosotras solas nos valemos.

Esa es la clase de mujer que todas y cada una podemos ser.

13. Las mentiras sobre el amor

Tantos males en nombre del amor.
Propiedad, traición, control, necesidad.
Tantos «deberías», «si al menos admitieras», «cuando tú hagas yo haré»
dichos con la lengua del amor.
Eso no es amor verdadero. Son falsedades en nombre del amor.
Son mentiras que profanan la verdadera naturaleza del amor.

Aunque el amor en sí no sea una institución, la idea que tenemos de él en nuestros días ha mantenido a las mujeres encerradas en jaulas construidas en su nombre. Cuando entendamos por qué esta idea moderna del amor es más esclavizadora que libertadora, revisaremos lo que significa amar de verdad a otro ser humano y nos liberaremos así del dolor que a menudo tienen que soportar las relaciones.

La mayoría, en la época moderna, hemos crecido con la fantasiosa idea de que, como en los cuentos de hadas, encontraríamos esa mágica alma gemela con la que viviríamos felices para siempre. Nos contaron que dos medias naranjas forman la naranja completa, y que en el mundo había alguien hecho expresamente para nosotras que era la pieza que le faltaba a nuestro puzle. Hasta que la encontráramos, estaríamos incompletas y, por tanto, seríamos menos de lo que, de haberla encontrado, habríamos sido.

Con la idea de demostrar ese «amor eterno» a otra persona, los diamantes se convirtieron en el símbolo por excelencia del compromiso de un hombre con una mujer. Innumerables novelas y películas románticas giran en torno a la idea de que enamorarse es una experiencia fundamental, digna de que se le dediquen baladas, poesías y musicales.

Las niñas y sus madres, estas especialmente, sueñan con una boda fastuosa y la ansían conteniendo la respiración y con el corazón palpitante. A cada chico con el que sale la chica después de cumplir los veintitrés años, se le considera un posible marido. Después de cumplir los veinticinco, la necesidad de encontrar la pareja perfecta empieza a ser urgente.

Casarse con la persona adecuada significa vivir «felices para siempre». Este «enamoramiento» tiene decididamente un programa que cumplir; es un amor dirigido a la consecución de un objetivo. Una no ama por amar. Ama para comprometerse a entregarle su futuro al otro. No ama como expresión del alma, ama como expresión del deseo del ego de cumplir lo proyectado.

Pregúntate si alguna vez has amado solo por amar, o si tu amor ha estado siempre contaminado por una meta futura. Si echas la vista atrás a tus relaciones pasadas y eres de verdad sincera, quizá tengas que admitir que, a las pocas semanas o meses de conocer a tu pareja actual, empezaste a considerarla posible «material para matrimonio».

El patrón es más o menos este: a la chica le gusta el chico o la chica, quedan, salen una temporada, y la chica espera entonces alguna señal de compromiso, un anillo, por ejemplo, que lleve implícita la idea de matrimonio. Si la otra parte no se «compromete», es decir, no le pide que se case con él o con ella, la chica considera que es porque no la quiere lo suficiente. La idea que nos venden es que, si la pareja se ama de verdad, se casarán, porque es a través del acto del matrimonio como se declaran su compromiso definitivo.

Lo que comienza como un sentimiento puro del corazón se convierte rápidamente en una transacción proyectada hacia el futuro. Se nos ha condicionado a vivir con un sentimiento de carencia y escasez. Si no encontramos a ese alguien que nos complete, sufrimos; caemos innecesariamente en la trampa del sufrimiento cada vez que una relación no acaba en compromiso. Lo que hace este programa es tomar nuestro amor, efímero y sin forma, y meterlo en una caja que no solo es rígida, sino que es de futuro de lo que está hecha. De este modo, se nos arranca del presente, que es la experiencia sentida del momento, y se nos trasplanta al futuro, que es un intento de controlar lo desconocido.

El guion cultural nos dice que *nos enamoremos de alguien que nos complete*. Además de la implicación obvia de que no estamos suficientemente completas sin el otro, hay un mensaje de fondo, más insidioso, y es que nuestra identidad depende de ese alguien. La persona a la que amamos no es solo la receptora de nuestro amor, sino también una parte del plan trazado para adquirir nuestra nueva identidad de persona completa.

Son muchas las repercusiones de estas creencias. Deja que te lo explique con el ejemplo de una pareja, Amy y Jacob. Amy es una empática clásica. Vino a verme quejándose de la relación con su pareja de toda la vida, Jacob. Se quejaba sin parar de lo narcisista y egocéntrico que era. Resultaba fácil hacerse fan del equipo de Amy y considerar a Jacob el enemigo, puesto que no respetaba los límites personales de Amy y se mostraba insensible a sus necesidades. Me di cuenta, sin embargo, de que, si apoyaba al equipo de Amy, no iba a ayudarla a convertirse en la persona completa que necesitaba ser.

Me propuse que descubriéramos juntas qué función psicológica le estaba pidiendo a Jacob que cumpliera por ella, y hasta qué punto estaba su propia yo incompleta perpetuando aquella dinámica.

«¿Cómo te gustaría que fuese Jacob que no sea actualmente?», le pregunté. «Paciente, elogioso, cariñoso, amable», respondió. Le pedí que completara la frase «¿Como quién...?». No me dejó terminar. Dijo de inmediato: «Como un padre debe ser con su hija».

Amy no podía ver a Jacob por quien verdaderamente era porque buscaba un padre amoroso que se ocupara de ella. Mientras tuviera esa necesidad, seguiría dependiendo de la fantasía de lo que su pareja debería ser y no podría ser jamás.

«¿Cómo eres cuando estás con él?». Admitió: «Me asusto, tengo miedo de decir lo que pienso, le evito». Le pregunté si era eso lo que de niña le pasaba estando con su padre y otras personas de autoridad. «Totalmente –asintió–. Era siempre la niña buena y obediente que quería agradar a todo el mundo».

Amy seguía intentando obtener la aprobación de su padre y hacía lo imposible por conseguirla. La diferencia sustancial, que no apreciaba, era que Jacob *no era* su padre. Como seguía teniendo dentro esa necesidad, se movía alrededor de su pareja como una niña asustada en busca de la aprobación de papá. Le había asignado a Jacob el papel de padre autoritario.

Jacob, por su parte, era un hombre más bien vanidoso y egocéntrico, probablemente igual que el padre. No es que estos rasgos sean de por sí problemáticos para quien los posee, pero en una relación lo son, porque Jacob tendía a violar los límites personales de Amy para conseguir lo que él necesitaba. Cuando se tiene una relación con alguien como Jacob, es imprescindible establecer límites con firmeza y tener un fuerte sentido de una misma. Si los límites no se establecen con absoluta claridad, el violador de límites se afianzará todavía más en sus patrones de comportamiento.

Amy había crecido con un padre que nunca se había planteado siquiera que aquella niña tuviera unos límites que hubiera que respetar. Ella se amoldó y capituló, en su anhelo del afecto y la atención paternos; lo único que supo hacer para conseguirlos fue renunciar a sus límites. Desarrolló así el personaje de la perfecta niña complaciente y lo utilizaba para conseguir aprobación. A consecuencia de esto, los demás se aprovechaban habitualmente de ella y con frecuencia abusaban de ella. Jacob era solo uno más de una larga lista de hombres con los que había acabado teniendo una relación íntima.

Aunque creía que se estaba enamorando de Jacob, en realidad estaba cayendo en un viejo patrón emocional. No era capaz de ver quién era Jacob de verdad porque sus propias necesidades insatisfechas la obligaban a vivir con anteojeras. Como buscaba eternamente a «papá», hacía siempre el papel de la «pequeña y complaciente niña indefensa». Podría decirse que vivía en su propia película. De haber llegado a la relación con Jacob siendo una mujer completa, habría visto con claridad cuáles eran las tendencias de Jacob y, una de dos, o nunca habría salido con él, o, si hubiera decidido salir con él, habría establecido unos límites saludables.

Amy no es la única. Cuando la mayoría de nosotras creemos haber caído en los brazos del amor, en realidad hemos caído en los brazos de la necesidad, la posesividad, el control y lo conocido. Ese enamoramiento es un deseo de llenar un vacío en nuestro interior. Creemos que amamos al otro, pero, en verdad, buscamos amor para nuestro ego. Fantaseamos con la idea de que somos dos personas maduras que vamos a vivir juntas y felices para siempre, sin darnos cuenta de que nos estamos comportando como niños en vez de como adultos. Ambas partes queremos que el otro termine el trabajo que aún nos falta por hacer y complete así nuestra crianza incompleta. Somos adultos con la edad emocional de un niño y una niña que todavía andan a gatas. A pesar de nuestros esmóquines y vestidos de gala, no estamos preparados para salir de fiesta con los mayores.

Cuando no maduramos plenamente, proyectamos de continuo nuestras necesidades en el otro y le obligamos a soportar todas nuestras frustraciones. Queremos que él o ella sea la persona a la que necesitamos para completar la imagen soñada que tenemos de nosotras mismas. Cuanto mayor es la pérdida de autenticidad que sufrimos en la niñez, mayor es la fantasía y, por tanto, mayor la necesidad de que los demás cumplan el papel de salvadores.

Suelo decir que es la dinámica de los «mendigos gemelos», cada uno esperando a que el otro le llene, con los brazos extendidos hacia él, anhelante de recibir de él la poción mágica que le ha faltado toda la vida. De lo que no se dan cuenta es de que tan vacíos están el uno como el otro.

Como dependen por igual el uno del otro, el deseo de control y posesión es palpable. Tácitamente se establecen unas condiciones, y lo que cada parte espera y exige de la otra es formidable. Esto desemboca naturalmente en control y posesividad. Si creemos que la otra parte tiene la responsabilidad de completarnos, es natural que la queramos controlar. De esta manera, el amor se transforma en su opuesto. En lugar de ser una vía de liberación y autonomía, la relación gira en torno a la posesión.

Cuando nuestro sentido de identidad depende de la otra persona, abandonamos nuestra individualidad en favor de la relación. Y esas dos mitades que intentan convertirse en una, en realidad se convierten en astillas de sí mismas. La carencia siempre engendra más carencia; solo la abundancia crea abundancia. Por eso es tan importante transformar lo que se entiende actualmente por amor. Antes de poder amar a otro, *es absolutamente necesario que aprendamos a amarnos a nosotras mismas irrevocablemente y a satisfacer nuestras necesidades.*

La mayoría no amamos: *necesitamos, dependemos, poseemos y controlamos*. Dicho de otro modo, la mayoría no amamos, *tememos*. Qué angustia tan terrible cuando esa persona de la que dependíamos para completarnos se niega a plegarse a nuestras fantasías y resulta ser quien realmente es en su yo egoísta, y no el bálsamo o la salvación que pensábamos que sería.

En cambio, cuando entramos en una relación con la intención de sanarnos, los conflictos o las traiciones no se perciben como expresiones de hostilidad, sino como oportunidades reales de integración interior. Cuando nos comprometemos a mirarnos al espejo, nos vemos reflejadas por todas partes. Cuanto más nos sanamos y amamos a nosotras mismas, más se desvanece el reflejo de la niña rota, y da paso a una adulta poderosa y completa.

La naturaleza del verdadero amor

El amor es un sentimiento intenso hacia otro ser. Complejo, lleno de matices y de capas; químico, físico, emocional, psicológico y espiritual. Existe en el nivel de la energía, innegablemente pasional, y es sin embargo efímero y esencialmente incuantificable. Es una fuerza que solo se puede sentir, no es posible solidificarla.

Amar a alguien es sentir por ella o por él sin que nuestros sentimientos egoístas se interpongan. Esto es muy muy difícil para alguien que no haya trabajado seriamente en la satisfacción de sus propias necesidades. Por eso suelo decir que el verdadero amor es un amor «elevado». Esa traslación, de mí a la otra persona, es el sello de la elevada naturaleza del auténtico amor.

Los poetas y los místicos han intentado describir ese amor durante siglos, pero ninguno ha conseguido captar su verdadera naturaleza. La razón es que el amor existe más allá de los límites y fronteras del mundo de la forma. No sentimos amor hacia un solo tipo de persona, ni el amor sabe nada de límites temporales, geográficos, de razas ni credos. Una no ama solo a la gente morena de pelo corto; ni solo ama los miércoles entre las ocho y las once y media.

En esencia, el amor es una emoción «libre». Esto significa que es improvisado, imprevisible, accidental y no intencionado. Surge de forma natural y espontánea. No se puede forzar, reprimir, planificar ni organizar. No se puede contener. Como está vivo, cambia constantemente, al igual que cambia todo lo que está vivo. Sencillamente, no permanece igual sino que evoluciona. Envasarlo en una fórmula es matar su esencia y vaciarlo de su verdadero espíritu. Decirle cómo debe expresarse, cuándo y con quién o durante cuánto tiempo es extraerle su belleza esencial y convertirlo en un sentimiento distinto, tal vez un sentimiento digno, pero no el que asociamos con la palabra «amor».

Dado que el verdadero amor existe más allá de la mente y de la dualidad «tú y yo», solo puede ser experimentado en su estado trascendente, y por quienes se dan cuenta de que el amor no surge porque tengamos planes ni plazos fijados. No tiene nada que ver con la lógica, la razón ni la voluntad. Es algo que arde espontáneamente. Aunque debemos emplear el discernimiento, de eso no hay duda, el amor no es un sentimiento que se pueda encender y apagar como un interruptor.

Quienes experimentan un amor como este suelen utilizar adjetivos exaltados para describirlo, como *inefable, elevado, profundo, trascendente, sobrenatural* o *espiritual*. Parece que llamarlo simplemente *amor* lo limita, y este tipo de amor *es* ilimitado, existe más allá de una misma y del otro. Quienes han sido tocados por este tipo de amor sienten que han experimentado la magia mística de los cielos. Comprenden que viven en la delicada atmósfera de los privilegiados.

El amor es la energía suprema. Es el *sí mismo plenamente hecho realidad*.

No todo el mundo está preparado para experimentar este tipo de amor. Les está reservado a quienes han hecho el trabajo de liberar su ego y pueden entrar, así, en un espacio en el que vivir libres de ataduras y vínculos. Solo cuando el yo ha dejado atrás el egocentrismo, puede un amor como este entrar en la conciencia.

Este tipo «elevado» de amor no pide ser correspondido ni igualado. Tan solo ama porque ama. Se da gratuitamente. Como su naturaleza esencial es la libertad, necesita que se le permita suceder libremente y necesita expresarse libremente. No tiene obligaciones ni deberes. Es salvaje e indómito. Es solo lo que es: auténtico, sincero, transparente y desnudo. Sin florituras, sin adornos, sin embellecimientos, y ajeno a leyes, ambigüedades, ataduras, promesas o condiciones.

Mientras entendamos el amor como un logro de nuestra identidad, su presencia en nuestra vida será irremediablemente una esclavitud, ya que no podremos librarnos de las emociones que esconde su sombra: el odio, la traición, el rechazo o el abandono. Esa sombra emocional nace de una concepción errónea del amor.

Como madre de una chica que avanza a paso rápido hacia la edad adulta, soy consciente de las trampas que la cultura le tiende a esta joven que está en constante proceso de desarrollo. Intento combatirlas enseñándole que no hay nadie a quien amar en el exterior, y que la única persona de la que debe enamorarse y con la que debe casarse es ella misma. Le recuerdo que la cultura nos vende historias que en su mayoría son falsas, y que nunca debe ceder a la presión cultural y seguir a la multitud.

Por más que lo intente, no puedo contrarrestar el efecto de todas las imágenes que le llegan de las redes sociales y de su grupo de amigas. Ve en los *reality shows* de la televisión a las celebridades competir entre ellas por enamorarse del hombre perfecto, y el alboroto mediático que causan las bodas. Aunque mi voz sea solo una en medio del bullicio de muchas más, al menos mi hija sabe que tiene una posibilidad de hacer algo distinto. Aquí es donde reside mi poder. Quizá no pueda cambiar la cultura para que no le haga daño, pero sí puedo expresar una manera alternativa de entender las cosas a través de mi voz y de la forma en que me desenvuelvo en el mundo.

El amor a nosotras mismas y a nuestra evolución debería ser el principal criterio en que basar la decisión de tener una relación íntima con alguien. Las preguntas que deberíamos hacer en una primera cita deberían ser:

> ¿Te amas a ti mismo(a)? ¿Cómo lo expresas?
> ¿Das prioridad a cuidar de ti y de tu evolución? ¿De qué maneras?
> ¿Cómo honras a quien auténticamente eres?

Las preguntas deberían ser estas, en lugar de ¿en qué has trabajado hasta ahora?, o ¿qué aficiones tienes? Si de verdad queremos hacernos una idea de cómo de amorosa será esa persona, tenemos que saber cuánto tiempo dedica a quererse a sí misma desde dentro, y la cantidad de energía que pone en su desarrollo personal.

Sanarnos hace que la libertad nos salga de dentro y se manifieste, a su vez, como libertad en el exterior. Cuando somos libres desde dentro, nos convertimos en las mayores guardianas de la libertad de los demás. Solo quienes violan su propia verdad interior violan la verdad de los demás.

Giro hacia la trascendencia

Volviendo a Amy. Amy estaba atrapada en el papel de niña dulce y complaciente que intenta que su «papá», en este caso su pareja, le dé su aprobación. Cuando el hombre al que le había asignado ese papel no era capaz de cumplir la función que tenía encomendada, ella se sentía decepcionada y herida. Y como estaba atrapada en su necesidad, no podía tratar a Jacob como exigía la relación, es decir, marcando unos límites claros y firmes, lo cual quizá le habría hecho a Jacob cambiar el rumbo y le habría ayudado a evolucionar. Atrapada en su propio guion cinematográfico, Amy adoptaba un comportamiento pasivo-agresivo y hacía cosas como quejarse, lloriquear, sentirse inútil y víctima, nada de lo cual ayudaba a Jacob a dejar de violar sus límites. Al contrario, eso le incitaba todavía más a seguir con su comportamiento abusivo.

Cuando le dije a Amy que debía centrarse en su propia yo que no había llegado a desarrollarse, y no en el comportamiento de Jacob, protestó. Pensó que eso significaba que me había puesto de parte de él, o que no daba demasiado crédito a las experiencias que ella me había contado. Cuánto nos cuesta responsabilizarnos de nosotras, ¿verdad? No nos damos cuenta de que sentirnos víctimas de otro es una fuente de agotamiento, no de poder. Culpar a otro nos da una sensación de poder pero solo momentáneamente. Cuando estamos atascadas en una versión infantil de quienes somos, que se nos considere «la buena» es muy importante. ¿Cómo no nos damos cuenta de que es precisamente eso lo que nos tiene inmovilizadas? Querer ser «la buena» es un deseo desesperado del ego.

La verdadera yo no necesita que nadie, ni siquiera una misma, la perciba de ninguna manera en particular. Es simplemente lo que es, auténtica y libre. Cuando despertamos, dejamos de vivir conforme a los pueriles dictados de la niña que fuimos y empezamos a vivir de acuerdo con la verdad de lo que somos como mujer adulta. En lugar de vivir en una película infantil, vivimos más alineadas con nuestro contexto tal como es, y no como deseábamos que fuera cuando éramos niñas.

Pasamos del *como si fuera* al *como es*.

Amy vivía en una película escrita con todo detalle en el pasado; era *como si* el pasado se estuviera repitiendo. Solo cuando se dio cuenta de que estaba recreando los viejos patrones, empezó a vivir en el «como es» y a relacionarse con Jacob como realmente era, en lugar de como ella deseaba que fuese. Al hacer ese viraje interior, se le desprendió el papel de niña pequeña y empezó a poner límites firmes y claros.

Jacob, a su vez, se vio obligado a desprenderse también de sus roles. Se vio obligado a pasar por su propio proceso de crecimiento y a hacerse cargo de su propio vacío interior, en lugar de utilizar como un parásito a su pareja para que se lo llenara. En lugar de depender mutuamente de que la otra parte hiciera de madre o de padre, cada uno asumió su poder de adulto. Este proceso de ser un nuevo padre y una nueva madre para nosotras mismas es crucial si queremos despertar. En un capítulo posterior hablaré de esto con más detalle.

Al crecer la auténtica yo, en el nuevo ambiente interior la inautenticidad se queda sin sustento, hay tolerancia nula para los papeles del ego, y la dinámica disfuncional se disipa. Ahora ocupa su lugar una llamada clara e intencional para la auténtica alineación de dos almas que desean conocerse la una a la otra al más profundo nivel de totalidad.

Cuando dos almas completas se unen, la unidad de que gozan no es ni contractual ni obligatoria. El amor que comparten proviene de la compleción, no de la incompleción, y por tanto está desprovisto de necesidad y de deseo de control. Ambas partes se liberan del enredo que difuminaba los límites individuales e impedía la autonomía. Ahora las dos son libres de ser como deseen ser en el contínuum de la conciencia. En una relación así, en que cada uno trabaja para completarse, el premio que cada cual recibe, que son la autenticidad y la libertad, el otro cuida de preservarlas. Esto es lo importante para la pareja, y no esperar que el otro satisfaga nuestras necesidades. Cuando dejamos de depender del otro para satisfacerlas, empezamos a vivir de forma soberana y autónoma y somos capaces de madurar. El amor se libera de todo apego malsano y entra en el espacio de la trascendencia y la liberación.

Como no estamos acostumbradas a vernos bajo esta nueva luz, al principio «hacernos adultas» nos resulta extraño. Hemos estado tan condicionadas a vivir en el enredo, la necesidad, la dependencia y el impulso de controlarlo todo, que esta nueva autonomía se nos hace muy rara. Nuestros padres nos educaron para que fuéramos ovejas, y usáramos sus sentimientos como si fueran los nuestros, sus objetivos como nuestros objetivos, sus pensamientos como nuestros pensamientos. No aprendimos a conocernos como los seres completos y divinos que era nuestro derecho ser. En vez de desarrollar nuestra auténtica yo para valorarnos y amarnos a nosotras mismas, aprendimos a ponernos máscaras y a adoptar los roles necesarios para sentirnos valoradas por los demás. Nuestros padres pensaron que éramos parte de *sus* micromundos, y no que formábamos parte del propio cosmos.

Amar de verdad a otro significa amarnos de verdad a nosotras mismas. Amarnos de verdad significa conocernos. Cuando despertamos, nos damos cuenta de que nunca habíamos amado de verdad a quien auténticamente somos porque ni siquiera sabíamos quiénes éramos. Conocernos a nosotras mismas significa emprender un camino de autodescubrimiento.

Esto es lo que este libro está despertando en ti. Al emprender este camino, te desprendes de la falsa idea que tenías de ti y entras en una verdadera alineación con tu ser interior. Empiezas a ver todas tus partes a través de los ojos del amor y la compasión. Te aceptas a ti misma incondicionalmente. Gracias a esa aceptación incondicional de ti, eres capaz de hacer lo mismo con los demás. La separación entre tú y los demás se desvanece. Pronto te das cuenta de que, después de todo, era una ilusión. Te das cuenta de que el rechazo nunca vino de fuera; solo tú te puedes rechazar. Ahora comienzas a amarte plenamente. Ahora eres libre de ser tú misma. Este es el mayor amor de todos, el de tu verdadera yo.

Este amor no necesita depender de nadie. Y como no necesita al otro, no intenta controlarlo ni poseerlo. Como este amor emana de una yo que está bañada en la plenitud interior, no succiona la energía de los demás para satisfacerse. Pasas así de la dependencia a la interdependencia, de una relación lineal a una circular y recíproca. Este amor discierne dónde se encuentran los demás en el contínuum de la conciencia y les permite estar donde están. Honra el proceso que los demás necesitan emprender para encontrar su verdadero yo, incluso aunque eso pueda significar verlos partir. Es un amor que vive en libertad y transmite a los demás ese precioso tesoro.

Tal vez te sorprenda el cambio radical que supone esta perspectiva del amor, pero así es en verdad el amor consciente: incondicional, no transaccional, desprovisto de control y posesividad, vacío de necesidad y dependencia.

El amor consciente es un amor trascendente. Esto significa que va más allá del «yo» y del «tú» y entra en un espacio nuevo, tan vasto e ilimitado como el propio cielo. No tiene fronteras ni restricciones. Es eterno, libre e ilimitado. Es la liberación encarnada.

14. Las mentiras sobre el matrimonio y el divorcio

La esencia del amor es soberana y sin restricciones.
Indiscriminada y salvaje.
Es atemporal e ilimitada. No conoce fronteras.
Sin embargo, la iglesia y la ley han atenuado su poder
y le han robado la libertad.
Lo han restringido a un solo receptor
y lo han enjaulado en la permanencia.
Todo lo demás se considera traición, deslealtad y engaño.

Al recetar el matrimonio como objetivo último de una alianza amorosa entre dos personas, la institucionalizamos. Para muchas parejas, el matrimonio es «amor metido en un frasco con una etiqueta». Es como tomar el maravilloso aroma de una flor y embotellarlo en un frasquito con el nombre de perfume. Aunque posiblemente siga siendo delicioso, el perfume jamás podrá capturar por completo la esencia original de la flor. Lo mismo ocurre con la institución del matrimonio. Me refiero a la naturaleza tradicional de la institución, no a lo que el matrimonio es para cada pareja individual.

No intento hacer un alegato a favor ni en contra del matrimonio, sino exponer simplemente la realidad del matrimonio *como institu-*

ción. Por supuesto que hay matrimonios felices e incluso extáticos. Lo importante es enseñarles a nuestros hijos y nuestras hijas esa realidad del matrimonio como institución para que sean ellos y ellas quienes decidan si participar en él o no, una elección que muchas de nosotras no imaginábamos que se pudiera tener la libertad de tomar.

Cuando el matrimonio dejó de ser un mero contrato social entre familias, cuyo único fin era mantener la propiedad bajo control, y se convirtió en un contrato divino ordenado bajo los auspicios de la iglesia, todo cambió. En cuanto la religión hundió las garras en el contrato matrimonial, su disolución se elevó a la categoría de pecado. Nos lavaron el cerebro para que nos mantuviéramos dentro de sus límites si no queríamos «arder en el infierno», y el contrato matrimonial adquirió carácter sagrado. Cuanto más lo respetáramos, más puntos ganaríamos en el cielo. Si nos atrevíamos a profanarlo, podíamos tener por seguro que jamás traspasaríamos sus puertas.

La esencia del amor es inaprehensible. Pretender embotellarla, y hacer de ese frasco que lleva la etiqueta de «matrimonio» el requisito para una vida feliz no solo diluye el sentimiento de amor la mayor parte del tiempo, sino que lo contamina con todo tipo de ingredientes artificiales. El matrimonio nos impone límites y restricciones en un intento por preservarse, ya sea por decreto, por ley, o por la fuerza si es preciso; es decir, por medios diametralmente opuestos a la voluntad, la libertad y el espíritu de celebración.

El sistema judicial legalizó y legisló nuestras relaciones y quiso convertir el amor en un asunto contractual, condicional y normativo. El matrimonio convierte así el amor, que por naturaleza carece de forma, en un acuerdo con un pagaré para todos los momentos futuros. Esto es lo que hace que muchos matrimonios se estanquen, se agrien y lleguen a un punto muerto. Hace mucho que desapareció de ellos el espíritu del amor. Imagina cómo sería que la cultura transformara su forma de entender el matrimonio y el divorcio y pusiera el arcaico paradigma existente cabeza abajo. Revolucionaríamos la manera de amarnos, relacionarnos y ser madres. Nos alejaríamos de las normas actuales en torno a la posesión y el control y nos abriríamos a una manera de amarnos más liberada e incondicional. Nuestras relaciones se mantendrían vivas, sensuales y libres. Desaparecería la amargura del divorcio.

En una relación consciente, la conexión entre los miembros de la pareja supera su posición social o religiosa. En una relación de este tipo, la pareja trasciende las definiciones tradicionales de matrimonio y encuentra el sentido de la relación únicamente en el vínculo real que una y otra parte tienen entre sí. La esencia de su relación eclipsa el ego de cada una ellas. Son capaces de manifestar de verdad el significado más elevado del amor, muy alejado de las habituales manipulaciones egoístas, de la vergüenza, la culpa y las lamentaciones. Así, los votos matrimoniales de amor incondicional cobran vida.

Matrimonio fuera de control

Todas las formas de amor deben ser celebradas. Sin embargo, en la cultura moderna, durante mucho tiempo solo se han considerado válidas aquellas que acababan en matrimonio. El matrimonio, como institución, controla a quién amamos y cómo demostramos ese amor. Nos dice que solo debemos amar a una persona durante el resto de nuestra vida. No solo eso, sino que nos prohíbe expresar cualquier afecto íntimo por alguien que no sea nuestro cónyuge. Si esto no es una represión de quienes somos, ya me dirás tú.

La institución del matrimonio ha sancionado incluso qué géneros, razas, religiones y credos se pueden casar entre sí, y ha prohibido las combinaciones en diversos momentos de la historia. Dictar a quién podemos elegir para formar una pareja es despojarnos de nuestro derecho a ejercer el libre albedrío.

El contrato matrimonial dice que las partes jamás deben intimar con nadie externo a la díada matrimonial. Si una de las partes se atreve a aventurarse fuera de ella, el contrato podría considerarse nulo. La estructura matrimonial aumenta el ego personal de las dos partes y exagera el sentimiento de separación y traición. Todo el hermoso amor que creían sentir la una por la otra salta por la ventana.

La verdadera culpable es la propia institución. En su intento de ser un duradero pilar de la sociedad, petrifica la naturaleza efímera del amor y lo encorseta. De este modo, la institución del matrimonio fosiliza la vitalidad que es el sello del amor. Al tomar su belleza y convertirla en todo lo que el amor no es, el matrimonio saca de cada una de las dos partes el orgullo, el ansia de control, la posesividad y la dominación.

Cuando comprendemos que el amor es un sentimiento que constantemente cambia y se transmuta, dejamos de intentar controlarlo. Comprendemos la inmediatez de su naturaleza y nos permitimos descender a sus valles y sobrevolar sus cumbres sin aferrarnos a él. Cuando nos empeñamos en aferrarnos al amor una vez pasada su fecha de caducidad, se estanca, y lo acompañan ahora la amargura, el resentimiento, la lamentación y la ira. Si comprendiéramos que el amor es un fenómeno vivo, que respira, nos daríamos cuenta de que estar sujetos por un contrato legal de larga duración es actuar en contra de la auténtica naturaleza del amor.

Lo que más se aplaude de un matrimonio es su longevidad. Así, se han asignado regalos concretos que marcan los distintos aniversarios: papel, algodón, cuero y frutas o flores para celebrar, respectivamente, los cuatro primeros años. La madera es el símbolo del quinto aniversario, y el estaño del décimo. Cuando se cumplen los veinticinco, cincuenta, sesenta años o más de matrimonio, llegan las piedras y metales preciosos para señalar la ocasión: plata, oro y diamante, por este orden. Hasta entonces, el logro no era realmente digno de mención. La calidad de esos años no tiene importancia; tampoco si la pareja ha evolucionado y madurado o no. No nos interesa el matrimonio como vía de transformación interior; lo único que importa es el tiempo que dos personas pasan juntas.

Nos han lavado tanto el cerebro con ese modelo del matrimonio longevo que nos hemos llegado a creer que lo fundamental es continuar con la otra persona la mayor cantidad de años posible, da igual cómo nos sintamos al hacerlo. Nos hemos creído tanto la idea de matrimonio impuesta por la cultura que nos aterra abordarlo de una manera creativa.

No es de extrañar que el divorcio se considere un destino similar a la muerte y que no merezca celebración. Muchos lo consideran una palabra temible, algunos ni siquiera son capaces de pronunciarla; lo llaman «D». La idea de rescindir su contrato matrimonial les da terror. Más de una persona divorciada podría hablarte de la vergüenza que le produce exponer su estado civil y sentir que la sociedad la mira con malos ojos, como si estuviera infectada. El divorcio es un fracaso, hay que evitarlo como la peste. Las personas felices permanecen juntas «hasta que la muerte las separe».

El divorcio se considera un insulto al linaje familiar y un ataque a la moral de la cultura. Incluso aunque las dos partes sean muy desgraciadas, consideran que el sacrificio y la tolerancia son preferibles al ostracismo social. Por eso, muchos millones de personas continúan en matrimonios que están como poco inactivos, y en muchos casos extintos.

El paradigma del matrimonio debe apartarse de las expectativas de longevidad y dar un giro hacia el crecimiento. Cuando hacemos este cambio, ya no valoramos el éxito de la unión en términos de tiempo, sino de evolución y aprendizaje. Cuando el modelo de matrimonio longevo se transforme en un modelo de crecimiento, el matrimonio se elevará al reino en el que debe existir: el de la verdadera unión, conexión y libertad.

Cuando reformulamos el paradigma del divorcio desde la perspectiva del estancamiento y la imposibilidad de desarrollo, podemos entenderlo como algo más que el fin de un contrato matrimonial. El divorcio, definido conscientemente, se entiende ahora como un paso de lo viejo a lo nuevo. Aunque pueda significar la rescisión del contrato matrimonial con nuestro exconyuge, también significa el comienzo de un contrato matrimonial con nosotras mismas.

El divorcio no es en absoluto una acción contra nuestro ex. El verdadero divorcio es una acción contra nuestros propios miedos y nuestra falsa yo. Es el fin de las falsedades que vivíamos y el comienzo de una era de vida auténtica, franca y transparente. El divorcio marca el final de todo lo que nos mantenía sujetas a las convenciones, y ese final nos da la posibilidad de renovar el compromiso con nuestra verdad y nuestra libertad.

Más allá de la institución del matrimonio

¿Qué hacía la gente antes de la revolución agrícola? Al parecer vivían en pequeños grupos de entre treinta y cincuenta personas y formaban comunidades nómadas en las que hombres y mujeres se emparejaban libremente. De la prole cuidaba toda la comunidad.

Cuando se inventó el arado, los alimentos empezaron a cultivarse en extensiones de terreno más grandes y eso ató a la gente a la tierra como jamás había ocurrido antes en la historia de nuestra especie. Nos asentamos y empezamos a vivir en unidades más pequeñas. Cuando se introdujo el matrimonio, era diferente de lo que es hoy. Tenía sobre todo una función práctica, como de hecho sigue teniendo en la mayoría de las partes del mundo: las familias se unen para mantener o ampliar sus intereses patrimoniales. Durante siglos, fue la forma en que los hombres controlaban sus bienes, es decir, sus tierras, su mujer y su descendencia. El matrimonio se creó para mantener unidos a esos núcleos, a la madre cerca de sus hijos y a un padre que se responsabilizaba de su manutención. Era, además, una manera fácil de asegurarse de que la propiedad se quedaba dentro de la familia y de que el hombre no estaba criando al hijo de otro.

El matrimonio era, y sigue siendo, fuertemente patriarcal. Está ordenado por los hombres, a menudo bajo la mirada de Dios y regido por la ley, y controlado en gran medida por el clero, los padres, los maridos o las autoridades masculinas. El lugar de la mujer y de sus hijos es secundario e inferior al del hombre en el hogar. Por ello, aunque el matrimonio puede proteger a la mujer de otros depredadores masculinos, a menudo no la protege dentro de los límites del propio matrimonio. La violación conyugal fue legal en muchos estados de Estados Unidos hasta la década de 1970.

Tomemos el caso más común. Una chica que acaba de salir de la universidad camina hacia el altar con un chico con el que ha estado saliendo de forma intermitente durante los años de universidad o de instituto. Se prometen «amarse y cuidarse hasta que la muerte los separe» y, si aún no lo han hecho, se van a vivir juntos. Son miles de personas las que hacen esto a diario para recrear los hogares en los que crecieron, o crear aquellos en los que habrían querido crecer. Lo llamo la versión adulta de «jugar a las casitas».

No es culpa nuestra que este sea el único modelo que conocemos, pero debemos ser conscientes de que es solo eso: un modelo. No es una receta despachada por Dios ni es tampoco la única manera de vivir; es solo una forma de ser que ha ido tomando forma con los siglos y que la cultura ha perpetuado por lo fácil que resulta limitarse a seguir las tradiciones. En este modelo, nos comprometemos a ser leales al otro durante el resto de nuestra vida y hacemos la promesa de amarlo para siempre.

Os oigo a muchas de vosotras protestar, decir que, sin ese contrato fundacional de lealtad y longevidad, la mayoría de los matrimonios «se desmoronarían». Si eso ocurriera, los hijos estarían en peligro. Sin embargo, en Estados Unidos alrededor del 60% de los matrimonios ya se están «desmoronando». Esto demuestra la fragilidad de la institución matrimonial. Piénsalo un poco, ¿te subirías a un avión que tuviera un 60% de posibilidades de estrellarse? Desde luego que no. Sin embargo, sigue habiendo cada día miles y miles de personas que se casan. ¿La razón? El adoctrinamiento cultural.

Si hace falta un contrato legal para que dos personas se mantengan unidas, la pregunta es si alguna vez tuvo sentido que esas dos personas estuvieran juntas. ¿Tan ajena nos es la idea de la autonomía individual que pensamos que la lealtad y la longevidad deben estar por encima del desarrollo personal y la liberación? En realidad, se trata de un choque entre el viejo paradigma de amar y casarse y un nuevo paradigma, más audaz, de amar y liberarse. El hecho es que, tengan o no un contrato, las personas cambian. ¿Qué sentido tiene que una joven de veinticuatro años, por ejemplo, tenga que pagar un precio por las decisiones que toma en ese momento durante el resto de su vida?

Según la vieja forma de entender el matrimonio, casarse era la manera de asegurarse compañía de por vida. Por eso la longevidad importaba, independientemente de la calidad. La vieja forma ha sido considerar que el matrimonio era la única manera de dar un hogar seguro a los hijos. La vieja forma se ha basado en el miedo, la posesión y el control. Ha operado con un sentimiento básico de carencia y de no merecer nada mejor. Está claro que ha llegado la hora de que cambie el paradigma. Si no fuera así, no habría más de un 50% de los matrimonios que terminan amargamente en divorcio.

Necesitamos cambiar a un modelo de matrimonio drásticamente nuevo, que se base en el crecimiento personal, no en la longevidad. Un modelo en que la elección, la tolerancia y la libertad sean los elementos fundamentales de la unión, en lugar de los vínculos obligatorios y contractuales basados en el miedo. Si los matrimonios se basaran en otros ideales, como el crecimiento, el respeto, la autenticidad y la libertad, viviríamos en un mundo diferente. En este nuevo modelo, nos permitiríamos mutuamente crecer y evolucionar sin poner el menor impedimento. Lo entenderíamos, si la otra parte necesita seguir avanzando y tener una nueva pareja, o iniciar una etapa distinta de vida. La dejaríamos ir con ecuanimidad. Resolveríamos las cosas de forma amistosa; no necesitaríamos tribunales de divorcio ni abogados. Olvidado ya el sentimiento de carencia, abrazaríamos de verdad la abundancia.

Hace falta audacia, mucho valor para derribar una institución tan arraigada como el matrimonio. Hace falta tener una visión nueva y valiente de nosotras mismas y de nuestras parejas, una visión en la que el respeto a la verdadera expresión del otro tenga prioridad sobre nuestra idea de cómo deberían ser las cosas. Cuando esto ocurra, solo habrá interconexión y reciprocidad. Y si el matrimonio llega a su fin, la pareja podrá celebrar la transición en lugar de sentirse avergonzada y marginada. La institución entera del divorcio se vendría abajo. Dime, ¿no crees que sería de verdad maravilloso?

Encontrar el valor a pesar del estigma

La cultura ha marcado el divorcio con un estigma de vergüenza. Incluso en los casos en que hay maltrato en una relación, a menudo las personas cercanas a la mujer le dirán que no es tan grave como para abandonar el matrimonio. De hecho, hay hasta madres que animan a sus hijas a aceptar la situación tal cual es y a quedarse, incluso tras haber sido víctimas de abusos, aunque solo sea por los niños, o por que la sociedad no las margine. Con frases, por ejemplo, como:

> Tus hijos van a sufrir, es mejor que aguantes.
> Bueno, no te ha roto la nariz.
> Al menos no es un drogadicto.
> Vives muy bien gracias a él, quítale importancia a lo demás.

Reprimir así nuestra verdad nos divide por dentro y dejamos de confiar en nosotras mismas. El verdadero trauma es abandonar lo que sabemos con certeza. A partir de ese momento, cuestionamos cada sentimiento y cada intuición que nos nacen de dentro y empezamos a dudar de nuestro juicio.

Todas sabemos lo que es sentir que algo está mal, pero buscar enrevesadas excusas para justificarlo, como nos ha enseñado a hacer la cultura. La cultura, acuérdate, se nutre de controlarnos a través de la culpa y el miedo. Estigmatizando cada posibilidad de movimiento por la que podríamos optar, sabe que el terror nos inmovilizará, y así acabamos no haciendo lo que intuitivamente sabemos que debemos hacer.

Como vivimos en un patriarcado, las posibilidades que tiene la mujer de luchar contra el estigma son limitadas. Se estigmatiza nuestra forma de vestir, nuestro comportamiento, nuestro tono de voz, nuestra elección de palabras, nuestra sexualidad y que tengamos una profesión. Se nos juzga constantemente, ya sea porque nos gusta el sexo, o porque no, porque queremos o no queremos tener hijos, porque trabajamos mucho o no lo suficiente. No es de extrañar que el maltrato y el divorcio se consideren temas tabú.

El divorcio es el estigma del fracaso, y eso hace que muchas mujeres sigan en relaciones infelices y, a menudo, sean objeto de maltrato. Porque ese es el otro estigma; la palabra «maltratada» es casi tan escandalosa como la palabra «divorciada». Es triste constatar que a menudo las que más nos juzgan sean otras mujeres. Como tenemos miedo de que piensen que somos imbéciles, incompetentes e inmaduras, muchas veces nos resistimos a contarles a nuestras hermanas o a nuestras madres lo que nos pasa.

La cultura nos ha hecho sentir tanta vergüenza porque nuestro matrimonio no sea un camino de rosas que nos quedamos calladas. Para sobrevivir, nos cegamos de un fogonazo y hacemos ver que las cosas malas no están sucediendo. En vez de responsabilizar a los demás, nos quedamos inmóviles en un ciclo interminable de culpa.

Culparnos es un intento desesperado de tener control de nuestra realidad exterior cada vez más incontrolable. En lugar de tomar decisiones más valientes y enérgicas, como exigir que se respeten nuestros límites, o abandonar la relación si no se nos respeta, nos quedamos paralizadas pensando que esa pasividad nos da algún tipo de control. Imaginamos todo lo que podríamos hacer de forma diferente sin movernos de donde estamos, y nos decimos cosas como: «Claro, si no le hubiera levantado la voz, no se habría portado así conmigo».

Llamar a la disfunción, a la toxicidad o a los abusos por su nombre es la única manera de cambiar nuestra realidad, tanto si estamos casadas como si no. Llamando maltrato al maltrato, asumimos nuestro poder de decir no y empezamos a trazar el camino hacia la victoria. Dar nombre a nuestra disfunción no nos hace débiles; al contrario, cuando calificamos de abusiva una realidad que lo es, difuminamos el poder que tiene sobre nosotras y empezamos a trascender las limitaciones que nos impone.

Si estás leyendo esto y te das cuenta de que has estado viviendo una vida en la que no se te respeta, es hora de que agarres el teléfono y llames a alguien, una amiga o una psicóloga. Es hora de que cuentes tus experiencias tal como son, sin embellecerlas ni culparte. Cuando lo hagas, habrás tomado por fin las riendas de tu vida.

La mujer despierta entiende que sus hijos, sus hermanos y sus parejas masculinas tienen que soportar también su propio estigma, sobre todo cuando son objeto de abuso y no les queda otro remedio que abandonar un matrimonio, lo cual les sucede a muchos más hombres de lo que la gente imagina. Cuando una mujer que ha despertado educa a sus hijos varones, tiene en cuenta contrarrestar la dureza de los mensajes que reciben del patriarcado, y recordarles que estén en contacto con el corazón y honren a quienes son auténticamente.

Un paradigma transformado del matrimonio

Cuando los votos matrimoniales se hacen bajo el auspicio de la consciencia –cuando dos personas se aman de forma trascendente y son plenamente conscientes de la calidad de su relación en el ahora– son otras su cualidad y su energía. En vez de atarse al otro para siempre, cada uno puede declararse atado a la autenticidad, al crecimiento y a la verdad. En vez de hacerse promesas para el futuro, se hacen promesas para el momento presente. En vez de declarar que existirán el uno para el otro en el futuro, se comprometen a existir primero para sí mismos, y a honrarse en el aquí y ahora.

Los votos pronunciados desde la plenitud interior celebran la libertad de la pareja para elegir seguir enamorada o dejar de estarlo. Ambas partes se comprometen a mantener viva su autenticidad por encima de todo. Ambas entienden que mientras el crecimiento y la sinceridad sean la base, lo demás se dará por añadidura. Son conscientes de que el matrimonio refleja ante todo su verdad más profunda, su propósito y su auténtico yo. Ambas partes se comprometen a apoyarse mutuamente en su camino de ascenso, y prometen no interponerse en el camino de la otra y respetar su dirección incluso aunque eso las lleve en direcciones distintas.

El divorcio bajo este nuevo y revolucionario paradigma cambia las reglas del juego. No se parece en nada a la antigua fórmula, en la que había una separación de corazón y espíritu; esta vez, por el contrario, solo se ve como una transformación. El divorcio no es separarse de una persona o de una familia, sino alejarse de lo que ya no le sirve al yo que aflora en ese momento. La dualidad y la separación se sustituyen por interdependencia y una unificación en la que ambas partes son libres de mantenerse fieles a sí mismas. Nadie gana ni pierde. Lo que se decida será aquello que más beneficie a todos. El triunfo individual es el triunfo conjunto.

En este modelo, no se discute sobre quién «se queda» con los niños o dónde vivirán. Tampoco se discute cuánto dinero merece cada parte. Estas cuestiones son secundarias. La estabilidad del conjunto tiene prioridad sobre la estabilidad individual. No existen mi abogado y tu abogado, o mi propiedad y la tuya. La conciencia con la que entramos en el matrimonio predice en gran medida cómo saldremos de él. Cuando nos casamos con una conciencia expandida y transformada, el divorcio se lleva a cabo bajo una nueva conciencia. Todo se comparte y se mantiene como una propiedad común, solo prestada o tomada en préstamo por un periodo de tiempo por una parte o por la otra.

Una conciencia expandida en torno al matrimonio entiende que es una asociación de vida basada en el respeto y la soberanía de cada miembro de la relación. Por asociación de vida quiero decir que honra y respeta la vida de ambas partes, no que dura toda la vida. Se entiende que las formalidades legales no son vinculantes ni restrictivas. Un divorcio consciente requiere, por tanto, una meditación más que una mediación. Es un acercamiento de dos individuos más que un alejamiento. Solo que, esta vez, caminarán luego en direcciones diferentes en lugar de hacia el mismo horizonte.

Cuando vemos el divorcio a través de esta lente, todo cambia. El ego se disuelve y el espíritu se eleva. El nuevo paradigma de divorcio es una liberación, una rendición y un retorno a la gracia. Constituye una renovación y una regeneración, no un final. No es una muerte sino un resurgir. Es el amanecer de una nueva era.

15. Las mentiras sobre nuestra sexualidad

El sexo es sucio, lascivo, libertino y vergonzoso.
Solo se puede practicar con normas y regulaciones.
Fuera de ese marco es lujurioso y obsceno.
Enclaustrado como está, lo inhibimos y reprimimos,
y rebajamos lo que podría ser divino al nivel de lo repugnante.

«Por favor no hables de sexo», me rogó Tania antes de que subiera al escenario. Me disponía a hablar ante un público que según ella era muy religioso y, por tanto, posiblemente mojigato.

«Entiende que quizá no pueda evitar tocar esos temas, teniendo en cuenta que voy a hablar sobre la crianza», le advertí.

Como no es de las que se rinden fácilmente, me dijo en tono casi de amenaza: «Bueno, pues entonces prepárate para sus reacciones. Es un público bastante intolerante».

Sin miedo a romper tabús, subí al escenario y, al cabo de unos minutos, le conté al público lo que Tania me había dicho sobre ellos –sin decir que había sido ella, por supuesto–. De inmediato noté que se tensaban. Unos pocos dejaron escapar una risa nerviosa. Parecía que estuviera hablando a un grupo de monjas o, peor aún, a un grupo de alumnos de secundaria. Tal vez, hasta a los alumnos de secundaria les habría costado menos hablar de estos temas que a este público compuesto de gente de entre treinta y setenta años.

¡Pobre Tania! Poco imaginaba ella que su advertencia me inspiraría a provocar una confrontación directa precisamente sobre el tema que ella trataba de evitar. Pasamos el resto de la charla deconstruyendo con precisión por qué se quedaban bloqueados ante la sola mención del sexo. ¿Y sabes lo que pasó?, pues que la gente empezó a hablar con franqueza de la represión que cada cual había vivido, de su educación católica tan estricta y de la vergüenza que les había inculcado en lo referente al cuerpo. Muchos dijeron que era la primera vez en su vida que hablaban de manera abierta de sexo.

El ambiente se fue animando. La gente se sentía cómoda y el lenguaje corporal de todos se relajó. Se contaron experiencias, se derramaron lágrimas y fue surgiendo una nueva narrativa en torno al sexo. Sin saberlo, Tania me había alentado aquella noche a encabezar una pequeña revolución, que todas y cada una de aquellas personas llevaría en el corazón para siempre.

Aquella no era la primera vez que el público al que me dirigía se había sentido incómodo al oír la palabra sexo. Es un fenómeno universal. Ya no me sorprende ver a hombres y mujeres adultos ponerse nerviosos cuando saco el tema de la sexualidad, no digamos ya cuando hablo de vaginas, penes y orgasmos. Los veo hacer muecas, ruborizarse y retorcerse las manos. Aunque son personas adultas, muchas se comportan como niñas; es superior a ellas oír hablar de estos temas. Siento compasión por ellas, no las juzgo. Lo entiendo. Sé lo represivo que es nuestro condicionamiento en torno al sexo. Es muy triste no poder hablar del más básico de los actos íntimos de un modo transparente.

Fue el sexo lo que hizo posible que cada uno de nosotros viniera al mundo. El sexo es probablemente uno de los instintos más primarios y básicos que tenemos. Esta fuerza imparable en todos los animales es lo que hace que el mundo gire. Sin embargo, pese a que el sexo es natural, normal y saludable, la cultura ha tomado eso que es la expresión más orgánica y auténtica de quienes somos y ha logrado pervertirlo, así como convertirlo en algo de lo que deberíamos avergonzarnos. La cultura nos ha manipulado psicológicamente para que creamos que amar nuestro cuerpo y el de los demás es malo.

Tenemos serios problemas en lo referente al pene y la vagina, a pesar de que son elementos orgánicos de nuestro cuerpo, como la nariz o los dedos. Es tan ridículo. Más problemas aún nos causa qué pene entra en qué vagina. Y no hablemos ya de la masturbación, sobre la que hemos elaborado un discurso que da miedo. ¿Cómo es posible que tocarse a una misma en la intimidad de su hogar sea algo reprobable? Cuando damos un paso atrás y diseccionamos con neutralidad cada una de las críticas hasta llegar a su origen, vemos sin duda lo irrisorio que es todo. Somos humanos y sexuales, así que ¿dónde está el problema?

El acto sexual, cuando se lleva a cabo en una relación de respeto mutuo, tiene el potencial de ser expresión de energía, vitalidad, poder y pasión. Es la energía más natural e incondicional que poseemos. Sin embargo, los tabús que rodean al sexo hacen pensar que es nuestra parte más antinatural. Reglamentar la sexualidad e inhibir este canal vital de conexión y placer humanos es cerrarle la fuente de vida a la propia vida.

¿Crees que quizá ha llegado el momento de preguntarnos ¡A qué viene todo este alboroto en torno al sexo!?

¡Hablemos de sexo, *baby*!

El sexo es el elefante que, en el proverbio inglés, está plantado en medio del salón y al que no ve nadie; en este caso, en medio del dormitorio. Cuando fingimos que no tiene poder ni importancia y, sin embargo, su poderosa energía nos gobierna, se crea un cisma interior. Es como si acabara de morir un ser querido e hiciéramos ver que no nos duele. ¿Adónde van a parar esos sentimientos tan poderosos? ¿Qué repercusiones tiene esa constante represión?

Una cultura que censura las partes más vitales de nuestra esencia pagará por ello un precio muy alto. Cuando inconscientemente reprimimos los sentimientos y los sepultamos en el inframundo de nuestra psique, no desaparecen. En el momento más inesperado saltan de su escondite y, como una llamarada en mitad del bosque, queman todo lo que encuentran a su paso.

Las repercusiones de la represión sexual son muy serias. Si ni siquiera podemos hablar de sexo y de ciertas partes del cuerpo, no podemos expresarnos de verdad. Si no nos expresamos de verdad, no podemos aprender. Si no aprendemos, no podemos crecer. Si no crecemos, no nos podemos integrar. Si no nos integramos, esas áreas de nuestra vida permanecen desconectadas de nosotras para siempre.

El sexo no solo es algo de lo que no podemos hablar, ni siquiera se le permite existir como parte de nuestra conciencia. Vamos a pararnos un momento para metabolizar cuánta inautenticidad debe de engendrar esto en nosotras. Hablamos de enseñar a nuestros hijos a afrontar sus sentimientos porque queremos que crezcan siendo conscientes de sus emociones, y aquí estamos nosotros, hombres y mujeres adultos, imposibilitados para tener una conversación sustancial sobre una de las fuerzas primarias más básicas de nuestra vida. No es de extrañar que la mayoría vayamos por la vida fuertemente narcotizados y ansiosos.

Esta represión no la sufren solo las mujeres, nuestros hijos la sufren también. La Iglesia católica es un ejemplo de cómo una enérgica represión conduce a una enérgica perversión de la que son víctimas los más débiles y vulnerables. Todo el mundo sufre cuando nos impedimos expresar auténticamente nuestra sexualidad. No justifico los actos violentos y perversos que se cometen en nombre de la sexualidad, pero sí me pregunto por qué suceden esas cosas. ¿Por qué tantos hombres, y algunas mujeres también, cometen actos de agresión sexual? Me interesa entender por qué son tantos. ¿Qué les ha llevado a eso? ¿Qué hacemos como colectivo para que se produzcan las agresiones sexuales?

De pequeña recibí un adoctrinamiento cultural rígido, primitivo y estricto en torno a la sexualidad femenina. En mi cultura, tener deseo sexual –no hablemos ya de expresar ese deseo– se considera un acto licencioso. Es algo que sencillamente no está permitido. Esta represión se ha manifestado en mis relaciones, lo cual ha provocado muchas discusiones y enfrentamientos. Como toda mujer sabe, si el entorno emocional no es el propicio, su sexualidad no alcanzará su punto máximo –lo mismo que, cuando se reverencia a sí misma y entabla relaciones de reverencia mutua, su sexualidad no tiene otro remedio que florecer–. Somos seres sexuales reprimidos por la tiranía cultural. Una vez que esa tapa se abre, todo lo demás fluye.

Honremos al animal que llevamos dentro

Los seres humanos somos animales. No es que seamos *parte* del reino animal; somos animales, y punto. ¿Qué relación tiene este hecho con nuestra sexualidad? Al negar que somos animales, nos situamos en una posición superior a ellos. Consideramos que ellos y las cosas que hacen habitualmente, como dar rienda suelta a sus instintos sexuales primarios, son de categoría inferior. Por eso muchas decimos que nuestras parejas masculinas son como «animales» cuando manifiestan su deseo sexual, como si fuera algo malo. La verdad es que están siendo animales, *no* porque estén haciendo eso que consideramos que está mal, sino porque lo son. Cuando nos damos cuenta de que somos animales, dejamos de avergonzarnos de nuestros instintos primarios y los integramos conscientemente.

La idea de que somos mejores que los animales tiene sus raíces en la Biblia. Quizá algunas os sintáis ofendidas por lo que escribo, pero, si dejáis de lado todos los prejuicios por un momento, igual descubrís que no es tan disparatado. El relato de la creación perpetuado por el libro del Génesis dice que Dios creó el universo entero en siete días. El hecho de que creara al hombre el sexto día –el último día de creación, tras haber creado a las criaturas «inferiores»– da a entender que el hombre era la joya de la corona de Dios: estaba hecho para gobernar al resto de las especies. Y para rematar la historia, el Génesis dice que Dios le quitó una costilla al hombre y, de ella, creó a la mujer.

Esta historia es una negación flagrante de la evolución humana. Cuando les contamos a nuestros hijos una historia que echa por tierra el orden natural del universo, estamos haciendo algo más que entretenerlos; en realidad, les estamos inculcando una visión del mundo que les impide comprender su interconexión y unión con todos los seres vivos. ¿Debería sorprendernos, entonces, que nos encontremos en estos momentos ante una crisis climática sin precedentes? La razón de que nos sintamos con derecho a saquear la tierra y destruir a sus criaturas se halla en que no consideramos realmente que seamos parte de su ecosistema. Nos creemos mejores. Y esta actitud de superioridad está plenamente respaldada por el Génesis.

Por no comprender lo animales que somos, nos hemos alejado de nuestra auténtica verdad para adentrarnos en un territorio de degeneración psicológica, cultural y espiritual. Si queremos realizar plenamente nuestro potencial humano, tenemos que abandonar de inmediato esa idea de que no somos animales. Somos animales humanos, animales con forma humana. Debería ser motivo de alegría y orgullo considerarnos parte del reino natural. Repito: no solo venimos *de* los animales, *somos* animales. Ese sutil cambio de perspectiva tiene un enorme efecto psicológico en cómo entendemos y vivimos nuestra sexualidad.

Querer tener sexo no es una cosa solo de «animales», es una parte vital de quienes somos. No somos subhumanos por ser lo que no podemos evitar ser. Muchos gurús espirituales hablan de trascender la sexualidad practicando la abstinencia, como si trascendencia significara austeridad y abnegación. Supuestamente, cuanto más «espirituales» somos, menos necesidad de sexo tenemos. Así que también ellos perpetúan una noción equivocada del sexo, que solo contribuye a que lo sigamos reprimiendo.

Según mi experiencia, nada podría estar más lejos de la realidad. He descubierto que cuanto más «espiritualmente despierta» estoy, más sexualmente despierta estoy. Cuanto más florece mi sabiduría, más florece también mi sexualidad. Una sincronía emocional más integrada conmigo misma conduce directamente a una sincronía sexual. El sexo no es entonces algo que hago o practico, sino una emanación de quien soy intrínsecamente. Cuanto más me siento una conmigo misma y con el universo, más me siento una con mi sexualidad.

Una perspectiva consciente de la sexualidad la integra con plenitud en nuestra conciencia y nuestras conversaciones cotidianas, pues la considera natural y orgánica, y elimina, por tanto, el dogma, el juicio y la vergüenza que la rodean. Al infundir a nuestros deseos primarios la consciencia del momento presente, le infundimos sabiduría a lo salvaje. Al permitir que la sexualidad forme parte de nuestra conciencia, en lugar de mantenerla oculta y reprimida en las sombrías mazmorras de la inconsciencia la elevamos a una conciencia superior. En ese momento, podemos hablar libremente de nuestros deseos, confiarnos unas a otras estrategias y prácticas y aprender a satisfacerlos con discernimiento. Sacar la sexualidad del armario es un gran paso hacia una relación transformada con nuestros deseos primarios.

La cultura nos ha enseñado a adueñarnos de las personas con las que establecemos una relación íntima y, en particular, a exigirles fidelidad sexual. Una vez que alguien ha iniciado una relación con nosotras, presumimos que su sexualidad es propiedad nuestra. No solo queremos poseer su corazón, sino también sus genitales. Adónde vayan esos genitales es un asunto muy nuestro. Tal vez estés pensando, con cierto temor, que una actitud así de transparente y abierta hacia el sexo podría desembocar en orgías salvajes e indiscriminadas, en las que las enfermedades se propaguen como un reguero de pólvora. Una de las justificaciones que usamos para esa manía posesiva es el control de las enfermedades. Pero en el fondo sabemos que, si somos posesivas, no es tanto por razones de seguridad como porque sentimos que «esto me pertenece y a todos los demás les está prohibido». La propiedad, la posesión y el control son el quid de la cuestión.

Cuando destapamos el tema de la sexualidad y lo sacamos a la luz del día, el secretismo se desvanece; las mentiras y la hipocresía se vuelven innecesarias, y la capacidad de discernimiento consciente aumenta. Hablar abiertamente de sexo le quita el aura de misterio. Lo tratamos como siempre debió tratarse, con alegría natural, deleite y mucho placer amoroso.

La sexualidad consciente no se traduce en una acción indiscriminada o impulsiva. Conlleva atención, gran discernimiento y total presencia en la realidad. Actúa con compasión y responsabilidad, teniendo en cuenta las necesidades de todos los que toman parte. Es lo más lejano que se pueda imaginar a una sexualidad explotadora y egoísta; está en sintonía con la evolución de los demás y se implica apasionadamente en la evolución personal de todos.

Nuestra tarea es desprendernos del dogma cultural que nos ha tenido sometidas desde tiempo inmemorial. Estas páginas son una oda a nuestra intensa e inmensa capacidad de conexión sexual y emocional, así como una invitación a desintegrar todos los tabús.

Sufrirás

Nuestro cuerpo es nuestro para que lo conozcamos. Constituye un portal de acceso al momento presente, una forma de trascender el pensamiento. Enraizarnos en nuestro cuerpo, nuestra sexualidad incluida, nos permite alejarnos de los bucles mentales y entrar plenamente en el aquí y ahora, con la carne también.

La principal oportunidad que tenemos como humanos es conocernos a nosotros mismos. Conocer cada aspecto de nuestro ser –en este caso nuestro aspecto sexual– es la clave para relacionarnos conscientemente con el mundo que está fuera de nosotras. Sin saber quiénes somos a nivel corporal, no podemos conocer del todo el mundo que nos rodea. Si nos ocultamos a nosotras mismas nuestra sexualidad, nos infantilizamos. Como no sabemos abrirnos camino por la ciudad, le entregamos el mapa a otra persona, y nos quejamos si no nos lleva en la dirección correcta y acabamos perdidas.

De hermana a hermana, si no somos capaces de admitir la vergüenza y los fuertes tabús que albergamos en torno a la sexualidad, nunca podremos salir del armario. Pregúntate: ¿qué siento de verdad en torno a mi sexualidad? ¿Hasta qué punto conozco realmente los pliegues y hendiduras de mi vagina? ¿Me resulto de verdad sexy? ¿Qué fantasías tengo, sobre todo si tuviera que pagar un precio por ellas? ¿Qué partes de mi sexualidad reprimo?

Para que podamos evolucionar y elevarnos como especie, debemos preguntarnos qué es lo que en verdad tememos del sexo. ¿Por qué nos da tanto miedo que dos (o más) personas disfruten de sus cuerpos y expresen su placer sexual? ¿No es durante el sexo cuando más amorosos somos y más calmados estamos? Y el acto en sí, es muy simple, ¿no? Así que, al parecer, lo único malo es la forma en que lo vemos. Es en esto en lo que podemos evolucionar.

El sufrimiento es un elemento que está presente en gran parte de la religión y que buena parte de la tradición cultural ha sacralizado. Se nos ha condicionado a creer que, cuanto más suframos, más casta será nuestra vida y mejor será, gracias a ello, el lugar que ocupemos en el más allá.

La mayoría de las religiones, especialmente las monoteístas, nos inculcan la idea de que debemos avergonzarnos de darnos placer a nosotras mismas. Estas enseñanzas tienen un impacto psicológico definido y prescriptivo en las mentes jóvenes. Cuando se nos condiciona a pensar que somos inherentemente defectuosas por el hecho de estar vivas, desarrollamos una particular psicología de miedo en torno a nuestro auténtico poder, así como una profunda vergüenza en torno a lo que percibimos como indignidad. Como resultado, no sentimos que tengamos derecho al placer y ni tan siquiera a estar en esta tierra. Así que el único remedio que nos queda es disociarnos y cortar el contacto directo con el universo, la tierra y nuestro cuerpo. Vivimos entonces de un modo extraño, desconectadas y desvinculadas.

Cuando la religión reivindicó sus derechos sobre el matrimonio, naturalmente acorraló también el sexo. Desde entonces, el matrimonio empezó a considerarse sagrado, y el sexo dentro del matrimonio también, mientras que el sexo fuera del matrimonio se consideraba execrable. El mensaje que esto transmitía era que el sexo era tan malo que antes tenía que ser santificado por Dios. Solo entonces se podía practicar «con pureza». El sexo ya no era algo natural y orgánico, sino que pasó a formar parte de la historia de «el bien y el mal». Cada vez que estamos a punto de disfrutar sexualmente, nos imaginamos a un Dios de mirada severa diciéndonos: «No cometerás...».

La religión y muchos maestros espirituales nos hacen creer en el poder del celibato. Es solo un cuento que la cultura ha inventado para mantenernos en un estado de infantilismo, represión y desconexión del poder de nuestro cuerpo. Si nos impide conocer los placeres del cuerpo, puede seguir tratándonos como a niñas. Lo más grave es que, mientras las mujeres no nos realicemos sexualmente, no seremos capaces de realizarnos como mujeres.

La sexualidad, por su naturaleza, es antisufrimiento. Está llena de placer, es una celebración al nivel más alto. ¿Te das cuenta de cómo chocan nuestras naturalezas religiosa y sexual? No es de extrañar que el sexo nos asuste. Nos exige que abandonemos el sufrimiento y entremos en nuestra naturaleza primigenia. Condicionadas a creer en la nobleza de sufrir, es comprensible que el sexo despierte con frecuencia tal sentimiento de culpa.

Nos avergonzamos del sexo porque es la expresión más impresionante de la fuerza vital del universo utilizada para nuestro placer personal. Tanto si nos masturbamos y nos damos placer a nosotras mismas como si el placer nace del sexo con otra persona, declaramos que somos dignas de sentir una intensa alegría. Nos han enseñado que eso es egocéntrico y egoísta, algo de lo que sentirse culpable. Utilizar la fuerza vital del universo de una manera tan personal y placentera nos hace tener una sensación muy fuerte de estar haciendo algo indebido. Nos provoca todo tipo de culpas: ¿de verdad está bien disfrutar tanto?

No debería sorprendernos que el sexo se practique tan a menudo de una manera robótica, sin conexión ni pasión. No sabemos lo que es estar integradas en nuestro cuerpo y utilizarlo como fuente de placer. El resultado en gran parte es que, o se practica un sexo tímido, poco entusiasta y carente de pasión, o un sexo desmedido, elevado a la enésima potencia, y los cuerpos se entrelazan, pero el corazón está en otra parte. No sabemos amar con todo nuestro ser, libres, abiertas y, sobre todo, conscientes.

El sexo está regulado no en prevención de posibles enfermedades o embarazos, sino en prevención de la libertad. Reprobar el sexo es una forma de controlar a la gente para que no ejerza su derecho inalienable a la autonomía, la alegría, la privacidad y la libertad. Imponiendo límites legales y restricciones morales, la cultura interfiere en la vida de los adultos que le dan su consentimiento y los controla. Por vergüenza, sobre todo, millones de adultos reprimen su energía sexual para encajar y sentirse aceptados socialmente. Si el sexo no estuviera regulado y restringido como lo está, veríamos lo que es nuestra auténtica naturaleza en acción.

¿Seguirían juntas la mayoría de las parejas si ambas partes tuvieran la posibilidad de elegir otras parejas sexuales? ¿Deben seguir juntas las parejas simplemente porque la ley les exige que lo hagan? ¿Existen otras formas de mantener la relación de pareja intacta en caso de que la relación sexual no funcione? ¿Debe el matrimonio excluir el sexo con otras personas? Estas son preguntas fundamentales sobre las que debemos reflexionar, para poder contemplar con mirada nueva la intimidad y la sexualidad.

¿Cuál puede ser el impacto de la emancipación sexual? Bueno, cualquier tipo de emancipación es una amenaza para el orden religioso. ¿Y la emancipación carnal? La mayor amenaza de todas. Por su potencial para ser deliciosa y extática, se teme que nos pueda seducir y embriagar, y que los efectos narcóticos del adoctrinamiento religioso sean sustituidos por una droga mucho más potente. Temerosa de esta gran amenaza, la institución se ha encargado de condicionarnos desde pequeñas para que nos desconectemos de nuestra sexualidad.

La autonomía y la libertad sexual van en contra del ideal que la religión nos ha metido en la cabeza: el de la sumisión, el servilismo, el sacrificio y la vergüenza. Vivir el placer descaradamente y exigir, dionisíacas, nuestro derecho al éxtasis contradice radicalmente el ideal religioso de deferencia a una fuerza superior y exterior a nosotras.

Desmantelemos la monogamia

Andrea, una de mis clientas, rompió a llorar en mitad de la sesión. Sollozaba con tanta fuerza que pensé que se iba a ahogar. Sabía que le estaba pasando algo muy serio. Era una mujer que rara vez mostraba ninguna emoción. «Creo que George tiene una aventura. He visto unos mensajes en su teléfono. ¿Qué voy a hacer?». Llevaba quince años casada. Tenía un hijo de doce años y otro de siete. Realmente, ¿qué iba a hacer?

Mientras seguíamos hablando, las lágrimas dieron paso a la ira. «Estoy furiosa con él. Ahí estoy, dale que te pego en casa, ocupándome de los niños, de la comida y de la colada. ¿Y me lo paga así, acostándose con una secretaria de la oficina? ¿Qué pasa, que yo no soy nadie?». Se sentía herida y rechazada. Es normal. Al fin y al cabo, estaba asustada. Como muchas mujeres, había dejado de trabajar a jornada completa cuando nació su primer hijo y ahora dependía económicamente de su marido.

Andrea y yo examinamos a fondo durante todo un año sus ideas sobre la monogamia y la infidelidad. Ella y su marido iniciaron una terapia de pareja con otro terapeuta y todavía están tratando de resolver sus problemas. Si menciono su caso al principio de este apartado es para destacar uno de los problemas más comunes a los que se enfrentan las parejas: la infidelidad.

La infidelidad es una de las principales causas de disputas matrimoniales y divorcios. Dado que la monogamia está implícita en la idea del «matrimonio sagrado», tener relaciones sexuales con alguien fuera del matrimonio se considera sacrílego e ilegal, tanto que en algunos sitios se castiga con la muerte.

La monogamia nos impone que limitemos nuestro deseo sexual

a un solo cuerpo durante el resto de nuestra vida. Desviarse de esta norma se considera el peor tipo de traición contra la pareja y motivo de divorcio. No podría contar el número de matrimonios que he visto romperse a causa de la infidelidad, por parte del hombre, sobre todo. A las mujeres se nos ha condicionado por completo a creer que la monogamia es la única manera de amar y ser amadas. También los hombres quieren creérselo, pero sus necesidades libidinales les hacen actuar a menudo de forma contraria. Como en el caso de Andrea, la mujer en estos casos soporta una lucha y un sufrimiento indescriptibles.

Las mujeres sufrimos más porque, a diferencia de los hombres, nos hemos creído de verdad el cuento de la monogamia. Aunque hay muchas mujeres que son infieles, los datos muestran con claridad que hay más hombres que mujeres que engañan a su pareja antes y después de contraer matrimonio. Ya sea como fantasías, a través de la pornografía o con una interacción física real, la mayoría de los hombres han expresado o dado rienda suelta alguna vez a sus deseos sexuales fuera de su relación principal. Esto ha llevado a muchas mujeres a sentirse traicionadas, confundidas y heridas. Aunque no defiendo que un hombre mienta o «engañe», los hombres están biológicamente configurados para la diversidad. La ambición intrínseca de esparcir su semilla significa que la mayoría de los animales machos están programados para la promiscuidad. ¿Por qué crees que algunos hombres quieren que sus mujeres vistan seductoras prendas de lencería, o ver porno con ellas, durante el sexo? Porque buscar la variedad forma parte de la naturaleza del hombre. Aunque en algunos casos este podría considerarse un comportamiento cosificador, en otros podría ser simplemente la forma menos arriesgada que tiene un hombre de satisfacer su deseo de variedad y novedad. ¿Cómo solemos responder las mujeres a esas peticiones? A menudo con desprecio, con indignación, ofendidas en nuestra moral. Puede que nos sintamos traicionadas porque lo interpretemos de inmediato como señal de que no somos suficiente para ellos. Tendemos, por tanto, a degradar al hombre, por considerar que su amor es de una categoría inferior al nuestro, y queremos poner fin a la relación.

¿Y los hombres? A menudo, la intensidad de nuestra reacción los desconcierta. Para ellos, muchas veces el sexo es «solo» sexo, un alivio biológico. Para las mujeres, tiene más que ver con el amor, la lealtad y la ética. Es en esto en lo que los hombres y las mujeres más se diferencian, por lo que más se pelean y más pierden.

La sexualidad de los hombres está estrechamente relacionada con su biología. La de las mujeres está más relacionada con su psicología. Esto significa que las mujeres nos hemos creído los cuentos que la cultura nos ha contado en torno al sexo mucho más que los hombres. Si no estamos dispuestas a revisar los juicios que hacemos en torno al sexo y las emociones que nos provocan, no vamos a ser capaces de encontrarnos con los hombres como son, y, en este aspecto de la relación, nos sentiremos heridas para siempre sin una razón de peso. Si fuéramos capaces de abrir la mente en torno a este tema y comprendiéramos la naturaleza libidinal del hombre, haríamos una diferenciación entre lo que es amor y lo que es alivio sexual y cambiaríamos el discurso en torno a la monogamia.

Cuando tomamos conciencia de las diferencias sexuales intrínsecas entre el hombre y la mujer, nos abrimos a nuevas realidades. Entonces, si nuestra pareja quisiera ver pornografía o introducir a una tercera persona en la díada sexual, no nos entraría un ataque de nervios. Nuestras parejas masculinas tendrían la confianza para hablarnos de sus deseos y necesidades más íntimos y no necesitarían ya mentir ni actuar a nuestras espaldas. Dejaríamos de hacer de mamá con ellos, o con su conciencia, y entraríamos en una verdadera relación entre dos personas adultas.

Quiero aclarar, una vez más, que no estoy a favor de la no monogamia o de la pornografía *per se*; ni tampoco en contra. Pongo de manifiesto, simplemente, el hecho de que no tengamos elección respecto a ellas, y los juicios y el miedo que nos provocan. Es indudable que se pueden hacer críticas muy duras a la industria pornográfica por su explotación y degradación de las mujeres, por ejemplo, algo que hay que reformar drásticamente. Estoy en contra de que se cosifique a las mujeres y se las trate como esclavas sexuales. Sin embargo, muchos hombres entran en páginas web de porno solo por el placer que obtienen de ver los vídeos y masturbarse. En lugar de denigrarlos por su compulsión, es necesario que comprendamos lo que hacen, porque si no tendemos ese puente hacia ellos, crearemos un abismo aún mayor entre los sexos.

Son incontables las mujeres que llegan a las sesiones de terapia quejándose de que sus maridos necesiten ver pornografía durante el sexo, lo cual las hace sentirse inseguras, así como inferiores a lo que se espera de ellas. Cuando les explico que eso es lo que nos han enseñado a sentir, suelo oírles un suspiro de alivio. Cuando les explico que la biología de sus parejas masculinas les hace buscar esa clase de sobreestimulación, y que no es algo que hagan de ningún modo en contra de ellas, se relajan. Si abrimos la mente a este tema ardoroso sin el ardor de los juicios y las emociones, estaremos mucho más cerca del hombre que es nuestra pareja.

En cualquier grupo de hombres y mujeres, los hombres son mucho más capaces de hablar con franqueza de su sexualidad. La mayoría de las mujeres ni siquiera son capaces de verbalizar cuáles son sus necesidades sexuales, no hablemos ya de las formas en que se podrían satisfacer. A menos que esta barrera mental en torno a la sexualidad cambie, nuestros hombres no serán capaces de hablar abiertamente de su sexualidad, y perderemos la oportunidad de disfrutar de la profunda conexión que podríamos tener con ellos. Que alguien opte por ser más activo sexualmente, más creativo o polígamo, y busque gratificación sexual más allá de su relación de pareja, ¿lo convierte en una mala persona?

Antes del imperialismo occidental, el 83% de las sociedades indígenas eran polígamas, mientras que el 16% eran monógamas y en el 1% restante se practicaba la poliandria, es decir, las mujeres tenían más de un marido. La naturaleza nos hizo para la conexión y la sexualidad, sin los dogmas y preceptos de la religión. Nos dio los medios para disfrutar de la intimidad sexual y el placer sin reglas ni convenciones, sin rituales ni ceremonias. Como en el caso de todos los demás animales, que viven más en sintonía con su naturaleza, la conexión y las relaciones sexuales humanas se ordenaron bajo el auspicio de la tribu que, de alguna manera, encontró un equilibrio en la práctica de la poliginia.

No propongo que abandonemos la monogamia, sino que entendamos que, como la mayoría de las instituciones, es obra de la cultura. No es nuestra forma natural de ser; y por ello, debe ser una elección.

Debemos romper la «unión indisoluble» de moralidad y monogamia implícita en las relaciones si queremos poder tener conversaciones sinceras sobre la sexualidad. Son las religiones las que difunden la idea de que la monogamia es la única manera «pura» de relación, y por eso asociamos la monogamia con la «bondad», y, si alguien se desvía, lo consideramos «malo». No, borra esto. Lo asociamos con el mismísimo diablo. Es por este «matrimonio» de la moralidad religiosa con la monogamia por lo que tenemos ideas tan arcaicas sobre nuestra sexualidad, que luego son causa de un sufrimiento inconmensurable e innecesario. Nuestra sexualidad es expresión de la parte más salvaje e indómita de nuestra esencia. Robarnos esa parte y sustituirla por un miedo y una vergüenza atroces es una tragedia. Es como si nos hubieran castrado y despojado del poder que nos da acceso a la alegría y a la felicidad: ¿puede haber una manera más astuta de controlar a las masas?

La naturaleza nos dio a las mujeres la capacidad de criar a los hijos y de participar en las relaciones, pero no nos pidió que lo fuéramos todo para un solo hombre, ni que un solo hombre tuviera que serlo todo para nosotras. La naturaleza no dijo nada sobre almas gemelas y compañeros del alma. La naturaleza no es etérea ni romántica, sino práctica: vive en la experiencia y práctica reales de la vida, no en lo hipotético. Pregunta a los hombres y a las mujeres que viven en la díada monógama sobre su compatibilidad sexual y te garantizo que las quejas resonarán en sus respuestas. En mis relaciones pasadas, mi pareja y yo solíamos discutir constantemente por las necesidades sexuales tan distintas que teníamos. Si mi pareja masculina, quienquiera que fuese en ese momento, había querido tener sexo una o más veces cada veinticuatro horas, yo me conformaba con una vez a la semana. A consecuencia de ello, o él o yo teníamos que ceder. La naturaleza sabe que, como los machos de todas las especies tienen generalmente más deseo de sexo que las hembras, la poliginia puede ser una opción más práctica que la monogamia. Si no la permitimos, y obligamos al hombre a permanecer con una sola mujer y a obtener solo de ella gratificación sexual a perpetuidad, probablemente el grado de frustración sexual será considerable. Esta disonancia no se debe solo a un desequilibrio de las libidos respectivas, sino también a los largos periodos en que la disponibilidad sexual femenina es menor, por ejemplo durante la menstruación, el último trimestre del embarazo, el posparto y la posmenopausia.

En lugar de comprender que las reglas de la monogamia son una falacia, nos torturamos y nos creemos indignas o inservibles si nuestra pareja demuestra el menor deseo de explorar el sexo fuera de la relación. Nos preguntamos qué nos pasa, o qué le pasa a él, y bien ponemos fin por completo a cualquier contacto íntimo con él para expresarle nuestro desprecio, o bien hacemos lo imposible por resultarle más deseables, confiando en que eso evitará que se desvíe.

Al hombre, por su parte, a menudo se le castiga y denigra en público por satisfacer sus necesidades libidinales. Las ofensas, la vergüenza y la culpa que nos infligimos mutuamente a causa de la infidelidad son la consecuencia de no entender nuestros fundamentos biológicos. Se acusa despiadadamente al hombre, por sus actos y, además, por mentir, y luego se le envía a la guillotina sin que tenga la oportunidad de decir nada, o de aprender sobre por qué actuó de esa manera y qué puede hacer para dar salida a su energía sexual. Por supuesto, lo mismo puede aplicarse a las mujeres. Si hablo aquí de los hombres es porque suelen ser ellos a los que se acusa mayormente de infidelidad.

El quid de la cuestión no es en realidad quién inicia la infidelidad, sino algo mucho más básico: ¿cómo podemos ser sinceros en lo referente a nuestros deseos y preferencias sexuales dentro y fuera del matrimonio? Ni siquiera son cuestiones que esté permitido explorar de forma hipotética. A veces, una de las dos partes sugiere algo con la sola intención de «tantear el terreno», solo para aclarar su confusión, e incluso esto se considera que está mal. Por supuesto, el ideal es que ninguna de las dos partes tenga deseo de nada exterior a la díada. Pero ¿hasta qué punto es realista querer eso? ¿Se puede esperar que todas las díadas estén perfectamente alineadas? ¿Qué pasa si uno de los miembros de la pareja necesita espacio para explorar su sexualidad de forma diferente? Si no se crea ese espacio de una forma compartida y consciente, la confianza se erosiona y los amantes acaban convirtiéndose en enemigos.

Estamos tan adoctrinados en la monogamia que nos cuesta creer que podamos existir sin ella. Tenemos incrustada en la psique la idea de que debemos permanecer unidos a la persona del otro sexo en una relación exclusiva mientras vivamos. Sin embargo, si nos permitimos dar un paso atrás, así como comprender que la monogamia es una invención cultural reciente que va en contra de nuestra naturaleza biológica innata, podemos cuestionar las ideas que tenemos al respecto y abrir la mente a una perspectiva más realista.

Sé que a las mujeres les cuesta oír esto. Antes de mi renacer espiritual, a mí también me habría costado. Me habría burlado y habría pensado con desdén: «Vaya sarta de tonterías. ¡Lo que hace falta es que los hombres maduren y dejen de actuar como adolescentes cachondos!». Su apetito desmedido nos parece inmaduro e infantil. Y aunque podríamos tener razón en que muchos hombres exhiben su sexualidad de forma demasiado impulsiva, tenemos que entender cómo la cultura, y las mujeres como parte de esa cultura, hemos contribuido a que inconscientemente actúen así.

La mayoría de los hombres no saben qué hacer con su pulsión sexual; es un problema importante para la mayoría de ellos. La fuerza de su deseo les nubla la mente y les hace perder el norte; no les deja discernir con claridad. Quizá te parezca que los estoy excusando, nada más lejos de la realidad: intento comprenderlos.

Repito que no estoy hablando de violencia sexual ni de una sexopatía malsana. Hablo de una sexualidad consciente y despierta que les permita a los hombres ser sinceros. Al igual que a nosotras nos gustaría que se comprendieran nuestras necesidades emocionales, a los hombres les gustaría que se comprendieran sus necesidades sexuales. Lo femenino necesita sentirse conectado antes de tener sexo, mientras que lo masculino necesita tener sexo para sentirse conectado. Para nosotras, la conexión es el camino hacia el sexo, y para ellos ocurre a la inversa. Así es como estamos hechos. Cuando los dos miembros de la pareja son conscientes de lo que les importa, y son capaces de comunicarlo con franqueza, acortan sus diferencias en lugar de crear más distancia.

No me malinterpretes. Las mujeres tenemos la misma capacidad para no ser monógamas y deberíamos sentirnos libres sin condición para explorar ampliamente nuestra sexualidad sin que eso tenga repercusiones desagradables para nuestra relación. Porque ¿qué pasa si una mujer está descontenta con la libido o la destreza sexual de su marido, o se siente atraída por alguien que no es él? ¿Debería sentirse como una puta porque desee realizarse con otro ser humano, hombre o mujer? Las mujeres necesitan sentirse dueñas de sí mismas para hablar de manera abierta de sus deseos y fantasías sexuales. Ninguna mujer debería sentirse sexualmente enjaulada solo por estar casada. Por desgracia para todos, por el momento las normas sexuales hacen que tanto los hombres como las mujeres nos sintamos avergonzados por querer buscar el placer sexual fuera de nuestra relación, y esto tiene que cambiar. Por eso es tan importante que despertemos. Cuanto más despiertos estemos ellos y nosotras desde dentro, más espacio nos concederemos mutuamente para las interacciones sexuales fuera de la pareja. Cuanto más abiertos sean nuestros puntos de vista y más nos liberemos del control puritano de la religión, más hombres y mujeres podremos explorar nuestra sexualidad libres de culpa y de vergüenza.

Redefinamos lo que significa «infiel»

Cuando utilizamos la palabra «infiel», normalmente la referimos a un hombre, y la razón es que los hombres son más propensos que las mujeres a ser infieles.

Quiero que vayamos más allá de la culpa y la vergüenza e indaguemos en lo que hay detrás de este fenómeno casi universal. Como he dicho en los apartados anteriores, para entender al hombre tenemos que empezar por hacernos la pregunta correcta: ¿por qué ha metido la cultura a los hombres en una caja cuando la naturaleza los ha configurado para que quieran a toda costa salir de ella? La caja es la jaula de la monogamia. Si la naturaleza hizo a sus hombres intrínsecamente polígamos, imponerles la monogamia va de manera directa en contra del mandato natural.

Sé que esto puede provocar reacciones airadas en muchas mujeres a las que su pareja les ha sido infiel. Te invito a que te pares. No es mi intención en este momento intentar disminuir tu dolor, sino hacerte ver que la razón de que sientas ese dolor es que la cultura nos ha aleccionado para que lo sintamos.

No somos las únicas que sufrimos. Los hombres que quieren hacer realidad sus deseos sexuales fuera de su relación saben que no pueden hacerlo por cómo lo desaprueba la sociedad. Saben que solo tienen dos opciones: o reprimir sus necesidades, o engañar a su pareja y sufrir la vergüenza de haberlo hecho. Cada vez que les pregunto a los hombres que han «engañado» a sus parejas si fue su voluntad consciente hacerlo, todos contestan que no. Una queja común a todos ellos es que no sentían que pudieran hablarles en confianza a sus parejas sobre sus deseos y necesidades, y que ojalá pudieran. Todas decían que, si hubieran podido compartir sus sentimientos con ellas de forma auténtica, no habrían sentido la necesidad de actuar a sus espaldas.

En lugar de vilipendiar a los hombres, podemos tomar conciencia de cómo les afecta su biología. Al permitir un diálogo abierto en torno a la sexualidad, dejamos de contribuir a que las perversiones crezcan en armarios oscuros. Si se enseñara a los chicos desde pequeños a tratar su sexualidad con conciencia y no se les avergonzara, no sentirían después la necesidad de aprovecharse de cuerpos jóvenes o de mujeres vulnerables. Podrían hablar abiertamente de sus anhelos y conflictos internos y buscar la ayuda que necesitan para integrar sus experiencias en su repertorio emocional.

Al hablar de los efectos de la monogamia en la psique de los hombres y, lo que es más importante, de qué sienten respecto a que el impulso sexual de su pareja sea, por lo general, considerablemente menor que el de ellos, ayudamos a los hombres a ser más conscientes de sus fantasías sexuales y de cómo influyen en la vida cotidiana con su pareja monógama.

Si juzgamos a nuestros hombres constantemente, ¿cómo puede eso demostrarles que nos importan tanto como queremos importarles nosotras a ellos? Una vez que les abramos la puerta para que compartan sus necesidades, intereses, curiosidades y deseos sexuales con tranquilidad, podremos abrazar uniones que vayan más allá de las transacciones, la propiedad, la posesión y el control.

Está del todo ausente por el momento el canal para un diálogo claro y abierto en torno a la sexualidad masculina (y femenina).

Cuando le demos espacio para existir, permitiremos que los demonios sexuales de los hombres salgan del armario. Y si gracias a ello pueden aprovechar su energía libidinal de un modo más consciente, se alejarán de su acostumbrado papel de depredadores sexuales agresivos y empezarán a ser amantes compasivos de las mujeres, que respetan y honran sus límites tanto como las desean sexualmente. ¿Cuándo fue la última vez que oíste a un hombre decirle a su esposa: «Me gustaría tener sexo con tu amiga» o «Tengo una fantasía sexual con una mujer del trabajo que me gustaría contarte»? Es muy probable que nunca. Hablar así tendría graves repercusiones. No hace falta que nos enseñen a mantenernos alejados de esos temas. Intuitivamente sabemos que no son los más apropiados para la conversación de sobremesa.

«¡Prometió serme fiel, es un mentiroso!», se lamentan muchas mujeres. La religión nos anima a prometer fidelidad eterna en el momento del matrimonio. Cuando rompemos la promesa, nos sentimos terriblemente culpables: culpables de ser mentirosos y pecadores. La verdad es que esto de hacer promesas es de entrada un sinsentido. Ya lo decía en otro apartado: ¿cómo pueden un par de jóvenes, todavía bastante inconscientes, tener que dar cuentas de una promesa hecha a esa edad durante el resto de su vida?

No te podría contar cuántas personas he conocido que sienten una potente energía sexual hacia otras personas que no son su pareja y no tienen forma de procesar lo que sienten. El coste de decir la verdad es demasiado alto, lo que significa que la persona que impondría ese alto coste contribuye, sin saberlo, a esta dinámica. En una relación, la confianza deben crearla ambas partes, no puede ser un trabajo unilateral. Cuando creamos la atmósfera para la autenticidad y la transparencia, en realidad la intimidad con nuestra pareja aumenta como jamás habríamos creído posible. De hecho, la mayor intimidad y conexión surge cuando somos sinceros, primero con nosotros mismos y, luego, con el otro.

Hacia un nuevo territorio sexual

No nos damos cuenta de cómo las formas establecidas por nuestra cultura ahogan nuestra auténtica voz. Cuando entendemos cómo nos concibió la naturaleza, y no cómo nos ha condicionado a ser nuestra cultura, nos liberamos. Hasta entonces, estaremos atados por cadenas invisibles.

La verdad es que las relaciones conscientes pueden existir en todo tipo de configuraciones. Depende de nosotros decidir qué formación funciona mejor para nuestras necesidades emocionales y sexuales. La cultura, a través de la religión, creó una forma de relación supuestamente «correcta» para poder controlar nuestra libertad de elegir lo que más nos conviene. Industrializó nuestra sexualidad; nos puso en una cadena de montaje y nos hizo encajar en unos moldes para que fuéramos robots. De esta manera, no podríamos crear nuestra propia forma de vida. Al regimentar nuestra sexualidad mediante el miedo y el control, la cultura domesticó nuestra sexualidad salvaje y la fue aniquilando lentamente hasta convertirla en una versión insípida de lo que era en origen.

Para vivir una intimidad consciente y despierta, debemos superar el paradigma del miedo y la separación y entrar en una nueva dimensión de transparencia y cooperación. No somos dueñas de nadie ni nadie es nuestro dueño. Vivir conscientemente nos exige entablar conversaciones difíciles pero cruciales, que permitan a cada parte de la relación ser introspectiva y transparente sobre sus necesidades y deseos. Solo a través de este tipo de intercambio abierto puede la pareja alcanzar su máximo potencial. Para ello, debemos crear el espacio necesario con el fin de plantear las preguntas que la mayoría de las parejas evitan:

> ¿Somos sexual y emocionalmente compatibles?
>
> ¿Cuáles son nuestras fantasías y deseos sexuales?
>
> ¿Cómo podemos mejorar sexualmente para satisfacer las necesidades del otro?
>
> ¿Estamos mostrando ambos nuestro verdadero yo, o estamos ocultando al otro algunas partes de quienes somos?
>
> ¿Estamos creando una atmósfera de confianza que permita compartir la transparencia, la diversidad y la verdad sin juicio ni vergüenza?

Cuando creamos la atmósfera que posibilita una indagación veraz, le indicamos a nuestra pareja que nos interesa su exploración interior. Permitimos que exista una transparencia que, de otro modo, no existiría. Tomemos un ejemplo típico. Un hombre empieza a sentirse insatisfecho sexualmente en su relación. Mientras su mujer está en el trabajo, empieza a ver vídeos pornográficos para satisfacer sus impulsos. Poco después, empieza a frecuentar clubs de *striptease* con sus amigos. Un día, conoce a una mujer y tiene sexo con ella. ¿Te imaginas la que se va a organizar en su casa si su esposa se entera? Porque ella no va a entender lo que ha hecho su marido y se sentirá destruida y posiblemente pondrá fin a la relación. Por supuesto, podría haber ocurrido a la inversa; es un comportamiento que abunda en ambos sexos y en todo tipo de relaciones.

En una relación consciente, las preguntas serían: ¿qué necesidad está tratando de satisfacer mi pareja? Si yo no puedo satisfacer esa necesidad, ¿qué podemos hacer para que la satisfaga por otros medios? ¿Qué no estoy haciendo que a mi pareja le permitiría ser más él? ¿Me importa lo suficiente mi pareja como para cambiar la dinámica de la relación y poder satisfacer sus necesidades?

¿Ves la diferencia entre este planteamiento y la perspectiva tradicional? Si ambas partes deciden que no tienen futuro juntas, pueden acordar separarse. Al ver las cosas con la responsabilidad de saberse partícipes en igual medida de la situación, nadie es el malo y, por supuesto, no se trata a nadie como a un paria.

Para ilustrar cómo funciona esto en la práctica, voy a hablar de Carolina, una de mis clientas. Acudió a la consulta después de que su marido, Derek, descubriera que Carolina tenía una aventura desde hacía seis meses. Sus veinticuatro años de matrimonio estaban en la cuerda floja por esta infidelidad. Curiosamente, sin embargo, era ella la que más herida y traumatizada estaba por la infidelidad que había cometido.

Carolina acudió a mí para «arreglarse», como ella dijo. Estaba desolada y desquiciada, se sentía culpable y se avergonzaba de sí misma. «Nunca imaginé que sería yo la que se comportaría tan mal. Nunca pensé que pudiera caer tan bajo. Soy una mala persona». La única manera que tenía de ayudarla a superar la culpa por su infidelidad, y me llevó mucho tiempo, era haciéndole darse cuenta de que aquello no tenía nada que ver con su moralidad. Poco a poco logré que entendiera que no había engañado a nadie, y que, en todo caso, se habría estado engañando a sí misma, convenciéndose durante años de que estaba satisfecha en su relación.

Carolina y Derek decidieron reconstruir su matrimonio. Empezaron a ver que tenían necesidades sexuales y emocionales diferentes la una del otro, y que una aventura no era necesariamente el final de la relación, sino un indicador de que había algo que sanar. Carolina empezó a expresarse con más autenticidad y permitió a Derek hacer lo mismo. Ambos empezaron a compartir sus sentimientos como nunca antes habían hecho. Y así, finalmente, empezó su verdadera unión.

¿Qué habría pasado si ambos hubieran permitido que las convenciones de la cultura les marcaran el camino? No se habrían dado la oportunidad de descubrir algo más serio y mucho más profundo. El suyo es un claro ejemplo de cómo nuestras ideas sobre el engaño pueden obstaculizar una conexión más verdadera.

Somos tantas las que nos engañamos, ¿verdad? Vivimos con una constante falta de autenticidad, fingiendo ser lo que el mundo quiere que seamos. Cuando no nos mostramos ante nosotras ni ante el otro con la verdad, estamos esencialmente engañándonos y engañándole. No es en absoluto un mal menor que el de engañarle sexualmente; debería tener la misma importancia, o más. Una vez que nos damos cuenta de que no nos hemos mostrado en la relación como de verdad somos, nos costará menos admitir que el comportamiento del otro no está en realidad tan lejos del nuestro. Esto nos permite cambiar la forma de relacionarnos, con nosotras mismas y con él. En lugar de dejar que su infidelidad nos destruya, podemos aprovecharla para evolucionar gracias a ella.

Ya es hora de que nos apartemos de la concepción convencional de las relaciones y nos relacionemos de un modo más libre, que nos libere a ambas partes de códigos de conducta imposibles de cumplir. Al hacerlo, descubrimos quiénes somos sin el temor a avergonzarnos de nosotras, o a que nuestra pareja nos abandone.

Hacia una intimidad trascendente

A decir verdad, *intimidad* es generalmente un eufemismo de *sexo*. Nos da tanta vergüenza hablar de sexo que coloquialmente nos referimos a él como intimidad. En realidad, gran parte de las relaciones sexuales que mantenemos no son más que cópulas. Tienen poco de íntimo, y esa es precisamente la razón de que muchas esposas se quejen de tener que tener sexo con sus maridos. Lo ven como una tarea rutinaria, porque, en muchos casos, lo es.

El sexo se basa en la acción formal de los cuerpos durante la acción copulatoria, mientras que la intimidad infunde a la experiencia sexual las cualidades de la conexión trascendente y sin forma y de la unión emocional. Muchas parejas creen que tienen intimidad cuando, en realidad, solo están participando en el acto de la copulación. Gran diferencia.

La sexualidad consciente no empieza en las entrañas; empieza en la mente y en el corazón, que es de donde nace el sexo más maravilloso. Cuando dos personas se atraen físicamente, existe entre ellas una energía ardiente que es bastante seductora, pero esto rara vez dura más allá de la «fase de luna de miel». Lo que dura es la conexión mental y emocional de la pareja. Si esa conexión no es fuerte, por muy bueno que sea el sexo la intimidad se desvanecerá.

El mejor sexo tiene poco que ver con lo que ocurre entre las sábanas y mucho que ver con lo que sucede fuera del dormitorio. La conexión sexual duradera y extática surge de un profundo vínculo emocional y espiritual. La química sexual es solo una faceta de esa intimidad más profunda que comparten las parejas, y no necesariamente va acompañada de sensualidad y conexión. Ser sensuales y estar conectadas significa ver al otro como un espejo, un eco de la mejor versión de una misma, donde las partes de una se encuentran en el otro, y viceversa. La resonancia es tan profunda que la separación que existe entre sus formas corporales se disuelve. Todo lo que hacen es sensual porque está profundamente conectado.

La verdadera intimidad, por tanto, va más allá del sexo. Hacer el amor adopta las más diversas manifestaciones y ocurre en los momentos y lugares más inesperados: ocurre en la forma en que dos personas cenan juntas, hacen la compra, se dan la mano en una excursión o atienden a sus hijos. La intimidad entonces penetra todos los aspectos de nuestra vida; es un reflejo de lo que somos en nuestros momentos más mundanos. Y cuanto más conectados estemos con nuestra pareja durante nuestra vida ordinaria, más sexuales seremos en el dormitorio. Todo comienza con la forma en que nos asociamos durante el día.

La verdadera química sexual no depende en absoluto del aspecto de una persona o del dinero que tenga; tampoco es algo que podamos crear con solo ingerir ciertas sustancias químicas. La verdadera química se produce en nuestro interior. Cuando nos sentimos conectados con el otro de forma verdaderamente íntima, nuestro cuerpo crea sus propios estimulantes y sustancias psicodélicas internos. Cuando experimentamos esto, hacemos realidad nuestro potencial innato de ser sexualmente trascendentes. La conexión emocional y espiritual profunda es el verdadero afrodisíaco.

En un estado despierto, la intimidad significa unión y sincronía. Refleja una conexión profunda y constante con el otro en el momento presente y en la unión. Nos vemos la una al otro y a nosotras mismas en el espejo de la relación. La intimidad consiste en cómo nos integramos y dependemos la una del otro, honrando a quien nos honra y viendo a nuestra pareja en nosotras. La verdadera intimidad forja un vínculo de unidad y disuelve cualquier límite. Integra todas las piezas de cada miembro de la pareja y las fusiona en un reconocimiento consciente del otro, indisoluble de una misma.

Cuando estamos realmente comprometidos con la intimidad, el acto sexual no es un verbo. No es una acción que comienza y termina al conseguir un objetivo; es lo que intrínsecamente somos. A través de las caricias durante el día, del diálogo, de los recuerdos compartidos y las risas espontáneas, es como vivimos experiencias con el otro con abandono y transparencia. Todas estas formas se traducen en quiénes somos en el dormitorio.

Cuando una pareja va más allá de las definiciones culturales del sexo, abre su relación a todo tipo de juegos y espontaneidad; pueden incorporar a otras personas si lo desean, o no hacerlo. El hecho es que han superado las restricciones formales del sexo tradicional y se han abierto a la conexión emocional que sienten entre ellos y con el universo en general. Ya no están confinados ni limitados. Son una unidad de amor que es el propio amor, sin separación dentro de sí mismos ni con el universo.

La verdadera intimidad entre dos personas adultas libres y completas no tiene fronteras, forma ni tiempo. No se centra ni en la forma del ser humano ni en el contexto. Conecta con la esencia del otro o de los otros, sin juicios ni condiciones. Cuando hay verdadera intimidad, nos disolvemos en la conciencia de que no hay tiempo que no sea íntimo. Estamos sincronizados con nuestra pareja en todo momento. El tiempo real del reloj se desvanece y no hay un «entonces», sino un «ahora». Los maestros del *Kama Sutra* entendieron esto y algunos buscadores todavía lo hacen. A medida que he profundizado espiritualmente, he ido descubriendo esta intimidad elevada, y ha sido catártica y terapéutica para mi alma.

No puede haber auténtica intimidad con otra persona sin intimidad con una misma. Solo cuando tenemos una profunda unión interior podemos tener unión con el otro. Cuando podemos disfrutar, aceptar y celebrar nuestro propio cuerpo a través del placer de la masturbación, podemos unirnos a otra persona de una manera hermosa y amorosa. ¿Cómo podríamos disfrutar del cuerpo de alguien y consagrarlo con nuestra presencia si no lo hemos hecho con el nuestro?

Nuestra energía sexual encierra una vitalidad incomparable e infatigable. Cuando se libera de las cajas y etiquetas de género, matrimonio, monogamia u orientación sexual, es libre: libre de *ser*.

16. Las mentiras sobre la maternidad

Sus hijas y sus hijos son el zénit de su realización como mujer,
sus medallas de gloria y orgullo.
Gracias a ellos siente finalmente lo valiosa que es,
tiene un propósito que cumple con celo, se siente viva,
sin ellos va a la deriva, vacía, sin rumbo.

¿Sabes de alguna aspiración que aparezca en la lista de deseos de las jóvenes con más frecuencia que la maternidad? El deseo de ser madre, más aún que el de ser esposa, puede llegar a superar todo lo demás en la vida de muchas mujeres. Desde el tiempo en que jugábamos con muñecas en nuestras casas de fantasía, la mayoría soñamos con tener hijos. Ser madre algún día nos parece tan natural a la mayoría como ser mujer. En la lista de prioridades de muchas chicas, es una de las que creen que «deben» cumplir a toda costa. Si al cabo de los años la chica decide no tener hijos, tendrá que pagar el precio de explicar hasta la saciedad sus motivos a una cultura implacable.

Todavía recuerdo el día que mi amiga Tricia me llamó angustiada. Me dijo con voz tensa y sombría: «¡No quiere tener hijos! ¿Cómo puede no querer ser padre? Pensé que íbamos a formar una familia». Tricia estaba muy confundida. Pero además había un matiz de juicio en su voz, como si el que Stan no quisiera tener hijos significara que era un egoísta. Le dije que tal vez no se sentía preparado, o se había dado cuenta de que la paternidad no era lo suyo. Tricia no quería oír nada. Como para ella la maternidad era algo tan natural, no podía entender que para él no lo fuera; lo interpretaba como indicio de una falta de compromiso. Por mucho que quise explicarle que los hombres están configurados de forma diferente, no estaba dispuesta a ceder. «¡Este es un punto de inflexión, y un motivo de ruptura! Si no quiere tener hijos, se acabó».

Para muchas mujeres como Tricia, la maternidad es un punto de inflexión, tan decisivo que puede ser motivo de ruptura. Es uno de sus objetivos más importantes. Es el sueño que han estado esperando, la fantasía que están sedientas de hacer realidad. Solo a través de la realización de este objetivo, muchas mujeres se sienten completas.

Una de las primeras mentiras culturales en torno a la maternidad es que es un «deber», así como que hasta cierto punto somos menos mujeres si elegimos no ser madres. Aunque nuestros cuerpos estén configurados para concebir y poder criar a nuestros hijos, muchas no podemos o no queremos tenerlos. Cuando esto sucede, es importantísimo que nos demos cuenta de que es la cultura la que ha rodeado de vergüenza a la «no madre», y de que es una de las mentiras que sigue difundiendo.

Como he dicho anteriormente, *para ser madre* no hace falta tener un hijo biológico. Todas las mujeres –todos los seres humanos, en realidad– tenemos la capacidad de encarnar y ejercer la función de madre. Pensar que la hija o el hijo tienen que salir necesariamente de nuestro útero es apoyar una visión muy estrecha de la maternidad. Todas somos madres. Una vez que acojamos esta realidad, podemos mantenernos firmes en nuestras decisiones, ya sea de parir físicamente o no.

Si una mujer decide parir o adoptar un hijo o una hija, debe comprender que está a punto de embarcarse en uno de los viajes más extraordinarios de su vida. No hay una transformación más épica que la de ser madre. Las transformaciones psicológicas que experimenta una mujer al convertirse en madre son sencillamente monumentales. Pregunta a cualquier madre y te dirá el cambio de conciencia tan colosal que supuso para ella pasar de la prematernidad a la maternidad. Muchas mujeres describen esta transformación como una especie de muerte, que hizo desintegrarse en un instante antiguas partes de ellas para revelar una entidad interior nueva por completo. Para muchas, es un encuentro con partes de sí mismas que ni siquiera tenían idea de que existieran, en especial sus facetas compasiva, amorosa, entregada, sacrificada y cuidadora.

Una vez que una mujer es madre, irremediablemente se transforma. Muchas mujeres dicen que es como si su corazón latiera ahora dentro del cuerpo de su hija o su hijo. Por lo general, una madre antepondrá el bienestar de ese ser al suyo propio. Si tal vez antes era una celosa protectora de su espacio y su tiempo, ahora sabe que ninguno de los dos le pertenece ya de la misma manera. Comprende de manera intuitiva que ahora es un receptáculo entregado con humildad para que su hijo o su hija beba de él, duerma en él y sepa que siempre puede volver a él. A partir de ese momento, ya no es una mujer por derecho propio, sino siempre e irrevocablemente la madre de alguien.

Espejito, espejito

«Sabía que sería difícil, pero no me imaginaba que sería tan difícil –sollozaba Zara–. Sé que me estoy portando como una niña y que es una tontería, porque lo que está pasando es bueno, pero no puedo evitar sentirme así». Su hijo menor, Clint, se había ido a estudiar fuera hacía tres semanas, y a Zara le estaba costando muchísimo adaptarse. «Estoy tan acostumbrada a ser madre que ahora no sé qué hacer con todo el tiempo que tengo. Era mi bebé, y sé que tengo que dejarle hacerse adulto, pero estoy muy asustada. Para mí, sigue siendo un niño».

Zara, como un millón de madres más que sufren el «síndrome del nido vacío», lo estaba pasando muy mal, intentando adaptarse a su nueva realidad. Por primera vez, quizás, no podía evitar preguntarse: «¿Quién soy ahora?». Durante todos los años que dedicamos a criar a nuestros hijos, tenemos la identidad de «madre». Y cuando ese papel se desvanece, nos quedamos desconcertadas: ¿y ahora quién se supone que somos?

«Clint también lo está pasando muy mal –opinaba Zara–. Me llama todos los días diciendo que quiere volver a casa. Me gustaría que hiciera amigos y empezara una vida nueva. Lo único que quiero es verle feliz. Si él está contento, yo encontraré la manera de empezar un capítulo nuevo». Mi trabajo era ayudar a Zara a darse cuenta de que había puesto todo tipo de expectativas en que Clint se adaptara rápidamente a la universidad y que estaba ansiosa por verle feliz. Como él no lo estaba pasando bien esas primeras semanas, ella sufría una enorme crisis.

La mayoría de las madres coincidirán en que su bienestar y el modo de percibirse a sí mismas están inextricablemente ligados a la felicidad de sus hijos. La maternidad trae consigo una extrema codependencia, a veces obsesiva. Como dice una frase de la película *Estafadoras de Wall Street*: «La maternidad es una enfermedad mental». Esa imposibilidad de desapegarse es un arma de doble filo. Por un lado, el apego nos da una maravillosa capacidad para crear vínculos duraderos y profundos. Pero, por otro, si la madre no tiene cuidado, esa misma capacidad se convertirá en un enredo que será cualquier cosa menos saludable. Muchas madres renuncian a sus profesiones para criar a sus hijos, y el vacío interior que les ha dejado no considerarse ya mujeres independientes lo intentan llenar a través de sus hijos.

Cuando una mujer se identifica con el papel de madre y lo considera su siguiente carrera o profesión, lo que sus hijos consigan y cómo progresen será para ella el «siguiente doctorado» o hito profesional. El peligro de esta clase de enredo es que esa madre proyectará en sus hijos muchos de sus propios anhelos insatisfechos e, inconscientemente, los utilizará para satisfacer sus deseos. Sin saberlo, empieza así a «crear y perfeccionar» a sus hijos como si fueran un currículum que deberá reflejar más su visión que la de ellos.

Es importante que las mujeres tomemos conciencia de lo poderosas que son las proyecciones que hacemos en nuestros hijos. Esta es una pieza clave de mi trabajo sobre la crianza consciente. Su premisa principal es alentar a los padres a que se den cuenta de que la manera en que responden al comportamiento de su hija o su hijo está marcada más por sus propias heridas del pasado y sus anhelos y deseos insatisfechos que por lo que sus hijos hagan en realidad.

El paradigma tradicional de la crianza dirige el foco hacia la niña y el niño. Y siendo él o ella el centro de atención, los padres se sienten con la libertad para imponerle todo tipo de exigencias y expectativas, sin ser conscientes del motivo ni de que tienen un plan previsto para ella o para él. El paradigma de la crianza consciente pone esto cabeza abajo y hace que la crianza se centre en el padre y la madre. El reto es que dirijan el foco hacia sí mismos y se pregunten cómo influyen las experiencias de su infancia y de su vida en su actual manera de ser padres.

Al despertar a nuestros procesos internos, empezamos a ver que utilizamos a nuestros hijos para sanar y completar partes de nosotras que dejamos sin resolver en la infancia. Solo cuando estamos dispuestas a mirarnos al espejo vemos cómo la relación con nuestros hijos refleja lo que necesitamos para crecer desde dentro. Nuestro viaje de maternidad da ahora un giro importante.

La cultura ha establecido un modelo arquetípico de cómo «deberían» ser las niñas y los niños: obedientes, complacientes, agradables, alegres y exitosos. Si no lo son, no son lo bastante buenos. ¿En quién recae entonces la responsabilidad? En los padres y, en la mayoría de los casos, en la madre. Si la madre se ha creído el guion cultural de que nunca en su vida ha dado la talla, la maternidad desencadenará repetidamente en ella ese dolor. La verdad es que es un estándar no solo inalcanzable, sino además falso. Si no nos damos cuenta de su falsedad, el sentimiento de lo que valemos como personas estará ligado a exigencias inalcanzables y perpetuaremos así un profundo y persistente sentimiento de indignidad.

Nuestros hijos no deberían tener que ajustarse a un estándar de excelencia basado en nuestras ideas. Han nacido para forjar su destino de acuerdo con su espíritu singular. Mientras lo hacen, es natural desear, por supuesto, que crezcan siendo amables y considerados con los demás, pero cómo vivan exactamente sus vidas es cosa suya.

Cuando despertamos en nuestra vida y empezamos a liberar a nuestra auténtica yo, creamos las condiciones para que aquellos con los que la compartimos lo hagan también. Si antes, para sentirnos bien con nosotras, no éramos conscientes de hasta qué punto controlábamos el comportamiento y el estado de ánimo de nuestros hijos, ahora somos más conscientes de ello y hacemos todo lo posible por diferenciar su camino del nuestro. Empezamos a pasar nosotras mismas por un proceso de individuación, en el que aprendemos a distinguir psicológicamente a nuestra yo de la madre que representamos. Vemos que una y otra están conectadas, pero separadas a la vez. Y así es como poco a poco empezamos a sentirnos también con nuestros hijos: conectadas, pero a la vez separadas.

Esta separación no es mala, sino todo lo contrario. Es muy importante para nuestro desarrollo psicológico y para el suyo, pues nos permitirá ver la diferencia entre lo que somos y los papeles que desempeñamos. A medida que maduramos en este proceso, empezamos a hacer lo que deberíamos haber hecho siempre: comprender que nuestros hijos están profundamente interconectados con nosotras, pero que son al mismo tiempo seres individualizados y distintos de nosotras. Ya no nos enredamos emocionalmente con ellos de la misma manera. Todo esto solo ocurre cuando dejamos de fusionar la esencia de quienes somos con el papel de madre. Curiosamente, cuando dejamos de invertirlo todo en cumplir ese papel, entramos en los aspectos más profundos del viaje de la maternidad: ya no la ejercemos con un programa en mente y llenas de expectativas, sino desde el corazón, puesto que hay una sola cosa con la que estamos plena y profundamente comprometidas, que es el auténtico florecer de quienes somos y de quienes son cada hijo y cada hija.

Mi niña es una joya

Si hay un área de nuestra vida en la que la enfermedad del perfeccionismo tienda a asomar la cabeza sin el menor control, es en nuestro papel de madres. La maternidad tiene todo el potencial para elevar nuestra obsesión con la bondad a un nuevo nivel. Tendemos a convertirnos en perfeccionistas recalcitrantes. Tomamos nuestra propia maldición de aspirar a ser «una joya» como mujer y la proyectamos en nuestros hijos inocentes, para que sean ahora ellos los que lleven la antorcha que nosotras no acabamos de quemar y se conviertan en «una joya» de niño y de niña. Ya no nos basta con ser mujeres bellas y realizadas en la vida, ahora necesitamos que nuestros hijos lo sean también. Cuando ellos brillan, nosotras brillamos. ¿Les va bien en el colegio? Si no es así, quiere decir que somos un fracaso como madres. ¿Quieren más a su abuela o a su padre que a nosotras? Si es así, quiere decir que no hacemos lo suficiente por merecer su amor. ¿Se deprimen o se ponen nerviosos a menudo? Si es así, la culpa es *nuestra*.

La cultura ha sometido sutil y no tan sutilmente a las mujeres a una presión desmesurada para que lo den todo como madres. La «madre helicóptero» de hoy en día obtuvo su título porque revolotea siempre sobre sus hijos para proporcionarles todo lo que necesitan, desde entretenimiento hasta estímulo, desde educación hasta, cómo no, la alimentación perfecta. Al asumir los guiones culturales en torno a la maternidad perfecta, dejamos sin darnos cuenta que la cultura, como una vulgar matona, nos haga esforzarnos a todas horas por ser la madre ideal. Si nos quedamos cortas, pensamos que estamos siendo «males madres» y nos culpamos por nuestra ineptitud. La maternidad se convierte entonces en su propia tiranía, tanto para la madre como para sus hijos. Nos convertimos también nosotras en matonas y nos acosamos a nosotras mismas como la cultura jamás podría hacerlo, y de paso acosamos a otras mujeres y les hacemos sentir la misma vergüenza que nosotras sentimos.

Si bien muchas madres abandonan la maratón y renuncian a conseguir el trofeo a la «Mejor madre», hay millones de mujeres que compiten por él, aunque sea a nivel subconsciente. Participamos de maneras sutiles en la competencia contra otras madres sin saber siquiera que lo estamos haciendo. Cada vez que dejamos a nuestros hijos en el colegio vestidos de punta en blanco, o publicamos en las redes fotos de los táper de comida orgánica tan perfectos que les preparamos, o hablamos de sus calificaciones estelares, participamos en un sutil acto de acoso. Cada vez que contamos que nos hemos quedado hasta altas horas de la madrugada cosiéndoles a mano el disfraz de Halloween, o cómo hemos organizado su fiesta de cumpleaños y hemos enviado invitaciones en papel satinado, estamos comparándonos y compitiendo. Tal vez lo hacemos con inocencia y solo tenemos intención de compartir esos «triunfos», pero ese interés por exhibir nuestros logros ante gente desconocida debería hacer que nos preguntáramos por qué: ¿qué hay debajo?, ¿qué necesidad tenemos de hacerlo?

¿Por qué publicamos nuestras perfecciones en las redes sociales? ¿Por qué exhibimos los trofeos de nuestros hijos o sus logros? Claro, estamos orgullosas, pero la pregunta sigue siendo ¿por qué necesitamos mostrárselo a los demás? ¿Hay una parte de nosotras que necesita que la vean bajo determinada luz? ¿Nos da un sentimiento de orgullo presumir de nuestros hijos, de nuestras pertenencias o nuestras posesiones? Cada vez que recibo uno de estos *posts* de una «mamá perfecta», siento la presión sutil pero inmediata de intentar hacerlo mejor que ella. Así, en lugar de unirnos como madres que entienden las presiones culturales a las que todas hacemos frente, nos enfrentamos unas a otras. En lugar de publicar nuestros desvaríos, debilidades y pasos en falso, tratamos de hacer ver que todo lo hacemos bien. No nos damos cuenta de lo perjudicial que es esto, no solo para las demás madres, sino también para nosotras. Todas sufrimos cuando damos una idea falsa de la maternidad.

Mientras aspiremos a proporcionar a nuestros hijos una vida de sobresaliente, y a que nuestra identidad como ser humano se base en esta nota, nos expondremos y les expondremos a ellos al fracaso. Porque no solo nos compararemos constantemente con otras madres y sentiremos que nunca estamos a su altura, sino que proyectaremos además este sentimiento de carencia en nuestros hijos, y les encomendaremos la misión de ser los portadores de la antorcha de la dignidad que nosotras nunca hemos sentido.

Más pronto o más tarde, nos damos cuenta de que nuestros hijos están aquí para manifestar su propio ser y que solo es posible manipularlos hasta cierto punto. Para cuando queremos darnos cuenta, su temperamento incipiente nos muestra que tenemos que dejar de controlarlos de esa manera. No podemos protegerlos de sus fracasos, sus rupturas, sus tragedias o sus desilusiones. Independientemente de cuánto los queramos o de cómo los criemos, tendrán que enfrentarse al dolor, a veces a un dolor terrible. Una vez que aceptamos esto, podemos volver a nuestro propio carril y criar a nuestros hijos aceptando sus límites bien definidos y sin mezclar nuestro carril con el suyo.

El Santo Grial de la crianza y la educación

«Solo serás lo feliz que sea tu hijo menos feliz». Este es un dicho que citan muchos padres y madres para explicar su malestar, sus inquietudes y la lucha que conlleva la crianza. Porque si su hijo menos feliz es realmente infeliz, ¿qué pueden hacer ellos?

Quizá te sorprenda lo que voy a decir, pero este dicho es una estupidez. Parte de una base tan equivocada como que estar emocionalmente enredados en los estados de ánimo de nuestros hijos es lo correcto. Da a entender, también, que nuestra felicidad está indefectiblemente ligada a la felicidad o infelicidad de otra persona. La sociedad considera que es un signo de amor y de entrega sentir lo mismo que sienten ellas y ellos.

Una vez más, la cultura ha establecido ideas falsas que nos influyen profundamente. Solo cuando empezamos a deconstruirlas, nos liberamos, liberamos a nuestros hijos y nos ahorramos todos muchísima ansiedad. La cultura ha destacado durante mucho tiempo los dos objetivos dorados de la maternidad y la paternidad: la felicidad y el éxito de nuestros hijos. Pregunta a cualquier padre o madre cuáles son sus dos objetivos principales, y habrá un acuerdo casi unánime: «Quiero que mi hija sea feliz y tenga éxito». Vamos a deconstruir el uno y el otro, empezando por la felicidad.

Zara, esa clienta mía que estaba experimentando el síndrome del nido vacío, lo tenía claro: «Hasta que Clint no sea más feliz, voy a seguir angustiada. Siempre hemos estado muy unidos. Todo lo que siento, él lo siente también, y a la inversa. Ahora que está lejos, me quita el sueño saber que está pasándolo mal. Me está matando».

Los padres creen realmente que, cuando se hacen espejo de los sentimientos de sus hijos, están siendo cariñosos y atentos. Nada podría estar más lejos de la verdad. Eso no es cariño, es enredo. Cuando le expliqué a Zara que tenía con su hijo una relación de codependencia, se quedó sorprendida. Nunca se le había pasado por la cabeza que su vínculo con él pudiera ser disfuncional. Cuando le hablé de la codependencia, y de cómo había perdido su identidad confundiéndola con la de su hijo, empezó a encontrarle sentido.

Al final comprendió que la incapacidad que ella sentía para afrontar los «grandes sentimientos» le había impedido a él poder procesar los suyos toda su vida; y lo estaba volviendo a hacer en la actual situación. En lugar de volverse hacia dentro y sentir simplemente las emociones que le provocaba esta nueva fase, se estaba volcando en Clint y obsesionándose con su felicidad. En lugar de permitirle que tuviera su propia relación independiente con la reciente transición, y de darle la oportunidad de que procesara él sus sentimientos, le estaba presionando para que se sintiera feliz y, así, le evitara a ella la ansiedad de tener que enfrentarse a la realidad de quién era cuando no era «mamá».

Más allá de esto incluso, le expliqué a Zara que el objetivo de que nuestros hijos sean «felices» es completamente irreal, irracional y, en última instancia, inalcanzable; en realidad, es una trampa para que ocurra lo contrario. Cuanto más nos empeñemos en alcanzar la felicidad, más infelices seremos. Deja que me explique.

Hemos convertido la felicidad en un objetivo, cuando en realidad es solo una emoción, y además una emoción fugaz. Nos hemos apegado tanto a la idea de ser felices que, irreflexivamente, aspiramos a que sea un estado permanente. De este modo, sin pensarlo, esperamos que la vida nos dé, uno tras otro, estados de felicidad. Cuando la vida nos los da, nos sentimos afortunadas, privilegiadas, bendecidas. Cuando esos estados no duran, nos hundimos en la miseria y culpamos a la vida en vez de culpar a nuestras expectativas insensatas.

La felicidad es un sentimiento pasajero. Viene y va, como todos los sentimientos. No es algo a lo que nos podamos apegar. Si lo hacemos, vivimos esperando con ansiedad a que nos llegue la siguiente «dosis» feliz y, a nivel subconsciente, rechazamos las experiencias vitales que nos causan algún grado de tristeza, ira o dolor. Pregúntate si es realista querer vivir así, permanentemente flotando en un arco iris y viendo caer chispas de colores.

La verdad cruda y dura de la paternidad y la maternidad es que nuestros hijos van a sentir dolor, y no hay nada que podamos hacer al respecto. Van a luchar, a tambalearse y a fracasar. Cometerán grandes errores, así como tendrán relaciones de pareja disfuncionales. Puede que incluso se hagan daño y causen daño a sus vidas, y es posible que mueran antes que nosotras. Cada una de estas posibilidades hará que nuestro propio sentimiento de impotencia nos domine, y nos asustará no tener ningún control sobre ellas. A veces, quizá sintamos que somos un fracaso absoluto.

Cuanto antes aceptemos que no podemos controlar las experiencias de nuestros hijos y nuestras hijas, ni lo que sienten al vivirlas, antes podremos librarnos de esas fantasías de que deberían estar siempre felices. Nuestros hijos y nuestras hijas son seres soberanos que tienen derecho a experimentar la vida como quieran. Si en medio del paisaje idílico quieren estar tristes, es cosa suya. ¿Quiénes somos nosotras para decirles cómo se deben sentir? Todavía recuerdo al fotógrafo que en la fiesta del segundo cumpleaños de mi hija se disculpó: «He hecho todo lo posible por hacerla sonreír, pero, créeme, no ha habido manera». De inmediato me pregunté: ¿qué le pasa a mi hija, o qué es lo que yo he hecho mal? ¿Por qué no puede sonreír y ser feliz como los demás niños? Al pensar en ello más tarde, me di cuenta de que los padres somos a menudo como la policía de la felicidad, todo el día gritándoles órdenes a nuestros hijos: «¡Sonríe! ¡Sé feliz! ¡No llores!». Al darles estas órdenes, les estamos diciendo que ignoren lo que de verdad sienten y sientan solo aquello que nosotras queremos que sientan para poder sentirnos bien con nosotras mismas.

Nuestros hijos no son nuestras marionetas ni el lienzo sobre el que pintar nuestros deseos y expectativas. Son seres individuales con sus propias necesidades y temperamentos. Si deciden estar de mal humor en un parque de atracciones muy divertido, están en su derecho. Son dueños y dueñas de sus sentimientos. Mientras no hagan daño a nadie, nuestros hijos, y todo ser humano, tienen derecho a sentir lo que sienten. Cuando nos liberamos, y liberamos a los demás, de esa necesidad nuestra de que sean felices, les comunicamos una plena aceptación de la vida tal cual es. Nos damos cuenta de que desear solo experiencias felices es una forma muy infantil de vivir.

La vida no tiene preferencia por ningún sentimiento. La vida sencillamente es. A veces es así y a veces es de otra manera. No nos dicta cómo sentirnos al respecto; eso lo elegimos nosotras. A unos la lluvia les hace felices y a otros, desdichados. La lluvia simplemente es; no intenta provocarnos una reacción. Cómo reaccionemos es cosa nuestra. Sumidas en la inconsciencia, creemos que la vida nos pone en situaciones que nos obligan a reaccionar de determinada forma, hasta que despertamos y nos damos cuenta de que nuestras reacciones no tienen nada que ver con el mundo exterior, sino que dependen por entero de lo que nos pasa dentro.

¿Y si sustituimos la noción de felicidad por algo más duradero y posible? ¿Y si la sustituimos por presencia? La presencia implica abrazar todas nuestras experiencias, las que nos causan felicidad y las que nos causan dolor. Cuando vivimos siendo conscientes de que la felicidad y la tristeza son una parte inextricable de la vida, dejamos de compartimentarla en «lo bueno» y «lo malo». La vida es. Estar abiertas a sus enseñanzas, sin importar las emociones que nos generen, es estar presentes. La presencia es una cualidad eterna que cultivamos cuando aceptamos la vida como quiera que sea en cada momento, en toda su amplia gama de posibilidades. Cuando nos rendimos a la vida, nos permitimos y permitimos a nuestros hijos atravesar sus picos y sus valles con ecuanimidad y alegría. No la juzgamos en función de cómo nos hace sentirnos, sino que la aceptamos por las enseñanzas que nos da. Vivir así nos ofrece la posibilidad de soltarnos de las expectativas y la ansiedad que sentimos en relación con nuestras experiencias y las de nuestros hijos. De esta manera, nos liberamos y los liberamos a ellos y a ellas para que podamos todos participar de la vida tal como es sin temor ni resistencia.

Ahora vamos a deconstruir lo que significa el éxito. Cuando hablamos de éxito, nos referimos a los grandes reconocimientos, los grandes logros, los altos estatus y las sustanciosas cuentas bancarias. Así es como la cultura ha definido el éxito y como lo entendemos la mayoría. Por eso planificamos toda la infancia de nuestros hijos de una manera que les permita en un futuro cumplir el sueño. Que nuestros hijos compitan para poder entrar en las universidades más prestigiosas y en los mejores equipos deportivos se convierte en el objetivo de todos los padres. Y cuando nuestra hija o nuestro hijo no son capaces de hacerlo, pensamos que son, y que somos, unos fracasados. A consecuencia de ese sueño, vivimos sometidos a una presión constante por alejar de nosotras a cualquier precio esa posibilidad de perdición.

Cuando permitimos que nuestros hijos se valoren por un sentimiento intrínseco de bienestar, y no por cumplir los estándares extrínsecos decretados por la cultura, les enseñamos que el estado de *ser* es más importante que el de *hacer*, que importa más lo que somos que lo que hacemos. A fin de cuentas, somos seres humanos, no haceres humanos.

Despertar significa que nos *des*marcamos de la definición de éxito que nos vende la cultura y creamos nuevos caminos de genuino autodescubrimiento en los que establecemos nuestros propios indicadores de logro y progreso. Al hacerlo, nos damos cuenta de que somos plenamente dignas tal y como somos, sin anhelar lo que la cultura nos dice que nos llenará.

Cuando criamos a nuestros hijos desde la plenitud, sin quererlo proyectamos ese sentido de plenitud en ellos y en ellas, pues dejamos de considerarlos inferiores a lo que hubieran podido ser, incompletos, una calamidad. Comprendemos que son perfectos tal como son, con todas sus imperfecciones. Que saquen malas notas no les quita ningún valor como seres humanos. No les imponemos que rindan al nivel que la cultura decide, sino que les permitimos florecer a su ritmo y de acuerdo con sus capacidades.

La cultura dice que la vida es una competición y una lucha. Todas sabemos que la vida es dura a veces, pero no tenemos por qué admitir el modelo de escasez que la cultura propone. A medida que crecemos en abundancia interior, hacemos posible que nuestros hijos crezcan también en abundancia. Les enseñamos que hay infinitas formas de vivir la vida y que su camino es igual de válido que el de cualquiera.

Nuestros hijos no han nacido para ser una réplica de nosotras, ni son nuestras marionetas ni trofeos. Están aquí para convertirse en los espíritus únicos que ya son, así como para manifestar su destino de la manera que sea más auténtica para ellos y para ellas.

Redefinamos la maternidad

Cuando empezamos a ver que nuestros hijos y nuestras hijas nos sirven de maestros en el proceso de crecimiento interior, la maternidad experimenta un cambio radical de perspectiva. Nos damos cuenta de que, mientras no sanemos nuestras propias heridas de la infancia, proyectaremos en ellos y en ellas cada «agujero» que nos han dejado aquellas heridas. Si reconocemos esto, podemos hacer de la maternidad un portal para nuestra evolución. La maternidad consiste menos, entonces, en ansiar su felicidad y su éxito que en sanarnos nosotras. Vamos más allá del papel de madre, y nos despojamos del ego que lo acompaña, para entrar en un nivel más profundo: nuestra esencia maternal. Ahora la maternidad ya no consiste en lo que queremos hacer de nuestros hijos, sino en despojarnos y librarnos de nuestras falsedades.

Mirar hacia dentro significa preguntarnos ¿de dónde viene esta necesidad de ser omnipotentes en la vida de nuestros hijos? y ¿por qué necesito que mi hijo y mi hija seas felices y tengan éxito? Ambas respuestas revelarán la desesperada sensación de impotencia e indignidad que hay en nosotras. Cuando vemos con claridad que hemos estado proyectando nuestra carencia interior en nuestros hijos, de inmediato intentamos corregir, reparar esa carencia interior en ellos, sin darnos cuenta de que ellos no tienen ninguna carencia, de que la carencia viene de nuestro interior. Hasta que nos demos cuenta de que es esto lo que les hacemos, y lo que hacemos en las demás relaciones íntimas, seguiremos extrayéndole como parásitos el valor al otro, esperando que unas pocas gotas de su valor nos curen las heridas.

Despertar significa romper los arquetipos culturales de felicidad y éxito. Cuando comprendemos que no es nuestro trabajo crear la felicidad o el éxito en nuestros hijos, no solo los liberamos, sino que nos liberamos nosotras también.

Deshacer el enredo en la relación con ellos es uno de los retos espirituales más difíciles para cualquier madre. Esto significa vislumbrar en nuestro ser una valía que es independiente de la suya y que nos da la fuerza para hacer un trabajo interior necesario y eximirles de la carga que suponen para ellos nuestras expectativas. Hay un cambio de propósito: si antes queríamos lo mejor para nuestros hijos a fin de sentirnos bien nosotras, ahora queremos lo mejor para nosotras a fin de no tener que utilizarlos a ellos para sentir que valemos algo.

Cuando cambia nuestro propósito como madres, y de la crianza egoísta e inconsciente pasamos a una más evolucionada y consciente, dejamos de considerarnos líderes y comandantes de nuestros hijos, y somos ahora sus guías y acompañantes. Nos damos cuenta de que nuestro propósito más elevado es verlos como nuestros maestros, los que nos hacen despertar, y aprendemos de las lecciones que nos enseñan. Dejamos de caminar al frente de la fila y caminamos a su lado, si nos dejan, o detrás de ellos, en caso de que no. Ahora nos consideramos mediadoras, acomodadoras y compañeras de camino de nuestros hijos en este viaje llamado vida.

Cuando las madres olvidamos nuestra verdadera naturaleza y nos distraemos con la cacofonía de la cultura, traicionamos la esencia espiritual de quienes somos. La cultura nos dice que seamos controladoras, afanosas, intransigentes, que vivamos con ansiedad. Y como creemos que es así como tenemos que ser, nos impacientamos y nos frustramos, nos volvemos chillonas y exigentes. Nuestros hijos lo captan y se desbocan.

Cuando pegamos a nuestros hijos, cuando les gritamos o los avergonzamos de alguna manera, estamos yendo en contra de nuestra verdadera naturaleza. Esas no somos nosotras, aunque nos hayan enseñado a serlo, primero con nosotras mismas y, luego, con ellos. El resultado es que nuestros hijos pierden la conexión con su auténtico yo y se dejan llevar por una forma de ser malsana y disfuncional.

Tenemos que cambiar el paradigma de la maternidad. Nuestro

propósito como madres es criar a nuestros hijos hasta la edad adulta de forma saludable, y punto. Cuando nos centramos en esto, somos cariñosas, comprensivas y no nos estresamos. La cultura contaminó nuestro auténtico propósito con todo tipo de aditivos artificiales, como asegurarse de que los niños y las niñas sean felices, delgados, encantadores y exitosos. Cuando caemos bajo estos dictados culturales añadidos, nos salimos de la maternidad natural que era nuestro elemento y atentamos contra nuestro corazón. Ahora estamos ansiosas, irritables, rabiosas y resentidas.

Sin embargo, en cuanto dejamos de lado los dogmas y dictados de la cultura, volvemos a entrar en el corazón y el alma de la maternidad, que es cuidar de ellos y apoyarlos hasta que sean independientes. El futuro necesita que las madres nos resistamos a que la cultura secuestre lo que en verdad somos, pues eso significa no solo liberarnos de ella para ser auténticas, sino permitir que nuestros hijos y nuestras hijas también lo sean. No hay mayor poder para cambiar el mundo que el de una madre.

17. Las mentiras sobre la belleza y la juventud

Nos creemos obligadas a conservar la juventud
como mermelada metida en un tarro.
Nuestra piel debería mantenerse suave como la nata montada.
Nuestro cuerpo, eternamente flexible como el de una acróbata.
Nuestro pelo, lustroso como la más fina seda drapeada.
Por intentar emular el modelo cultural de belleza,
dejamos de vivir en la belleza.

No creo haber conocido a una sola mujer a la que haya oído decir repetidamente: «Me encanta mi aspecto, no cambiaría nada». ¿No te parece revelador, casi trágico? Es tan común que nos disguste nuestro físico que ni siquiera nos extrañamos de que sea un sentimiento tan generalizado. Aunque estoy segura de que hay hombres que no están del todo contentos con el suyo, no es algo de lo que suelan quejarse. ¿Las mujeres? Es lo habitual.

La presión externa se manifiesta de un sinfín de maneras distintas, pero ninguna nos hace sentirnos tan mal como la que ejerce sobre nosotras la industria de la belleza. Tanto si sucumbimos directamente a ella como si no, ninguna somos ajenas a ella. La cultura nos ha hecho basar lo que valemos como mujeres en la impecabilidad de nuestro cutis, la esbeltez de nuestro cuerpo y nuestra eterna juventud. Esto ha creado en nosotras una necesidad malsana de competir constantemente con las demás mujeres, lo que significa vivir de continuo comparándonos con ellas. Cada vez que miramos a otras mujeres, ya sea en el gimnasio mientras hacen ejercicio, en el supermercado al hojear una revista, o en el cine, cuando vemos a las actrices iluminar la pantalla, hacemos invariablemente un cálculo: en comparación con ella, ¿cómo tengo yo los pechos, la nariz, la sonrisa, las piernas, las nalgas, los ojos?

Descaradamente o de un modo silenciosamente despiadado, la mayoría somos muy duras con nosotras mismas en lo concerniente a nuestro físico. Cuando nos miramos en el espejo, nos fijamos en todos nuestros defectos antes que en nuestra belleza: la barriga, las arrugas, las estrías o la celulitis. Nuestra crítica interior es implacable.

Esclavas del espejo

Desde muy joven y hasta no hace tanto, lo primero que hacía cada día al despertarme era mirarme al espejo y encontrarme defectos, en la cara y en el cuerpo. Los ojos iban directos a las arrugas y a la celulitis. Solo veía eso: arrugas y celulitis. La única diferencia entre mi nueva yo y mi antigua yo es que ahora consigo, la mayoría de los días, no entrar en la espiral de autoagresión despiadada, y me evito así la consiguiente mueca de burla y desdén.

En el pasado, solía entrar en un implacable diálogo crítico conmigo misma en el que me decía que nunca valdría lo suficiente. Estaba obsesionaba con todos los defectos de mi cara y de mi cuerpo –todo lo que la cultura decía que estaba mal–, como el pelo ondulado en vez de liso, la tez oscura o más bien morena en vez de blanca, las curvas en vez de la delgadez, la piel con celulitis en vez de tersa, los muslos rozándose por dentro en vez de separados, o las piernas cortas en vez de largas.

Me detestaba hasta tal punto que acabé trastornando mis hábitos alimentarios. ¿Sabes a quién oí hablar por primera vez sobre la bulimia? A mi mejor amiga. Teníamos apenas dieciséis años. ¿Y de quién había aprendido ella lo que me contó? De otro grupo de adolescentes que habían sido bulímicas durante un tiempo. Me pareció como si todas aquellas chicas supieran algo que yo no sabía. Hablaban del tema con total despreocupación, decían cosas como: «Ah, yo como todo lo que quiero; luego lo vomito y así no engordo». Yo estaba asombrada. Nunca había oído nada parecido. Me dije: «Bueno, pues voy a probar a ver qué pasa».

Afortunadamente, la técnica no se me daba nada bien ni acababa de convencerme el método; me producía rechazo físico y psicológico. Sabía que no podía ser bueno agredir el cuerpo de esa manera. Al cabo de unos meses lo dejé de hacer. Pero no porque ahora me aceptara plenamente como era, sino porque no me gustaba el proceso en sí de comer y vomitar la comida. Ojalá hubiera dejado de hacerlo porque había nacido en mí un creciente amor a mí misma. Para ser sincera, si hubiera habido un modo más placentero de sacarme la comida del cuerpo, lo habría puesto en práctica.

¿Por qué son mucho más frecuentes los trastornos de la conducta alimentaria en las mujeres que en los hombres? La razón es que a nosotras se nos evalúa en primer lugar por nuestra belleza exterior, y solo después por nuestras cualidades interiores. Se nos ha cosificado hasta tal punto que acabamos interiorizando esa opresión y pronto nos convertimos en nuestras mayores opresoras y cosificadoras. Para cuando queremos darnos cuenta, actuamos como si tuviéramos el cuerpo expuesto en un museo. Lo criticamos por partes: el lóbulo de la oreja, el interior del muslo, la falta de tríceps, los tobillos gruesos. A continuación, queremos tener lo mejor de lo mejor hasta en el último detalle: los mejores labios, pestañas, pómulos y mandíbula. Desmontamos nuestro rostro por piezas y dejamos de verlo como un todo. Olvidamos que somos un conjunto integral, que debe ser apreciado en su totalidad. ¿Sabes lo dañino que es esto para nuestro bienestar verdadero?

Fue después de cumplir los treinta años, y dar a luz a mi hija, cuando me di cuenta de que algo tenía que cambiar dentro de mí o le transmitiría a ella esa tiranía. Si no aprendía a aceptar mi cuerpo tal como era y a sentirme orgullosa de él, seguramente le comunicaría el mensaje de que el valor de una mujer está ligado a su físico. Empecé a hacer un serio trabajo interior deconstruyendo todos los sistemas de creencias erróneas en torno a mi aspecto y a lo que la cultura opinaba.

Me llevó un tiempo. Comprendí poco a poco que lo defectuoso no era mi cuerpo, sino la forma en que percibía la cultura el cuerpo de una mujer. Había hecho mía la perspectiva distorsionada de la cultura y la había utilizado en mi contra. No existe un cuerpo defectuoso, sino un cuerpo sano o un cuerpo no sano. Cuando me di cuenta de esto, empecé a liberarme del adoctrinamiento cultural. Aunque todavía sufro una tiranía interna intermitente, he llegado a un punto en el que puedo aceptar mucho más el cuerpo y el rostro con los que nací.

Al margen de lo que diga exactamente la cultura, el hecho de que nos lo creamos y, debido a ello, nos despreciemos por ser como somos es señal de que, a nivel subconsciente, aceptamos todo lo que dice. Cuesta reconocer que es así. Pero nuestro comportamiento demuestra que respaldamos lo que ella ha decidido que es bello, y renunciamos así al valor de nuestra individualidad y de nuestra herencia genética.

Durante generaciones, las mujeres de todo el mundo se han traicionado a sí mismas mucho más de lo que la cultura ha hecho nunca. Nos consideramos tan poco importantes, tan insignificantes e irrelevantes que nos vendemos con la mayor facilidad. ¿Y sabes a quién nos vendemos? A una entidad fantasma, es decir, al mundo que hay «ahí afuera»: a la industria de la cosmética y la cirugía plástica, a las marcas de moda, a los medios de comunicación, al patriarcado y al mejor postor. Acaban por ser más dueños de nosotras que nosotras mismas. No estoy proponiendo que pongamos fin por completo a nuestra sumisión a la cultura. Tal vez queramos seguir depilándonos el labio superior, afeitándonos las axilas y perfilándonos las cejas. Lo que propongo es que tomemos la mayor cantidad posible de decisiones conscientes, para no caer robóticamente en los preceptos culturales que se nos imponen como si fuera nuestra única opción.

La colonización de la belleza

Hay un canon de belleza femenina que ha colonizado el mundo en general. Sus rasgos principales son la piel blanca, el cuerpo joven y delgado, los ojos claros y el pelo rubio. Las preferencias sobre la forma del cuerpo han ido cambiando a lo largo del tiempo. Algunas décadas han preferido los cuerpos huesudos de pecho plano, mientras que otras se han inclinado por los grandes pechos y las curvas. En todos los casos, eso sí, la piel debe ser blanca. Cuanto más blanca, mejor, y cuanto más joven, mejor. Este modelo de belleza ha torturado a las mujeres, jóvenes y mayores; nos ha crucificado con sus implacables parámetros.

Cuando se habla de «la belleza americana», la expresión suele ir asociada a una mujer blanca, delgada, rubia, joven y de ojos azules.

El concurso de Miss América ni siquiera permitía la participación de mujeres de color hasta la década de 1940. Hasta entonces, las concursantes debían «tener buena salud y ser de raza blanca». Incluso hoy en día, la mayoría de las vallas publicitarias y portadas de revistas muestran rostros blancos, cabelleras rubias y cuerpos blancos. Una joven de color tendrá que rebuscar entre las portadas para encontrar una que refleje algo de ella.

La mayoría de las mujeres negras y otras mujeres de color te contarían que crecieron con la sensación de no ser lo bastante bellas. Posiblemente hicieran de todo, rogando por encajar en ese estándar de belleza blanco; desde plancharse el pelo hasta blanquearse la piel, o embutir el cuerpo en fajas que no las dejaban respirar. Las mujeres negras y morenas han tardado mucho en darse cuenta de que «lo negro es bello» y «lo moreno es bello».

Nuestros actuales estándares de belleza procuran disfrazar la discriminación por raza y por edad que sigue imperando. Al reducir lo que es la belleza a unos parámetros rígidos y estrechos, nuestra cultura actual ha destruido la autoestima de millones de chicas de todo el mundo. Como mujeres, es nuestra responsabilidad desafiar el actual *statu quo* en lo referente a la belleza y redefinir lo que significa para cada una de nosotras. Esa es la única manera de expandir nuestra conciencia sobre lo que valemos como mujeres: divorciándonos del paradigma actual de belleza.

La naturaleza nos dio nuestro tiempo de belleza juvenil, pero nunca pretendió que nos aferráramos a ella para siempre. Mira la naturaleza: en ella todo envejece y muere. Sin lucha. ¿Dónde aprendimos, entonces, que tenemos que luchar contra la naturaleza y resistir el paso del tiempo? De la cultura, de ahí lo aprendimos. Nos hipnotizó, y nos hizo creer en algo que la naturaleza nunca quiso para nosotras.

El paso del tiempo nos va a arrugar la frente y va a hacer que nos cuelgue la piel de debajo de la barbilla, y no hay nada que podamos hacer al respecto. Ahora bien, la cultura nos dice que el envejecimiento es un anatema y que hay que evitarlo a toda costa. Así que la mujer se siente escindida e intenta salvar la distancia por medios artificiales. Quizá ella no habría elegido libremente los rellenos o el bótox, pero acaba doblegándose ante la cacofónica crítica interior que ha heredado de la cultura, y que la hace castigarse sin descanso por estar sujeta al deterioro natural que trae consigo el paso del tiempo.

Los hombres no se valoran a sí mismos en función de su aspecto como hacen las mujeres. Eso está muy claro. Cada vez que subo a un escenario acompañada de otros oradores, me doy perfecta cuenta de lo atrapadas que estamos las mujeres en los diversos estándares de belleza. Los hombres suelen salir al escenario con ropa sencilla y zapatos normales, sin más. ¿Las mujeres? Pasan por las maquilladoras, las peluqueras y se ponen zapatos de tacón incomodísimos. Por supuesto, no todas las mujeres se obsesionan con su aspecto, pero no exagero si digo que la mayoría sí. Es lo que la cultura nos ha enseñado, a vincular el sentimiento intrínseco de lo que valemos a nuestra apariencia externa. Y al hacerlo sufrimos mucho.

Al socavar la belleza con la que nacemos, rebajándola, despreciándola y excusándonos por ella, cada día le cedemos nuestro poder al patriarcado «blanquizado». Al aceptar el modelo y someter nuestros cuerpos a horas y horas de tortura diaria, estamos diezmando nuestro valor y asumiendo que pertenecemos a una categoría inferior de mujer, lo cual no es cierto en absoluto. Intentamos constantemente enmascarar, adornar, embellecer y disfrazar nuestra belleza natural. Nos vestimos solo de negro, por ejemplo, o solo con ropa holgada.

Usamos un maquillaje y un iluminador especial, o nos teñimos el pelo y lo sometemos a todo tipo de procesos químicos. Nos gastamos miles de dólares en zapatos y en ropa de marca, o usamos postizos de toda clase, para el pelo, para las pestañas, y nos hacemos rellenos e implantes, todo para ocultar quiénes somos. Es nuestra forma de decirnos que lo que somos al natural no debería ser como es.

¿Cómo empezamos a crear un nuevo estándar de belleza para nosotras? Lo primero es comprender a qué nos enfrentamos. Luego, aceptar conscientemente nuestro cuerpo en todas sus edades, formas y figuras. Cuando establecemos una unión más profunda con nosotras mismas, tenemos la conciencia necesaria para educar a nuestras hijas, a las generaciones más jóvenes, para que se acepten a sí mismas también. Les enseñamos que la cultura tal vez acepte su aspecto físico o tal vez no, y cómo pueden combatir los efectos psicológicos que eso tenga. Sacando el tema a la luz y manteniendo un diálogo consciente sobre él, podemos ayudar a las jóvenes a ser más conscientes de su cuerpo y a tener una mejor imagen de sí mismas.

Más allá de «bella»

Lo que voy a decir ahora supone un gran cambio de paradigma con respecto a lo que se considera políticamente correcto. La idea generalizada entre las feministas de la nueva era es que una necesita decirse a sí misma lo bella que es y dejarse maravillar por cada parte de su cuerpo. «Bella» no es solo un adjetivo. Lleva implícito un juicio de «bondad». Hay términos que son más que meros calificativos, entran en el ámbito de lo bueno y lo malo. *Bella* es uno de esos términos, como lo son *guapa* o *fea*.

Empecé a cambiar mi paradigma interno cuando me alejé del deseo de decir que todo era bello y empecé a llamar a cada cosa por su nombre. Si una parte de mi cuerpo está flácida, voy a llamarla flácida. No necesito juzgarla como buena o mala; simplemente, está *flácida*. ¿Algún problema? Si otra parte de mi cuerpo está rellenita, la llamaré rellenita. No tiene nada de bueno ni de malo; simplemente, está *rellenita*. Si tengo patas de gallo alrededor de los ojos, es así, y punto. No necesito decir: «Tengo patas de gallo *y* son bellas». La necesidad de decir esto lleva implícita cierta inseguridad. La verdadera aceptación de nuestro cuerpo debe permitir que se perciba tal cual es, sin etiquetarlo de bueno ni de malo. Como las palabras *grasa*, *celulitis* y *arrugas* tienen unas connotaciones tan negativas, las oímos como si fueran un insulto. Pero eso es una mera proyección cultural. ¿Qué pasa si sencillamente *son*?

Cuando oímos a nuestras hijas o a las mujeres en general decir: «Estoy tan gorda», la respuesta instintiva es: «No, qué va, estás muy delgada. Ya me gustaría estar de delgada como tú». O si nos dijeran: «Detesto lo fea que soy», de inmediato añadiríamos: «Tú no eres fea, tienes mucho encanto. Mira qué sonrisa más bonita, y esa nariz tan graciosa». Sin darnos cuenta, adulamos a nuestros hijos, a nuestras hijas especialmente, en un esfuerzo por que se sientan aceptados, quizá porque nosotras no lo sentimos. Poco imaginamos que, en realidad, al hacerlo estamos perpetuando su sentimiento de indignidad.

Cuando elogiamos a los niños y a las niñas por su aspecto físico y hacemos caso omiso del desprecio que ellos sienten por él, sin querer ratificamos sus inseguridades y las magnificamos. ¿Qué deberíamos hacer, entonces? La solución no es cambiar el juego, sino dejar de jugarlo. Cuando tu hija o una chica joven te dice que está gorda, no la contradices, porque hacerlo es entablar un diálogo falso.

En lugar de eso, le puedes decir algo como: «Eres quien eres. No le pongas nombre. No lo juzgues. Acéptate como eres y quiérete por ser así. En vez de despreciarte, aprende a apreciar lo que eres. Ama eso que estás juzgando. Deja las comparaciones y la negatividad. Celebra que es así como tu cuerpo te protege, que es así como te da forma y que es así como tu cara refleja al ser que eres. No intentes ser otra persona. Sé tú. Para ello, tienes que aceptar cada parte de ti. Una vez que te aceptes tal y como eres, podrás elegir cambiar algo si hacerlo te parece auténtico».

Todavía me acuerdo de un día que mi hija se reía por cómo me bailaba de izquierda a derecha la carne de al lado de las axilas. Estaba encantada. «Mami, haz volar tus alas de helicóptero», me decía. Instintivamente yo quería, o bien ocultarlas, o bien decirle que eran bonitas o fuertes. Después de pensarlo un momento, me di cuenta de que no tenía que decir nada; podía tan solo mostrarle que aceptaba plenamente mi cuerpo. No hacían falta etiquetas, adjetivos, diálogos, oponer resistencia ni afirmar lo bellos o fuertes que tenía los brazos. Si de verdad me aceptaba tal como era, no había nada que resistir ni sobre lo que discutir ni protestar. Cada vez que luego quería ver mis «alas de helicóptero», me reía a carcajadas y empezaba a revolotear por la habitación asegurándome de que la grasa se moviera bien de lado a lado. Ella se retorcía literalmente de gusto. Le decía, también, que tal vez a ella la carne de los brazos no se le moviera tanto y que no debía sentirse mal por no poder volar, porque el cuerpo de cada una es diferente, con diferentes poderes.

Al igual que las palabras pueden curar, también pueden avergonzar. En última instancia, las palabras que nos decimos a nosotras mismas son las únicas que importan. Siempre habrá quienes, desde fuera, utilicen las palabras para avergonzarnos. Cuando eso ocurra, aunque sea difícil, tenemos que dar un paso atrás y comprender que lo hacen por su propia inseguridad. Dicho esto, a veces, si alguien nos dice que estamos gordas, debemos pararnos un momento antes de reaccionar como si fuera algo peyorativo y dicho para avergonzarnos. ¿Y si es verdad que somos gordas? Por ejemplo, si alguien me dijera que tengo celulitis en los muslos, ¿me lo tomaría como una ofensa o entendería que es la verdad? Porque el hecho es que tengo celulitis. ¿Entonces? ¿Me molesto por el comentario y me siento avergonzada, o me lo tomo como un hecho neutral y sigo con mi vida? ¿Entiendes lo que quiero decir? La cultura nos hace sentirnos mal por la celulitis o por la grasa, como si fuera algo malo, cuando en realidad es totalmente natural. Hace lo mismo con casi todas las partes de nuestro cuerpo que no se ajustan al estándar de belleza occidentalizado y blanqueado.

La mayoría de las veces, las palabras son solo indicaciones. Ahora bien, cuando se utilizan para avergonzar a otro, dejan de ser meras herramientas de comunicación y se convierten en armas de destrucción emocional. Por ejemplo, la palabra *obeso* hace referencia a una enfermedad que consiste en tener una masa corporal superior a un determinado índice (IMC). La obesidad es un problema de salud, sin ninguna connotación moral. Sin embargo, si una persona llamara a otra obesa, podría entenderse que quiere avergonzarla por su gordura, en lugar de estar usando la palabra como un indicador médico. Por supuesto, muchos utilizan estos términos para desprestigiarnos; siempre habrá quien lo haga para obtener un dominio egoísta sobre nosotras. Una vez más, es decisión nuestra si reaccionar a ellos o no. Cuando interiorizamos la vergüenza, en efecto hemos cedido nuestra autoridad.

La cuestión no es lo que digan los demás, sino lo que nosotras interiorizamos. Cuando no somos capaces de aceptar plenamente nuestro cuerpo imperfecto, no podemos esperar que los demás lo hagan. Aceptarlo no significa, sin embargo, que no hagamos ejercicio, que no nos ricemos el pelo para ir a una fiesta, ni tan siquiera que no nos inyectemos bótox si es lo que elegimos hacer. Significa que, primero, llegamos a un sincero conocimiento de nuestro ego y, luego, decidimos en consecuencia. Discernimos, sopesamos y equilibramos, en lugar de caer como robots en las trampas de la cultura o de nuestra inseguridad.

Cuando nos alejamos de la forma en que la cultura nos ha programado, empezamos a dejar de ver las imperfecciones y dejamos de pensar que ciertas partes de nuestro cuerpo son «defectuosas». Y si lo pensamos, nos preguntamos al instante: ¿defectuosas atendiendo a qué? Así comprendemos que lo defectuoso son nuestros juicios, puesto que provienen de arquetipos falsos. Si los arquetipos en sí son falsos, los juicios que hagamos basándonos en ellos tienen que serlo también. Es muy posible, entonces, que ninguna parte de nuestro cuerpo sea un problema. Cuestionando de este modo todo lo que hemos ido interiorizando automáticamente, nos alejamos de la cosificación y avanzamos hacia la totalidad.

Nuestra parte en la cosificación

Lo que voy a decir os sublevará a algunas. ¿Por qué? Voy a pedir que las mujeres asumamos cierta responsabilidad por nuestra desdicha. Nunca es agradable hacerlo, y, sin embargo, solo si reconocemos las maneras en que, a sabiendas o no, contribuimos a crear nuestra realidad nos haremos fuertes y podremos animar a nuestras hermanas y a nuestras hijas a que asuman también su poder.

Si preguntas a cualquier pareja quién de los dos, ella o él, compra más ropa, más productos de belleza y tarda más en prepararse para las ocasiones importantes, probablemente la respuesta será que la mujer. Una de las primeras preguntas que nos hacemos cuando hay a la vista algún acto o celebración es: ¿qué me voy a poner?, ¿qué zapatos van bien con ese conjunto?

Pregúntale a cualquier mujer por qué se viste como lo hace y enseguida dirá: «¡Porque me hace sentirme bien! Me visto para mí». Y aunque es verdad, no es toda la verdad. La otra parte de la verdad es algo que no estamos muy dispuestas a admitir. La otra parte es esta: queremos intensamente que nos deseen. Forma parte de nuestra configuración tanto como forman parte de la del hombre cazar y desear. Aunque digamos que no, tratamos de despertar ese deseo y subconscientemente adaptamos gran parte de nuestra existencia a conseguirlo. Podemos fingir que nos gusta adornarnos, embellecernos y disfrazarnos porque nos hace felices, pero no estamos diciendo toda la verdad.

¿Por qué lo sé? Me fijo en cómo somos cuando estamos solas: ni maquillaje ni accesorios, las tetas sin sujetador, la misma camiseta cada día, unos pantalones de deporte sucios. Si nos sentimos bien así cuando estamos solas, pero luego nos vestimos de punta en blanco para salir a la calle, es ilógico decir que no lo hacemos en buena parte por los demás. Ni siquiera nuestras parejas reciben tan buen trato como los desconocidos.

Cada vez que bromeando con mis amigas les digo: «Te encanta que te hagan cumplidos, di la verdad», se niegan a reconocerlo. Siempre se molestan: «¡No es cierto! Lo hago por mí». Nos cuesta admitir que quizá tenemos, a nivel subconsciente, un motivo oculto para ponernos guapas. En realidad, no hay de qué avergonzarse. De hecho, como decía, forma parte de nuestra configuración querer sentirnos deseadas. ¿Por qué no admitirlo? ¿Por qué nos da vergüenza?

Es más, me atrevería a decir que otro plan oculto que llevamos en el subconsciente es sacarle el máximo partido a nuestra belleza. Arqueamos el cuerpo de determinada manera cuando nos hacen una foto, para mostrar «nuestro mejor lado». Ponemos una pierna delante de la otra cuando estamos de pie con alguien para que parezca más larga. Nos empolvamos la cara, nos perfumamos y nos ahuecamos el pelo. Y si tenemos una entrevista, nos aseguramos de dedicarle a todo ello unos minutos más. Subconscientemente, sabemos que esa «cosa» llamada belleza juega a nuestro favor y, sin dudarlo, hacemos cuanto está en nuestra mano para sacarle partido. Tampoco esto es algo que nos guste admitir, entre otras cosas porque es un arma de doble filo: una parte de nosotras «utiliza» la belleza, y otra parte aborrece que sintamos la necesidad de hacerlo.

Aquí es donde empezamos a participar en la cosificación a la que nos somete la cultura. Aunque nos pesa y nos agobia, de uno u otro modo aceptamos las reglas. Si nos negamos a admitir esa adhesión, no podremos elevarnos de manera consciente por encima de ella, y nada cambiará realmente.

Nadie es quién para decirnos qué aspecto debemos tener o cómo debemos sentirnos por nuestra apariencia; eso es cosa nuestra y de nadie más. Por eso, cada vez que nos miramos al espejo y nos criticamos porque no coincidimos con un determinado modelo de mujer, estamos participando en la cosificación y sometimiento de quienes somos. Podríamos mirarnos al espejo y decir: «Me importa un bledo cómo me vean los demás o el aspecto que tengo ahora mismo. Soy quien soy y tengo el aspecto que tengo, ¡no hay más que hablar!».

Imagina las repercusiones psicológicas que tendría adoptar esta postura. Por un lado, sentiríamos evaporarse al instante todas las presiones y ansiedades que hemos llevado dentro por ese deseo nuestro de encajar. Nos desprenderíamos de inmediato de todo ese tormento que vivimos cada vez que tenemos que prepararnos para asistir a algún acto social, o cuando no tenemos el aspecto que creemos que deberíamos tener. No solo nos libraríamos de la ansiedad, sino que se dispararía nuestra autoestima. Atrevernos a aceptar plenamente quiénes somos hace que la opinión de la cultura y de los demás sea irrelevante.

Cuando a una mujer le salen las primeras canas, se las tiñe rápidamente para no parecer una vieja. Al hombre, en cambio, se considera que el cabello cano le da un aire distinguido y hasta sofisticado. Si una mujer tiene barriga, se la considera poco atractiva, sin embargo, la barriga de un hombre prácticamente no se tiene en cuenta. Si a ella empieza a asomarle alguna calva, se apresura a cubrirla con una peluca o un pañuelo. Si él se queda calvo, se considera normal. Si ella aparece con un atuendo soso en una fiesta, se la critica sin piedad. Si él hace lo mismo, se le quita importancia con un «así son los hombres». El código para las mujeres es uno, para los hombres, otro.

No nos importa tanto que nuestros hijos tengan un aspecto desaliñado, o que se pongan una montaña de mantequilla en la tostada, pero, si se trata de nuestras hijas, ya no nos da tan igual. Queremos que vigilen el peso y que cuiden del aspecto de su pelo y de su piel. De forma sutil y no tan sutil, les transmitimos las mismas normas que a nosotras nos resultaban asfixiantes. Las normas para hombres y mujeres son muy distintas.

El primer precio que pagamos se deriva de negar la realidad. Decir que nos tomamos tantas molestias por embellecernos «porque nos hace felices» es negar la realidad. Embellecernos no nos hace felices. Los cumplidos, o lo que sentimos cuando vemos que los demás notan lo guapas que estamos, eso sí. Hay una gran diferencia. Si admitiéramos que nos gusta que nos hagan cumplidos y recibir atención, nos haríamos un favor. Nos daríamos cuenta de que elegimos sucumbir a la necesidad de recibirlos, en lugar de seguir fingiendo que no los necesitamos.

Responsabilizarse da poder. ¿Qué tiene de malo decir: «Me encantan los cumplidos; me encanta que me digan que estoy guapa; me encanta que los demás admiren mi cuerpo y hagan algún comentario»? ¿Entiendes lo que quiero decir? Establecemos una doble escala de valores. Cuidamos hasta el último detalle para estar deslumbrantes y, luego, nos quejamos de la presión que supone toda la atención que recibimos. Vale la pena comentar también que, si esa atención proviene de un tipo con pinta de galán de Hollywood, no nos molesta tanto como si viene de un tipo más bien simplón. Es todo tan ambiguo.

El segundo precio que pagamos se deriva de nuestra contribución a subir el listón de la belleza. Cuando aceptamos unos estándares de belleza disparatados, y para alcanzarlos nos rellenamos el cuerpo con implantes o «realzamos» nuestra imagen hasta quedar irreconocibles, somos cómplices del sistema que ha despojado a las mujeres de su poder. Con esa búsqueda constante de «la última novedad» en el cuidado de la belleza, respaldamos la idea de que todavía nos quedan cosas que arreglar y mejorar, y ese es el mensaje que enviamos a otras mujeres. Sin darnos cuenta, al retocarnos y arreglarnos constantemente el cuerpo para que se ajuste al modelo, seguimos subiendo el listón de belleza.

Vivir siempre pendientes de las últimas tendencias nos crea la sensación de que nunca estaremos suficientemente al día. Una vez más, tenemos que ser conscientes de que estamos cayendo en la trampa. Nadie nos obliga a hacerlo. Si intentamos «estar al día con las Kardashians», hacemos que las mujeres que conocemos sientan que ellas también deberían intentar seguir el ritmo. Ya sabes cómo funciona esto. Si de diez mujeres hay tres que se arreglan y se ponen elegantes, las siete que no lo han hecho acaban sintiéndose incómodas porque parece que acabaran de levantarse de la cama. Cuando tres se hacen implantes de nalgas, consiguen que las otras siete, que tienen un culo normal, parezcan exactamente eso: normales. De repente, lo que hasta entonces consideraban «normal», ahora es algo de lo que avergonzarse.

Cuando nos ponemos pestañas postizas, hacemos una declaración de intenciones, subimos el listón de belleza e influimos en la cultura de belleza que nos rodea. Cuando nos pintamos los labios de rojo, también; lo mismo que cuando nos ponemos un sujetador *push-up* o usamos filtros favorecedores en las fotos que publicamos en las redes sociales. De estas formas aparentemente inocuas, participamos en lo que la cultura ha dicho que es atractivo; no sé si te das cuenta de que no son acciones inocuas en absoluto.; son cualquier cosa menos eso. Son decisiones letales que tomamos y que luego contribuyen a crear la cultura de belleza de la que nos quejamos a diario.

Tomemos, por ejemplo, algo tan simple como llevar extensiones de pelo o pelucas. Las llevamos para dar a los demás la impresión de que tenemos una cabellera más lustrosa, más sedosa o más cuidada de la que en verdad tenemos. Nos gustan los elogios que recibimos. Nos hacen sentirnos más guapas. Ojalá todo terminara ahí. Acabamos de poner el listón de lo que es un cabello atractivo mucho más alto de lo que estaría si las mujeres hubieran llevado su pelo normal. Y este acto tiene un efecto dominó. Otra mujer mira a la que lleva extensiones de pelo y tal vez la envidie, pues se da cuenta de todos los elogios y atención que recibe. Ahora ella también los quiere. Sin darse cuenta, un instante después está buscando en internet unas extensiones de pelo similares. Lo triste es que antes estaba contenta con su pelo; lo aceptaba tal como era. Pero al ver cómo otras mujeres se hacen cosas en el pelo que los demás admiran, de repente su pelo le causa inseguridad.

Es posible que todo esto ocurra a nivel subconsciente, pero es la forma en que las mujeres, sin saberlo, preparan el escenario para su desdicha. No nos damos cuenta de que, al esforzarnos constantemente por tener mejor aspecto para disfrazar lo inseguras e insignificantes que nos sentimos, en realidad estamos patrocinando el patriarcado que nos define. Por eso es tan importante que tomemos conciencia de la cosificación a la que nosotras mismas nos sometemos.

Aceptarnos a nosotras mismas consiste en eso, al fin y al cabo. Cuando lo hacemos, no necesitamos ya degradar a otras mujeres ni exaltarlas: apreciamos simplemente la belleza que hay en cada mujer, sean cuales sean su constitución física y su edad. Reconocemos nuestra diversidad y nos permitimos diferir de las normas que la cultura nos impone. Cuando nos sentimos «suficientemente atractivas», dejamos de anhelar e intentar a toda costa ser mejores que las demás. La liberación emocional llega cuando nos liberamos de la presión de que alguien ajeno a nosotras nos defina. Ha llegado la hora de que descubramos lo que significa para nosotras la belleza y la definamos según nuestro criterio.

18. Las mentiras sobre portarse bien

Pórtate bien, sé educada, sé amable.
Sé dulce, estate callada, no te enfades.
Adiestradas para ser mudas, aprendemos a ceñirnos
la camisa de fuerza de la conformidad.
Nos dejamos robar a mano armada nuestro poder.

«Es muy simple, mamá. Una palabra, dos letras: n-o» Maia, mi hija, me estaba dando un tutorial rápido sobre cómo decir no. Me dijo: «Mamá, ¿sabes lo que eres? Una alfombra gruesa, mullida, que a todo el mundo le gusta pisar». Cuánto saben los niños. Era verdad. Si tenía un problema serio, mi gran talón de Aquiles, era no saber decir no.

¿Sabes por qué me cuesta tanto decir no? Muy sencillo. Me enseñaron a decir a todo que sí. Me educaron para que fuera «buena», y las chicas buenas decían mucho que sí. Decían sí incluso cuando en realidad querían decir no. Decían sí porque habían aprendido que los sentimientos de los demás eran más importantes que los suyos. A fin de cuentas, las buenas niñas son encantadoras con todos. No discuten, no crean problemas ni arman jaleo. Son dóciles y modosas.

Sé que a mí no me educaron de una manera inusual. Sé que hay millones de mujeres que crecieron siendo soldaditos de juguete en el ejército de sus padres. Las buenas soldados cumplen las instrucciones, no hacen demasiadas preguntas; por supuesto, jamás protestan en voz demasiado alta y se conforman con facilidad. Cuanto más lo hacemos, más contentos están todos con nosotras, y recibimos así la aprobación que nos han enseñado a anhelar desesperadamente.

Si ha habido una maldición que hemos sufrido las mujeres, es la maldición de la amabilidad. Los chicos pueden ser chicos, es decir, que pueden gritar, hacer ruido, ser escandalosos. ¿Las chicas? Ellas deben portarse bien. Lo que esto significa es que simplemente complacemos a los que hay a nuestro alrededor y dejamos que todo sea siempre como ellos quieren. Porque, ante todo, debemos cuidar de lo que sientan los demás.

Piensa en este mandato por un minuto. Por un lado, que nos importen los sentimientos de los demás es básico en el ir y venir diario de una relación; no queremos ser desagradables ni maleducadas porque sí. Pero, por otro lado, es un mandato irrealizable. ¿Podemos de verdad ocuparnos de los sentimientos de alguien? Solo es posible si estamos dispuestas literalmente a matar cualquier individualidad dentro de nosotras y a doblarnos, retorcernos, enroscarnos y adoptar cualquier forma, tamaño y figura con el fin de hacerlos felices. Esto es el suicidio del alma en su máxima expresión.

¿Sabes cuánto tiempo hemos perdido las mujeres tratando de encajar en el papel de chica «encantadora» para que nos quieran y nos digan lo «dulces» y «educadas» que somos? ¿Cuántas veces hemos querido decir no, pero la palabra se nos queda clavada en lo más profundo del abdomen? ¿Cuántas veces nos hemos callado para evitar el conflicto por un miedo paralizante a una confrontación? ¿Cuántos aumentos de sueldo no hemos pedido a nuestros jefes? ¿De cuántos acercamientos sexuales no nos hemos protegido? O ¿de cuántas relaciones disfuncionales no nos hemos marchado?, todo por intentar «portarnos bien».

Tomemos, por ejemplo, al marido que quiere que su mujer tenga sexo con él de una determinada manera o con una determinada frecuencia. Si ella se niega, él se molesta. ¿Significa eso que ella no se está portando bien? O pensemos en la madre que quiere que su hija la llame todos los días, de lo contrario se siente herida. Si su hija no la llama a diario, ¿significa que su madre no le importa? Luego está la amiga que quiere que estés solo con ella durante toda la fiesta, o se siente insegura.

¿Dónde está la línea entre portarse bien con alguien y ser auténtica? ¿Cómo podemos dar prioridad a los sentimientos de los demás sin traicionarnos? ¿Cómo podemos ser fieles a nuestros sentimientos y a nuestros límites y, al mismo tiempo, atender al otro por encima de todo?

Estas son las preguntas fundamentales que debemos hacernos si queremos despertar a nuestra verdadera yo, que anhela tener la libertad de ser auténtica. Para concederle esa libertad, tenemos que alejarnos del mandato de «pórtate bien» y hacer una nueva declaración de quiénes somos realmente, guiadas por el mandato supremo de ser auténticas.

Cuando la feminidad se vuelve tóxica

Cada niña a la que se silencia, y se amaestra para que sea buena y complaciente, recibe el mensaje de que su voluntad, su autonomía y su voz no son tan importantes como las de los demás. Aprende a ceder, a asentir y a amoldarse a todo lo que le exijan las necesidades de los demás. Y así, a base de capitular constantemente ante los demás, pronto se olvida hasta de que existe.

Cuando Mandy vino a la primera sesión de terapia, me dijo que había engordado cincuenta y cinco kilos. Debajo de las sucesivas capas, había una mujer impresionante. Se describió como «la clásica empática codependiente». Oyéndola, parecía como si la codependencia fuera una adicción sobre la que no tenía control de ningún tipo, y no una elección que hacía a diario. Llevaba más de treinta años casada con el mismo hombre, aunque sabía que la había engañado repetidamente. Decía que se sentía apática en su matrimonio, sin pasión, pero aun así decidía quedarse. «No sé por qué me quedo. El caso es que sigo ahí». Estaba paralizada emocionalmente y se sentía incapaz de marcharse. Su papel en la familia era cuidar de todos y atender a lo que necesitaban. Dejar a su marido le parecía un sacrilegio.

A pesar de su tamaño, Mandy era invisible para sí misma. Riéndose, dijo: «Ya sé que no parezco invisible, pero lo soy». En su deseo de ser una afectuosa esposa y madre, había sacrificado por completo su identidad. Me miró desconcertada cuando empecé a explicarle que había desarrollado una feminidad tóxica. Todas hemos oído hablar de la masculinidad tóxica, pero... ¿feminidad tóxica?

Cuando una mujer está firmemente arraigada en la dimensión femenina, está en contacto con sus sentimientos y con su capacidad de apertura. Es capaz de recibir y de dar, de relacionarse y de compartir con naturalidad y gentileza. Es infinitamente flexible, cooperativa, comunicadora y sostenedora de la tribu. Se siente igual de a gusto con los jóvenes que con los viejos, con los débiles que con los fuertes. El principio femenino es dador y afianzador de vida. Vibra con una energía despierta de interdependencia y una tolerancia reverencial hacia la diversidad. Es nuestra forma natural de ser, nuestra forma de dar.

¿Qué es entonces la feminidad tóxica? Es el principio femenino llevado al extremo. Suele empezar cuando una niña se cría en un ambiente en el que impera la inconsciencia y aprende instintivamente que guardar silencio es una buena estrategia para sobrevivir. Esto es lo que suele ocurrir cuando la niña crece de alguna de estas maneras:

> Tiene unos padres helicóptero muy controladores.
> Tiene unos padres que sufren sus propios traumas.
> Tiene unos padres negligentes o amenazadores y agresivos.

En cualquiera de estos casos, los padres están más pendientes de sus propias preocupaciones que de darle a la niña la posibilidad de que se exprese. No hay suficiente espacio emocional para que la niña vuele libre.

El niño y la niña necesitan que el hogar sea infinitamente flexible para que florezca su temperamento. Cuando en el hogar impera la inconsciencia de los mayores, a ellos se les manipula para que encajen en el sistema. En vez de ser el sistema el que se adapte a sus necesidades particulares, se les exige que renuncien a lo que son y se amolden. Cuando los padres están atrapados en sus propios apegos, ya sea a sus sistemas de creencias o a sus heridas de infancia, a los niños se les hace sentirse como si fueran parte del mobiliario. Y ellos se desdibujan para encajar, pues, de lo contrario, la casa se desmoronaría.

Los niños en general, pero especialmente las niñas sensibles, perciben la fragilidad emocional de sus padres y de su hogar y de inmediato saltan al rescate y hacen lo que pueden por enmendar las cosas. En lugar de invertir su energía en desarrollar su mente y descubrirse, gastan todos sus recursos en intentar remediar una situación irremediable.

Una niña que crece en un hogar así detecta desde muy pequeña la fragilidad de todos y se da cuenta de que su voz, sus sentimientos y sus miedos pueden ser la gota que colme el vaso. ¿Y qué hace? Los ahoga. En lugar de sintonizar consigo misma, se convierte en una experta lectora de la energía de los demás, puesto que en eso se basa su supervivencia. Lo único que le importa es evitar el conflicto, y permite para ello que los deseos de los demás se antepongan siempre a los suyos. Excepto físicamente, es como si estuviera muerta. Se vuelve tan pasiva y dependiente que pierde de vista su espíritu libre. Tiene tanto miedo de hacer uso de su iniciativa y su poder que sigue siendo para siempre una niña. Las poderosas cualidades de lo femenino mutan, se convierten en una versión extrema y pervertida de la entrega y la sumisión. Así es como la feminidad tóxica aprovecha la plantilla original de la mujer y la trastoca hasta que ya no se parece en nada a lo que debía ser.

Cuando intenté conectar la situación actual de Mandy con sus experiencias de infancia, los vínculos traumáticos se hicieron más que evidentes. Sus dos hermanas mayores y su madre habían muerto en un incendio. Ella estaba en la guardería cuando ocurrió. A partir de entonces vivió con su padre, que se convirtió en un alcohólico furibundo. Tuvo muchas madres suplentes, que entraban en su vida y desaparecían poco después, pero nadie a quien hablarle de su dolor. Desde que estaba en primero de básica, la mayoría de las noches veía a su padre emborracharse hasta perder el conocimiento. Recuerda que se despertaba ella sola para ir a la escuela y hacía sola los deberes. Mandy aprendió muy pronto que no había sitio para ella.

En el fondo, sentía como si hubiera muerto con sus hermanas y su madre en el incendio. Aunque seguía respirando, no era más que una reliquia de lo que a ellas les había ocurrido.

Se convirtió en una adicta a la comida. A los siete años ya era obesa, y nunca había conseguido bajar de peso. «Utilizo la comida para aplastar los sentimientos y que sigan donde están –admitió–. Masticar me tranquiliza. Es lo único que me hace sentirme bien. Supongo que de niña no había nadie que me ayudara a saber qué hacer con lo que sentía, y lo único que tenía eran la comida y la televisión. No he dejado de masticar ni de anestesiarme con la televisión desde entonces».

Mandy se había perdido prácticamente a sí misma. Estoy convencida, sin embargo, de que si alguien les hubiera preguntado a su familia o sus amigos por el trauma de Mandy, ni siquiera conocerían esa parte de ella. Se habrían quedado desconcertados probablemente. Habrían dicho algo como: «Pero si siempre está feliz y tranquila. Nunca se altera ni se enfada».

Eso es lo que hace la clásica chica que ha aprendido a «portarse bien». Está tan desconectada de su auténtica voz que se limita a hacer lo que los demás le dicen que haga; es mucho más fácil eso que hacer el trabajo interior necesario para estar completa. Cuanto más encantadora es, más aprobación y elogios recibe, lo cual, a su vez, da validez a su silencio.

La plantilla original de amor y protección queda destruida por completo y ocupa su lugar un patrón tóxico. Estas son algunas de las mutaciones:

La adaptabilidad se transmuta en inautenticidad.

La cooperación se transmuta en servilismo.

La sensibilidad se transmuta en fragilidad.
La conectividad se transmuta en dependencia.
La paciencia se transmuta en parálisis.
El instinto armonizador se transmuta en aversión al conflicto.

La feminidad tóxica tiene el poder de aniquilar, prácticamente, a la auténtica yo. Es tal su influencia sobre nuestra alma que nos deja sumidas en una niebla total. Ha pasado tanto tiempo desde que sentimos por última vez nuestro poder que ya ni siquiera recordamos quiénes éramos. Cuando nos damos cuenta de que hemos canjeado ser auténticas por «portarnos bien», al principio nos sentimos desorientadas; hace demasiado tiempo que solo nos hemos conocido siendo así: encantadoras. Comprender que la necesidad de ser buenas ha socavado nuestra autenticidad es un mazazo.

Cuando Mandy empezó a despertar, se dio cuenta de que ser encantadora no solo le evitaba tener que vivir ningún conflicto, sino que le evitaba también tener que ser transparente con el ser que en verdad era. Estaba, de hecho, viviendo una mentira. Esto es lo que ocurre cuando damos un giro a nuestra vida y nos volcamos en las relaciones externas. Mientras atendemos a los estados de ánimo y las necesidades de los demás, dejamos de prestar atención a los nuestros, y así nos evitamos la lucha que supone descubrir lo que sentimos de verdad. Sorteamos lo que habría desencadenado esa lucha interior, y pensamos que estamos en perfecta paz y equilibrio, lo cual no podría estar más lejos de la realidad; en verdad, estamos muy desubicadas. Por eso las chicas «encantadoras» suelen tener problemas de adicción. Aunque generalmente es a la comida, podría ser a otras muchas sustancias, desde el alcohol hasta los opioides o los analgésicos recetados por el médico, o podría ser una adicción al trabajo; básicamente a lo que sea si le sirve para reprimir su voz interior y acallar su verdad. La única forma de compensar esa negación total de nuestra auténtica voz es apoyándonos con fuerza en algo. Creamos así un sistema de representación falso, y a menudo letal, que acaba devorando hasta el último fragmento de quien somos.

Para que las mujeres infectadas por la maldición de tener que ser encantadoras despierten, necesitan infundir a su psique una fuerza revolucionaria. Para poder recuperarse, tienen que inyectarse dosis saludables de masculinidad. Solo cuando sean capaces de equilibrar su psique con la energía masculina, superarán su actual sufrimiento.

El poder de la masculinidad

Cuando no somos auténticas, entablamos relaciones falsas con el mundo. ¿Cómo podría no ser así? Si nos mentimos a nosotras, mentimos a los demás. La persona que los demás ven en nosotras es una ilusión. Ni nosotras sabemos quiénes somos ni los demás nos conocen; tienen una relación con alguien que ni siquiera existe: una relación con nuestro ego. Y si no nos mostramos como auténticamente somos, sino que nos relacionamos a través del ego, la gente hace lo mismo con nosotras. Por eso, la inconsciencia de una persona mantiene a los demás sumidos en ese mismo miedo e inautenticidad. Para poder tener verdadera intimidad con alguien, es necesario, antes que nada, cultivar la sinceridad y una verdadera intimidad con nosotras mismas.

Al renunciar a nuestra voz, en realidad les damos permiso a los demás, en particular a los hombres, para que no nos traten bien. Les enseñamos a todos los que están cerca de nosotras –nuestras parejas, nuestros hijos– a ser insensibles a nuestras necesidades y deseos. Poco imaginamos que, al *no* expresar lo que de verdad sentimos, en realidad no estamos protegiendo el alma de nadie, sino su ego. Y aún más, estamos protegiendo los patrones de servilismo que desarrollamos en el pasado.

Cuando las mujeres «cuidamos» de las personas que hay en nuestra vida y pisoteamos la capacidad que ellas tienen para afrontar el reto de convertirse en mejores seres humanos, no estamos siendo amorosas *en absoluto*. Has leído bien. *No estamos amándolas en absoluto*. De hecho, estamos siendo francamente egoístas. Somos ladronas, que les estamos robando el derecho a enfrentarse a esa verdad como debe ser. No respetamos su potencial cuando nos doblegamos ante cada necesidad suya. Cuando tratamos a nuestras parejas y a nuestros hijos como si no fueran a saber qué hacer con nuestra auténtica verdad, o no fueran a saber cómo encajar que no pueden seguir dependiendo así de nosotras, en realidad les estamos comunicando nuestra falta de respeto por ellos. No les creemos capaces de afrontar esas realidades. Y al evitarles que tengan que enfrentarse a ellas, los mantenemos atascados en un estado infantil.

Pregunta a cualquier mujer si ha tenido que luchar consigo misma para establecer límites. Te garantizo que la mayoría dirá que sí. A la mayoría no nos resulta nada fácil decir no, sobre todo si puede ser causa de conflicto y discordia. A la mayoría, nos revuelven el estómago los conflictos; pueden literalmente enfermarnos, del terror que les tenemos. El trauma de haber crecido con unos padres inconscientes, que no eran capaces de moderar o procesar la intensidad de sus sentimientos, nos ha dejado una cicatriz tan grande que ahora nos ponemos automáticamente en guardia al menor eco de intensidad emocional.

Estamos condicionadas a intentar evitar cualquier clase de conflicto porque lo asociamos con la ira. La ira y otras emociones intensas nos marcaron tanto de niñas que aprendimos a evitarlas a toda costa. Estar cerca de la ira, propia o ajena, a menudo nos paraliza porque va en contra de la «armonía». Estamos dispuestas a hacer lo que sea para evitarla, y la solución más fácil es complacer al otro. Como resultado, aplastamos y reprimimos nuestra ira, hasta que se transmuta en apatía, desgana y depresión. Cuando negamos una emoción humana básica como la ira, nuestro tapiz interior cambia. Nos empezamos a cerrar: empezamos a languidecer y a marchitarnos.

De lo que no nos damos cuenta cuando reprimimos la ira que sentimos es de que estamos enterrando el derecho vital a reclamar nuestros límites y a ser dueñas de nuestro espacio. Cuando tenemos miedo a la ira, en esencia declaramos que tenemos miedo a nuestro poder. Y así, de un modo en apariencia inofensivo, permitimos que se violen nuestro espacio y nuestro cuerpo.

La ira es una poderosa mensajera que nos avisa de cuándo algo está mal y es necesario corregirlo. La clave está en responder, en vez de reaccionar. La ira tiene un lugar en nuestras vidas, pero tenemos que aprender a aprovechar sabiamente su poder. Tenemos que descubrir cómo *usar* la cabeza en lugar de *perderla*.

La ira es una respuesta natural en este mundo antinatural en el que vivimos. Con tantas indignidades escandalosas que se cometen contra la humanidad, ¿cómo no indignarnos? La clave no es oponer resistencia a la ira, sino canalizarla hacia una acción constructiva. La ira nos impulsa enérgicamente a actuar. Si dejamos que esa energía fluya sin obstruirla, puede provocar un cambio formidable en nuestra vida.

Es necesario que establezcamos una relación nueva con la ira que hay en nosotras. Si la desenterramos y hacemos nuestro su poder, la energía suave y femenina que nos ocupa irá dejando sitio para una energía masculina más fuerte y dominante. Estamos condicionadas a pensar que ser masculinas es malo, pero no es cierto en absoluto. La energía masculina es el elemento que necesitamos, sobre todo las chicas «encantadoras», para mantener la cabeza bien alta en el centro del sentir.

Una masculinidad sana entiende el poder que tiene decir *no* y lo utiliza siempre que es necesario. Las mujeres que consiguen integrar su feminidad y su masculinidad son capaces de mantenerse firmes en su «no» sin entrar en conflicto. Son capaces de utilizar ese poder para poner en jaque a los hombres de su vida y evitar que se instalen en una masculinidad tóxica. Una mujer así no se deja manipular, explotar, dominar, controlar ni tiranizar. Los hombres que no toleren su poder no serán los hombres conscientes de los que necesita rodearse. Cuanto más se dé cuenta de esto, más rápido desaparecerán de su vida las relaciones tóxicas.

Nuestro lado femenino y nuestro lado masculino son aspectos fundamentales, ambos, del ser que necesita florecer. Tradicionalmente, se nos ha despreciado si nuestro lado masculino era manifiesto y se nos ha llamado «marimachos», lo mismo que a los hombres que manifestaban su lado femenino se les ha llamado «mariquitas». Gracias al movimiento *#metoo*, ha empezado a cambiar notablemente la forma de considerarnos. Hemos empezado a ocupar nuestro lado masculino con más libertad, y los hombres a reclamar su lado femenino.

Asumir una masculinidad sana no tiene nada que ver con dominar a nadie; significa tener la confianza para alinearse con el propio derecho a prosperar. A medida que integramos nuestra masculinidad, empezamos a valorar a quien de verdad somos, que no es la versión aguada de nosotras que creíamos ser. Abrazamos con valentía nuestros sueños, sin pedir disculpas, y nos atrevemos a hacer realidad nuestro destino.

Acoger nuestra energía masculina no significa abandonar la dulzura, la empatía, la sensibilidad o la generosidad, que son lo que nos caracteriza como mujeres. Queremos mantener nuestra esencia, nuestro corazón y nuestra compasión. Queremos seguir sintiendo, llorando y compartiendo. Mantener el amor a la interrelación y la interdependencia con los seres humanos es fundamental.

Es hora de crear colectivamente un nuevo mundo

Cuando despertamos, damos a nuestros hombres la oportunidad de despertar también. Si les permitimos comportarse impunemente de un modo abusivo, violento y depredador, les fallamos a ellos y a nuestros hijos. Cuando nos negamos a consentir su proceder tiránico, se dan cuenta de que ya no pueden comportarse como les da la gana. Como madres, hermanas e hijas, tenemos el poder para detener la masculinidad tóxica en el momento en que se manifiesta.

Los modos de la masculinidad tóxica no les pertenecen solo a los hombres. Las mujeres los pueden manifestar también, y esto tenemos que reconocerlo. Muchas lesbianas los sufren en la relación con su pareja, aunque sea una mujer. Hay infinidad de razones para desarrollar una masculinidad tóxica, desde ciertas tendencias innatas hasta un condicionamiento de infancia o el adoctrinamiento cultural. Pero venga de donde venga, debemos reconocerla y pararle los pies, lo mismo que a la feminidad tóxica.

La creación de un mundo nuevo empieza con la presencia colectiva de la mujer despierta. Una vez que nos unamos, impediremos a los hombres de nuestra vida que, en su inconsciencia, se conviertan en sus peores enemigos. Nos levantaremos colectivamente y pondremos un dique a la toxicidad que existe. Si tenemos seguridad en nosotras mismas en vez de dudar, ceder y vivir en la ambigüedad, enseñamos a los hombres inconscientes a respetar nuestra inmensa inteligencia y capacidad para el liderazgo. Quizá opongan resistencia, pero al final la revuelta habrá valido la pena.

Lo primero que tiene que suceder es que atajemos la inconsciencia y la violencia desbocada de la que hacen gala los hombres en conjunto, y los blancos en particular. Aunque los hombres deben hacer que sus hermanos respondan de sus actos, es igualmente responsabilidad de aquellas de nosotras a quienes han oprimido. Cuando los oprimidos se hacen fuertes, el poder jerárquico se debilita. El dominio que necesita someter a otro nunca es verdadero poder, sino indicio de una cobardía oculta.

A un nivel profundo, intuitivo, los hombres deben de saber que es un despropósito lo que han hecho. Está a la vista que nuestros hijos y nuestras hijas están ansiosos, y que la separación que han creado las instituciones divisivas es cada vez mayor. Si las mujeres dejáramos de competir entre nosotras y, en vez de eso, nos levantáramos juntas como colectivo, podríamos dar un vuelco al mundo y ponerlo del derecho. La clave está en ese levantamiento colectivo. Cuando demos la cara unas por otras contra el patriarcado, podremos poner a nuestros hombres en el lugar que les corresponde, a nuestro lado, no delante de nosotras.

El poder de unir el mundo les pertenece a las mujeres que, por naturaleza, son conectoras intuitivas. El principio femenino sabe intuitivamente cómo sustentar y florecer; permite que la madre que existe en la mayoría de las mujeres se expanda, se libere y se entregue. De este modo, reflejamos a la perfección la esencia de la Madre Tierra: dadora de vida, regeneradora y restauradora.

Por poseer un corazón maternal, es innato en la mujer reverenciar la vida e intuitivamente protegerla. Puede que no tenga la fuerza física de un hombre, pero hay cosas en las que le supera, gracias a su corazón y su mente expansivos, de los que emanan una sabiduría y una compasión que laten con el mismo ritmo emocional que la tierra. Cuando la mujer equilibra este corazón rebosante de amor con una masculinidad fuerte, no solo crea vida, sino que también destruye todo lo que trate de impedir que la vida florezca. Su masculinidad le permite poner límites y ampliar sus cuidados para protegerse a sí misma también. Es una mujer que ama, pero que no tiene miedo a desbaratar los planes de quienes siembran el odio.

Cuando hayamos recuperado nuestro poder individual y, puestas en pie, nos unamos a todas nuestras hermanas que también han despertado, las mujeres diseñaremos un nuevo mañana, un mañana en el que no habrá jerarquías, sino un círculo de hermanas y hermanos que sabrán, cada uno y cada una, cuál es su lugar en el contínuum de la vida. Cada una y cada uno seremos conscientes del singular poder que hay en nuestro interior, y honraremos la contribución de los demás hombres y mujeres al todo del que formamos parte.

Tenemos una única tierra y somos una única especie humana. Somos, en última instancia, un solo ser palpitante, interconectado e interdependiente. Lo que afecta a un ser afecta a todos. Las separaciones basadas en la religión, el color, la educación, los ingresos, el estatus y la belleza son una ilusión. Quienes han despertado lo saben. Ahora les toca hablar para que se les escuche.

Parte V.
Despertar de la *Mátrix*

19. Abrazar sin miedo nuestro espacio

Finalmente se quitó de los ojos el velo de telarañas.
Y aplastó los escombros de las generaciones anteriores
que le obstaculizan el paso.
Y salió de las sombras del miedo heredado de sus padres.
Y se adentró en el resplandeciente amanecer de su propio mañana.
Temblorosa al principio. Pero luego valiente, abrazándolo todo.

Todos somos adictos, cada uno a nuestra manera. Somos adictos a nuestros apegos, ya sea a los roles que desempeñamos, las relaciones, los patrones emocionales, nuestras posesiones o nuestras creencias. Como le ocurre a la persona alcohólica con su adicción, todos los demás estamos también completamente esclavizados por nuestros apegos. Pídele a una persona religiosa que se desprenda de su apego y verás lo que es resistirse. Pídele a alguien, en mitad de una discusión, que abandone su punto de vista y verás hasta qué punto está identificado con él. Llevamos tanto tiempo esclavizados por nuestros apegos que ni siquiera advertimos que nos dominan.

El primer paso para desprendernos de las máscaras es darnos cuenta de que nos hemos pasado en «modo supervivencia» la mayor parte de nuestra vida. Mientras nuestros apegos nos dominen, no tenemos otro remedio. Estamos tan atrapados en ellos que no nos damos cuenta de verdad del poder que tienen sobre nosotros. Constantemente nos provocan reacciones, y ni siquiera lo sabemos. Como robots, o como zombis, repetimos los mismos patrones una y otra vez.

¿Cómo liberarnos de ellos y ocupar una nueva forma de ser? ¿Cómo podemos, especialmente las mujeres, entrar en un nuevo territorio emocional y cambiar de identidad: pasar del servilismo al poder? ¿Qué significa habitar un cuerpo femenino y estar conectadas y comprometidas con nuestro poder y nuestra capacidad de liderazgo y gobierno? Nos hemos permitido ignorar nuestra verdad tanto tiempo que obedecerla nos resulta extraño y arriesgado, pero eso es precisamente lo que tenemos que hacer si queremos abrazar de verdad nuestro poder.

Salir del «modo supervivencia» para entrar en el «modo despierto» exige valor. Exige que nos atrevamos a cambiar el foco de atención y, en vez de depender de lo que ocurre fuera, dependamos de lo que sentimos dentro. Esto significa que necesitamos despertar a nuestro saber interior, y eso requiere práctica.

Cada vez que nos enfrentemos a una realidad exterior, en lugar de dejarnos llevar por ella como teníamos por costumbre, hacemos algo radical: nos paramos y nos volvemos hacia dentro. En lugar de reaccionar a ciegas, arrastradas por cualquiera de nuestros patrones condicionados, nos preguntamos ¿por qué estoy reaccionando así? ¿Qué siento realmente en este momento y cómo puedo expresar esa verdad? A través de este despertar interior, empezamos a cultivar nuestra auténtica voz. Cada vez sonará más clara, y llegará el momento en que podamos hacernos cargo de nuestra realidad. Finalmente entramos en un nuevo tipo de poder, un poder que se da cuenta de que, pase lo que pase en el mundo exterior, hay infinitas maneras de responder. Contar con esas posibilidades nos libera y nos permite crear nuevas formas de ser y nuevos destinos.

El paso práctico más decisivo de todos los que he dado, y que cambió mi interacción diaria con todo, fue aprender a pararme y escuchar a mi yo más íntima. Lo adopté como práctica. Cuando empecé a despertar y a darme cuenta de lo mucho que dirigían mi vida las fuerzas externas, supe que no podía confiar en mis patrones emocionales ya más. Tenía que interrumpirlos. Y la única manera de interrumpirlos era crear un patrón nuevo en su lugar. Así que empecé a meditar a diario.

A través de la meditación, aprendí a dirigir la atención hacia dentro. Aprendí a pararme antes de hablar, y a comprobar cómo me sentía. Pronto se convirtió en algo natural, hasta el punto de que ahora, si no estoy en sintonía con mi yo interior, se disparan de inmediato las alarmas; entro en un estado de pánico que me dice que algo va mal. Me doy cuenta entonces de que he caído en un viejo patrón y estoy haciendo un papel que no está alineado con mi verdadera yo. Cada vez que me dejo llevar por un sentimiento de carencia, escasez y miedo, noto cómo el cuerpo entero se me tensa. Ahora sé que esos son los signos de que los patrones del pasado están en juego. La diferencia es que, en ese momento en que antes habría sucumbido al deseo de reaccionar impulsada por ellos, ahora me puedo parar y decirme: «Ah, aquí está este patrón otra vez», y observarlo con el ojo interior. No dejarnos dominar por nuestros viejos patrones emocionales es, sin duda, la mayor liberación que podemos concedernos a nosotras mismas.

Me viene ahora a la mente Susie, una clienta mía. Todavía se acuerda de la primera vez que, en mitad de una discusión, no reaccionó de la forma habitual. Llevaba más de un año viniendo a terapia y fue la primera vez que dio un giro a sus patrones. Ocurrió durante una discusión con la que era su novia desde hacía muchos años. Lo que empezó siendo un malentendido fue subiendo de tono y su amiga le lanzó una serie de acusaciones. Normalmente, Susie habría tenido una reacción igual de arrebatada; sin embargo, por primera vez eligió algo distinto y se quedó en silencio. No respondió ni una palabra. «¡Al fin lo he entendido, doctora Shefali! ¡Por fin he comprendido lo que significa valorarme a mí misma! No depende de nadie salvo de mí». Susie estaba entusiasmada por su primera sensación de autoría interior; fue para ella una revelación.

Este fue el paso que lo cambió todo para Susie; su primer vislumbre de la libertad. Fue capaz de que no le afectara la opinión de ella que tenía otra persona y de descubrir la suya propia. Después de esto, empezó rápidamente a hacer cambios en otras áreas de su vida. Por fin se había metido en su propia piel. Este es el poder que tenemos también cada una de nosotras para romper los viejos patrones y crearnos nuevos caminos.

Soy consciente de que puede parecer una tarea abrumadora. En algunos sentidos, inevitablemente no será fácil; cualquier aprendizaje requiere práctica y atención. Es un trabajo para toda la vida, de eso puedes estar segura. Si has llegado a esta página, es que estás dando ya pequeños pasos hacia tu verdadera yo, que poco a poco se va llenando de brotes. Los próximos capítulos seguirán iluminándote el camino hacia delante.

Al empezar a consultarnos más a nosotras mismas, en lugar de reaccionar a ciegas a lo que nos llega de fuera, empezamos también a conectar más con el silencio. El silencio que habíamos conocido en el pasado provenía del sometimiento y la vergüenza. Ahora, un tipo nuevo de silencio aparece en nuestra vida: el silencio que trae consigo el despertar. Este nuevo silencio nos hace enraizarnos en nuestro poder interior. Es un silencio que nace del saber y el discernimiento, no del miedo a perder el amor del otro. Estas dos clases de silencio marcan la diferencia entre la somnolencia y el despertar.

Cuando nos paramos y escuchamos nuestra voz interior, elegimos un territorio nuevo en el que vivir, una tierra en la que el exterior empieza a coincidir con el interior. En vez de dejar que el exterior nos gobierne, ahora situamos a nuestra verdadera yo en el lugar de honor. Ella es ahora la primera a la que pedimos consejo y a la que obedecemos. La escuchamos como si fuera el ser más importante de esta tierra, porque lo es. Como nos sentimos esencialmente valiosas y dignas, solo entramos en aquellas situaciones que vibran al unísono con nuestra esencia. Aquellas que no, dejamos que se desvanezcan lentamente. Ya no toleramos ambientes que aplasten al ser que en verdad somos. De este modo, el tapiz de nosotras que mostramos al mundo empieza a cambiar.

Sentirnos valiosas y dignas de respeto cambia por entero los cimientos de nuestra vida. Ser la prioridad en nuestra vida no significa, sin embargo, que ocupamos el puesto con arrogancia, sino con humildad. Porque, al final, nos damos cuenta de que solo una yo que se ama primero a sí misma puede encarnar verdaderamente un abrazo de amor a todo.

La sabiduría del discernimiento

Uno de los requisitos más importantes para honrarnos a nosotras mismas es el discernimiento. Si algo no aprendí de pequeña fue a discernir en lo referente a personas y situaciones. Lo único que aprendí fue a portarme bien, a ser amable y cariñosa. Nadie me enseñó a discernir. Ojalá alguien me hubiera enseñado que, por muy precioso que sea un corazón rebosante de amor, acabará pisoteado si tiene el contrapeso del discernimiento.

Establecer límites es una manifestación del discernimiento, pero el proceso de discernir empieza mucho antes de que se cree cualquier límite. Empieza por comprender lo que es el «cociente de conciencia». Discernir consiste en ser capaces de comprender nuestro propio cociente de conciencia y el de los demás.

Una de las piezas fundamentales que me faltaban al ir haciéndome mayor era ser consciente del nivel de conciencia tan distinto que tiene cada persona. Daba por hecho que, dado que todos éramos sensibles y relativamente inteligentes, teníamos una conciencia similar. ¡Qué equivocada estaba! Tardé al menos treinta años en darme cuenta. No es cierto que todo el mundo tenga de par en par abierto el corazón, ni que todo el mundo sea generoso y compasivo. Y el factor que lo determina es el cociente de conciencia que tiene cada cual.

Lo que ese cociente significa, en pocas palabras, es el grado de consciencia de sí misma que posee una persona, es decir, el factor clave para su despertar. Si la persona no es consciente de sí misma, no es de esperar que pueda tener una relación íntima con nadie. La consciencia de una misma no surge de la nada. Es algo que cultivamos a diario; es un reflejo de la cantidad de trabajo interior que hemos hecho.

Con el tiempo me di cuenta de que hay cualidades como la empatía, la compasión, el activismo o la interconectividad que no están presentes en todos los seres humanos. Son cualidades exclusivas de quienes tienen un determinado nivel de conciencia. Se necesitan inteligencia, voluntad y un alto grado de integración emocional para mostrar estas cualidades. Si alguien no siente particular interés por ellas, no tendrá un cociente de conciencia muy alto.

El discernimiento es la capacidad para apreciar cuál es nuestro cociente de conciencia y el de los demás. Aunque no hay un sistema de medición objetivo, se trata básicamente de sondear cómo de consciente de sí mismo es alguien. Una vez que nos hacemos una idea, tal vez ya no esperemos que se comporte de una manera determinada solo porque nosotras pensemos que sería lo mejor. Ahora entendemos que quizá simplemente no es capaz de hacerlo. Si su cociente de conciencia es bajo, ¿cómo podemos esperar que se dé cuenta de verdad de las cosas como a nosotras nos gustaría?

Aunque la mayoría hemos crecido en sentido cronológico, tenemos un cociente emocional y de conciencia bastante bajos. Parecemos personas adultas, pero en realidad somos niños y niñas pequeños que empiezan a dar sus primeros pasos y a pronunciar sus primeras palabras, y que tienen una rabieta detrás de otra. Darnos cuenta de esto, sobre nosotras mismas y sobre aquellos a los que queremos, es desalentador, por un lado, pero puede ser también liberador.

Al comprender que hemos estado esperando que el otro se comporte como un adulto cuando, en realidad, por dentro es un niño pequeño, dejamos de tomarnos su comportamiento como algo personal, y eso alivia en cierta medida el dolor que sentimos. Ver las partes infantiles dentro de nosotras nos permite reconocerlas en los demás y tener compasión por nosotras y por ellos; podemos ahorrarnos así cantidad de sufrimiento innecesario.

Esto me trae a la cabeza un cuento budista. Un monje estaba dando un paseo con un aprendiz cuando se le acercó un mendigo que le pidió dinero. El monje le dio el dinero de inmediato. El aprendiz lo elogió por su compasión y generosidad. Al día siguiente, otro mendigo se acercó al monje para pedirle dinero. El monje le dijo que dejara de ser tan perezoso y buscara trabajo. El aprendiz se quedó perplejo y le preguntó por qué trataba al segundo mendigo de forma diferente. El monje le explicó que intuía que el primero estaba realmente necesitado, mientras que el segundo pedía por pereza. Es este tipo de discernimiento al que me refiero.

Como no todo el mundo tiene el mismo grado de conciencia, no es sensato actuar con todo el mundo de la misma manera. Cada persona necesita de nosotras una respuesta diferente, al igual que los padres responden de forma distinta a cada uno de sus hijos. Cada niño y cada niña tiene su temperamento, que requiere de una respuesta paterna o materna diferente. Esperar lo mismo de todos y dirigirnos a todos de la misma forma no es sabio; lo mismo ocurre con las relaciones.

El discernimiento es diferente del juicio. El juicio consiste normalmente en considerar a alguien inferior, en el sentido que sea, y pensar que debería ser distinto de lo que es. El juicio es el azote de la humanidad, que conduce a las guerras, la violencia y la muerte. Es en lo que se basan la supremacía blanca y todos los males que se producen cuando los seres humanos creen que solo su camino es el correcto. Dado que nace del miedo y de la consiguiente separación, el juicio tiene como objetivo dividir y dominar.

El discernimiento no pretende dominar a nadie. Su único objetivo es comprender mejor el carácter emocional y espiritual del otro. Se da cuenta de que cada persona está haciendo su propio viaje, y lo reconoce y lo honra por lo que es; no intenta cambiarlo ni cambiar a la persona. Lo único que nos pide el discernimiento es que elijamos si continuar interactuando con ella o no. Si elegimos alejarnos, lo hacemos con un sentimiento de liberación y alegría, no con amargura y rencor.

Al utilizar el discernimiento, nos damos cuenta del poder que tenemos para participar en la creación de la vida y no nos quedamos mirando sin hacer nada cómo alguien entra en nuestra vida y la trastoca. Protegemos con ferocidad nuestro territorio interior, con el celo con que la leona protege a sus cachorros. Dejamos de ser receptoras pasivas y nos convertimos en participantes activas. Estudiamos, examinamos, investigamos y seleccionamos con sensatez a quién dedicar nuestra energía. Esto es ser realistas, no es juzgar. Cualquier persona y cualquier proyecto tienen que superar la prueba, y conseguir la alta calificación que establecemos, para ser merecedores de nuestra dedicación o nuestra amistad. El respeto y el amor a nosotras mismas nos impiden otorgar acceso a nuestro territorio interior a quien no se encuentre en un nivel de conciencia similar. Atrás, quedaron los días de plácida aquiescencia y conformismo. Ahora nuestras experiencias crean conscientemente una realidad que coincida con cómo deseamos sentirnos.

Esto es lo que significa convertirnos en artífices conscientes de nuestra vida. Pasamos de desventuradas espectadoras a arquitectas que seleccionan meticulosamente los ladrillos y la argamasa más adecuados para sentar los cimientos de nuestra existencia. Esto no significa que no vayamos a cometer errores. Lo único que significa es que seremos conscientes de que los cometimos a la luz de la máxima conciencia con que contábamos en ese momento. No hay arrepentimiento, solo oportunidades de crecer.

Ser nuestras mayores defensoras no es algo que nos resulte fácil a las mujeres. Durante mucho tiempo se nos ha forzado a creer que no somos lo bastante competentes, fuertes o dignas. Nos han enseñado a necesitar que otros aboguen por nosotras. Hemos estado demasiado cómodas siendo simples pasajeras en el viaje de nuestra vida.

Cuando empecé a honrarme a mí misma más de lo que honraba a los demás, mi vida entera cambió. Sé que suena terriblemente egoísta y egocéntrico que diga estas cosas, pero en realidad es todo lo contrario. Los cuidados que acostumbraba a prodigar a todos antes de despertar provenían del miedo, de las dudas y la evasión. No nacían de un sentimiento de abundancia y una generosidad genuina; se originaban en un estado interior de dependencia, necesidad y carencia. No me daba cuenta de que estaba haciendo *el papel* de dadora, en lugar de dar genuinamente de mí.

Cuando empecé a ser consciente de los muchos papeles que interpretaba y de las máscaras que me ponía, me di cuenta de que mi entrega salía de un vacío interior. Salía de mi ego y era mi estrategia para obtener la valoración y aprobación de los demás. Cuando empecé a romper ese patrón y a dar solo con alegría, en vez de por obligación o por miedo, todo empezó a cambiar. Sí, perdí muchas relaciones. Y al principio me asustó, pero pronto comprendí que eran relaciones basadas en el miedo de mi falsa yo, y no en el poder de mi yo verdadera.

Después de despertar, pasé mucho tiempo despojándome de las máscaras de mi falsa yo, y también de las relaciones falsas. Me costaba muchísimo poner límites y respetar mi voz. Pero trabajando a diario para estar alineada con mi yo más íntima, fui capaz de alejarme poco a poco de ellas. Olía la falsedad a un kilómetro de distancia, y gracias a eso podía evitar que echara raíces en mi psique. El deseo de no comprometer nunca más a la mujer que era superaba el deseo de amistad. O una relación se alineaba con mi verdad, o prefería estar sola.

Cuando llegamos a ese punto en que no hay cabida para las negociaciones, cuando decidimos que nunca renunciaremos a nuestra verdad por nada, nuestro mundo exterior se armoniza con nuestro mundo interior. Es casi como si desprendiéramos cierto aroma que los demás captan. Los que no sabrían qué hacer con nuestras verdades, ni siquiera se acercan. Solo quienes se encuentran en un camino similar aparecen. Tomar la decisión de preservar por encima de todo nuestra dignidad hace que las cosas se pongan ellas solas en su sitio.

Una vez que declaramos la intención de honrar nuestra valía y nuestra voz interior, se vuelve prioritaria en cualquier situación la siguiente pregunta: ¿coincide esto con lo que quiero sentir? Visualizamos una imagen clara de quién queremos ser y de cómo queremos sentirnos. Nos alejamos de las situaciones que no coinciden con esa intención y avanzamos con alegría hacia las que sí coincidan.

Cuando se vive en un territorio interior de abundancia y sincronicidad con la vida, no hay ya una apremiante necesidad que nos impulse a agarrarnos a la primera oportunidad que se nos presente. Nos paramos, esperamos y dejamos que cada situación se filtre. Estudiamos a qué saben, qué textura tienen y a qué suenan las personas y las situaciones. Esperamos a que se muestren como son de verdad, antes de comprometer nuestro corazón y nuestra mente. De este modo, dejamos espacio para que haya una plena alineación antes de declarar nuestra unión con otra persona.

El arte de crear demarcaciones sagradas

Establecer límites en las relaciones íntimas, decir no a quienes intentaban depender de mí y alejarme de las dinámicas de relación dañinas son algunas de las cosas que más había evitado hacer en el pasado. Ahora me doy cuenta de que me estaba mintiendo a mí misma. Me doy cuenta de que nunca podré tener una relación auténtica sin antes valorarme, honrarme y cuidar de quien soy. Cómo podemos ayudar a nadie a salir a flote si nosotras nos estamos ahogando.

Poner límites significa decir no, así de claro. Es nuestra manera de afirmar: «Esto no me parece bien y tengo que dejar de participar en ello». O decimos no con palabras, o lo decimos con actos. Más que a la otra persona *per se*, nos decimos no a nosotras mismas. Decimos no a los papeles que, en nuestra inconsciencia, hemos desempeñado como robots anteriormente. No se trata de pedirle al otro que cambie. Se trata tan solo de que dejemos de participar en la dinámica.

Muchas hemos vivido confundidas en cuanto a lo que significa decir la palabra *no*. Pensamos que pronunciarla nos obliga a dar explicaciones, a justificarnos, o a entrar en conflicto. O pensamos que nos obliga a ayudar al otro a hacer los cambios que creemos que necesita hacer. Por eso nos pesa tanto decir no. Pero, en realidad, lo único que estamos haciendo es decir que se ha terminado. ¿Que se ha terminado qué? Se ha terminado el comprometer nuestra dignidad. Eso es lo que se termina cuando empezamos a decir no. No tiene nada que ver con el otro. Lo único que significa es que apagamos las luces y cerramos el grifo de la energía. Nos desconectamos. Lo que sea que estuviéramos haciendo para mantener la dinámica lo dejamos de hacer. En esencia, le decimos «no» a la niña que llevamos dentro y que desea aprobación, validación y alabanza. Le explicamos: «Ya no necesitas las migajas de aprecio que te daba esa persona. Estás ya completa en tu interior. No tengas miedo de asumir el poder que hay dentro de ti».

Durante la primera parte del viaje de despertar, quizá nos descubramos teniendo que decir no todo el tiempo. Cuanto más dormidas hayamos estado en nuestras relaciones y mayor cantidad de disfunción hayamos permitido que creciera a nuestro alrededor, más trabajo tendremos para arrancarla de nuestra vida. Cuanto más conscientes seamos, más necesitaremos decir «no».

Cuanta más comida basura hayamos comido antes, más tendremos que decirles «no» a nuestros sentidos hasta que se desintoxiquen de sus compulsiones habituales. Cuantas más relaciones «basura» hayamos tenido, más tendremos que hacer lo mismo también con esto. Al principio, quizá nos parezca que nos decimos «no» constantemente y que estamos siendo demasiado restrictivas, pero no es así. Nos estamos queriendo de verdad por primera vez. Cuanto más sólido sea el dique que mantiene los elementos tóxicos alejados, más podemos abrir al otro lado las compuertas para que produzca una gozosa inundación de salud y abundancia.

Uno de los requisitos más importantes para crear una demarcación sagrada es precisar los límites. ¿Dónde está el límite en lo referente a las palabras que se nos dicen? ¿Qué palabras son aceptables y qué palabras no? ¿Y el tono del discurso? ¿Y el comportamiento? Posiblemente, nuestras madres nunca nos enseñaran a poner límites a la forma en que la gente se comporta con nosotras, y por eso no hemos creído que fuera necesario hacerlo. Sin embargo, solo cuando las mujeres tengamos una idea clara de cómo necesitamos que se nos trate, podremos decírselo a los demás. Si nosotras no sabemos cuáles son esos límites, ¿cómo van ellos a imaginárselos?

Establecer límites no es el acto de una persona egoísta, sino una medida que toma el *no ego*. Cuando dejamos claro a los demás cuáles son nuestros límites no solo estamos cuidando de nosotras, sino también de ellos. Todos necesitamos una guía para saber quién es el otro y cómo le gustaría que le trataran. Y poner unos límites definidos nos proporciona esa guía.Decirle a alguien: «No me gusta que me hablen así. Por favor, no lo hagas», no es un comentario mezquino, sino amable.

La parte más difícil de establecer esa demarcación sagrada y de crear el alineamiento interpersonal en las relaciones es, quizá, atrevernos a hacerlo con nuestra familia de origen. Esta es la última frontera en lo que respecta a la creación de límites sagrados, porque, aunque alguien sea de la familia, puede no ser de «los nuestros». Diferenciar entre aquellos con los que somos conscientes de que no tenemos más remedio que relacionarnos, y aquellos a los que ahora podemos incluir conscientemente en nuestra vida, marca la llegada de la mujer despierta. Al liberarnos de los tentáculos de la familia, diseñamos una nueva vida en la que cada persona nos eleva hacia nuestro máximo potencial.

Cuando no creamos estos límites frente a los elementos tóxicos del entorno, el mensaje que captan es que les damos nuestro consentimiento. Comprender que nuestro mutismo es una complicidad indirecta con ellos es crucial a medida que empezamos a despertar. No basta con ser capaces de discernirlos y sentirnos mal. Tenemos que comunicarlo al mundo exterior abandonando emocional o físicamente la situación que sea. Esto nos exige transformar nuestros sentimientos en acción. Aquí es donde pasamos de lo femenino a lo masculino. Cuando lo hacemos, damos a conocer nuestro punto de vista y hacemos oír nuestra voz. Es cierto, esto puede tener consecuencias múltiples e injustificadas, que es precisamente lo que tememos. Pero debemos hacernos la pregunta inevitable: ¿qué es lo que temo?

La mayoría de las mujeres no ponemos límites porque imaginamos las posibles consecuencias terribles que tendrá en el futuro, como que acabaremos siendo rechazadas, abandonadas, denigradas, privadas de seguridad económica o avergonzadas de alguna manera. Nos imaginamos lo peor, y esa proyección nos mantiene calladas y retraídas. No nos damos cuenta de que eso que tanto tememos ya ha ocurrido de algún modo, forma o manera.

Cuando me daba pavor iniciar los trámites de divorcio, era porque me imaginaba sola y desamparada. Fue al atrincherarme dentro de mí cuando caí en la cuenta de que ya estaba sola y desamparada en muchos sentidos. Ya sufría la falta de intimidad que temía no vivir en el futuro. Lo que temía que ocurriera en el futuro ya se había manifestado en el presente. ¿Qué podía ser peor que lo que ya había ocurrido?

Eso es lo que nos pasa siempre. Imaginamos un futuro terrible sin darnos cuenta de que ese miedo al futuro proviene de lo que ya está pasando o ya pasó. De hecho, es de nuestro pasado de donde sacamos la evidencia de todo lo que nos ocurrirá. Si el pasado no hubiera sido como fue, no imaginaríamos ese futuro. Lo más maravilloso de planificar el futuro es que las posibilidades son literalmente infinitas. Hagamos la planificación que hagamos, es imposible planearlo exactamente como será.

Siempre les pregunto a mis clientes: «¿Tu *ahora* es agradable? Si no lo es, no te preocupes por el futuro. Primero, acepta que no soportas el presente». Debemos trabajar para crear salud y bienestar en el *ahora*. No tiene sentido que nos preocupemos por lo que nos traerá el mañana cuando el hoy es ya insufrible. Es como querer esperar unos días a apagar el incendio que va a hacer que la casa arda entera hoy mismo delante de nuestros ojos.

Las mujeres despiertas tienen mucho que expresar; no porque queramos armar escándalo para llamar la atención, sino porque somos ciudadanas vivas de este mundo a las que nos afecta lo que ocurre a nuestro alrededor. Tenemos interés por saber cómo son las cosas y estamos comprometidas con la acción, por nosotras y por nuestras hermanas. No vamos a dejar que nadie nos intimide ni nos vamos a callar. Sabemos que ya es hora de que se oiga nuestra voz y no vamos a ser tímidas a la hora de usarla.

Nada importa más que nuestro estado interior. Cuanto más sintonizadas estamos con nuestra yo más íntima, más expertas nos hacemos en discernir los elementos tóxicos del mundo que nos rodea. Pronto toda nuestra vida se convierte en una manifestación casi perfecta de esa armonía interior. Empezamos a vivir la vida desde dentro; saboreamos lo que significa haber recuperado nuestro auténtico poder y ser libres.

20. Abrazar la soberanía

Durante años vivió escondida tras las sombras de la cobardía.
Temerosa de herir susceptibilidades y enfurecerlos,
aprendió a andar de puntillas, sigilosa y muda,
hasta que un día algo cambió y dejó de tenerles miedo.
Fue entonces cuando la criada se transformó en la Reina.

Si hay algo que la mayoría de las mujeres detestamos que nos llamen es «hija de puta». Yo lo odiaba. Despotricaba contra quien fuera que me llamara así, y a la vez sentía la necesidad de justificarme; pasaba por una sucesión de implosiones y explosiones. Cuando me di cuenta de que la razón por la que me llamaban *hija de puta* no tenía nada que ver conmigo, sino con que no capitulara ante otro, dejé de sentir rechazo al oírla. Empecé a ver que le hemos tenido miedo a esta expresión porque nos la tomábamos como un desprecio cuando, en realidad, es un signo de nuestro poder.

No pretendo con esto convertirla en una expresión de uso común, sino que entendamos lo que realmente hay implícito en ella. Cuando nos llaman *hija de puta*, no se refiere en absoluto a nosotras, sino a lo insumisas y poderosas que somos en realidad. Esta expresión es un reconocimiento de nuestra autonomía soberana.

La revista feminista estadounidense *BITCH* lo explica así en su página web: «Cuando se utiliza como insulto, hija de puta es un epíteto que se les lanza a las mujeres que dicen lo que piensan, que tienen opiniones y no se privan de expresarlas, y que no se quedan sentadas y sonríen con turbación si se las molesta u ofende. Si ser una mujer que no tiene pelos en la lengua significa ser una *hija de puta*, nos lo tomaremos como un cumplido, gracias».

Cuanto más honremos nuestras voces y reivindiquemos nuestro poder, más nos van a llamar *hija de puta*. A la cultura no le gustan las mujeres que han asumido su poder y se defienden solas. Llamarnos *hijas de puta*, *lagartas* o *zorras* es una de las formas que tiene la cultura de intentar controlar a sus mujeres poderosas. Cuando lo entendemos, dejamos de tomarnos esas palabras como algo personal. Entendemos que cabrear a la gente forma parte de ser verdaderamente nosotras. Cuando alguien se cabrea, intenta ofender al otro con palabras que le avergüencen. Es comprensible. A fin de cuentas, ¡cómo tenemos la osadía de cambiar las reglas del juego! Todo el mundo estaba acostumbrado a nuestra mansedumbre y nuestro mutismo. ¿Y ahora? ¿Cómo tenemos la osadía de pensar que podemos empezar a cambiar las cosas?

En el momento que empecemos a establecer nuestros límites y a actuar de acuerdo con nuestra voz interior, vamos a oír todo tipo de contrataques. «¿Dónde se ha metido *aquella chica tan encantadora* –dirán–. ¿Por qué *eres tan hija de puta?*». Son palabras que pueden clavársenos como espinas en el costado. Llevamos tanto tiempo esforzándonos por ser encantadoras, y no «unas hijas de puta», que saben exactamente cuál es nuestro talón de Aquiles.

Si todavía estamos apegadas a la imagen de la «chica buena», se nos revuelve todo por dentro cuando los demás reprueban abiertamente lo que hacemos. Todo se nos tambalea, entramos en lucha, se nos desata dentro una tempestad. No sabemos hacia dónde tirar. Ya no estamos seguras de nada, y nos preguntamos: «¿Tal vez debería haber dicho sí? Quizá entonces les seguiría cayendo igual de bien que antes». Es aquí donde el camino se vuelve a bifurcar: ¿queremos ser auténticas o queremos que nos quieran?

Investirnos de Reina

Cuando estamos apegadas a recibir del otro valoración y amor torrenciales, abandonamos literalmente nuestra verdad para ponernos a su favor. Hasta que nos curemos de esa adicción a querer ser del agrado del otro, no seremos dueñas de nuestra verdad soberana. Y entre las cosas necesarias para que se obre esa curación, una es tolerar la desaprobación, el desprecio y el desdén que los demás tal vez nos demuestren. ¿Cómo llegamos a ese estado que nos permite soltarnos de quienes no nos respetan ni se alegran de nuestra compañía? Suena a que debe de ser un estado gélido, despiadado. ¿Qué cambios mentales tenemos que hacer para llegar a él?

En primer lugar, debemos dejar atrás nuestra energía de Princesa damisela y asumir nuestra energía de Reina poderosa. Debemos pasar de ser pasivas a ser activas, de ser dependientes a ser independientes, de ser débiles a ser poderosas. Y esto solo puede ocurrir cuando empezamos a amarnos a nosotras mismas.

Deja que te explique lo que significa para mí «amarnos a nosotras mismas». Significa que el amor que nos damos es para nosotras *más valioso* que el amor que recibimos de otro. Esta es la clave. El sentimiento que obtenemos cuando nos honramos a nosotras mismas tiene que ser para nosotras un tesoro como jamás lo serán el respeto o el amor que recibamos de fuera. Cuando llegamos a ese estado en el que nuestra propia aprobación y valoración nos importan más que las de los demás, recurrimos a nosotras cada vez que necesitamos un consejo sabio, como habríamos recurrido a un sabio maestro en el pasado. En lugar de llamar a una amiga por teléfono, llamamos a nuestra yo más íntima. Cuando estamos tristes, nos acompañamos a nosotras mismas en un viaje interior para descubrir el motivo. Cuando estamos felices, lo celebramos con nosotras mismas y nos sentimos orgullosas de nosotras sin necesidad de aprobación exterior.

Acostumbrarnos a estar solas es una parte importante del proceso de despertar. Preferir estar solas más que en la compañía de personas con las que no compartimos el mismo grado de consciencia es algo que ocurre de forma natural. Si antes nuestra propia compañía nos aterraba, ahora la acogemos con gusto. Que estar con los demás deje de ser nuestra prioridad absoluta hace que deje de importarnos lo que piensen. No es que no les pidamos su opinión, sino que no nos postramos ciegamente ante ella. Nos paramos, miramos hacia dentro y discernimos si la opinión que han expresado los demás intenta invalidar lo que nosotras pensamos. Cuando hacemos esto, es que hemos conectado con nuestra energía de Reina.

Cuando hablo de la Reina, no pretendo evocar la imagen de la tirana que corta cabezas. Hablo de la Reina Despierta, que actúa desde el corazón y desde la mente, que recibe y que da. Ha descubierto su valía y está plenamente asentada en ella, y no desea otra cosa que contribuir a que las demás mujeres reconozcan también su propio poder.

La Reina nunca se desconecta de su corazón; de hecho, está totalmente anclada en él. Ve cómo a otros les mueve un sentimiento de carencia y tiene compasión por ellos; en lugar de sentirse amenazada por sus deseos y pretensiones, o dejar que la influyan, se mantiene fuerte en su propia sabiduría. Construye su reino de mujeres cuidadosamente seleccionadas que, como ella, ya no viven en la separación ni el miedo.

La Reina es el arquetipo de una mujer que ya no es apolítica. Ya no pide disculpas por ejercer su derecho natural a ocupar un espacio y recibir atención. Ya no duda de su capacidad para contribuir a cambiar el mundo. Ya no tiene miedo a brillar. Es plena e irrevocablemente consciente de su valía, y ya no se acobarda y se esconde entre las sombras, temerosa de mostrarse con la audacia que desea.

La Reina ya no se considera a sí misma inferior; en ningún momento. Se ve plenamente como una igual en la mesa, ya sea una mesa de campesinos o de presidentes. Como ha dejado de creerse el cuento de las categorizaciones e identificaciones, ya no se siente intimidada. No necesita ser la más acreditada, la más glamurosa ni la más rica para sentarse a la mesa. Se sienta a la mesa porque reconoce plenamente que es digna de hacerlo tal como es.

La Reina no se deja seducir por los trajes sofisticados y las pulseras de diamantes; ve a través de las tramposas fantasías en las que la cultura le había enseñado a creer, y que la han hecho vivir a ciegas. Está aquí para valerse por sí misma, atenta, abierta y presente. Si alguien no la valora, ella sigue su camino, no solo sin rencor, sino indiferente. Sabe que el océano es inmenso y que encontrará a muchos afines a ella. Ya no busca aprobación ni valoración, pues no está dispuesta a rebajarse.

La Reina valora tanto su propia voz que se sitúa en una posición de gran honor. Nadie está antes ni por encima de ella. Ya no cae bajo el hechizo del poder que otro intente anteponer al suyo. Ese hechizo ya lo ha roto. Ahora sabe que cuenta con su propio poder, su propia brújula interior que la guía, y sus propios recursos. La damisela en apuros ha despertado, y ya no depende de su príncipe para que la salve. La fantasía del príncipe está carbonizada, muerta y enterrada.

Cuando empecé a asumir mi energía de Reina, me encontré de inmediato con la reacción de las personas queridas. La protesta más común era: «¿Quién se ha creído que es?». Estoy segura de que muchas lo habréis oído. Lo que esta pregunta significa es: ¿cómo te atreves a pensar primero en ti? Y: ¿cómo te atreves a tener una opinión tan alta de ti como para que ya no te importe lo que yo necesito?

Cuando las mujeres oímos esa pregunta, inconscientemente la recibimos como una amonestación, como si nos hubieran llamado al despacho del director y nos esperase una reprimenda: nos hemos pasado de la raya y lo vamos a pagar caro. Cuanto más hayamos establecido en el pasado una dinámica de servidumbre, y más hayamos antepuesto las necesidades de los demás a las nuestras, más vamos a temer esa reacción. Nos da miedo atrevernos, ¿entiendes? Asociamos el atrevimiento con la maldad. «Solo las chicas malas se atreven». Estas dudas tratan de impedir que nos atrevamos, tratan de mantenernos en nuestro sitio, calladas. Cuando me di cuenta de que era solo una táctica de intimidación, dejé de estremecerme cada vez que oía esas palabras. Aprendí a mirar directamente a los ojos al que las decía y a sostenerle la mirada sin miedo.

Solo cuando fui capaz de reconocer ¡pues claro *que pienso primero en mí!, y mejor que vayas haciéndote a la idea de que tengo una opinión muy alta de mí misma*, fui capaz de dejar atrás a mi indefensa damisela interior. Cuando empezamos a percibirnos como mujeres audaces y majestuosas, no les dejamos a los demás otra opción que percibirnos bajo la misma luz. ¿Cómo podría alguien considerarnos valiosas o valientes si vivimos continuamente rehuyendo la luz? Tenemos que dejar ya de acobardarnos, de avergonzarnos, de esperar. Tenemos que despertar y descubrir lo competentes, inteligentes y capaces que somos, y creer en ello. Con la cabeza alta y sacando pecho, empezamos a manifestar el poder que siempre hemos tenido dentro.

Recuerdo una de las primeras veces que asumí mi energía de Reina. Fue durante la conferencia *Evolve*. Estaba hablando, y una de las participantes empezó a despotricar contra mí diciendo que había tirado el dinero viniendo a aquella conferencia. Mientras me atacaba, una parte de mí quería capitular y pedirle disculpas; quería devolverle el dinero para que no se sintiera tan mal. Afortunadamente, había otra parte mía, mi parte Reina. A esta parte no la desestabilizaban el descontento y la desaprobación de aquella mujer. Esta parte se daba cuenta de que aquel malestar no tenía nada que ver conmigo. ¿Por qué no me desestabilizaron sus ataques verbales? Porque creía en mí misma y no necesitaba que ella me diera su aprobación. Además, esta parte captó algo distinto detrás de sus palabras: su dolor. La invité a subir al escenario para que trabajáramos con sus reacciones. Como era de esperar, una vez que sus sentimientos salieron a la luz, quedó claro que yo solo era un blanco fácil del dolor que le provocaban sus conflictos, así como que todos sus «ataques» nacían en realidad de un gran desorden interior.

Cuando nos inunda la energía de nuestra Reina interior, recordamos el ser valioso que en verdad somos, y nos es fácil separarlo de lo que opinen de nosotras los demás. Por eso establecer contacto con el ser valioso que somos es tan esencial en el proceso de crecimiento; y es lo que mejor sabe hacer la Reina.

Zona sin excusas

Si hay un tipo de pregunta que me he jurado borrar del repertorio, es cualquier cosa parecida a: «¿Por qué eres tan desagradable conmigo?». Me he jurado no preguntar nunca «por qué» a nada que lleve implícita alguna clase de maltrato hacia mí. Durante décadas tuve la costumbre de querer saber el «porqué» de ciertos comportamientos, como si encontrarles una justificación los hiciera aceptables. Si alguien me trataba mal, pero podía justificar su conducta, parecía que eso lo hiciera más fácil de tolerar. Lo que esto significaba realmente era que el estado mental y emocional del otro tenían más importancia para mí que el daño y el dolor que me causaban.

Solo cuando desperté me di cuenta de que ninguna respuesta que pudiera encontrarle a ese «por qué» era válida, excepto: «No estoy siendo consciente de la realidad y necesito seguir trabajando para serlo». Todas las demás razones que pudieran ocurrírseme eran justificaciones de que alguien me tratara mal, y una distracción del hecho de que necesitaba crear una zona en la que no cupiera ninguna excusa para el maltrato.

Vi con claridad que no hay ninguna razón aceptable para el maltrato, ya provenga de mí o del otro, pero tardó tiempo en cuajar. Cada vez que saltaba mi parte empática e intentaba hacer de salvadora o rescatadora, tenía que empujarla con suavidad hacia abajo. No le daba tiempo a que me cuestionara. Valoraba su gran corazón, pero sabía que hasta que no creara nuevas condiciones para que floreciera, tendría que quedarse callada. No era el momento de que brillara mi lado empático, era el momento de que se alzara mi Reina.

A las mujeres, nos da tanto miedo confiar en lo que sentimos que constantemente pedimos permiso al mundo. Es casi como si necesitáramos tener una razón externa para fiarnos de nuestra intuición; como si nuestras percepciones nunca tuvieran suficiente peso. Primero tenemos que conocer las razones de los demás y si son lo bastante rimbombantes o suenan lo bastante fuerte, estamos dispuestas a desoír la nuestra.

Esto nos lleva de nuevo a nuestro problema fundamental como mujeres entregadas y protectoras. Nos preocupamos por los sentimientos y heridas de los demás mucho más que por los nuestros. No me malinterpretes; no estoy diciendo que no debamos expresar nuestro amor por los demás. Es nuestra cualidad más maravillosa, pero puede volverse malsana si la situamos por encima de los cuidados y el amor a nosotras mismas.

Cuando me di cuenta de que eso era lo que yo hacía, pero no tanto porque me importara más el otro, sino porque tenía miedo de cuidar de mí, supe que algo iba mal. No estaba bien creer que yo no era tan importante como los demás. No estaba bien creer que mis sentimientos no eran importantes tal como eran. Era el momento de cambiar estas creencias, y lo hice invistiéndome de Reina.

Empecé a crear la zona «sin excusas» a mi alrededor. Dejé de excusar a los demás y de excusarme. Dejé de decir «es que...» y empecé a decir simplemente «es lo que es». Nada de «es que», nada de razones, nada de excusas. Si el comportamiento de alguien conmigo era inaceptable, dejé de buscarle el significado profundo. Me concedí el privilegio de decir simplemente: «No admito que se me trate así. Punto».

Tanto ama la Reina su verdad interior que lo único que le importa es guiarse por la luz que emana de ella. La pregunta que la guía en cualquier situación es sencilla: ¿Me hace sentirme bien? Si es así, da otro paso adelante. Si no, la deja pasar. A nosotras, mujeres abnegadas, nos resulta difícil sentirnos merecedoras de todas las cosas buenas, pero necesitamos sentir que lo somos si queremos ser plenamente dueñas de nuestra soberanía interior. La Reina entiende que es:

> Merecedora de espacio para que se la vea y se la oiga.
> Merecedora de respeto y celebración.
> Merecedora de paciencia y lealtad.
> Merecedora de atención y valoración.
> Merecedora de cuidados sin fin.
> Merecedora de verdad y honestidad.
> Merecedora de bienes y comodidades materiales si ha trabajado por ellos.
> Merecedora de lujo y placeres si le llegan.
> Merecedora de recibir elogios y adoración.
> Merecedora de ser el centro de atención si el foco la ilumina.
> Merecedora de amor y respeto.
> Merecedora de prodigarse sus cuidados y relajarse.

La Reina no tiene dudas de lo que se merece. Tocada con su corona ocupa su trono con un regio saber interior. Una verdadera Reina se siente tan segura de su poder interior que permite tranquilamente que las demás se eleven y asuman también su propia naturaleza de Reina. En esto reside su máximo poder. Ella crea el espacio para que las demás mujeres florezcan. Se siente tan satisfecha de su propio viaje hacia la plenitud que crea sin esfuerzo el espacio para que las demás mujeres se sientan seguras y puedan descubrir el suyo. Nunca siente la necesidad de competir con nadie ni de pisarle a nadie los pies, ya que los suyos calzan zapatos de oro.

La Reina no espera a convertirse en alguien distinto para poderse amar. Se da cuenta de que ser Reina es un trabajo eternamente en curso, pero se siente digna por completo de ser honrada y agasajada tal como es. A diferencia de la Princesa, que espera siempre a que le llegue un futuro mejor, la Reina se niega a volver a quedarse en modo de espera. Se da cuenta de que la vida se vive en el momento presente. Por muy caótica o incompleta que esté la Reina, sabe que es quien necesita ser en ese momento.

La Reina no se esconde de sus defectos, sino que los reivindica. No finge que en su vida todo está en orden, como si fuera un regalo con lazo, sino que desnuda sus heridas para que todos las vean. Está en contacto con la energía de su sombra. En lugar de dejar que sus imperfecciones se escondan tras las telarañas, las hace suyas.

La pareja adecuada

La Reina selecciona cuidadosamente a sus reinas y reyes consortes. Como considera que su tiempo es valioso, no lo desperdicia con el primero o la primera que desee su atención. No tiene problema en despachar a alguien si sus niveles de conciencia no coinciden.

Lo que voy a decir es algo extremadamente importante que enseñar a nuestras hijas. Ojalá lo hubiera sabido antes de embarcarme en la vida adulta. Cuando una mujer asume con plenitud su energía de Reina, deja de buscar las atenciones de los hombres o mujeres que la rodean. Por el contrario, espera a que se acerquen a ella y elige solo la compañía de quien más lo merece. La Reina espera a que llegue la pareja, no la busca con desesperación porque se siente vacía. Está segura de que todas las cosas aparecen a su debido tiempo. No tiene prisa. Ha perdido la prisa, la sed y el hambre. Todo cuanto necesita está ya presente, dentro de ella. No siente ningún anhelo de ser más que lo que es en cada momento, ni desea hacer o tener más que lo cada momento trae consigo.

Cuantas más mujeres nos invistamos de nuestra realeza interior, mayor será la extensión que allanaremos para que otras lo hagan también. Todo empieza con una mujer. Aunque quizá se sienta sola, una mujer basta para empezar la revolución.

21. Abrazar la responsabilidad

No volveré a sentirme víctima de mis circunstancias.
No dejaré que la marea de mi vida me vuelva a arrastrar
y a lanzar a la deriva.
No dejaré que los vientos de mi tormenta me vuelvan a descomponer.
No hay nadie a quien culpar, nadie a quien esperar.
Es hora de que tome yo el timón y dirija la nave.

La responsabilidad es un aspecto fundamental de nuestro despertar espiritual. Significa que estamos dispuestas a responder de nosotras, plenamente. Ponemos fin al juego de la culpa y nos alejamos de la conciencia de víctima, que nos hace creer que la vida nos ocurre *a nosotras*. Responsabilizarnos de nuestra vida significa que empezamos a ser conscientes de que la vida ocurre *con nosotras*.

Cuando los padres y las madres me preguntan cuál es la mejor manera de pedir perdón a sus hijos, suelo decirles: «No digas que lo sientes si no te responsabilizas de lo que has hecho». Lo que quiero decir con esto es que nuestros hijos no necesitan escuchar un perdón vacío seguido de una justificación; lo único que quieren es un cambio real.

Siempre estamos «sujetas a contrato». ¿Qué quiero decir con esto? Los patrones emocionales con los que estamos comprometidas establecen apegos dentro de nosotras a los que luego nos adherimos, como lo haríamos con un contrato. Firmamos así, por ejemplo, contratos de martirio, victimismo y ansiedad. Y uno de los principales contratos que inconscientemente hemos aceptado es el de eludir cualquier responsabilidad. Nos aterra romper ese contrato. Hacerlo significaría poner fin a todas las tácticas infantiles que empleamos. La pregunta que nos tenemos que hacer no es si estamos dispuestas a ser felices, sino si estamos dispuestas a romper el contrato de «evasión de responsabilidades».

¿Cómo se traduciría esto a la vida real? Para empezar, tendríamos que hacernos las siguientes preguntas:

> ¿Cómo he contribuido a crear mi situación actual?
> ¿Qué hice y cómo me comporté exactamente?
> ¿A qué contrato emocional estoy sujeta ahora mismo y por qué?
> ¿Por qué he vuelto a caer en la trampa de los viejos patrones?
> ¿Qué tengo que cambiar para inhabilitar definitivamente este patrón?
> ¿Cómo voy a asegurarme de que voy a hacer de verdad esos cambios?
> ¿Qué haré en caso de recaída?

Al igual que los alcohólicos necesitan tomarse en serio su adicción, también nosotras tenemos que tomarnos en serio nuestras adicciones emocionales. Para hacer un análisis detallado de lo que nos lleva a caer en la trampa de nuestros contratos emocionales inconscientes, nos preguntamos: ¿cuáles son las causas que he creado y qué efectos tienen? ¿Cuáles son los principales desencadenantes de esos patrones? ¿Cuáles son las reacciones del cuerpo?

Observar a cámara lenta el juego de nuestras causas y efectos nos ayuda a ver dónde se produjeron las fisuras emocionales. Como podría hacer un sismólogo al registrar un terremoto, creamos un registro de nuestras turbulencias internas. De este modo, empezamos a ver con exactitud cómo se repiten los mismos patrones, y podemos empezar a romper de forma concertada nuestros contratos disfuncionales.

Asumir la responsabilidad de nuestra vida es una declaración, a nosotras mismas y a los demás, de que ya no esperamos que nadie se haga cargo de nosotras. Esto no significa que no apreciemos que nos cuiden; significa que ya no esperamos que un caballero de brillante armadura venga a rescatarnos. Abrazamos plenamente nuestro propio poder para realizar los cambios necesarios y empezamos a tomar las medidas precisas para ello. De este modo, la niña no solo empieza a caminar, sino que empieza a volar.

El atractivo de las justificaciones injustas

«Me comí el paquete de galletas porque ¡había estado de tan mal humor todo el día!». «¡Perdí los nervios porque mi hijo no me hacía ni caso». «Entiendo que a veces me pegue. No te imaginas lo difícil que puedo llegar a ser». «Ojalá no fuera un adicto al trabajo. Mi vida sería tan diferente entonces».

¿Alguna de estas frases te suena familiar? Somos maestras de la justificación. Condicionadas como estamos a evitar la vergüenza y el castigo, hemos aprendido a encontrar justificaciones para nuestras acciones y las de los demás. Sin embargo, justificarnos es lo que más nos mantiene atrapadas en patrones disfuncionales, ya se trate de una relación personal o laboral. Aunque sabemos que esa relación nos hace infelices, nos quedamos en ella. Y la razón principal es que hemos justificado la razón para quedarnos.

Crear justificaciones es lo contrario de asumir responsabilidades. El habito de justificarlo todo nos sume en un estado de pasividad, en el que no hay más acción que la de buscar excusas de por qué hicimos algo o alguien lo hizo. La responsabilidad, por el contrario, crea conscientemente acciones para cambiar la situación lo antes posible. Una está repleta de energía estancada, la otra, de resiliencia, de adaptación y evolución.

La culpa suele ser uno de los motivos por los que buscamos justificaciones. Apuntamos el dedo hacia nosotras mismas o hacia otros y encontramos razones para castigar o juzgar lo que sea que haya ocurrido. Nos quedamos en la conciencia de víctima, encogidas de vergüenza si nos culpamos a nosotras, o encogidas de impotencia y de miedo si culpamos a otro de nuestra situación. La culpa engendra vergüenza y miedo al castigo.

Otro de los motivos por los que creamos justificaciones es el de *reducir la disonancia cognitiva*. Esta es una expresión que acuñó el psicólogo Leon Festinger para definir un proceso psicológico por el que intentamos reducir la discrepancia entre dos percepciones que están en conflicto. Si una mujer sufre maltrato por parte de su pareja, se siente dividida entre dos creencias suyas: que su pareja la quiere, y que el maltrato es inaceptable. ¿Qué puede hacer con eso? Intentar reducir la discrepancia cambiando una de sus creencias: o bien cambia la creencia de que él la quiere, o bien cambia la definición de maltrato. De esta manera, se crea una nueva realidad, ya sea dejando a su pareja, o ya sea cambiando su punto de vista sobre el maltrato para que deje de resultarle inaceptable.

La culpa y la reducción de la disonancia cognitiva nos impiden dar el gran salto que necesitamos para ser «adultas» y asumir la responsabilidad de nuestra vida.

Las justificaciones nos mantienen atascadas en el nivel mental de las esperanzas frustradas, los deseos insatisfechos, las ideas incompletas y las fantasías no realizadas. La responsabilidad significa que dejamos de construir historias en la mente y pasamos a la acción. Dejamos de ceder nuestro poder y empezamos a dar pasos certeros hacia el cambio.

Recuperar nuestro poder y pasar a la acción

La responsabilidad es una de las últimas fronteras para convertirnos en mujeres de verdad adultas, no solo en sentido cronológico, sino también psicológico y emocional. Hacernos «adultas» significa haber comprendido con toda claridad que somos nosotras las creadoras de nuestros estados mentales y realidades interiores. Aunque no siempre podamos controlar nuestra realidad exterior, tenemos el control absoluto de nuestro mundo interior.

Este es uno de los escritos sobre la responsabilidad que tengo colgado en el tablero de mi despacho para recordarme, y recordarles a mis clientes, dónde residen mis problemas y las soluciones:

> Todo lo que veo viene de mi mente.
> Todo lo que siento viene de mi mente.
> Todo lo que creo que son los demás viene de mi mente.
> Cuando estoy fragmentada, interpreto la fragmentación del otro como mía.
> Cuando estoy entera, interpreto la fragmentación del otro como suya.

La realidad es siempre neutral, no es ni buena ni mala. Esto a la mente le cuesta comprenderlo. Muchas veces creemos que la realidad está implorándonos que la interpretemos de una determinada manera, pero es nuestro condicionamiento el que nos lo pide. La razón de que la mayoría no podamos siquiera probar a interpretar la realidad de otra manera se halla en que nuestras reacciones son tan automáticas que no parecen surgir de nosotras; parecen surgir de la propia realidad.

Una vez que empezamos a ser conscientes de nuestro comportamiento, el siguiente paso es la acción. ¿Qué medidas debo tomar para no volver a caer en la misma espiral? ¿Cómo puedo reconocer los desencadenantes de esas reacciones automáticas, en el momento en que ocurren, y crear una nueva forma de ser? Porque esta es la forma de demostrarnos y demostrar a quienes hayamos hecho daño que estamos decididas a cambiar en el momento. Demostramos que no son solo palabras.

Responder de nuestras acciones es un acto de gran valentía; requiere que interrumpamos el hilo de pensamiento sobre la realidad. Desvincularnos del guion mental no es fácil; es algo que hay que cultivar. Mi manera de cultivarlo es la meditación, en la que me permito separarme de mis pensamientos y ser la observadora. De este modo, se crea un espacio entre mi mundo exterior e interior. Ese espacio interior es un tercer espacio. En él, no hay cabida para las reacciones. Ahora tengo la posibilidad de manifestar.

La meditación es un medio extraordinario para aprender a desapegarnos y practicar el desapego, por eso te recomiendo encarecidamente que empieces tú también a cultivarla en tu vida. La razón por la que creo con tanta firmeza en ella es que nos ayuda a interrumpir el flujo incesante del pensamiento y enfoca la mente en el ahora.

Aunque sea durante cinco minutos, te recomiendo que utilices una de las muchas aplicaciones de meditación gratuitas que hay en internet y empieces a practicarla hoy mismo.

Manifestación consciente

Manifestamos continuamente, solo que todavía no tenemos control consciente e intencional de lo que manifestamos. La manera de dirigir conscientemente nuestro potencial de manifestación es dedicándonos de lleno a observar y a despertar a nuestra realidad interior.

Mientras creamos que nuestra realidad exterior tiene poder sobre nuestra realidad interior, seguiremos dependiendo de ella, esperando eternamente que nos sea favorable para poder tener nosotras también una actitud positiva. Solo cuando entendemos que nuestra realidad interior existe en una dimensión bastante separada de nuestra realidad exterior, maduramos finalmente y nos hacemos cargo de nuestro destino.

Asumir nuestro poder como manifestadoras conscientes no significa empezar a imaginar toda clase de fantasías y pedir al cielo que se cumplan nuestros sueños. No tiene nada que ver con pegar fotos de Bentleys o de playas paradisíacas en nuestro «tablero de visión» colgado de la pared. Lo que realmente significa es que nos convertimos en las comisarias que organizan conscientemente el contenido de nuestro tablero interior. ¿Qué pensamientos vamos a pegar en él? ¿Qué interpretaciones? ¿Qué sistemas de creencias y qué apegos? En lugar de trabajar de fuera adentro, lo hacemos de dentro afuera. Primero nos ocupamos de lo que ocurre en nuestro interior, y luego tratamos de ver cómo puede el mundo exterior apoyarlo o no.

Es necesario trabajar seriamente a nivel emocional y espiritual para darnos cuenta de que nuestra realidad interior puede marcar la ruta, con influencias de lo exterior pero sin ser ciega sirvienta suya. Podemos sostenernos con firmeza en nuestra verdad interior y dejar de preocuparnos tanto por lo que dicte la realidad exterior. Cuando nos damos cuenta de que tenemos dominio sobre nuestro mundo interior, saboreamos lo que significa ser una manifestadora consciente. Comprendemos el significado espiritual del desapego y empezamos a salir del enredo con el mundo exterior.

A la hora de diseñar nuestro tablero interior, lo primero y fundamental es vaciarlo de todas las noticias viejas que hay clavadas en él. Hay que incinerar todas las columnas ya caducas que recortamos de los periódicos sensacionalistas. Esto en sí es un proceso. Por ejemplo, si queremos manifestar conscientemente un cuerpo más sano, el primer paso es tirar toda la comida basura que haya en los armarios.

Luego profundizamos más, y empezamos a establecer prioridades dentro de nuestro mundo interior. Es un nuevo proceso de discernimiento: ¿qué es lo que más nos importa? Una vez creada esa escalera de prioridades, diseñamos paso a paso una trayectoria para el cambio.

Si no hacemos este meticuloso proceso de selección, es probable que nos sintamos abrumadas y no sepamos por dónde empezar. Es como llegar a la casa donde ha vivido alguien con síndrome de Diógenes y no saber cómo empezar a vaciarla; así es nuestra mente. Sumidas en la inconsciencia, hemos acumulado tanta basura que necesitamos mucho tiempo y mucha paciencia para registrar años de material celosamente guardado.

Ser responsables en una relación adulta significa desprendernos de la expectativa de que el otro colmará *cualquiera* de nuestras necesidades personales; no podemos contar con que lo hará, *a menos que nos demuestre lo contrario*. Sé que suena frío y desalentador, pero no lo es. En realidad, es un signo de madurez entender que, para que alguien pueda satisfacer nuestras necesidades, deben cumplirse dos condiciones: la primera es que sea física y emocionalmente capaz de hacerlo, y la segunda, que lo quiera hacer.

Cuando la otra parte es capaz de cumplir estas dos condiciones, sucede algo extraño: nuestras necesidades poco a poco se disipan, lo cual nos ofrece la oportunidad de conectar con ella y seguir evolucionando juntas. Pero hasta que se den estas dos condiciones, necesitamos apelar a nuestra adulta interior y a nuestro padre y madre interiores y darnos *a nosotras mismas* lo que buscamos del mundo exterior. En pocas palabras, nos hacemos cargo por completo de todas las niñas chillonas que llevamos dentro, y que no son más que recuerdos de lo que nos ocurrió en el pasado. Costra a costra, vamos llegando a ellos. Debemos tener presente que, cuando algo en el mundo exterior da vida a esos recuerdos, son solo eso: recuerdos. Ahora somos adultas, no niñas. Así que la próxima vez que creamos que alguien nos ha hecho daño, nos paramos. Antes de sacar el látigo y culpar a alguien, nos volvemos hacia dentro y nos preguntamos: ¿qué viejas heridas me hacen interpretar esta situación así en este momento?

Responsabilizarnos de quienes somos significa hacernos cargo de nuestro mundo interior y de todos sus demonios, heridas e insuficiencias. Si te cuesta separar tu yo adulta de las heridas del pasado, quizá necesites la ayuda de una terapeuta, una asistente personal o una buena amiga. A veces, es absolutamente necesario pedir ayuda para poder empezar el difícil viaje de sanarnos. Te diré, sin embargo, que tengas cuidado. Muchos de los profesionales de la asistencia psicológica y personal están encerrados en su propio pasado y parecen niños ellos mismos. No necesitas a alguien que te permita revolcarte en lo que pasó; necesitas a alguien que te ayude a ver lo que pasó como lo que es: tu pasado.

Responsabilizarnos no significa revolcarnos. Significa solo ser conscientes de cómo influye nuestro pasado en el presente y absolver el momento presente de toda culpa. Significa que nos decimos literalmente a nosotras mismas: «Soy yo la que me crea el estrés, la ansiedad y la impotencia. No es nadie ni nada de fuera, soy yo». Así de radical es esto.

No nos damos cuenta del poder que, si queremos, podemos tener sobre nuestra mente. Si nos diéramos cuenta, jamás necesitaríamos apartarnos del corazón, arrastradas por el dolor o la ira. Es por haber cedido nuestro poder, por lo que reaccionamos con inconsciencia. Actuamos igual que si estuviéramos atadas con cuerdas a alguien o algo exterior, como una marioneta a su titiritero. Tenemos que darnos cuenta de que no hay cuerdas. Ninguna. No existen. Las que aparecen son producto de nuestra imaginación. No hay nadie en el exterior que tenga ningún poder sobre nosotras, salvo el que nosotras decidamos darle. Una vez que aceptamos esto por completo, entramos de verdad en nuestro espacio de libertad y poder. La pregunta a la que volvemos siempre es: ¿estoy dispuesta?

22. Abrazar nuestro propósito

Al igual que el sol fluye a cada instante con su luz,
tu propósito fluye a cada instante en ti.
No es algo que se pueda buscar ni encontrar.
Está ahí, en lo más profundo de ti, esperando a que lo expreses.
Aflora cuando estás presente a tu verdad.

Parece como si todo el mundo hubiera decidido impartir cursos sobre «cómo encontrar tu propósito en la vida». Clavamos en el tablero de objetivos máximas e imágenes que evocan lo que pensamos que nos daría un propósito en la vida, y nos esforzamos por alcanzar lo que reflejan. Algunas creemos que nuestro propósito es ser felices, y otras que nuestro propósito es triunfar. O quizá pensamos que es ser madre, o casarnos. Sea lo que sea, es algo que está fuera de nosotras, algo que conseguir, atesorar y hacer crecer, como una colección de canicas. Este es nuestro primer error a la hora de identificar nuestro propósito.

El *propósito* es un estado de ser. Como tal, es el tejido de nuestra existencia, la red que contiene todas las cosas, relaciones y situaciones. Es la sustancia de cada experiencia y de cada respiración. Es, en esencia, quien de verdad somos: un ser con propósito.

No hay nada que encontrar

Existe la creencia generalizada de que tenemos que encontrar nuestro propósito. Es mentira. Nuestro propósito siempre está dentro de nosotras. Lo que nos falta no es el propósito, sino estar conectadas con él. Esa desconexión es inevitable si estamos interiormente desalineadas aquí y ahora. Mientras no estemos alineadas con el aspecto más profundo y auténtico de nuestro ser en el momento presente, nos sentiremos desconectadas. Mientras estemos desconectadas, estaremos desvinculadas de la vida a uno u otro nivel. Mientras estemos desvinculadas de la vida, no nos conectaremos con nuestro propósito porque no lo veríamos aunque lo tuviéramos pegado a los ojos.

Si es una falsa yo quien dirige nuestra vida, no encontraremos el propósito que buscamos ni en el siguiente trabajo ni en la siguiente relación. Quizá encontremos más opulencia y estatus, o una mayor identificación con los roles que desempeñamos, pero, en cuanto nos acostumbremos a ellos, estaremos de vuelta en el punto de partida. De ahí que esos tableros de objetivos llenos de coches de lujo, vacaciones y mansiones sean una cortina de humo, una estrategia equivocada que nos aleja cada vez más de la verdad de quienes somos. En lugar de fantasear con objetos, lugares o personas, tenemos que sentarnos y profundizar en nuestro interior para preguntarnos: ¿estoy alineada con mi yo más natural? ¿Lo que estoy haciendo en este momento coincide con lo que de verdad siento?

Vamos a quitar todas las superficialidades de nuestro tablero de objetivos y a remplazarlas por estas preguntas:

¿Quién soy hoy? ¿Es esta mujer mi yo más verdadera ahora mismo?
¿Quién no soy hoy? ¿Puedo dejar atrás esas cualidades definitivamente?
¿Qué quiero que aumente o se intensifique en mi vida para poder ser auténtica?
¿Qué no quiero ya en mi vida para poder ser auténtica?
¿Qué puedo hacer en este momento para llegar a un nuevo estado interior?

Son preguntas fundamentales para la evolución personal, y cuando nos las hacemos con seriedad día tras día, nuestra intención y atención se desplazan, y en vez de buscar en el exterior algo que nos llene, indagamos en las profundidades de nuestro ser. Al empezar a volvernos hacia dentro cada día más, y a alejarnos de las personas, lugares y situaciones que nos hacen ser falsas y acercarnos a los que nos hacen más auténticas, entramos espontáneamente en un estado de mayor alineación con nosotras mismas. Viviendo desde ese estado interior, todo rebosa de propósito, ya sea freír un huevo, cambiarle el pañal a nuestra hija, o cantar una canción. Así que el elemento clave del propósito resulta ser la presencia, la conexión con nosotras mismas en el presente, que no puede existir sin autenticidad.

Podemos estar haciendo lo más fascinante que se pueda imaginar, pero si no estamos presentes y conectados con ello, pronto se vuelve insulso. Por eso es tan importante descubrir nuestro *porqué*; porque si nuestro «porqué» no coincide con nuestro «qué», nunca sentiremos que tiene propósito nada de lo que hagamos. De ahí que el trabajo interior sea el único modo de encarnar el propósito. El propósito es lo que somos y seremos.

Para entender cómo encarnarlo, es esencial que comprendamos

la naturaleza del propósito: cuáles son sus elementos y cómo reconocerlo cuando se nos revela.

La magia de la presencia

El propósito y la vida son inseparables. Mientras estemos vivas, tenemos un propósito. En el nivel más elemental, nuestro propósito es estar y sentirnos vivas. Esto solo puede hacerse cuando estamos presentes en cada momento con quien somos. Cuando perdemos la conexión con nosotras mismas en el momento, perdemos la capacidad de sentirnos vivas, y el sentido de propósito desaparece. En cuanto estamos conectadas y presentes con nosotras mismas en el aquí y ahora, aparece el propósito. El propósito, por tanto, es únicamente presencia.

En contra de lo que comúnmente se cree, el propósito no es privilegio de unos cuantos afortunados. Existe en el interior de cada ser humano y exige que lo reconozcamos y nos comprometamos con su verdad. De ahí que solo pueda manifestarse cuando estamos despiertas y presentes.

El propósito es presencia y la presencia es autenticidad y conexión interior. Se alimentan una a otra. Son círculos superpuestos conectados en su esencia. No se pueden separar. Lamentablemente, la corriente de la autoayuda no ha comprendido esta interrelación. Ha diseccionado el todo y ha tratado el propósito y la presencia como si estuvieran separados.

Cuando comprendemos la interconexión de todas las cosas, empezamos a tener una nueva relación con el propósito. Ya no nos preguntamos ¿cuál es mi propósito en la vida?, sino ¿qué barreras me cortan el paso a mi verdadera yo? Ahora nos damos cuenta de que mientras esté al frente una yo falsa, estaremos desencarnadas de nuestro propósito. Entendemos que, en cuanto nos conectamos con nuestra verdad, tenemos un propósito, sin importar lo que estemos haciendo. Nuestro principal propósito es sernos fieles a nosotras mismas.

Se nos ha hecho creer que el propósito es un estado de *hacer*: alcanzar el éxito, hacernos ricas, ser madres o cumplir ciertos objetivos profesionales, cosas que tienen muy poco que ver con el auténtico propósito. Cuando oímos constantemente que es en eso en lo que encontraremos el propósito de nuestra vida, nos lanzamos una vez más a buscar lo que no hemos perdido, y acabamos confundidas y desilusionadas. Creemos que somos unas ineptas. Hasta que caemos en la cuenta de que es una patraña más, no comprendemos que el verdadero premio nunca está en el hacer, sino en el ser. Y es entonces cuando tenemos la más dichosa revelación: que el verdadero propósito es el hijo de la auténtica yo. Retornar a nosotras mismas es el objetivo supremo de la vida.

Propósito y presencia son equivalentes e inseparables. Están íntimamente casados una con otro. ¿Y cuál es el hijo nacido de esta unión? *El sentido*.

Cuando nuestra intención es manifestar nuestra verdadera yo en todas las circunstancias a través de la presencia y el propósito, cada instante rebosa de una cualidad viva y profunda. Ahora todo tiene sentido. Nada es ya un suceso aislado y casual. Todo tiene para nosotras un profundo sentido porque estamos sintonizadas con todo, como lo estaría una estudiante con su maestra. Cada momento es ahora espejo de una lección sustancial que necesitamos aprender. Por ello, el sentido está por todas partes. Continuamente nos preguntamos: ¿qué me va a enseñar este momento? Sabemos que todo tiene un propósito y estamos alerta para descubrir lo que significa. De este modo, nuestras vidas nunca carecen de sentido, ni son aleatorias ni un desperdicio. Cada momento está vivo y repleto de una lección y de potencial de crecimiento.

Pronto el propósito implícito que vemos por todas partes empieza a arraigar como un propósito manifiesto, un propósito que ahora podemos activar como meta y poner en acción. No podemos evitar irradiar nuestra conexión interior en una manifestación exterior palpable. A medida que ese mirar hacia dentro se hace más continuo y alcanza a mayor profundidad, nos acercamos cada vez más a nuestra verdadera yo y vamos alejándonos de las personas, comportamientos y situaciones que no están en armonía con ella, y volviéndonos hacia las que sí lo están.

Ahora empezamos a hacer cosas que nos vivifican y nos dan alegría; ya no perdemos el tiempo esforzándonos por nada que nos cree disonancia. Al cabo de un tiempo, descubrimos que hemos echado raíces en actividades y comportamientos que nos despiertan pasión y alegría. Para cuando queremos darnos cuenta, nuestro propósito se ha manifestado.

El propósito se descubre de dentro afuera, no al revés.

Abrazar de nuevo el propósito

Cuando desperté, empecé a darme cuenta de que cada momento rebosa de propósito. Hasta entonces, no me había dado cuenta. Estaba tan pendiente del aspecto que debían tener las cosas que buscaba donde era imposible que encontrara lo que quería. Pensaba que el propósito debía tener una determinada apariencia.

Ahora sé que el propósito no está *en las cosas*, sino *en mi percepción de las cosas*.

Una vez que me di cuenta de que cada momento está repleto de propósito, empecé a «hacer el amor» con todas mis actividades: escribir, relacionarme, dar charlas, cocinar, hacer ejercicio, hacer de madre. En cada uno de esos momentos, le rendía homenaje a mi propósito. Al abrazar el momento presente, abrazaba mi conexión con él y, a través de esto, mi propósito. El momento presente se convirtió en el regalo, no los adornos que lo envolvían.

Cuando me siento en estado de carencia, el momento presente es insoportable. ¿Por qué? Porque transfiero esa carencia interior al momento presente. ¿Y cuando estoy en un estado de alegría? De repente, el momento presente rebosa de abundancia. Por ejemplo, si estoy estresada por un proyecto que tengo entre manos, preocupada por cómo van a salir las cosas, pendiente de un millón de posibles fallos, inevitablemente voy a acabar agotada. Si mientras me encuentro en ese estado de caos interior mi hija hiciera algo que no estuviera en consonancia con mis expectativas, es muy posible que le diera un grito. Proyectaría mi desajuste interior en ella y en nuestra relación. ¿Te das cuenta de con qué facilidad puede pasar? De hecho, probablemente nos ocurra a diario a la mayoría.

El mundo en el que vivimos nos ha enseñado a transferir nuestro descontento interior al exterior, ya sea culpando a los demás o consumiendo lo que sea, desde ropa hasta drogas. En cuanto notamos el rumor creciente de la desconexión interior, asumimos de inmediato que nos falta algo de fuera. Así que la próxima vez que tengas el impulso de buscar en el exterior algo a lo que culpar, o algo que arreglar, que consumir o que hacer que te haga estar contenta y dé sentido a tu vida, párate y hazte esta pregunta: ¿qué me falta en este instante? La respuesta generalmente tendrá que ver con un sentimiento de insignificancia, y con el deseo de recibir la aprobación o el amor de alguien, de sentirte aceptada, querida y valorada. Esto es lo que te falta, no «eso» que vas a salir a buscar.

Sana tus necesidades volviéndote hacia dentro. Cuando lo haces, la búsqueda exterior cambia. Lo que creías que te llenaría pierde su poder. Solo cuando somos capaces de pararnos, volvernos hacia dentro y hacernos las preguntas que antes he sugerido, podemos empezar a desempañar la capacidad de percepción interior y darnos cuenta de que todo lo que nos falta siempre ha estado dentro de nosotras.

Hay en ti propósito sin fin. Nada que hagas o hayas hecho hasta ahora carece o ha carecido de propósito, y por tanto de profundo sentido. Una vez que empieces a percibirte y a percibir tu vida con esta mirada nueva, comprenderás que todas tus experiencias son y han sido fundamentales para que llegaras a este estado de conciencia. Verás que todas las sucesivas causas y efectos de tu niñez te han traído a este momento exacto.

La consecuencia es que ya no te lamentarás ni te arrepentirás de nada de lo que ha sucedido. Al contrario, te sentirás humildemente admirada del sabio propósito de tu proceso de despertar y expresarás una intensa gratitud por todo. La intención ahora es solo una: crecer. Cuando encarnes esta intención cada instante de tu vida, tú y tu propósito seréis uno. El propósito entonces respira a través de ti cada momento, y te entrelazas con la vitalidad de la tierra que te rodea y de todas sus criaturas.

23. Abrazar la compasión

No hay compasión por otro sin compasión por una misma.
No hay aceptación de otro sin aceptación de una misma.
No hay nada que dar a otro
hasta que nos hayamos dado a nosotras mismas.
Lo que haya dentro habrá fuera.
Esta es la incómoda verdad del ser humano.

Una vez me pidieron en una entrevista que definiera lo que era para mí la compasión. Dije: «Amor a una misma». A la entrevistadora pareció sorprenderle la inmediatez de la respuesta, y añadió: «No, me refiero a la compasión por los demás». La miré fijamente a los ojos y le dije: «Sí, ya lo sé. La respuesta sigue siendo amor a una misma».

Durante mucho tiempo se ha pensado que la compasión es hacia los demás. Creer que era así es lo que me tuvo atascada durante décadas. Tardé mucho en asimilar la más sabia de las enseñanzas: que la compasión por los demás solo puede brotar de la compasión por una misma.

Es el rechazo de quienes somos, y no el amor a nosotras, lo que más motiva nuestros comportamientos. Mientras esto sea así, todo lo que hagamos será en el fondo falso y disfuncional. Como nos rechazamos constantemente, tememos que los demás también nos rechacen. Esto nos hace seguir buscando en ellos acreditación.

Vedme, vedme, vedme es mi mantra. Más concretamente, *vedme como necesito que me veáis, para poder sentirme bien conmigo misma*. No nos damos cuenta de que nuestro comportamiento conciliador nace de una necesidad muy profunda, más profunda aún que la necesidad de que nos quieran. Nace de la necesidad de evitar el rechazo.

¿Alguna vez te has visto convertirte en una versión de ti que casi ni reconoces, solo para encajar? Empiezas a ponerte cierto tipo de ropa y de zapatos, o a peinarte de determinada manera. O te esfuerzas por leer ciertos libros o ver ciertas películas solo para estar a la altura de tus amigas. La razón por la que hacemos esto es el rechazo que sentimos por nosotras. Porque nos rechazamos, nos aterra el rechazo de los demás. Para evitarlo, camuflamos las partes de nosotras que más despreciamos y que pensamos que nos impedirán encajar, y es eso precisamente lo que los demás captan y por lo que nos marginan. Creemos que el rechazo proviene de ellos, pero no es así. Nosotras hemos sido las primeras en rechazarnos.

¿Alguna vez has prestado atención a tu diálogo interno? ¿Has tomado nota de tus pensamientos automáticos? Si lo haces quizá te sorprendas. Puede que descubras lo cruel y negadora que es tu voz interior. Agarra un bolígrafo y vierte en la página todos los pensamientos que te vengan a la cabeza. Si no puedes pensar en nada en este momento, vuelve a un recuerdo turbador y da rienda suelta a los pensamientos que te llegan sobre él. Estate atenta a cómo hablas de ti y a qué palabras utilizas. Tal vez te quedes petrificada al ver lo cáustica que eres contigo. Observarás tu falta de compasión hacia ti.

La compasión es algo que estamos condicionadas a creer que tenemos que expresar hacia los demás, y rara vez pensamos en sentirla por nosotras. Tal vez, la asociemos con la superioridad, la soberbia o el narcisismo. La compasión no tiene nada que ver con eso. La compasión tiene que ver, básicamente, con comprender y aceptar sin juicios quiénes somos. Nos resulta fácil ser compasivas con nosotras o con los demás cuando todo nos sale bien. Lo verdaderamente difícil es expresar compasión cuando las cosas no son como queremos. ¿Eres capaz de ver las partes de ti que no son ni mucho menos estimables y mantenerte en un estado de aceptación y comprensión? Si es así, sabes lo que es sentir compasión por ti misma.

La compasión hacia los demás empieza y termina con la compasión hacia quienes somos. Si una no siente amor por sí misma, ¿cómo podría sentirlo por los demás?

Integrar todos los fragmentos

Tener compasión por nosotras mismas significa aceptar todas las partes de quien somos: lo bueno, lo malo y lo feo. Necesitamos tener compasión hasta por la parte de nosotras que no es capaz de tener compasión por nosotras. Debemos observar todas las partes que nos constituyen como una madre observaría con amor a sus hijos pequeños, considerando a cada uno de ellos y de ellas digno de aceptación. No elige solo a los guapos o a las altas. Encuentra algo entrañable en todos sus hijos porque entiende cómo han llegado a ser lo que son. De la misma manera, también nosotras podemos desafiarnos a considerar dignas de comprensión todas las partes del ser que somos.

Si perdía los nervios con mi hija, luego solía reprenderme con dureza. Recuerdo que me sentía despreciable e indigna de ser madre. Me torturaba de verdad. A la vez, sabía que torturarme así no podía hacerme ningún bien, y esto me hacía despreciarme todavía más. No tenía ninguna compasión por mí misma. Cuando empecé a observarme más a fondo, vi que era extremadamente crítica conmigo. Me había impuesto la inalcanzable meta de ser perfecta.

Había dos partes de mí por las que necesitaba tener compasión: la parte imperfecta de mí *y* la parte de mí que odiaba la imperfección. Tenía que amarlas a ambas. En lugar de exigirme dejar de ser tan dura conmigo misma, empecé a tener compasión por la parte de mí que sentía que tenía que ser la preceptora encargada de regañar a mi parte imperfecta. Mi parte imperfecta estaba siendo simplemente como era: imperfecta y humana. La otra parte, la que no le permitía ser imperfecta, era realmente la más preocupante, pues exigía perfección.

Lo mismo nos pasa a todas. Tenemos ese lado autocrítico, que creemos que hay que matar y enterrar; y, de hecho, puede que sea así. Pero la única manera de hacerlo es teniendo compasión, primero, por la razón de que exista. Cuando le mostramos comprensión y ternura a esa parte de nosotras, disminuye. Esa es la razón de ser de la compasión: comprender todas las partes que nos componen, incluidas las que no son comprensivas ni compasivas.

Si tenemos celos de nuestra amiga y nos sentimos culpables por ello, hay dos partes de nosotras que necesitan de nuestra compasión: la celosa, y la que reacciona a los celos que sentimos. ¿Entiendes lo que quiero decir? A veces, puede que haya tres o cuatro partes que claman todas por que las comprendamos. Marginarlas no es la solución; eso solo exacerbará el desprecio que sentimos por nosotras. Solo cuando comprendemos e integramos todas las partes de quien somos, entramos en un estado de ecuanimidad.

Esto es lo que ocurre especialmente en el caso de la ansiedad y la ira. Cuanto más denigramos las partes que son propensas a la una o a la otra, más crecen. La única manera de reducir la tendencia que sea es aceptando primero su presencia. Cuanto más nos resistimos a algo, más crece.

Un ejemplo claro es cuando te exasperas con tus hijos o tu pareja. Si ellos tienen un comportamiento negativo y tú tienes una reacción negativa, ¿no ha crecido el cociente de negatividad? Es porque lo alimentamos con oposición en lugar de aceptación. En el momento en que algo nos parece inteligente y natural, ya no necesita luchar por acreditarse: tiene la aceptación y validación que buscaba. Una vez visto y oído, no necesita reclamar atención y se desvanece lentamente. La aceptación es mágica.

Compleción

La compasión es distinta de la autoestima o la autoafirmación. Estas últimas se centran en que seamos positivas y tengamos una alta opinión de nosotras mismas. A la verdadera compasión no le interesa ninguna de esas cosas. No tiene nada que ver con estar orgullosas de ser como somos; tiene que ver con la aceptación. El objetivo de la compasión no es estar más contentas ni más de nada; es sencillamente aceptarnos. No nos hace sentirnos ni mejores ni peores que nadie. No hay en ella ni comparaciones ni juicios. Sentir compasión por nosotras significa vernos como somos y permitirnos ser. Y si surge la voz enjuiciadora, también debemos sentir compasión por ella.

La autoestima consiste en mirarnos de un modo que nos haga sentirnos bien con nosotras mismas, y en elogiar nuestros atributos positivos. La compasión va más allá; es un estado en que amamos aquellas partes de nosotras que no son tan merecedoras de elogios y les permitimos existir tal como son, sin retoques ni cambios. Esto significa ver lo plenamente humanas que somos y, por tanto, bastante ordinarias. Cuando nos liberamos del deseo de ser extraordinarias y nos rendimos a las partes chapuceras, caóticas y extremadamente inseguras de nosotras, abrazamos nuestra plena humanidad. No esperamos nada más de nosotras que imperfección en distintos grados.

Aplicamos el principio de no dualidad a nuestra yo interior. En lugar de tener la sensación de que nos faltan *x* o *y*, nos sentimos completas en este momento tal como somos. Entendemos, por supuesto, que somos una obra en curso, pero eso no significa que quien quiera que seamos en este momento esté incompleta. Cuando nos miramos con los ojos de la totalidad, empezamos a integrar nuestros fragmentos en un círculo unificado de compleción.

La falta de valentía que hemos tenido se debía al miedo al rechazo. Una vez que nos hemos aceptado plenamente como somos, ¿qué rechazo podría haber? Aceptación y rechazo no pueden coexistir. Antes hemos visto que la única razón por la que alguien puede rechazarnos es que, en algún lugar de nuestro interior, nos creemos rechazables, y creemos esto porque llevamos toda la vida rechazando ser quien somos.

Si nos hemos aceptado a nosotras mismas por todos los elementos humanos que nos constituyen y alguien nos critica, no perdemos el equilibrio. Si nos llaman «desagradables» o «egoístas», solo tenemos dos posibles respuestas: o estamos de acuerdo porque ya hemos aceptado esa parte de nosotras, y no nos inmutamos al oírlo, o no estamos de acuerdo porque sabemos que no somos así, y no nos inmutamos al oírlo. En cualquiera de los casos, no oponemos resistencia a la opinión que el otro tenga de nosotras. Su opinión de nosotras sigue siendo suya. No le quitamos su derecho a opinar así. Lo honramos y celebramos que tenga la libertad para pensar lo que piensa.

Una vez que nos aceptamos plenamente como somos, dejamos que los demás tengan la opinión de nosotras que deseen. Cuando desaparece para nosotras el concepto de superioridad, nuestra o de quien sea, lo que nos queda es una interconectividad intrínseca. Nadie es mejor ni peor que nadie. Se han acabado las comparaciones. Somos cada una y cada uno seres humanos con aptitudes y limitaciones muy diferentes.

Querer ser como otra persona o empeñarnos en caerle bien es resistirnos a nuestra diversidad. Una vez que nos aceptamos como seres humanos que manifiestan un espectro de rasgos, dejamos de desear poseer rasgos que no tenemos o no podemos tener. Aceptamos nuestra altura, nuestras facciones, nuestro coeficiente intelectual. Si creemos que podemos evolucionar, lo intentamos, pero lo hacemos sin luchar contra quien somos por naturaleza.

La cualidad principal de la compasión hacia nosotras mismas es la liberación de todo malestar; la compasión es el antídoto contra el malestar. Cuando somos amables, comprensivas y delicadas con nosotras, fluimos con suavidad por dentro, y eso nos permite recuperarnos de los errores sin que supongan una carga emocional. Nos decimos que no pasa nada por meter la pata y que podemos tratar de hacerlo mejor la próxima vez; o que haberlo hecho suficientemente bien es más que suficiente.

Cuando rebajé el nivel de exigencia que tenía conmigo misma, y empecé a permitirme hacer las cosas suficientemente bien, me convertí en una madre distinta. Dejé de presionarme sin descanso para alcanzar niveles inalcanzables y, en consecuencia, dejé de presionar a mi hija. Al relajarme y permitirme ser simplemente humana, se lo permití a ella también. Cuanto menos crítica era la mirada con que me veía, menos crítica era la mirada con que la veía a ella.

Esta es la magia de la compasión. A la vez que nos liberamos de las exigencias y aceptamos plenamente nuestra humanidad, liberamos a los demás también. Al darnos cuenta de que hemos heredado modos disfuncionales de relacionarnos y querernos, aceptamos que los demás también los han heredado. Al igual que no esperamos ser capaces de deshacernos de toda esa negatividad al instante, tampoco esperamos que ellos lo hagan. Nos vemos a nosotras mismas en cada ser humano y vemos a cada ser humano en nosotras. Ya no somos ni superiores ni inferiores a nadie.

El poema de Thich Nhat Hanh titulado «Llamadme por mis verdaderos nombres» es una llamada a la compasión. Se describe a sí mismo a través de un abanico de posibilidades y cualidades humanas; por ejemplo, como el que es violado y como el violador. No hay separación entre los seres humanos. Somos espejos uno de otro. El ladrón al que juzgamos es alguien en quien podríamos convertirnos un día si las circunstancias nos impulsaran a robar. La persona a la que juzgamos de colérica y agresiva no es diferente de la persona que hemos sido en algún momento pasado, o que podríamos ser en un momento futuro. Todo depende de las circunstancias de la vida que nos conforman a cada uno.

Cuando un padre o una madre me confiesan que perdieron los nervios con sus hijos y les gritaron, quizá incluso que les dieron una bofetada, lo cuentan avergonzados a la espera de que los juzgue. Al ver que no lo hago, se quedan muy sorprendidos. Les explico que yo he sido ellos en el pasado y que podría volver a serlo en el futuro. Dependiendo de cuáles sean las circunstancias, podrían o no activar mis reacciones condicionadas y mi ceguera. La compasión de la que nacen esas palabras les permite liberarse de la vergüenza, y empiezan a concederse el mismo grado de comprensión. Es así como pueden evolucionar y dejar más espacio al amor en sus vidas. Si no recibieran ese grado de comprensión, se quedarían atascados en la culpa y la vergüenza, dos sentimientos que nos impiden crecer.

Para aceptar nuestra sombra, debemos ser infinitamente compasivas con nosotras. La mayoría negamos su existencia o la racionalizamos de una u otra manera. Solo cuando reconocemos plenamente cada elemento que la constituye, nos comprendemos y comprendemos a los demás.

Tal vez te preguntes: «¿Cómo hago para tener compasión por alguien que no me cae bien?». Suelo explicar que tener compasión significa comprender y aceptar quiénes somos y quiénes son los demás. No significa que aprobemos los comportamientos nuestros ni suyos, y mucho menos que los alentemos. Lo único que significa es que entendemos cómo hemos llegado, y cómo han llegado ellos, a donde estamos. Luego, ellos y nosotras tenemos la libertad de decidir si continuar comportándonos así o cambiar.

Una vez que nos damos cuenta de que podrían darse en nosotras todas las clases de comportamientos, aceptamos con compasión esas posibilidades enterradas en la sombra y extendemos la misma comprensión a los demás. Antes de juzgarlos, nos acordamos de pararnos y nos imaginamos en sus circunstancias, y en ese instante sabemos que lo único que nos diferencia de ellos son nuestras circunstancias de vida distintas. Percibimos nuestra humanidad común y establecemos una conexión con su dolor, en vez de una desconexión. Así es como nos elevamos mutuamente: tendiendo puentes los unos hacia los otros, en lugar de ensanchando la brecha.

Todo nuestro sufrimiento nace de no ser capaces de aceptarnos como somos. Si estuviéramos en contacto con la totalidad de nuestro potencial humano y aceptáramos con compasión cada uno de sus elementos, nos sentiríamos una con la humanidad. Al descubrir nuestra unidad esencial, nos sentimos en comunión con todos. El sufrimiento termina cuando nos damos cuenta de que estamos todos en la misma situación, luchando cada uno y cada una con nuestras inseguridades particulares. Rebosamos de compasión, entonces. Sentimos el dolor del otro con más intensidad. Nuestra capacidad de empatía aumenta y nuestras relaciones se vuelven más felices y satisfactorias. Todo empieza y termina con la compasión por nosotras mismas.

24. Abrazar a nuestro padre y madre interiores

A medida que evolucionamos,
perdonamos a nuestros padres por su humanidad.
Los liberamos de nuestras expectativas y necesidades.
Activamos nuestra maternidad interior,
y somos padre y madre para las heridas
que ellos dejaron abiertas e implorantes.
Pronto nos damos cuenta de que siempre hemos sido nuestras sanadoras.

Les digo a todos mis clientes «cronológicamente adultos», aquellos que tienen más de veintiún años, que se curarán definitivamente cuando que trasciendan las limitaciones de su infancia y de la educación que recibieron de sus padres. La mayoría no entienden de qué les estoy hablando. Están tan afianzados en ser hijos de su padre y de su madre, y en todas las heridas que eso les creó, que pensar en pasar al siguiente nivel les aterra. ¿Quiénes son ella o él sino su condicionamiento, su pasado y la educación que recibieron de sus padres?

Todavía recuerdo lo abatida que me sentí cuando noté que mi padre había dejado de ser «paternal» conmigo desde que se había jubilado, a los sesenta y cinco años aproximadamente. Yo tenía entonces veintiocho. Parecía que solo le importaba aprovechar al máximo sus años de jubilación y dedicarse a sus cosas, y que ya no le interesaban mucho los detalles de mi vida. Era como si hubiera dicho «basta» a hacer de padre. Al principio tuve ganas de enfurruñarme. Quise agarrarme un berrinche cuando lo sentí alejarse. Me lo tomé como algo personal. Sin embargo, después de quedarme en silencio con mis sentimientos durante unos diez días, empecé a verlo todo desde otra perspectiva: ¿qué iba pasar si se había acabado para él hacer de padre? ¿Qué iba a significar para mí? ¿Era necesariamente malo? ¿Era posible que entráramos en una fase distinta, con una conciencia expandida, como buenos amigos?

Yo estaba ya haciendo mi vida en Estados Unidos y le veía muy poco. Examiné más a fondo el miedo que sentía. No era que mi padre hubiera dejado de interesarse por mí o no fuera cariñoso, simplemente no entraba tanto en los detalles de mi vida como yo estaba acostumbrada a que entrara. Me pregunté por qué necesitaba que mi padre siguiera siendo exactamente el mismo que había sido, y por qué no podía dejarle ser quien quisiera, ahora que yo era una mujer independiente. La razón no podía ser que hubiera dejado de quererme, porque yo me sentía muy querida por él. Tampoco podía ser porque ahora no me sintiera valorada, ya que eso era algo que él me hacía sentir constantemente. Entonces, ¿qué era? Y de repente vi la respuesta muy clara: tenía miedo de hacerme mayor y dejar de depender de «papá».

Sencillamente, no estaba preparada para ser una mujer adulta y hacerme plenamente cargo de mi vida. Al mirar atrás, veo que mi padre me llevaba la delantera. Él vio a la mujer adulta que había en mí y comprendió que estaba preparada para volar por mi cuenta. Se retiró, no por falta de amor o compromiso, sino porque era realista. En lugar de meterse donde no era realmente necesario, supo discernir que su tiempo de estar en primera línea había tocado a su fin. Ahora podía dedicar su atención a otras cosas. A su manera, me estaba pasando el testigo de cuidar de mí. Lo único que ocurría era que yo no estaba preparada para tomar el mando y volar, pero era precisamente lo que necesitaba en aquel momento.

Liberar a nuestros padres

De niñas, a menudo no reconocemos que nuestros padres son seres humanos, inseguros, comunes y corrientes, a veces incluso torpes y confundidos. Tenemos la fantasía de que son omniscientes y omnipotentes. Al llegar a la adolescencia, el barniz de perfección que los cubría se resquebraja. Captamos atisbos de su humanidad ordinaria. Por lo general, nos sentimos defraudadas y nos retiramos, en alguna medida, para acercarnos más a la gente de nuestra edad. Sin embargo, seguimos manteniendo la expectativa de que siempre podremos contar con ellos. Si no es así, nos otorgamos el derecho a sentirnos heridas y decepcionadas.

Tengo algunos clientes de más de sesenta años que siguen atados al cordón umbilical. Como están muy ligados a sus padres, continúan profundamente enredados en los roles que han desempeñado desde la infancia. Si el niño o la niña nunca llega a hacerse de verdad adulto, ni los padres ni el hijo se sueltan, y ambas partes tienen el poder para provocarse mutuamente.

El hecho es que la mayoría no queremos hacernos mayores. Estamos tan acostumbradas a la relación de codependencia que compartimos con nuestros padres que no podemos concebir nuestra identidad alejada de ellos. A sus ojos, nunca nos hacemos adultos y, a nuestros ojos, no tenemos necesidad de hacerlo. Este estancamiento no solo es disfuncional, sino también insano tanto para el niño o la niña como para los padres.

Mientras dependamos del patrocinio de nuestros padres, y esperemos que sigan siendo ellos los que nos reconforten, protejan y cuiden en la edad adulta, nunca activaremos la capacidad que tenemos para ocuparnos nosotras solas de esas cosas. No solo nos estancaremos, sino que sobrecargaremos a nuestros padres ya mayores y les impediremos entrar en una nueva fase de sus vidas.

Desprendernos de nuestros padres no es un acto ni de egoísmo ni de frialdad. Como ya he comentado, a menudo es lo más importante que debemos hacer para disfrutar de una sana individuación. Sobre todo en la relación entre padres e hijos e hijas pequeños, es necesario que en algún momento ambas partes se liberen mutuamente, para poder vivir cada una de forma autónoma y libre. Lo quiera o no el niño o la niña, en algún momento la madre tiene que dejar de darle el pecho. Los niños necesitan crecer y caminar solos por el bien de su salud emocional.

¿Qué pasaría si les pusiéramos a nuestros padres una fecha de caducidad, en lo que a cuidar de sus hijos se refiere, y los liberáramos de sus funciones al cumplir cierta edad? ¿Qué pasaría si les diéramos la libertad de elegir cómo quieren hacer de padres una vez que haya cierto tiempo desde que hemos entrado en la edad adulta?

Cuando me liberé del miedo que tenía a hacerme mayor, pude decirles a mi padre y a mi madre: «Ya no hace falta que cuidéis de mí. Habéis hecho suficiente. Os habéis ganado el derecho a retiraros de la maternidad y la paternidad. No es una cadena perpetua. Sois libres de ser quienes queráis. Ha llegado el momento de que yo sea mi propio padre y mi propia madre». Mi madre, por supuesto, lo interpretó como que ya no la necesitaba y empezó a llorar, pero mi padre lo entendió. Asintió con la cabeza y dijo riendo entre dientes: «Claro, ya no me necesitas de la misma manera. Siempre voy a ser tu amigo. Ahora, en todo caso, puedes cuidarme tú a mí».

Dejar que nuestros padres se retiren de hacer de padre y de madre porque estamos preparadas para tomar el timón de nuestro desarrollo como seres humanos es un regalo inmenso. Es, por un lado, liberarnos de vivir agarradas a las cintas del delantal y, por otro, recibir la batuta. Llevar a cabo esta transformación depende tanto de los padres como del hijo. A través de este encuentro, se hace posible una verdadera unión de espíritus.

Liberar el pasado

Al liberar a nuestros padres de ser padres, también los liberamos de sus culpas pasadas. Esto no es fácil de hacer, especialmente si hemos tenido una infancia traumática. Es comprensible que haya quedado resentimiento y un dolor que en aquel momento no llegamos a procesar.

He tenido muchos clientes que no podían dejar de culpar a sus padres. No eran capaces de dejar que todo el daño del pasado se disolviera. Si esto que digo te suena familiar, quiero que sepas que lo entiendo. Si por la inconsciencia de alguien te quedaste sin infancia, es probable que te sientas resentida y enfadada. Es lo normal. Sin embargo, esto es lo que necesito que sepas: cuanto más tiempo sigas atascada en el resentimiento hacia tus padres, o hacia cualquiera, más tiempo seguirás dependiendo de ellos. Estás emocionalmente casada con ellos.

En algún momento de nuestra vida adulta, llega la hora de la verdad y tenemos que decidir cuánto tiempo vamos a cargar con el hacha de nuestro pasado. ¿Cuándo vamos a liberar a nuestros padres del papel que representaron con inconsciencia? ¿Cuándo vamos a empezar a responsabilizarnos de nuestro presente?

Cuando decidimos absolver a nuestros padres de su culpabilidad por todo lo que vivimos en la infancia, lo hacemos con una compasiva comprensión de su humanidad y de sus inevitables limitaciones. Los vemos por quienes son y no a través de las lentes infantiles que hemos llevado puestas. Quizá veamos en ellos defectos o insuficiencias extremas de las que nos queremos alejar. Es natural. Pero en algún momento del proceso, tal vez comprendamos también el dolor extremo que tenían dentro. Cuando observemos de cerca ese dolor y empaticemos con ellos porque tuvieron también su propia infancia, finalmente seremos capaces de verlos como seres humanos además de padres. Los veremos por lo que fue su pasado y por el lugar que les ha tocado ocupar en el gran linaje humano de la alegría y el dolor. Puede que, por primera vez, veamos los patrones que en cada familia se transmiten de generación en generación y nos demos cuenta de que está en nuestra mano desbaratar aquellos que nacieron de la inconsciencia.

En lugar de pensar con dolor en la infancia que tuvimos o en cómo ha sido hasta ahora la relación con nuestros padres, vemos los defectos como regalos que nos han ayudado a convertirnos en quien somos hoy. Nos damos cuenta de que en la infancia nadie ha estado libre de problemas, y abandonamos la fantasía de que la nuestra debería haber sido distinta. Dejamos que nuestro pasado se quede en el pasado y empezamos a ocuparnos de nuestro destino en el presente.

Podríamos creer que al absolver a nuestros padres les hacemos un favor. No podríamos estar más equivocadas. Nos lo hacemos más a nosotras que a ellos. Solo cuando los liberamos de toda culpa somos libres para hacer lo que necesitábamos hacer desde hacía mucho tiempo: trabajar interiormente para hacernos de verdad adultas.

Ser nuestro padre y nuestra madre

Liberar a nuestros padres es un gran paso que damos hacia la liberación emocional, pero es solo el primer paso. Después viene el trabajo de verdad: asumir el papel que ellos no fueron capaces de hacer tan plenamente como habríamos necesitado. Tenemos que darnos lo que no recibió la niña que éramos, pero vamos a hacerlo desde la perspectiva de una *adulta*.

Leer estas páginas forma parte del proceso. Al observarte y trabajar interiormente estás liberando a tus padres de la responsabilidad de ocuparse de tu desarrollo emocional, y haciéndote cargo de ti. Este es el proceso para hacernos de verdad adultas, y pasar de niñas a mujeres despiertas.

Reparar el dolor de la infancia es la clave para nuestra actual expansión espiritual y emocional. Significa que empezamos a abordar aquellas partes de nosotras que crecieron con la falsa idea de que no eran válidas, importantes o dignas de amor. Sanamos a la «niña pequeña» que llevamos dentro cuando reconocemos que esa «niña» es solo un eco de las voces de nuestro pasado, y no quien somos hoy como adultas. Es un fantasma basado en nuestra vida pasada.

¿Cómo se manifiesta esa «niña pequeña»? Se manifiesta en cómo nos hablamos a nosotras mismas, en *las voces inauténticas de nuestra mente*. Todas tenemos voces dentro. Hay quienes tienen voces benévolas, y quienes tienen voces críticas e implacables. Ellie, una de mis colegas, solía llamar a las suyas «el tribunal de gilipollas». Esas voces son las que interiorizó nuestra niña interior desde que era pequeña. Suenan tan reales que creemos que son nuestra auténtica voz. A algunas de esas voces las debemos escuchar y calmar. A otras hay que cortarlas en seco, y otras es mejor ignorarlas. Dependiendo de la cualidad de la voz, la estrategia que debemos emplear como padre y madre suya es diferente, al igual que lo es la que un padre y una madre emplean con cada hija y cada hijo. Tenemos que prestarle atención a cada voz y tratarla del modo más apropiado en cada caso. No sirve adoptar con todas la misma actitud.

Para que entiendas cómo hacerlo, voy a contarte lo que le ocurrió a una de mis amigas más queridas, Alexa. Me estaba hablando de su angustia y de que constantemente se sentía rechazada e insignificante. La razón por la que Alexa se sentía así era que *creía* a las voces que le sonaban en la cabeza. Le pedí que me contara qué decían esas voces. De repente empezó a llorar, se le atragantaban las palabras. «Me da vergüenza contártelo», dijo. Pero luego continuó: «Eres tan estúpida y tan fea. No sabes hacer nada bien. ¿Por qué iba a querer nadie estar contigo? Eres un desastre absoluto». Cuando le pedí que me dijera a quién le recordaban esas voces, dijo de inmediato: «A mi padre».

¿Entiendes lo que explicaba hace un momento? Esas voces no eran su verdadera yo: eran la voz de su padre que ella había interiorizado.

Aunque Alexa era consciente de que había sufrido mucho a manos de su padre alcohólico y abusivo, no se había dado cuenta concretamente de que había interiorizado su voz, y de que era mucho más abusiva consigo misma de lo que él había sido nunca. Hasta ese momento, había dado por supuesto que esas voces eran suyas.

Se quedó paralizada cuando le pedí que examinara un momento si no *se había convertido en su propio padre cruel*. Posiblemente, el sentido que su verdadero padre había dado a aquellas palabras e ideas malsanas no era ni de lejos el que Alexa había interpretado.

Entre lágrimas, me contó que sentía que las voces la atacaban. Le pedí que me lo describiera. Dijo: «Son como cucarachas que me corren dentro, por todas partes, llenándolo todo de gérmenes. Lo único que quiero es escapar, de mi mente y de mi vida. Por la mañana no me quiero levantar porque sé que siguen ahí. Me quiero morir».

La animé a que les plantara cara a las cucarachas y las empezara a exterminar; sin discutir con ellas, agarrando la manguera de la conciencia y rociándolas hasta hacerlas desaparecer. Antes, iba a tener que enfrentarse a cada voz, nombrarla y *verla como parte de su inconsciencia*. Tenía que verlas como representación de su padre abusivo y disociarse de esas voces. *Solo entonces sería capaz de separar las cucarachas de quien ella es intrínsecamente en el momento presente, y verlas como vestigios de su pasado*.

Alexa se resistió, decía que lo último que quería hacer era enfrentarse a sus miedos de la infancia, que llevaba toda su vida huyendo de ellos. Le hice ver que quizá había evitado pensar en su pasado, pero que el hecho de que viviera con aquella angustia diaria demostraba que nunca iba a poder huir por completo de él. Había llegado el momento de que Alexa hiciera frente a su pasado y mirara las heridas internas.

No podemos huir de nuestro pasado. Solo teniendo la valentía de mirar de frente nuestras heridas podemos empezar a curar lo que necesita curación. Hace falta mucho valor para concebir un nuevo sentido de quien somos, una nueva identidad. Al dejar de vivir atrapadas en el miedo, la pasividad, el acatamiento servil o la culpa, nos damos cuenta de que, para cambiar nuestro mañana, tenemos que rehacer todas y cada una de las piezas de quien somos hoy.

El viaje empieza en la mente. Nos preguntamos: ¿qué pensamientos tengo sobre mí y sobre mi mundo? ¿De dónde vienen esos pensamientos? ¿De quién son las voces que oigo sonar en la cabeza? ¿Son mías, o de la cultura? ¿Cómo puedo crear un nuevo guion interior para realizar mi máximo potencial? Voz a voz, mentira a mentira, vamos deshaciendo nuestro pasado inconsciente. Al hacerlo, elaboramos conscientemente una nueva forma de ser.

Si aún nos duele una herida de mucho tiempo atrás, debemos darnos cuenta de que quien en verdad somos, nuestra esencia, nunca ha sufrido ningún daño por esa herida. Fue solo un aspecto de nuestro ego lo que salió herido, no quien real y esencialmente somos. Nada puede herir a nuestra verdadera yo, solo es posible impedirle crecer como debería. Por eso, nuestra tarea de padres nuestros en este momento es detectar los lugares en que siguen vigentes patrones de comportamiento infantil que, a causa de la situación familiar concreta que entonces vivimos, no contribuyeron a que se desarrollara la verdadera yo en algunas áreas de nuestra vida.

Ayudarnos a ser adultas significa reconocer las circunstancias en las que hoy actuamos de manera infantil. Activar a nuestro padre y madre interiores es un elemento sustancial para crecer. Activarlos significa encarnar la voz y la forma de ser del padre y la madre que quizá nunca hayamos tenido en la vida real: el padre o la madre que nos ve, nos tranquiliza y nos ofrece un espacio seguro en el que expresar nuestra verdad.

Si nos damos cuenta de que estamos ansiosas, en lugar de reaccionar o intentar anestesiarnos con algo exterior, nuestra madre interior interviene y nos aconseja. Tal vez nos pregunte: «¿A qué se debe esta ansiedad? ¿Qué es lo que te inquieta? ¿Qué puedo hacer por ti para que tengas lo que necesitas?», e inicia así un diálogo con las partes heridas de nuestra yo interior y les da la oportunidad de que hablen. La parte ansiosa de nosotras podría contestar: «Tengo miedo de no valer lo suficiente y que me rechacen de una u otra manera». La madre interior trata de descubrir entonces las razones y puede preguntar: «¿Qué recuerdo está activo en este momento, que te hace sentirte así? ¿Qué episodio estás reproduciendo ahora mismo?». El patrón infantil podría responder: «Recuerdo que mi madre me decía que era una negada y que nunca debía hablar en público».

De este modo, retrocediendo y avanzando, nuestro padre o madre interior escucha la voz quejumbrosa del pasado y trata de descubrir en ella la verdadera razón de los sentimientos actuales. Como harían un buen terapeuta o un sabio, el padre o la madre interior ayuda a esa parte infantil a tranquilizarse y a sentirse aceptada y valorada. Pues en cuanto esa parte de nosotras siente que la escuchan y la comprenden, la claridad y el alivio son inmediatos. Mantener con nosotras mismas esa clase de diálogo interior en momentos en que podríamos reaccionar a ciegas, nos da la posibilidad de pararnos y reflexionar. Cuando valoramos de este modo una y otra vez nuestro ser esencial, las partes que se habían quedado atascadas en un comportamiento infantil salen de las sombras y se integran en el ser integral que somos. Así es como las heridas que quedaron abiertas en la infancia tienen la oportunidad de sanar. Ya no sentimos la necesidad de rehuir ciertas partes de nosotras, pues vemos que *solo son proyecciones de nuestro pasado*.

Nuestras proyecciones, expectativas y relaciones pronto dejan de reflejar los patrones disfuncionales y malsanos que nos creó el ambiente de inconsciencia en el que crecimos y que hemos arrastrado hasta hoy. Cuando nuestra esencia cobra vida plenamente, también las relaciones externas se armonizan con el todo integral que somos.

Atender al dolor del pasado es nuestra forma de asumir plena responsabilidad por la evolución y curación de quien somos. Es el regalo que nos hacemos a nosotras mismas. Preguntarnos de continuo «¿Qué necesito ahora mismo?» y «¿Qué puedo ofrecerme ahora mismo?» activa nuestros recursos internos para curar lo que en su momento quedó herido.

Mientras no seamos un padre y una madre para nosotras, nos pasaremos la vida buscando esa madre o ese padre en el exterior. Esto es lo que ocurre en la mayoría de las relaciones de pareja a uno u otro nivel: cada parte busca en la otra al padre o la madre que le falta. Y cuando cargamos a la otra parte con la responsabilidad de que sea nuestro padre o nuestra madre ausente, todo empieza a ir peligrosamente mal. Pocos adultos tienen la capacidad psicológica para procurarle esto a su pareja, y de todos modos no les corresponde hacerlo.

Cuando en una relación la otra parte nos impone ese papel, se va creando en nosotras un resentimiento. Muchas mujeres se quejan de que, en sus relaciones, acaban sintiéndose como si fueran la madre de su pareja. Nadie quiere cargar con esa responsabilidad. Y si una mujer accede a cargar con ella, acabará permitiendo en el otro comportamientos inmaduros; hacer de madre suya les impedirá crecer a los dos.

Ser nuestro padre y nuestra madre significa, entre otras cosas, procurarnos recursos prácticos que nos ayuden a desenvolvernos en nuestro mundo interior y que en su día no recibimos de nuestros padres. Significa crear una lista interior de frases que nos den fuerza y seguridad emocionales cuando las necesitamos. Llegado el momento, el padre o la madre interior podría decir:

Te veo, te escucho, te acepto.
Eres suficiente como eres.
No necesitas ser perfecta.
Es natural que te sientas así. Todos tus sentimientos son válidos.
Eres más fuerte y capaz de lo que podría explicar con palabras.
Puedes con esto.
Eres competente y digna de reconocimiento.
Mereces expresar tu voluntad y tu voz.
Es importante para todos que te expreses.
Lo que ocurrió en tu infancia no fue culpa tuya.
No tengas miedo a poner límites y proteger tu espacio.
Es hora de que aceptes ser quien eres sin pedir disculpas.

Nuestro padre y madre interiores son nuestros mayores defensores y consejeros; unas veces son indulgentes y otras, sin embargo, nos desafían de maneras que nos incomodan. Al igual que necesitamos que nuestros padres reales nos tranquilicen en algunos momentos, pero en otros nos pongan límites, empezamos a darnos estas cosas a nosotras mismas.

Ser un padre y una madre para nosotras significa también anular los viejos condicionamientos y desarrollar una forma de ser más sana. Esto nos exige tener la valentía suficiente para mirarnos al espejo y reconocer realmente nuestros patrones de comportamiento dañinos. Y apelar luego a todo nuestro coraje para romperlos y colocar en su lugar pautas apropiadas para nuestra situación actual.

Crecí con una madre extremadamente empática e incesantemente presente para prodigarme su cariño. Sin embargo, por su propio condicionamiento, no me enseñó el valioso arte de poner límites. Tenía miedo al conflicto, y su forma de evitar el malestar que le causaba era complacer a todo el mundo, a veces con absoluta abnegación. Yo aprendí a ser igual, por ósmosis, y en muchas de mis relaciones de pareja me aparté de mi verdadera yo por mantener la paz y la armonía.

Era una mártir, y luego poco a poco me iba convirtiendo en una mujer amargada y resentida por permitir que me pisotearan constantemente. La falta de límites se manifestaba en todo, sobre todo en el trabajo, donde era incapaz de acotar mi tiempo y mi espacio y pararle los pies a la gente que pretendía que estuviera a su disposición a todas horas. Como consecuencia, estaba desbordada. Tuve que amordazarme emocionalmente para no hacer de más, dar de más, comprometerme de más. Tuve que aprender a decir cosas como: «Me pondré en contacto contigo» o «Tengo que pensarlo». Tuve que crear nuevas vías neuronales para que las respuestas no me salieran de la boca sin haberlas pensado. Tuve que deshacer todas mis formas instintivas de responder y sustituirlas por otras más conscientes. Sobre todo, tuve que aprender a quererme y honrarme a mí misma. Tuve que convertirme en mi propia madre y padre.

Este es el proceso de reeducación emocional y espiritual que debemos hacer si queremos sanarnos por completo. Ahora tenía que enseñarme a mí misma lo que mi madre no pudo. Mi primer paso fue liberarla de toda culpa o responsabilidad. No podía seguir culpando a mi infancia de esta absoluta falta de límites. Tenía que ocuparme de resolverla. Empecé a leer sobre los patrones que caracterizan a la empática clásica y que la hacen entrar inconscientemente en relaciones de codependencia y abusos. Empecé a deconstruir mis patrones de comportamiento y vi que establecía dinámicas de relación que siempre conducían a que se violara mi espacio.

Fue escalofriante descubrir que mi patrón de infancia por excelencia seguía recreándose e hiriéndome una y otra vez. Sentí compasión por mi madre y por su abnegación, porque no hubiera aprendido nunca lo que yo estaba aprendiendo. Dando marcha atrás, vi que ese patrón estaba ya en mi abuela, la madre de mi madre, y tuve la imagen de las fichas de dominó derribándose una a otra en cadena a través de las generaciones. Ahora me tocaba a mí interrumpir para siempre este patrón matrilineal. ¿Sería capaz de hacerme cargo de mí, de aprender esta técnica de reeducación y, gracias a ella, enseñarle a mi hija lo que yo de niña no había aprendido?

Pieza a pieza, eslabón a eslabón, fui deshaciendo mis patrones de empatía inconsciente. Empecé a ver que mi complacencia con la gente era en realidad miedo a la gente, un miedo que nacía de mi sentimiento de insignificancia. Sabía que tenía que darme el poder y el amor necesarios para ser yo de una manera que mi madre no me había podido enseñar. Fue terrorífico al principio. Estaba tan condicionada a temer el rechazo y el conflicto que instintivamente me agachaba y me acobardaba en lugar de apropiarme de mi voz.

Cada vez que veía aparecer el patrón, mi madre interior me calmaba los miedos y, con dulzura, me desafiaba a ser valiente. Cada vez era capaz de asomarme y hablar un poco más, luego otro poco más. Cada vez que experimentaba el mayor de mis miedos, el miedo al rechazo, en lugar de capitular a los viejos patrones, seguía practicando, haciendo uso de mi voz y creando límites en mis relaciones. Empecé a decir «no» y «no más» repetidamente y a voces.

Aunque estaba aterrada, dejé atrás todas las relaciones que me encerraban en los patrones del pasado. Aprendí a perder a personas queridas con relativa comodidad y me adentré en la incomodidad de estar sola. Como tenía a mi padre y madre interiores a mi lado, era capaz de confiar más en mi compañía. Empecé a depender menos de que los demás me valoraran y pude honrar más mi propia voz y mi manera de ser.

Reeducarnos conlleva descubrir nuestro GPS interior y confiar en él. En lugar de buscar en el exterior a alguien que nos sirva de madre, de padre y de guía, es hora de activar el poderoso instrumental que llevamos dentro. Al igual que la madre anima a su hija pequeña a aprender a andar, pasito a pasito, nosotras también nos estimulamos a aprender a ser autónomas. Cada vez que dudamos de nosotras mismas y creemos que no tenemos la respuesta que necesitamos, nos paramos y nos decimos: «No hay nadie que me conozca más que yo. Tengo las respuestas dentro de mí. Si miro dentro, las voy a encontrar».

Cuanto más confiamos en nosotras mismas, más se afina nuestro GPS interior. Nos habla en voz más alta porque al final se ha envalentonado, gracias a la confianza que tenemos en él. Nuestro radar interior gira hacia dentro en cada curva y nos acerca cada vez más a nuestra verdad, hasta que finalmente lleguemos al que es nuestro destino y nuestro mayor regalo: honrar y gobernar a quien somos.

La sanadora interior

Hay una famosa frase zen que dice: «Si te encuentras al Buda en el camino, mátalo». Lo que esta máxima significa es que al Buda, el iluminado, nunca puede encontrársele fuera, pues existe solo en nuestro interior. Mientras creamos que somos menos que otro, jamás realizaremos nuestro verdadero potencial.

La palabra «matar» se utiliza aquí para que, de una sacudida, encarnemos el poder de una guerrera espiritual que es experta en demoler ilusiones. La frase habla de «matar» la idea falsa de que somos seguidoras en vez de líderes. Mientras estemos apegadas a que otro sea nuestro líder, equivocaremos el camino. Al fin y al cabo, los líderes más sabios son los que nos llevan de vuelta a nuestra propia sabiduría, porque saben que cada una y cada uno de nosotros es capaz de encontrar exactamente lo que necesita dentro de su propio ser.

Cada una hemos emprendido un viaje y hacemos nuestro propio camino. Permanecer en él y contemplar la belleza del paisaje –ya sean flores o arbustos con espinas– es la vía de la sabiduría. Desviarse del camino para seguir el camino de otros es la vía del engaño.

A un nivel más profundo, este dicho nos recuerda la interconexión de todos los seres. No hay nadie en el exterior que no exista en el interior. Lo que reconocemos en otro tiene que existir en nosotras primer; luego el hecho de que veamos la sabiduría en otro significa que esa sabiduría tiene que existir también dentro de nosotras. El otro es simplemente un espejso. Comprender esto a un nivel profundamente espiritual nos permite liberarnos de las ataduras que nos hacen depender de los demás, ya sea un padre, una madre, nuestros hijos, nuestras parejas o nuestros maestros.

Como persona a la que la gente define como «maestra», veo lo fácil que es para los demás proyectar sus inseguridades en mí. Soy objeto de toda clase de catalogaciones y juicios. A veces alguien me asigna el papel de madre negligente; sin que me dé cuenta, me consideran crítica y desobediente de mis deberes. O me asignan el papel de madre entregada, y me consideran magnánima y protectora. O me ponen en un pedestal y me consideran una mujer sabia que tiene todas las soluciones y respuestas.

Al principio, sentía que tenía que demostrar mi valía. Luego, a veces, me sentía resentida, o una víctima. Cuando empecé mi trabajo interior y establecí contacto con el saber que había en mí, empecé a comprender que esas proyecciones que yo sentía que me definían eran solo reflejo de los fragmentos de los demás, que poco o nada tenían que ver conmigo.

Una vez que comprendí esto, dejé de tener reacciones negativas hacia esas personas y empecé a albergar compasión por ellas. Fui capaz de separar mi saber y mi confianza en mí misma de lo que ellas, para su evolución espiritual, necesitaban que fuera. Por supuesto, esto solo pudo ocurrir después de haberme visto a mí hacer lo mismo con otros. Solo cuando «maté al Buda» en mi vida comprendí el proceso con más profundidad y compasión.

Hay otra enseñanza budista que nos pide que veamos a todos los seres sintientes como madre nuestra. Lo que esto significa, una vez más, es que veamos a todos y todo lo que hay en el exterior como un reflejo de nosotras mismas. Nadie está separado de nosotras. Estamos todos interconectados y somos uno. Cuando comprendemos esto de verdad, se disuelve la ilusión de creer que alguien en el exterior puede satisfacer nuestras necesidades emocionales. Nos damos cuenta de que esa persona externa que buscamos es realmente la que vive dentro de nosotras. Nosotras somos ese bálsamo, salvación, gurú y sanadora. Eso es nosotras y nosotras somos eso.

25. Abrazar el desapego

¿Es amor, o es solo apego lo que siento?
Esta es la pregunta fundamental
a la que cada una tenemos que responder.
El apego nace de la necesidad, es condicional y dependiente.
Nos ata, nos pesa, nos inmoviliza, nos amordaza.
El verdadero amor hace todo lo contrario.
Nos impulsa las alas para que volemos libres.

Una de las sorpresas más turbadoras que me he llevado en mi vida fue darme cuenta de que la mayoría de mis relaciones estaban basadas en el apego, no en el amor. Hasta ese momento, estaba totalmente convencida de que había amado a muchas personas y muchas me habían amado a mí. Descubrir esto me sacudió de raíz. Si con algo me identificaba era con ser una mujer rebosante de amor. Comprender que ese amor estaba contaminado de apego me dejó desconcertada.

Como guerrera espiritual que era, sabía que no tenía otro remedio que observar los elementos ocultos en la sombra, las partes de mí que no quería ver. Tuve que empujarme a atravesar fronteras desconocidas para poder entrar en estados de consciencia superiores y hacer frente a mis comportamientos y motivos ocultos. Comprender la diferencia fundamental entre el apego y el amor catapultó mi crecimiento espiritual y mis relaciones a un nuevo nivel. Tómalo si quieres como una invitación a dar tú también un paso similar en tu evolución.

La naturaleza de la vida

Nos apegamos a las cosas, al tiempo, a los acontecimientos, a las personas, a los lugares, a las ideas y, sobre todo, a la *idea* de apego. Nos apegamos porque no entendemos que la cualidad esencial de la vida, como el Buda enseñó tan claramente, es la impermanencia.

Nada de cuanto existe permanece. Nada es duradero. La única constante es el cambio. Cuando no tenemos en cuenta esta verdad simple pero fundamental, sufrimos. Impermanencia significa que todo es transitorio y, por tanto, está destinado a terminar tal como lo conocemos, a transformarse. Amar y honrar la vida es amar y honrar su impermanencia.

Todo está surgiendo y desvaneciéndose en el momento, aquí y ahora. El momento presente es lo único que tenemos, pero en cuanto llega, lo perdemos y desaparece. Ser conscientes de la naturaleza instantánea de la vida, de la existencia momento a momento, nos permite vivir en el no apego. En lugar de apegarnos, entramos en la presencia, de la que ya he hablado, en la que animamos cada instante permaneciendo totalmente sintonizadas y atentas. De este modo, apreciamos cada momento por lo que nos da y no nos aferramos a él cuando pasa.

Cuando nos apegamos a algún objeto o idea, creemos que a partir de entonces existimos en conexión con ello. «Eso», pensamos, es lo que nos hace importantes y acredita quienes somos. Pero si entendemos que la importancia y la acreditación en sí son una ilusión, pues nada exterior influye en lo que de verdad valemos, entonces podemos no apegarnos. Así que, en esencia, lo que sea que anhelemos es una ilusión.

Es un principio difícil de aplicar en el vivir cotidiano, sobre todo teniendo en cuenta que se nos ha condicionado a vivir de la manera opuesta, aferrándonos, anhelando, apegándonos y poseyendo. Sin embargo, si reflexionamos un poco sobre todo el sufrimiento que ha traído a nuestra vida esa forma de vivir, quizá estemos dispuestas a soltarnos de ella. El apego siempre creará sufrimiento porque tarde o temprano vamos a perder eso a lo que estamos apegadas. Debemos, por tanto, ser conscientes de que, cada vez que nos apegamos a algo o a alguien, estamos poniendo todo de nuestra parte para sufrir. Cuando *x*, *y* o *z* se van y sufrimos, caemos en la trampa de pensar que es porque *x*, *y* o *z* nos han «dejado», o porque los hemos «perdido». En realidad, no ha sucedido nada de todo ello. ¿Podemos realmente perder algo que, de entrada, nunca fue nuestro? Si comprendemos esto, la actitud al conectarnos con las cosas, los lugares, las personas y las ideas es la adecuada. Entendemos que esa conexión es solo en el aquí y ahora.

Esto no significa que nuestra conexión con el otro no sea vital. Lo es, pero debe tener permanentemente el contrapeso del no apego. A la práctica del no apego suele llamársele *desapego*. Es uno de los conceptos más abstractos de la espiritualidad que debemos comprender si queremos evolucionar como individuos y ser libres. Es fundamental.

Cuando nació mi hija, la llamé Maia, que significa *ilusión*. La razón por la que lo hice fue para recordarme que mi apego a ella es una ilusión y que ella es su propio espíritu libre. En cuanto la considero «mi hija», surge el impulso de poseerla y controlarla. Al instante la identifico estrictamente como mía. Esto da pie a toda clase de expectativas y expresiones de posesividad, como si fuera un objeto que he adquirido y al que tengo derecho a aferrarme. Así es como la mayoría de las madres y padres tratan a sus hijos. Y al hacerlo, creamos las circunstancias propicias para el sufrimiento, nuestro y suyo.

En cambio, cuando libero a mi hija de esos lazos de propiedad, la veo como un ser que vino al mundo a través de mí. La veo como parte de la vida total del universo y, por tanto, como alguien que no me pertenece solo a mí. Esta perspectiva me permite desapegarme del deseo de controlarla, y puedo liberarla para que viva la vida que necesita vivir para florecer.

Cuando apreciamos la naturaleza impermanente de la vida, apreciamos la alegría de vivir. Al fin y al cabo, si mi biología fuera permanente e inmutable, no habría podido concebir a mi hija. Necesitamos de la impermanencia. Sin ella, la vida no sería vida; sería muerte. Si la oruga no fuera impermanente, no habría mariposas. Sin impermanencia, ni tú ni yo estaríamos hoy aquí; seguiríamos siendo bebés. ¿Te das cuenta de que la impermanencia es la fuerza misma de la vida que nos permite seguir viviendo?

Saber que no sabemos

A las que meditáis, no necesito explicaros lo que significa la impermanencia. Cuando meditamos, nos damos cuenta de que lo que antes creíamos que eran un cuerpo sólido y una mente consistente no lo son en absoluto. Descubrimos que nuestro cuerpo está compuesto de innumerables sensaciones pulsátiles. También nuestra mente está compuesta de innumerables pensamientos que no dejan de pulsar. Es entonces cuando tenemos el primer vislumbre de nuestra identidad. En esencia, no somos más que un conglomerado de sensaciones y pensamientos, que surgen y desaparecen, instante tras instante. No existen un cuerpo y una mente consolidados. Están en continuo flujo, constantemente transformándose.

Descubrir que nuestros pensamientos son impermanentes puede ser inquietante al principio, pero pronto resulta tranquilizador. Por un lado, quizá nos desconcierte darnos cuenta de que eso significa que nunca son «reales», puesto que nunca permanecen constantes. Pero, por otro, tal vez lleguemos a deducir que, si nunca permanecen constantes, podemos elegir en cuáles pensar y cuáles descartar. En otras palabras, podemos llegar a deducir que no somos esclavas de nuestros pensamientos.

Nuestros pensamientos no están «locos», solo son impermanentes. Lo mismo ocurre con todas las células de nuestro cuerpo. La naturaleza en su totalidad está en constante movimiento. Cuando de repente nuestro hijo cambia de humor y tiene una rabieta, sufrimos. Cuando se hunde la economía y nos quedamos sin trabajo, sufrimos. Cuando nuestro amante se va y nos abandona, sufrimos. ¿Cuál es la causa fundamental de nuestro sufrimiento? La delirante idea de que nada de esto *debería* ocurrir. Pero esto es exactamente lo que debería ocurrir, de acuerdo con la naturaleza de la vida. Las cosas no pueden sino subir y bajar, como el aire dentro del pecho, a cada momento. No hay dos momentos iguales. Nada permanece igual, nunca. Las cosas cambian constantemente, un momento tras otro.

Esta idea de que las cosas, nuestro cuerpo incluido, viven y mueren a cada instante es muy intranquilizadora. Es una idea que, sencillamente, no podemos tolerar. Nos crea demasiada ansiedad. No nos permite hacernos una idea definida de quiénes y qué somos. No nos permite descansar en la seguridad de un futuro conocido. Caemos en la cuenta de que, si todo cambia constantemente, es imposible predecir o controlar el futuro. Cuesta mucho asimilar esta realidad. En nuestra ignorancia, queremos saber qué futuro nos espera.

Está en nuestra naturaleza humana querer saber. Si resulta que todo cambia constantemente, ¿qué ocurrirá a continuación? Y lo que es aún más importante, ¿quiénes seremos mañana? ¿Y el día después?

Comprender y aceptar que no lo podemos saber nos causa dolor, por supuesto. Es difícil abandonar ese deseo de control y estabilidad. Ahora bien, el dolor es consustancial a la vida y a la evolución de la conciencia. No sirve de nada que nos resistamos a él. Vamos a perder cosas y a personas que nos importan. Vamos a envejecer. Y lo que es todavía peor: nunca podremos predecir el futuro, por mucho que queramos.

Quien ha alcanzado la sabiduría «sabe que no sabe nada». Se ha liberado de su apego a la certidumbre y la previsibilidad, pues ha aceptado que la razón de su sufrimiento es el apego a cosas que no puede controlar. Se ha soltado del apego. Reconocer que lo único que sabemos es que todo cambia, y que por tanto no podemos saberlo todo, es subir de nivel en nuestra evolución espiritual.

Entrar en un espacio de «no saber» es adentrarnos en el misterio y abundancia del universo; es encontrar seguridad en la inseguridad de las cosas. No inventamos historias fantásticas sobre la creación ni la destrucción. No tratamos de conocer lo que es incognoscible. Dejamos que lo desconocido sea exactamente eso: desconocido. En lugar de permitirle al ego imponer una explicación de una realidad inexplicable, nos soltamos sabiamente del deseo de hacerlo y, en su lugar, cultivamos el arte de conocer lo que sí podemos conocer. Ese arte es la consciencia del momento presente.

Qué significa en la práctica un desapego sano

He tratado este tema a lo largo de todo el libro porque es de suma importancia, sobre todo para las mujeres. En esta sección, voy a repetir algunas cosas para que te queden claras, transparentes. Intento que estos principios esenciales se integren en tu psique y puedas ponerlos en práctica con facilidad y naturalidad.

Es importante no confundir el apego del que hablo con el que fomenta la escuela de Crianza con Apego (Attachment Parenting) para crear una profunda conexión entre padres, madres e hijos. En ese caso, se trata de una conexión beneficiosa que es el fundamento de unos vínculos sanos entre ellos. Yo utilizo el término «apego» en el sentido budista: no como conexión y vínculo, sino con el significado de enredo malsano y de dependencia que raya en la adicción.

Quizá al oír los términos «desapego» y «no apego» los asocies de inmediato con la frialdad o la indiferencia; con ser distantes e introvertidas, además de egoístas y vanidosas. El desapego en realidad es todo lo contrario. Lo que realmente significa es que, al comprender que la impermanencia es un aspecto esencial de la vida, dejamos de agarrarnos de manera engañosa a nada. Entramos en lo que se conoce como «dejar ir». Este soltarse, o rendirse, lleva implícita la inequívoca aceptación de la realidad esencial de la vida *tal como es*.

La consiguiente disolución de cualquier expectativa nos permite entrar en el amor incondicional. Es en ese estado de conciencia cuando mayor es la entrega, la conexión, la ternura y la generosidad. Piensa en estas frases:

> Una abuela le dice a su nieto: «No quiero que te hagas artista como tu padre. Debes hacer algo mejor con tu vida».

Un padre le dice a su hija: «No quiero que te cortes el pelo porque parecerás un chico y no estarás guapa».

Una amiga le dice a otra: «Te pido, por favor, que dejes de hablar con tu vecina porque no creo que te haga bien».

Una esposa le dice a su marido: «Quiero que despidas a tu secretaria porque te pone nervioso».

Un marido le dice a su esposa: «No quiero que vayas a ese viaje con tus amigas, porque beben y no me parece bien».

Cada uno de estos individuos asegurará que dice eso porque quiere al otro y le preocupa su bienestar. Pero ¿realmente es así? ¿Les importa el bienestar del otro o el suyo propio? ¿No está claro lo apegados que están a su propio punto de vista, a sus propias expectativas y a sus propios deseos? Cuando no somos conscientes de que nuestra identidad está apegada a otra persona, le imponemos una serie de exigencias con toda naturalidad. Y, claro, ella no percibe nuestro supuesto amor como amor en absoluto.

Uno de los mayores regalos que podemos hacerle a alguien es reconocer cuándo el amor que sentimos por él o por ella se convierte en apego. Puede ser una señal notar que empezamos a «utilizar» al otro para que llene nuestro vacío, y a depender de su reconocimiento para tener una buena opinión de nosotras mismas. O vernos proyectar nuestras necesidades y expectativas en ella o en él. Tomar conciencia de esto nos ofrece la posibilidad de pasar de la proyección a la introspección. Nos volvemos hacia dentro y prestamos atención para descubrir qué patrones estamos reproduciendo. Podemos así absolver al otro de la responsabilidad de llenarnos y acreditarnos.

No apegarnos a una persona no significa evitar la relación íntima con ella; significa no depender de ella para sobrevivir emocionalmente. Recibimos su amor y su atención del modo en que nos los dé, sin juzgar ni reprocharle su forma de hacerlo. Sustituimos las preguntas mezquinas, como ¿me quiere, me desea, me necesita?, por preguntas fundamentales, como ¿estamos bien, creciendo, evolucionando, dándonos espacio, ayudándonos a ser libres?

Reemplazamos nuestras fantasías sobre el otro por la aceptación de quien verdaderamente es, su sombra incluida. ¿Te das cuenta de la diferencia? La relación de apego gira en torno a la posesión y el control; intentamos cambiar al otro para que se ajuste a nuestro ideal. La relación de amor se basa en la liberación, que nos eleva a ambos, y en aceptar al otro y ayudarle a ser fiel a quien es.

El apego intenta «arreglar» al otro para convertirlo en lo que necesitamos que sea para sentirnos completas. Si no puede o no quiere hacerlo, intentamos forzarle a que lo haga. Entonces, el otro opone resistencia o capitula. En cualquiera de los casos, ni él ni nosotras somos fieles a nuestra auténtica naturaleza, y esto se manifestará en otras partes de la relación. Pronto, nosotras y él estaremos firmemente plantados cada uno en nuestro falso yo, y nos relacionaremos desde la necesidad, la dependencia y el control.

Estamos apegadas a nuestra forma de pensar, de sentir y a nuestras opiniones sobre todo lo que creemos que es correcto. Explícitamente o no, decimos: «Esto es así, y punto». Tan apegadas estamos a la imagen de cómo debería ser el otro, que la superponemos a quien es y nos apegamos con más intensidad aún a hacerle cambiar.

Si esa persona no cambia del modo que nos gustaría, nuestro amor se vuelve condicional; le demostramos nuestra desaprobación. Si acepta, le elogiamos y nos mostramos complacidas. Nuestro amor depende de que el otro se ajuste o no a nuestra fantasía. Por tanto, vivimos siempre pendientes del estado de ánimo y el bienestar emocional del otro.

Para no apegarnos a alguien, antes debemos reconocer de verdad nuestra sensación interior de carencia. No estamos acostumbradas a considerarnos seres emocionalmente autónomos. Hasta tal punto hemos ligado nuestras emociones a elementos externos que somos incapaces de liberarnos. Cuando el otro está bien, nosotras también. Cuando el otro está mal, estamos mal.

Nos asusta el desapego porque nos define de verdad como seres individuales que hacen en solitario su camino. Nos sentimos solas en el viaje, y eso a veces da mucho miedo. En lugar de entender la fuerza que emana de viajar en solitario, la cultura nos ha convertido en seres necesitados, por huir de ello. La sola idea de sentirnos llenas si no es con alguien, nos resulta extraña. Abrir los ojos y liberarnos de toda dependencia emocional es el sello de lo que significa hacerse adulta.

El poder de la rendición

¿Por qué nos agotan las relaciones? ¿Es por la relación en sí, o por cómo la vivimos? Según mi experiencia, es por lo segundo. Todo se reduce al apego. Gastamos tanta energía en arreglar y controlar el comportamiento y los estados emocionales del otro que nos agotamos; nos sentimos desencantadas y, finalmente, exhaustas.

En el momento en que nos liberamos de la idea de que tenemos algún control sobre el otro y nos rendimos a lo que la relación es, experimentamos una expansión exponencial. Ahora disponemos de energía infinita para tomar decisiones creativas. Ya no estamos enredadas con el estado emocional del otro, sino que somos libres de recorrer los caminos que enriquecen de verdad a nuestra yo más elevada.

Cuando dejamos que alguien se manifieste exactamente como

es, sin condiciones ni control ni juicios, es cuando en realidad le demostramos lo mucho que nos importa. Aunque estamos condicionadas a asociar la pasión con el control, ahora descubrimos que la mayor pasión por el otro surge cuando menor es el control sobre él. Estamos tan apasionadamente enamoradas de su esencia que no tenemos ningún deseo de controlarlo. La pasión trascendente por alguien lleva implícita una renuncia absoluta al control.

¿Amamos al otro por su esencia? Es raro que amemos a alguien por su verdadero ser interior. Encandiladas y cegadas por las formas externas, por el aspecto de alguien y su comportamiento, no conseguimos sintonizar con la esencia de su ser.

Los padres y las madres caen con frecuencia en la trampa de definir el amor por sus hijos de acuerdo con las formas; por ejemplo, su rendimiento escolar o en los deportes, si son la admiración de sus amigos, o incluso lo alegres que se muestran. Al hacerlo, nos equivocamos y no sintonizamos con la esencia de nuestros hijos, prolíficos por naturaleza. Por eso, muchos niños y niñas tienen la sensación de ser invisibles, de que sus padres no los valoran ni los quieren.

A pesar de las protestas de sus padres, muchos y muchas de mis clientes insisten con vehemencia en que nunca recibieron de ellos amor incondicional. Independientemente de lo que digan los padres y las madres, la sensación de los hijos al respecto suele ser inamovible. ¿La razón? El padre y la madre estaban atrapados en el apego y valoraban más el *hacer* del niño y la niña que su *ser*, su esencia.

En lo que respecta a nuestra pareja, hacemos listas de los requisitos que debe cumplir. Aunque a nivel práctico podría ser útil, jamás podrá ser una estrategia duradera para que una relación sea satisfactoria de verdad. La mayoría de las veces, esa lista se basa en aspectos formales de la persona, y rara vez en su ser esencial.

Mientras demos prioridad a la forma de las cosas, y no a su esencia, seguiremos estancadas en el apego.

Cuando por dentro tenemos tantos agujeros que parecemos un queso suizo, vivimos de continuo a la caza de elementos externos para llenarlos. Los agujeros persisten porque todavía no nos hemos aceptado inequívocamente a nosotras mismas como somos.

Es nuestra condición interior de «oquedad» lo que proyectamos en el otro y por lo que le exigimos que cambie, exclusivamente para que nos llene los agujeros. No nos consideramos depredadoras emocionales, pero lo somos. Y lo mismo que somos depredadoras, somos a nuestra vez presa de las artes depredadoras del otro, que también intenta llenar los suyos. Así, nunca llegamos a un estado de amor trascendente, sino que permanecemos atascados en el nivel del apego. Solo cuando nuestra «oquedad» interior da paso a la «completud» interior, podemos desapegarnos y entregarnos al amor trascendente.

El desapego requiere de una exquisita rendición. No renunciamos al deseo de ser felices o de estar alegres, pero sí nos soltamos de la necesidad de que se nos presenten con una determinada envoltura. Una vez que nos rendimos a vivir la vida tal como es, y no como creemos que debería ser, liberamos a los demás de tener que ser de cierta manera para procurarnos felicidad. En lugar de ansiar la felicidad, entramos en un estado de madurez emocional en el que nos abrimos a aceptar lo que es.

La sabiduría de la no dualidad

La vida es inseparable de la muerte; el día, de la noche, la oscuridad, de la luz; el yin, del yang. Está a la vista, la no dualidad esencial de todo. Todo es no dual, y sin embargo vivimos como si todo fuera dual.

Como deseamos conocer y controlar nuestro presente y nuestra naturaleza, clasificamos las cosas por categorías finitas: esta y aquella, alta y baja, gorda y delgada, bella y fea, yo y tú, blanca y negra. Aplicar esta dicotomía a la realidad nos da una engañosa sensación de orden y control.

Sabiduría significa comprender la naturaleza no dual de la vida. No hay entidades separadas; todo está interconectado y es uno. Cuando nos apegamos a las ideas o a las «cosas», las desintegramos, las dividimos. Es lo natural, ¿no?

Como hemos crecido en un mundo condicionado por la dualidad, nos contemplamos a través de las lentes del bien y el mal. Es una trampa ingeniada para impedirnos entrar en un estado trascendente de divinidad. Dice Rumi: «En un lugar más allá del bien y el mal, hay un jardín. Allí me reuniré contigo». Solo trascendiendo la dualidad podemos soltarnos de la vergüenza y entrar en el amor a nosotras mismas.

Uno de los descubrimientos más impactantes en el proceso de conocernos es el de que existe en nosotras el potencial para todas las modalidades del bien y del mal. Solo podemos aceptarlo, como nuestro destino humano. En lugar de considerarnos buenas o malas, abrazamos la capacidad que tenemos para ambas cosas.

Una vez descubierta esa capacidad en nosotras, la vemos también en los demás. En lugar de considerarnos especiales, nos damos cuenta de que no lo somos. Somos diferentes, incluso únicas, pero no especiales. Esta es una percepción espiritual transformadora; la entrada a un espacio de humanidad compartida y, por tanto, a una nueva tierra.

Al ir más allá de nuestros egos individuales, nos liberamos de su egocéntrica superioridad moral y de los juicios sobre nosotras mismas o sobre los demás. Comprendemos nuestras luchas compartidas y la presión a la que estamos sometidos todos. Cuando nos damos cuenta de que somos espejo unas de otros, comprendemos que no es tener más o menos inteligencia y conocimientos lo que nos diferencia; somos diferentes debido solo a una confluencia de circunstancias vitales. Si estuviéramos en el lugar de otra persona, viviendo sus circunstancias, nos habríamos comportado exactamente igual que ella; habríamos hecho todo eso que condenamos. Solo podemos comprender esto de verdad cuando honramos la capacidad que nosotras tenemos para hacer daño, y aceptamos plenamente nuestra sombra.

Comprender la no dualidad es la entrada a un espacio de no juicio. Se desvanecen todas las ideas sobre cómo «deberían» ser las cosas. Todo existe en contexto e interconectado con lo demás. Principalmente, nos damos cuenta de que fragmentamos la realidad por nuestra ignorancia de la verdadera naturaleza de las cosas.

Todo está completo en sí mismo. Lo que esto significa es que cada idea y concepto contiene en sí su realidad opuesta. De ahí el símbolo del yin y el yang, entrelazados para formar un todo unificado. Cuando abrimos la mente a la perspectiva de que todo existe dentro de todo, dejamos de intentar controlar, etiquetar y categorizar. Esto elimina de inmediato el juicio, que es el azote de la humanidad.

Entregarnos a la no dualidad es entrar en un estado de tolerancia. No hay una determinada forma en que las cosas o las personas deberían ser. No existen la perfección, el fracaso, el éxito, el bien ni el mal. Esto significa que las personas que hay en nuestra vida son como son, incluidos sus defectos. Cuanto más comprendemos que estamos completas como somos, más nos aceptamos. Y aceptarnos se traduce automáticamente en aceptar a todos los demás.

Una parte importante del proceso de aceptación es dejar atrás la idea de la perfección como meta. Nos damos cuenta de que es un delirio. Entonces podemos acoger plenamente al otro en su totalidad, con sus puntos fuertes y débiles. Al igual que no criticamos a la rosa por sus espinas, no juzgamos al otro por sus defectos. En el momento en que nos rendimos a esta manera de entender la vida, el sufrimiento se reduce de manera radical. No solo nos liberamos del impulso de juzgar cómo «deberían» ser las cosas, sino que liberamos a los demás, para que sean exactamente quienes son. Renunciar al juicio nos hace libres. Los que nos rodean experimentan también esa libertad. El amor se convierte en sinónimo de libertad. En última instancia, la libertad es el único objetivo del amor.

El amor trascendente lleva implícito afecto por todos, cumplan o no nuestras expectativas. No contemplamos al otro calculando si puede servir o no a nuestros intereses, sino por su esencia. Siendo así, celebramos tenerlo como maestro. Y puesto que todo ser humano es nuestra maestra y nuestro maestro, celebramos la llegada de todos los que se acercan a nuestra vida. Nuestro amor por sus enseñanzas es constante, pues siempre hay lecciones que aprender. ¿Es posible que nos volvamos contra nuestro maestro? Cuando nos volvemos en contra de su enseñanza, entramos en un estado que nos obliga a culpabilizarle. Mientras consideremos que cada enseñanza es valiosa, valoraremos a cada maestra y maestro. Así es como trascendemos la condicionalidad y entramos en un estado de amor incondicional.

26. Abrazar el vacío

Creía saber quién era.
Segura de mi nombre y mis títulos.
Segura de mis roles y cualidades.
Segura de mi pasado y mi futuro.
Ah, qué gran espejismo todo.

No somos quienes creemos. Quienes creemos ser es una versión condicionada de nosotras que llevamos representando desde que nacimos. Antes incluso de salir del vientre de nuestra madre, llevábamos ya infinidad de identidades impresas: un apellido y unas tradiciones, una religión acompañada de un Dios y unas creencias, unos valores y unas presiones impuestos por la cultura, unos conceptos de raza, éxito, logros, belleza, sexualidad, sociedad y valía personal. Básicamente, heredamos la conciencia de nuestros padres, o la falta de ella. Esta transferencia del condicionamiento es inevitable, e involuntaria, la mayoría de las veces. Pero nada de eso es lo que realmente somos.

Cuando vivimos en el sopor de la inconsciencia, la mente se queda tal cual, inexplorada, sin examinar. Estamos profundamente dormidas. Parece que estemos despiertas, pero lo cierto es que estamos dormidas. Vivimos cautivas del pasado y de todas las identificaciones culturales que lo acompañan. Y, muy a menudo, hacemos a continuación a nuestros hijos cautivos nuestros. Así se transmite el legado de generación en generación.

Como he explicado a lo largo de este libro, «despertar» significa demoler nuestros apegos y liberarnos de las jaulas mentales. Despertamos al hecho de que nos han lavado el cerebro. Ahora es el momento de deshacernos de toda la basura mental de la que hemos estado empapadas. Despertar es un proceso de vaciar la mente de su inconsciencia y, por tanto, de sus creencias tóxicas. A medida que nos liberamos, vamos vaciando el contenedor en el que han estado guardadas todas esas falsas identificaciones, y empezamos a vislumbrar nuestra verdadera naturaleza.

Las creencias erróneas sobre las creencias

Lo que creemos sobre la vida y las personas da forma a cada momento. Cuanto más convencidas estamos de algo, más nos moldean esas creencias. Cuanto más nos adherimos a ellas, más rígidamente nos condicionan y más celo ponemos en actuar según nos dictan. ¿Cómo esperamos poder vivir con libertad y espontaneidad cuando esas creencias nos tienen encerradas detrás de sus barrotes?

Lo que creemos sobre la vida nos impide vivir plenamente. Como ni siquiera hemos despertado al hecho de que nuestras creencias son herencia de nuestra familia y de la cultura, de que se filtraron en nosotras por ósmosis en la infancia, pensamos que lo que creemos es lo que somos. No vemos separación entre nuestras creencias y nuestra identidad: nuestras creencias *son* nuestra identidad. Muchos fundamentalistas mueren por sus creencias porque su vida *es* sus creencias. Se han apoderado de ellos y dictan su identidad. Su identidad y sus creencias son una misma cosa.

Por ejemplo, si hubiéramos heredado de la niñez la creencia de que somos unas vagas, y estuviera profundamente arraigada en nosotras, imagina hasta qué punto condicionaría la realidad de nuestras experiencias y nuestras relaciones. Cada vez que tuviéramos la sensación de que alguien nos menosprecia, se activaría esa creencia del pasado. Incluso aunque no fuera cierto que somos ni fuimos unas vagas, nuestra creencia nos convencería de lo contrario; encontraríamos por todas partes pruebas de que lo somos. Esa creencia marcaría la pauta y la acataríamos con reverencia. Sin darnos cuenta, le habríamos entregado nuestra alma.

Vamos a imaginar que hemos crecido odiando a la gente de color porque nuestros padres nos enseñaron que es gente inferior y perversa. Nuestro inmueble mental está repleto de palabras e imágenes que corroboran esas afirmaciones. Nuestros padres nos soltaron una disertación doctoral sobre las razones por las que teníamos que adherirnos a esa creencia, y, para cuando aprendimos a decir una frase completa, éramos ya defensoras a ultranza de su racismo.

Ahora, damos un salto y han pasado treinta años. Estás en un trabajo y tu nueva jefa es una mujer de color. Imagina el rechazo y todo lo demás que puedes sentir. A la vez, es inteligente, compasiva y amable. Tu conflicto interior te tiene tan dividida que quizá no seas capaz ni de cumplir con tus responsabilidades. La disonancia interna quizá sea tan fuerte que te impida rendir como solías, o te haga dejar el trabajo. Qué triste sería, sobre todo si estabas a punto de que se te concedieran un fabuloso aumento de sueldo y un ascenso porque tu jefa creía en ti, ¿no te parece? En situaciones tan poco afortunadas como esta, se hace evidente hasta qué punto pueden nuestras creencias interferir con la realidad.

Llegar al vacío

De lo que no somos conscientes es de que nuestras creencias contaminan cómo percibimos el mundo. No somos conscientes de hasta qué punto están influidas nuestras experiencias por esos discursos y proyecciones mentales. Si lo fuéramos, nos quedaríamos de piedra. Es casi como si hubiéramos estado viviendo, pero no hubiéramos estado vivas. Nos hemos perdido el espectáculo entero. Mientras estemos apegadas a nuestras creencias, viviremos encadenadas a ellas. Ellas dictarán nuestro potencial y lo que manifestemos de nosotras en el mundo. Sencillamente, nos será imposible sobrepasar las limitaciones que nos imponen.

El Buda creía que el *nirvana*, o el estado de despertar final, solo era posible una vez extinguidas todas las creencias. Él enseñaba que las creencias son historias falsas que los seres humanos inventamos sobre la vida y sobre nosotros mismos, totalmente ficticias y, por tanto, repletas de ignorancia. Una vez que deconstruimos nuestras creencias y, viendo que son falsas, nos desprendemos de ellas, entramos en un estado de «vacío mental». Por fin nos hemos liberado de su dominio y vivimos en la realidad *tal como es*, en lugar de *como si fuera*. Por fin entramos en el momento presente de nuestra realidad sin que se imponga a él nuestro pasado.

Entrar en la realidad tal como es, en vez de pensar en cómo *debería* ser, es el comienzo de la liberación emocional. Hasta que entremos en ese estado de presencia, en el que, por definición, solo es posible entrar sin proyecciones mentales, no viviremos de verdad, sino que seguiremos esclavizadas y reaccionando constantemente a todo lo que nos rodea.

Para recuperar nuestra alma, debemos demoler todos los apegos internos. Es como abrir el armario, tirar toda la ropa y empezar de cero. El armario vacío quizá nos parezca desolado al principio, y eso nos asuste, o quizá lo percibamos como un espacio diáfano en el que existen infinitas posibilidades. Esto es lo que significa el *vacío* en la práctica espiritual: entrar en un estado diáfano donde el momento presente se experimenta en su desnudez sin apenas contaminación del pasado.

Estar vacías es entrar en la mentalidad del principiante. Una mente así entiende que introducir el pasado en el presente es estar anclado al pasado. Vaciar la mente nos permite entrar en el momento, una y otra vez. La vida se vive entonces en el aquí y ahora tal como se nos presenta. Así, le infundimos al momento presente espontaneidad y originalidad.

La ley universal de causa y efecto

Cuando vivimos el momento, nos damos cuenta de algo sustancial. Se nos revela, al prestar atención, la cadena de causas y efectos en la que participamos. Vemos cómo han llegado las cosas a ser lo que son. Gracias a esa aguda y nítida percepción consciente, descontaminada de los discursos de la cultura, podemos prestar intensa atención a las causas y efectos de la vida. Vemos cómo cada efecto surgió de una causa que era, a su vez, efecto de una causa anterior. Vemos nuestra influencia en todas esas causas y efectos. Todo está en continuo estado de devenir. Nada ha alcanzado un estado definitivo. Siendo así, todo está en proceso. Nada llega jamás a un destino final.

Entonces tenemos la profunda revelación de que no hay principio ni fin. Todo está en constante devenir, con más devenires, y luego más. Todo asciende y desciende en una constante creación interdependiente. La vida es una corriente interminable de causas y efectos, que sube y baja sin cesar. Por tanto, nada tiene valor intrínseco o significado por sí solo. Todo es una amalgama de causas y efectos. La muerte y la destrucción son una parte inextricable de esto. Todo está esencialmente «vacío» de su propio valor. Esto es lo que significa el concepto de «vacío».

Pronto nos damos cuenta de que esta «yo» con la que nos identificamos no es una «yo» fija, sino un estado de energía fluido que cambia continuamente de forma, dirección, figura y propósito. El yo no es una entidad de la que podamos decir: ¡Ah, aquí está! En cuanto lo hacemos, pasa a la siguiente constelación de causas y efectos. El «yo», o «sí mismo», está esencialmente «vacío».

Comprender la naturaleza impermanente e interdependiente de quienes somos nos permite liberarnos del apego a nosotras mismas. Dejamos de obsesionarnos con cómo presentarnos ante los demás o con cómo nos perciben. Utilizamos a nuestro favor la realidad de que no somos entidades estáticas, sino energía dinámica que cambia constantemente de forma. Una vez que nos damos cuenta de esto, alcanzamos una comprensión más verdadera y profunda del concepto de vacío.

Cuando entendemos la ley de causa y efecto a un nivel sustancial, nos damos cuenta de que la creencia en «un creador» es un infantil mecanismo de defensa contra las maravillosas complejidades de la ley universal. Vemos cómo las religiones necesitaron crear una entidad, en gran medida antropomórfica, que fuera omnisciente y omnipotente; un sustituto del padre. Depender de esa fuente de conocimiento externa nos ha mantenido aislados de nuestro saber. Es muchísimo más fácil atribuirle a todo un punto de partida y una causa si queremos poner orden en la mente. Qué bien, así tenemos un principio, un punto medio y un final de la historia. Eso es mucho más tranquilizador para los seres humanos que asimilar que nunca podremos conocer el principio ni el final. ¡Da demasiado miedo aceptar esto!

Una vez que comprendemos la no dualidad de la vida, dejamos de ver un mundo dual y vemos la realidad tal como es: una interacción de causas y efectos. Como somos conscientes de su complejidad llena de matices inextricablemente entretejidos a lo largo de miles de millones de años de evolución, nos damos cuenta de que quizá nunca sepamos cómo empezó todo. Pero en lugar de interpretarlo como una derrota, lo aceptamos con sabiduría. Toleramos no saber. En lugar de buscar respuestas que nunca podremos tener y de inventar toda clase de dioses y diosas, sencillamente nos quedamos en lo desconocido.

Descansar en ese espacio exento de certidumbre es deleitarse con los maravillosos misterios del universo. De hecho, cuanto más reverenciamos todo lo que no conocemos, más reverenciamos la naturaleza infinita del universo. Cuando pretendemos saber cómo empezó todo, en realidad despojamos al universo de su cualidad asombrosa. Respetar de verdad la misteriosa gloria de este universo es permanecer en lo desconocido.

No hay principio ni fin. No hay «yo» ni «tú». Solo hay una interacción siempre fluida de interconexión e interdependencia. En el momento en que nos liberamos del apego a nuestra forma, podemos rendirnos a la magia de nuestra interioridad sin forma, nuestra esencia. Somos poderosamente importantes y enormemente irrelevantes a la vez, algo y nada al mismo tiempo.

Solo cuando podamos abrazar esta paradoja de la existencia nos liberaremos. Una vez que lo hagamos, nos veremos por fin como realmente somos: un eco, un espejo y una resonancia exacta del propio cosmos, tan infinito como las galaxias y, a la vez, tan infinitesimal como una mota de polvo en un rayo de sol.

Cuando llegas a tu vacío esencial, llegas a tu esencia. Esto marcará el comienzo y el continuo devenir de tu *despertar radical*.

Tu transformación está ahora en marcha.

Hermana, has llegado al final del libro. ¡Este sí que ha sido un viaje! Has deconstruido tantas cosas sobre ti y tu mundo: tu familia de origen, tu elenco de personajes, tu condicionamiento cultural y tu biología. Es posible que te hayas indignado en muchos momentos del camino y hayas decidido no continuar. Sin embargo, algo te hizo seguir adelante. Algo te hizo pasar una página más, y luego otra, y finalmente aquí estás.

Quizá te preguntes: «¿Y ahora qué?». Es probable que tu mundo interior haya dado un vuelco y no sepas cómo vas a integrar todo esto en tu vida. Tal vez te sientas abrumada. Si es así, estoy aquí para tranquilizarte y decirte que esto es solo el principio.

Has tenido muchas revelaciones a lo largo del camino. Deja que te inunden con sus tesoros de consciencia. Cuando los dejes entrar en tu psique, te llevarán con naturalidad hacia nuevos espacios emocionales. Pronto, descubrirás que has empezado a tomar nuevas decisiones y a crearte nuevos destinos.

Puede que aún no te des cuenta, pero toda tu forma de pensar se ha revolucionado. Ahora ves las cosas de una manera completamente nueva, que te hará volverte hacia nuevas realidades más acordes con tu nueva conciencia. Por supuesto, esto significa que te desharás de gran parte de lo viejo, relaciones incluidas. Confía en que puedes hacerlo con compasión y amor. Confía en que te mereces lo nuevo.

El cambio más importante, que espero que permitas, es que te conectarás contigo misma de otra manera. Que sabrás que puedes contar contigo y confiar en tu voz. Que te verás como el ser magnífico que eres y te cuidarás a ti primero.

Estás en el umbral de una nueva visión de ti.
Atrévete. Entra. Estás preparada.
Tu nuevo mundo te espera.